2020
上海职业教育事业蓝皮书

VOCATIONAL EDUCATION
IN SHANGHAI 2020

主　编　周汉民
副主编　胡　卫　张　岚　毛丽娟

上海科学技术文献出版社
Shanghai Scientific and Technological Literature Press

图书在版编目（CIP）数据

2020 上海职业教育事业蓝皮书 / 周汉民主编. —上海：上海科学技术文献出版社，2020
ISBN 978-7-5439-8174-4

Ⅰ.① 2⋯　Ⅱ.①周⋯　Ⅲ.①职业教育—教育事业—研究报告—上海—2020　Ⅳ.① G527.51

中国版本图书馆 CIP 数据核字（2020）第 148617 号

责任编辑：于学松
封面设计：薛传祥

2020 上海职业教育事业蓝皮书
2020 SHANGHAI ZHIYE JIAOYU SHIYE LANPISHU
主　　编：周汉民　副主编：胡卫　张岚　毛丽娟
出版发行：上海科学技术文献出版社
地　　址：上海市长乐路 746 号
邮政编码：200040
经　　销：全国新华书店
印　　刷：上海展强印刷有限公司
开　　本：720mm×1000mm　1/16
印　　张：25.5
字　　数：486 000
版　　次：2020 年 10 月第 1 版　2020 年 10 月第 1 次印刷
书　　号：ISBN 978-7-5439-8174-4
定　　价：98.00 元
http://www.sstlp.com

编撰委员会名单

主　编：周汉民
副主编：胡　卫　张　岚　毛丽娟
编　委：郭　扬　马庆发　苏　海　杨武星　赵　坚
　　　　毕鹏宇　雷正光　徐　朔　王　琴　董　奇
　　　　施蕾生　匡　瑛　罗尧成
编　辑：方孟梅　王黎明　黎同炎　何朝霞　黄婷婷
　　　　朱　懿　谢轶成　荣家言　朱松杰

序

初心不变 使命在肩
——在中华人民共和国成立70周年座谈会上的讲话（代序）
（2019年9月30日）

周汉民

尊敬的各位老前辈、老同志、老社员，各位同志：

70年前的今天，中国人民政治协商会议第一届全体会议在北京胜利闭幕，由此诞生伟大的中华人民共和国。明天我们就将迎来中华人民共和国成立70华诞。今天上海中华职业教育社在此隆重集会，庆祝这一光辉的节日。我们特别邀请了中华职业教育社"30后""40后""50后""60后""70后""80后""90后"的社员，代表上海中华职业教育社的4000余名社员发言，深情回顾中华人民共和国成立70年来的沧桑巨变，尽情讴歌中华人民共和国70年所取得的辉煌成就，全面回溯中华职业教育社102年与中国的革命、解放和建设事业共命运同呼吸的辉煌历史，弘扬爱国主义精神，传承中华职业教育社为国为民情怀，不忘初心，秉承职志，为实现中华民族伟大复兴的中国梦谱写新的时代赞歌。

一、70年砥砺奋进，见证伟大奇迹

中华人民共和国这70年，是划时代的70年，是人类文明发展史上创下伟大奇迹的70年。我们不能忘记，在1840年鸦片战争后的100多年里，中国频遭侵略和蹂躏之害、饱受战祸和动乱之苦；我们更要铭记，中华人民共和国成立以来的70年，在中国共产党的领导下，彻底改变了中华民族的前途命运，创造了一个又一个"中国奇迹"，极大改变了中国的面貌、中华民族的面貌、中国人民的面貌、中国共产党的面貌，中华民族实现了从站起来、富起来到强起来的伟大飞跃。

经济上创造了人类经济发展史上罕见的中国速度。40余年坚持改革开放，对内改革、对外开放全面展开，充分释放了中国经济的活力。2018年，我国国内生产总值为900309亿元，经济总量首次站上90万亿元的历史新台阶，稳居世界第二位。

民生上人民生活得到极大改善。人民生活水平从解决温饱到实现总体小康，正在迈向全面小康。农村贫困人口从1978年的7.7亿人降到2018年的1660万人。对全球减贫贡献超过70%，创造了人类反贫困史上的伟大奇迹。

科技上迎头赶上新一轮世界科技革命浪潮。多复变函数论、陆相成油理论、人工合成牛胰岛素；高温超导、中微子物理、量子反常霍尔效应、纳米科技；"两弹一星"、超级杂交水稻、高性能计算机；大数据、云计算、人工智能；数字经济、平台经济、共享经济……一桩桩一件件，多少次令国人激动难眠。

制度创新上彰显了中国特色社会主义强大的生命力。人民代表大会制、中国共产党领导的多党合作和政治协商制、社会主义市场经济体制、"一国两制"伟大构想，等等，造就了今天的"中国奇迹"，为人类制度文明发展提供了新的选择。

今天，我们上可"九天揽月"，嫦娥四号实现人类探测器首次月球背面软着陆；下可"五洋捉鳖"，10767米，洋底下潜的新标杆，万米深海从此打开大门；我们的"眼界"更为辽远，世界最大口径射电望远镜(FAST)中国"天眼"，能接收到137亿光年接近宇宙边缘的信号；我们的"步子"更大，时速350公里的复兴号半日往返千里；我们"脑子"更快，超级计算机"天河一号"，一秒钟算完60亿人算一年的计算量；诸如此类，举不胜举！

今天，我们比历史上任何时期都更接近中华民族伟大复兴的目标，比历史上任何时期都更有信心、有能力实现这个目标。习近平总书记提出"一带一路"倡议，推动构建人类命运共同体，为解决人类问题贡献了中国智慧和中国方案。今天的中国正大踏步走近世界舞台的中央。

二、与祖国同呼吸共命运，中华职业教育社百年求索

70年来，中华大地发生了翻天覆地的变化，取得了举世瞩目的成就。在中国人民赢得民族独立和社会主义建设的伟大进程中，有我们无数职教先辈的前赴后继，有无数职教人对国家命运的探索与奉献。中华职业教育社成立102年来，一代代职教人把推进职业教育同民族解放、国家富强、人民幸福紧密结合，上下求

索，作出了多方面的努力和贡献。

实践"教育救国"理想，创立中华职业教育社。当时间追溯到20世纪初叶，彼时国家积贫积弱，帝国列强横行，中华大地风雨飘摇，中华民族内忧外患。值此艰难时刻，1917年5月6日，著名教育家、爱国民主人士黄炎培先生联合蔡元培、梁启超、张謇等教育界、实业界知名人士，发起创立了中华职业教育社。职业教育社一经创立就努力把社的事业与国家的命运、人民的福祉结合在一起，期望通过职业教育解决国计民生问题，救民族于危难，求国家之强盛，助民众之富足，为实现"市无游民，道无行乞，国多藏富之源，民有乐生之感"的理想而不懈努力。

由纯粹的职业教育团体到致力于祖国独立、解放、民主、富强的进步政治团体的华丽转变。抗日战争爆发后，中华职业教育社满怀热情，积极投身抗日救亡运动和中国共产党领导的和平民主运动，拥护中国共产党的正确主张，反对独裁，坚持抗战，抵制日货，救济难民，创办刊物《教育与职业》《生活周刊》《国讯》《展望》。先后参与发起组建中国民主政团同盟和中国民主建国会。积极参加新政协，成为中国共产党领导的抗日民族统一战线和爱国统一战线的重要成员。

投身办学实践，为中国革命、建设和改革培养实用人才。在20世纪上半叶，中华职业教育社历尽艰难，大力宣传职业教育为"自救、救国"之道，积极提倡和创办各种各样的职业教育。创办了被誉为在国内外"最富有实验性的学校"——中华职业学校。培养了张闻天、华罗庚、顾准、江竹筠、秦怡等知名人士。中华职业教育社还大规模创办职业补习学校，上海第四中华职业补习学校、中华工商专科学校、比乐中学，成为坚强活跃的进步力量。中华人民共和国成立后，中华职业教育社认真贯彻党和国家关于发展文化教育事业的方针政策，积极举办语文学习讲座，实验和推广函授教育，先后创办了北京函授师范学校和中华函授学校，成为函授教育的开路先锋。迄今为止，中华职业教育社先后共举办各级各类职业学校和农村改进区等城乡职业教育事业单位80余所，为各行各业培养了数以百万计的优秀毕业生。

大力实施温暖工程，积极推动中华职业教育社工作转型。1995年，为响应中共中央号召，协助党和政府解决剩余劳动力安置就业问题，中华职业教育社创立了温暖工程——以就业为导向，以技能培训为抓手，以扶助弱势群体为重点，实施职业教育精准扶贫，改善民生，促进社会和谐，推动职业教育社工作积极转型。中共中央在《关于巩固和壮大新世纪新阶段统一战线的意见》中将温暖工程与光彩事业、智力支边一起列为统战系统为社会服务的三大项目之一。上海中华职业教育社率先响应中华职业教育社总社的部署，创新开展温暖工程工作。持续实施中华职业教育社总社发起的"同心·智力支持工程"毕节项目，组织团体社员学校招收贵州毕节职校学生来沪就读，2012年以来上海市共由总社和职业学校投入300余万元，截至2018年底，资助毕节职业院校学生达2000余人次；自2013年起，创设并连续发放"中华助学金"，资助上海职业类院校困难学生共计1495人，累计资助金额297万元，有效凝聚和传递了正能量；自2016年起，多次连续面向贵州、宁夏、云南举办职业院校长研修班，为西部地区精准扶贫、精准脱贫提供智力支持。

拓展海内外交流合作，不遗余力助推两岸和平和港澳繁荣稳定。2004年和2010年，中华职业教育社先后成为联合国公共信息部和联合国经社理事会联系的非政府组织成员。上海中华职业教育社也连续举办港澳台地区青年学生研习营、国际职业教育论坛、海峡两岸暨香港职业教育论坛等。甚至在市中华职业教育社品牌工作"中华杯"职业技能竞赛活动中，也屡屡引进港台选手参赛，双方同台竞技，交流技艺。同时积极开展与国际职教界的交流合作，拓展实施与芬兰、澳大利亚职业教育方面的合作项目。

组织建设取得重大突破，事业多点开花，百年社团重新焕发生机与活力。中共十八大召开后，中华职业教育社31个省级组织全部成立，为全面推进事业进步奠定了坚实的基础。上海中华职业教育社的各项工作也进入了飞速发展时期。2014年，完成区级职业教育社组织全覆盖；自2013年起，坚持"面向社会、面向青年、面向技能"，每年举办一届"中华杯"职业技能竞赛，每年发放一批"中华助学金"；自2014年起，每年出版一本《上海职业教育事业蓝皮书》，这是全国第一本聚焦职业教育发展的年度蓝皮书，受到职业教育界和国内相关机构的普遍欢迎和持续关注。自2016年起，每年举办港澳台职业院校师生研习营；聚焦对口帮扶，面向贵州、宁夏、云南举办的职业院校长研修班不断向西部更多地区辐射；顺利推进沪苏浙皖职业教育社长三角一体化发展合作签约。上海中华职业教育社的事业不断延伸，影响力不断扩大。

三、不忘初心，秉承职志，书写上海中华职业教育社新的时代篇章

回顾共和国70年的奋斗历程，虽然我们也曾经遭受过挫折，经历过低谷，

但成就斐然，有目共睹。如今，中国特色社会主义走进新时代，这是中华民族之幸，中国人民之幸，当然也是中华职业教育社之幸。我提三点希望，愿与在座各位共勉。

一是要加强学习，弘扬传统，为扛起新时代使命担当凝聚共识。面对时代赋予的新的历史使命，全体职业教育社社员要大兴学习之风，切实在学懂弄通做实习近平新时代中国特色社会主义思想上下功夫，在推进工作实践上出实招。要学习中国共产党98年的奋斗史，学习中华人民共和国70年的发展史，学习中华职业教育社102年的创业史，做到知史爱党、知史爱国、知史爱社，始终与祖国同呼吸、共命运。要学习继承中华职业教育社的创始人黄炎培先生，以一生之为党、为国、为民这样的宏图大志所形成的职业教育的目的和职业教育的理念，继承弘扬中华职业教育社"团结、切实、坚韧、勤俭"的优良传统，将自身的事业融入国家、民族发展进步的大局中，认真履职尽责，跑好属于我们这一代职教人的接力棒。

二是要围绕中心，服务大局，聚焦经济社会发展持续发力。要秉承"使无业者有业，使有业者乐业"理想，紧紧围绕职业教育和经济社会发展中的热点和难点问题，深入开展调查研究，推动建设中国特色职业教育体系，不断促进上海职业教育高质量发展。充分发挥职业教育社"统战性、教育性、民间性"优势，深入推进温暖工程，积极参与西部地区精准扶贫、精准脱贫，为决胜全面建成小康社会积极作为。要以长三角一体化上升为国家战略为契机，顺应职业教育扩招的新形势，在长三角职教一体化上有新举措。要持续办好职业技能竞赛活动，更好地推广职业技能提升运动，大力弘扬工匠精神，积极为2021年世界技能大赛在上海的成功举办献计出力。

三是要与时俱进，固本强基，以改革创新精神推动组织建设上水平。中华职业教育社到今天已走过了102个春秋，与创立之时相比，时代环境发生了翻天覆地的变化。世易时移，变法宜矣。上海中华职业教育社各级组织要进一步加大群团改革力度，保持和增强工作的政治性、先进性、群众性，全面加强自身建设，积极推进思想建设、组织建设和制度建设，进一步壮大人才队伍，不断创新工作方式方法，强基层、强队伍、强服务、强活力，为上海中华职业教育社在新时代奉献新作为提供强大组织保障。

同志们，70年斗转星移、沧海桑田。回望历史，我们看到的是一条中华民族从独立到富强的复兴之路，是中国人民改天换地创造人间奇迹的辉煌之路。奋斗创造历史，实干成就未来。今天，我们行进在新时代，承载着历史的荣光，肩负着未来的希望。我们要更加紧密地团结在以习近平同志为核心的党中央周围，高举中国特色社会主义伟大旗帜，以习近平新时代中国特色社会主义思想为指导，时刻谨记前辈先贤教诲，大力弘扬"手脑并用，双手万能"的职教理念，迎难而上，开拓进取，为决胜全面建成小康社会、夺取新时代中国特色社会主义伟大胜利，为把我国建设成为富强民主文明和谐美丽的社会主义现代化强国、实现中华民族伟大复兴的中国梦不懈奋斗！

谢谢大家！

目 录

第一部分　上海职业教育改革发展报告

　　一、上海职业教育发展的总体情况 / 4

　　　　（一）中等职业教育 / 4

　　　　（二）高等职业教育 / 7

　　二、落实国家职业教育改革实施方案：上海职业教育改革举措与特色 / 13

　　　　（一）扩大贯通培养规模，推进现代职业教育体系建设 / 13

　　　　（二）对接上海城市发展，打造高水平职业院校和专业 / 14

　　　　（三）统筹规划多措并举，分层分类开展院校教师培训 / 17

　　　　（四）加大教材开发管理，建设优质的课程与校本教材 / 21

　　　　（五）盘活各类办学资源，积极有效落实高职扩招任务 / 23

　　　　（六）大力开展职业培训，服务区域经济与企业转型升级 / 25

　　　　（七）共享优质教育资源，推动长三角区域职教一体化 / 26

　　　　（八）开展技能竞赛与鉴定，提高技术技能人才培养质量 / 29

　　三、上海职业教育发展与国家战略同向同行 / 31

　　　　（一）对接"四大品牌"：铸造上海职业教育新特色 / 31

　　　　（二）对标《职教二十条》：加快职教高质量发展行动计划实施 / 33

　　　　（三）对照职教政策：推进职业教育的现代化进程 / 35

（四）因地制宜：制定上海职教高质量发展方案 / 39

（五）聚焦"新基建"：切换职教发展新动能 / 42

（六）上海"新基建"：倒逼职教动能转型 / 43

四、高质量发展规划，引领职教高质量发展 / 47

（一）"十四五"上海职业教育的改革发展走向 / 47

（二）多措并举释放上海职业教育的"乘积效应" / 58

（三）高质量、高起点，科学规划上海职教新发展 / 59

链接1 《上海职业教育高质量发展行动计划（2019-2022年）》（2019.12.17）/ 63

链接2 《国家职业教育改革实施方案》（职教20条）2019 / 70

链接3 关于在院校实施"学历证书+若干职业技能等级证书"制度试点方案 / 80

第二部分 上海职业教育专题研究

一、中华人民共和国成立70年来职业教育发展的历史阶段特征与经验 / 87

（一）中等专业教育和技工教育有序发展支撑了中华人民共和国成立初期的工业体系构建 / 87

（二）职业教育在恢复和发展中积蓄了助力改革开放的能量 / 88

（三）新世纪初期职业教育跨越式发展形成服务经济高速增长的动力 / 89

（四）新时代职业教育深化改革支撑国家经济高质量发展 / 89

（五）70年中国职业教育发展历程积累了宝贵经验 / 91

二、坚持学历教育与职业培训并举推动新时代职业教育改革 / 93

（一）聚焦问题导向，正视职业教育发展面临的困境 / 93

（二）凸显目标导向，引领新时代职业教育深化改革 / 95

（三）启动1+X证书制度改革试点工作，坚持教育与培训并举的重要特色 / 96

（四）健全制度标准体系，完善教育与培训相结合的制度基础 / 97

（五）推进产教深度融合，促进校内校外工学结合育人 / 98

（六）强调放管服改革和管办评分离，保障技术技能人才培养培训成效 / 100

三、首次以第三方机构名义公开发布的全国职业院校评估报告 / 102

  （一）全国职业院校评估报告发布概况 / 102

  （二）2018年全国职业院校评估工作主要特点 / 103

  （三）全国职业院校评估报告内容概要 / 104

  （四）上海市职业院校在两轮评估中的大致情况 / 106

四、从对接走向融合：百万扩招背景下的高职院校转型发展 / 108

  （一）扩招背景下高职院校转型发展的必要性 / 108

  （二）扩招背景下高职院校转型发展的新要求 / 110

  （三）扩招背景下高职院校转型发展的对策 / 112

五、育训结合、德技并修：中国特色高水平院校和专业建设 / 117

  （一）育训结合是中国特色职业教育发展模式的集中体现 / 117

  （二）德技并修是体现中国特色高水平高职教育立德树人的根本特征 / 118

  （三）育训结合、德技并修对强化产教融合、校企合作提出更高的要求 / 119

六、高质量发展：上海深化高职院校的建设与改革 / 121

  （一）以高职"双一流"建设工作引领高职教育建设发展 / 121

  （二）以教学诊改工作推动内部质量保证体系的建立完善 / 122

  （三）以1+X证书制度实施推进高职人才培养模式的改革 / 124

  （四）以现代学徒制试点为载体深化高职教育的产教融合 / 125

七、江浙粤鲁四省职业教育改革发展经验对上海的启示 / 128

  （一）四省职业教育现状与上海的比较 / 128

  （二）兄弟省份在推动产教融合、校企合作上的经验做法 / 133

  （三）在职教体系构建上的经验及其教训（以江苏为例） / 136

  （四）对本市的借鉴与启示 / 138

八、落实国家职业技能提升行动 大规模开展上海职业培训 / 141

（一）2019年上海职业培训基本概况 / 141

（二）2019年上海职业培训的主要特点 / 142

（三）对2020年政府工作报告提出新任务的初步思考 / 146

九、修订实施《上海市职业教育条例》 助力上海城市发展 / 149

（一）系统发力，《条例》保障人才培养规模和质量 / 149

（二）构建中高本硕人才培养体系，培养更多"包起帆"式人才 / 150

（三）深化校企合作，为提升城市能级培养技术人才 / 151

（四）把职业教育真正办成一种类型教育 / 152

（五）《条例》为建立终身职业培训新体系提供制度保障 / 153

（六）《条例》修订为上海职业教育实现现代化奠定法理基础 / 154

（七）《条例》可有效促进职业学校的教育创新发展与质量提升 / 155

第三部分 上海职业教育实践案例

一、课程思政篇 / 159

以历史记忆培育职教认同——中职德育工作的新视角 / 159

廉洁教育进中职课堂的实践与探索 / 166

《哲学与人生》课中渗透战"疫"精神的教学案例法实践 / 172

基于在线课程的思想政治课混合式教学模式探索 / 176

"青年马克思主义工程"育人模式的探索与研究 / 181

二、教学探索篇 / 188

《国际贸易业务流程》课程教学中易感教学情景的运用 / 188

运用教学机智化解教学过程中矛盾的策略 / 194

刍议理实一体化教学法在机械专业教学中的运用 / 198

职教《无机化学》课程教学模式改革的研究 / 202

基于移动终端的课堂教学改革的探索 / 208

英语课教学中融入英语歌曲的实践研究 / 217

三、课程改革篇 / 227

学生职业认同感培育的体验教育模式探究 / 227

数字化教材建设的探索与实践——以上海市医药学校教材开发为例 / 234

智能交通技术运用专业学生顶岗实习职业能力和岗位群研究 / 240

教育信息化2.0视角下哲学课堂变革的探究——以一堂《坚持内外因相结合，促进人生发展》的课为例 / 249

依章治校视阈下职业院校专业教材开发机制研究 / 253

四、职教发展篇 / 264

基于表达性艺术疗法的中职心理健康课体验式教学设计与实践——以自我意识辅导模块为例 / 264

新形势下黄炎培职业教育思想的现实意义 / 274

上海职业教育国际水平专业教学标准实施的调查研究 / 278

刍议职业教育发展之蚂蚁计划——蚂蚁学院的实践和经验 / 285

职业教育课堂文化的育人价值与实现方式 / 288

五、校园育人篇 / 298

基于上海市医药学校云南学生自主学习能力现状及影响因素分析研究 / 298

中职学生学习动机不足深层次原因之探究及对策 / 306

校园网络欺凌问题及应对策略研究 / 310

中职学校来自民族地区学生语言表达规范性问题及解决策略——以上海船厂技工学校为例 / 317

音乐教学中提升学生人文素养的探索 / 322

歌曲《枫桥夜泊》的音乐分析与演唱研究 / 328

六、队伍建设篇 / 340

以师为本·以能为重·兴师强校——上海市交通学校推进教师专业发展案例 / 340

《职教二十条》背景下双师型教师队伍建设的探索——以物流管理（化工物流）专业为例 / 347

校企联手搭建实践平台 双师队伍助推学校发展——以上海石化工业学校"双师素质"师资培养为例 / 352

构建高职院校教师"校企一体化"培养长效机制的研究——以上海某职业院校汽车运用工程系为例 / 358

第四部分　2019年上海中华职业教育社事业报告

一、凝聚爱国力量，隆重庆祝中华人民共和国成立70周年 / 372

（一）召开庆祝中华人民共和国成立70周年座谈会 / 372

（二）举办庆祝中华人民共和国成立70周年书画展 / 373

二、聚焦职教改革，奋力推动职业教育高质量发展 / 375

（一）编撰出版《2019上海职业教育事业蓝皮书》 / 375

（二）举办第七届"中华杯"职业技能竞赛 / 375

（三）成立上海市中华职业教育社职业教育校企联盟 / 377

三、着眼大局大势，积极服务国家重大发展战略 / 378

（一）助力海峡两岸和平发展、港澳持续繁荣稳定 / 378

（二）积极参与长三角一体化国家战略 / 381

（三）大力践行国家精准扶贫精准脱贫战略 / 381

四、坚持党建引领，全面加强自身建设 / 384

（一）主题教育取得扎实成效 / 384

（二）组织建设迈出坚实步伐 / 385

（三）社员队伍建设稳步推进 / 387

第一部分

上海职业教育改革发展报告

2019年是中华人民共和国成立70周年。中国职业教育经过70年的发展站上历史新起点。面对新形势，国家把"职业教育服务能力显著提升"作为《中国教育现代化2035》八大发展目标之一，这是对职业教育发展的更多期待和更高要求。国务院《国家职业教育改革实施方案》明确指出，"职业教育与普通教育是两种不同教育类型，具有同等重要地位"，"没有职业教育现代化就没有教育现代化"。当前，上海正加快落实习近平总书记交给上海的三项新的重大任务，加快建设"五个中心"，全力打响"四大品牌"，产业升级和经济结构调整不断加快，城市发展对高素质技术技能人才的需求愈加紧迫，职业教育的重要地位和作用更为凸显。上海为贯彻落实国务院部署，制定《上海职业教育高质量发展行动计划(2019-2022年)》，绘就未来上海职业教育发展蓝图，推动本市职业教育高质量发展。

一、上海职业教育发展的总体情况

（一）中等职业教育

2019年上海市共有普通中等职业学校80所，其中：职业高中23所，中等专业学校50所，中等技工学校7所，共有全日制在校生8.66万人，比上年减少2.26%，其中：职业高中1.97万人，中等专业学校5.70万人，中等技工学校0.99万人。另有成人中等专业学校10所，在校生1.34万人。

1. 专业布局

2019年，上海中等职业学校共设置123个专业、500余个专业点，专业点在一、二、三产业中所占比例分别为1.4%、19.9%、78.7%，逐步形成了对接"四大品牌""五个中心"建设需求，布局合理、特色鲜明的专业体系，较好地支撑了上海城市发展。聚焦"五个中心""四大品牌"建设要求，上海中等职业学校加快开设机器人维修、移动电商等新兴专业，新增学前教育、护理等人才缺口仍然较大的专业点，扩大招生规模；主动关闭、削减有色金属冶炼、火电厂仪表安装等不符合上海产业发展需求的专业。2019年全市中等职业学校停招23个专业点，主动削减招生规模的专业点130余个；建设汽车车身修复、机电技术应用、数控技术应用等50个有一定社会影响力的示范品牌专业。如，上海市行政管理学校基于文秘专业优势，对标人社部"电子竞技运营师"新职业，根据行业对电竞事务与管理人才的能力要求，打造文秘（电竞秘书）专业，培养电竞秘书专门化方向的人才。2019年，学校完成了第一届电竞秘书专业招生工作，27名学生顺利入学。

2. 师资队伍情况

2019年上海市普通中等职业学校有教职工1.14万人，在编在岗的教职工总数、专任教师总数、专业教师总数分别为1.1万人、0.8万人和0.44万人，校均生师比为12.1∶1，校均"双师型"教师比例为58.10%，超过教育部《中等职业学校设置标准》。其中，上海音乐学院附属中等音乐专科学校、上海市机械工业学校、上海市交通学校、上海市城市科技学校、上海市奉贤中等专业学校等5所学校"双师型"教师比例达到85%以上。职业高中专任教师0.28万人，中等专业学校专任教师0.47万人，中等技工专任教师0.05万人。专任教师中，学历达到本科及以上水平的占比98%。其中，本科学历6056人，占76%；硕士及以上学历的有1752人，占22%。上海中职学校专任教师中，中级职称3927人，占49%；副高级及以上职称1783人，占22%。

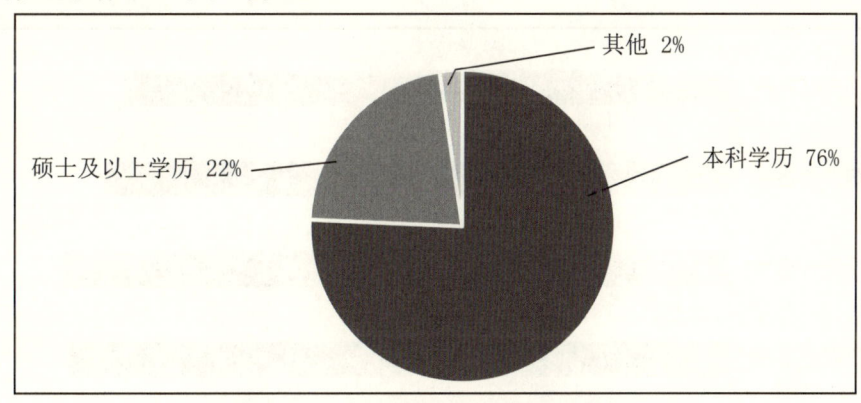

图1　2019年上海中等职业学校专任教师学历结构

2019年，上海中职学校专任教师中，中级职称3927人，占49%；副高级及以上职称1783人，占22%。

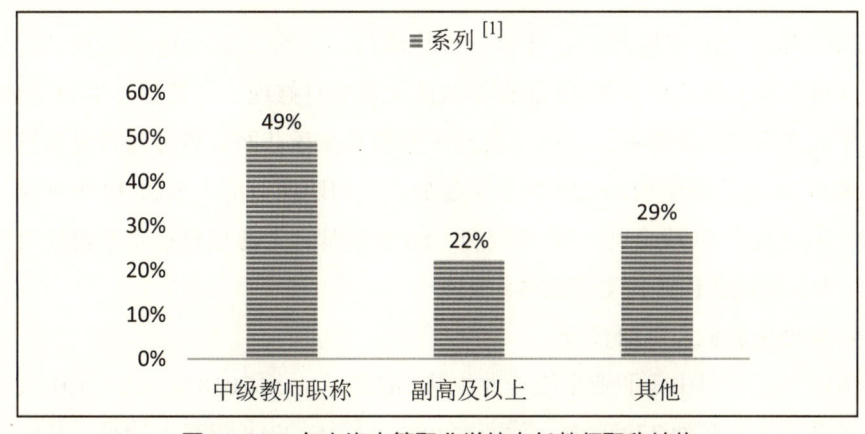

图2　2019年上海中等职业学校专任教师职称结构

2019年，上海中等职业学校聘任兼职教师1920人，专兼职教师比例为4.2∶1。兼职教师中，取得国家职业资格一级证书的有195人，占10.2%，二级证书的有267人，占13.9%；取得行业、企业职业资格证书（高级）的有173人，占9.0%。

3. 学生综合素质

2019年，中职生综合素质整体得到提升。上海中职学校学生文化课合格率平均为93.02%，专业技能合格率为93.5%，体质测试合格率为87.37%，与2018年相比都略有提高。在国家逐步规范职业资格证书制度、取消部分职业资格证书的背景下，学生双证书获取率仍然保持在80%以上，2019年为81.38%。[2]

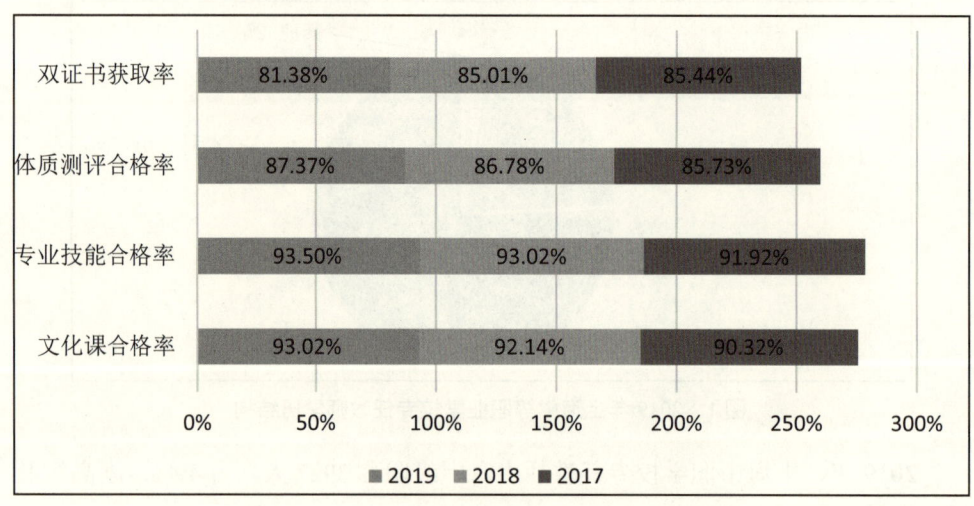

图3　2017-2019年上海中职学生综合素养发展情况

2019年，上海市杨浦职业技术学校徐澳门、上海市城市建设工程学校（上海市园林学校）陆亦炜在第45届世界技能大赛车身修理、花艺项目中获得金牌，两所学校都实现金牌蝉联；上海信息技术学校冯家乐获网站设计与开发项目优胜奖。来自39所中职学校的229名学生参加了全国职业技能大赛共38个项目，获奖182项，其中18枚金牌、78枚银牌、86枚铜牌；上海信息技术学校获"互联网+"大学生创新创业大赛职教赛道银奖。

4. 毕业生就业及薪酬情况

2019年，全市中等职业学校毕业生共28287人，比2018年减少1101人，就业（含升学）人数为27928人，就业率98.73%，与2018年基本持平。其中，毕业生直接就业（含进入企、事业单位以及自主创业、自谋出路、参军、出国等其他方式就业）7814 人，占 27.98%。直接就业的毕业生中，从事第一产业的人数为 18 人，占比 0.23%；从事第二产业的人数 2305 人，占比 29.50%；从事第三产业的人数为 5491 人，占比 70.27%。与 2018 年相比，从事第二产业的比例有所下降，从事第三产业的比例有所上升。毕业生自主创业人数为 25 人，自主创业率为 0.1%。毕业生平均薪酬提高至 3303.54 元，比 2018 年增长 4.01%。[3]

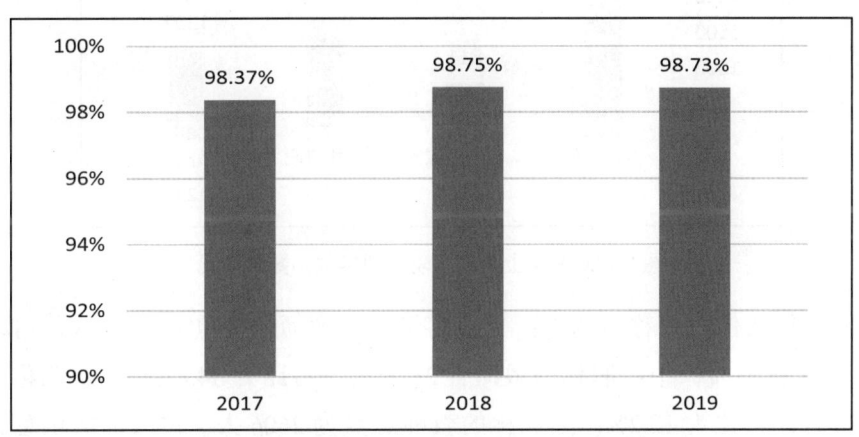

图 4　2017-2019 年上海中等职业学校就业率

（二）高等职业教育

截至 2019 年底，上海市共有 21 所高等职业院校，其中公办高职院校 11 所，民办高职院校 10 所。上海工艺美术职业学院入选国家"双高计划"院校，上海工艺美术职业学院、上海电子信息职业技术学院、上海城建职业学院 3 所院校进入上海一流专科高等职业教育建设单位；上海出版印刷高等专科学校、上海旅游高等专科学校、上海交通职业技术学院、上海农林职业技术学院 4 所院校进入上海一流专科高等职业教育建设培育单位。

1. 师资队伍情况

2019 年上海市 21 所高职院校共有教师 8117 人，其中，公办院校教师 4670 人，占教师总人数的 57.5%；民办院校教师 3447 人，占教师总人数的 42.5%。教师队伍的性别结构：男性教师 3592 人，占教师总人数的 48.7%；女性教师 4524 人，占比为 51.3%。在教师队伍的类型结构上，将高职院校教师类型划分为校内专任、校内兼课、校外兼职、校外兼课 4 类，下图是 4 类教师各自的人数情况。

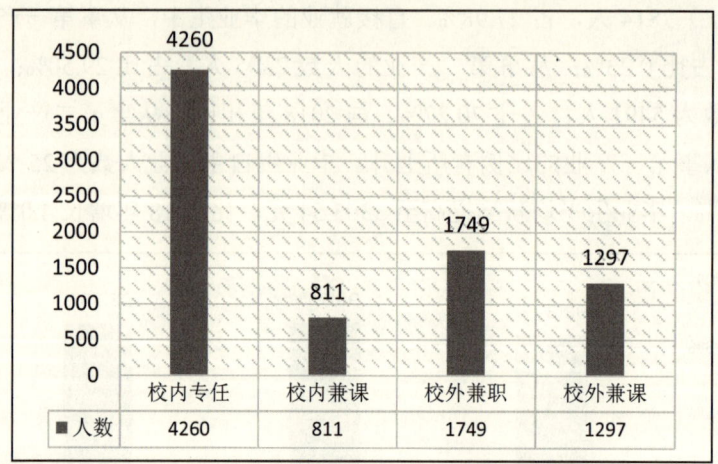

图 5　2019 年上海高职院校四类教师数量情况

在教师队伍的职称结构上：具备高级职称教师的数量为 1697 人，占教师队伍总数的 21%；中级职称的教师有 2826 人，占比为 34.8%；初级职称教师为 988 人，占比为 12.2%；无职称的教师总数为 2606 人，占教师队伍总数的 32.1%。在教师队伍的学历与学位结构上：具备硕士研究生学历的教师数量最多，占比 30.8%，大学学历的教师总数为 2171 人，占比 26.7%；专科层次学历的教师占比为 1.2%。在学位结构上，具备学士学位及以上的教师共计 4626 人，占教师总数的 57%。

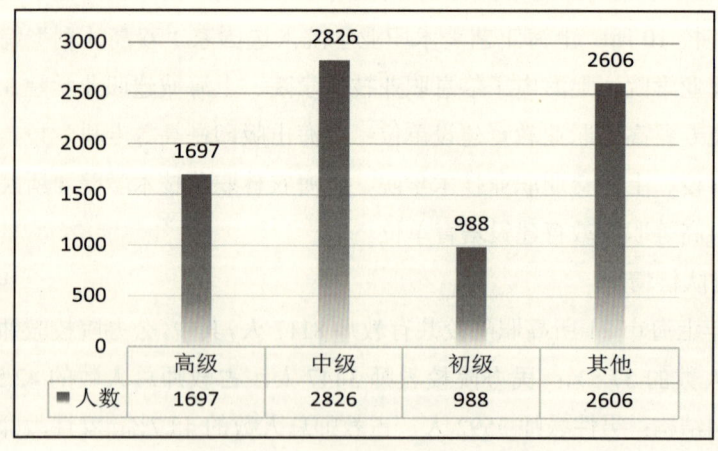

图 6　2019 年上海高职院校教师队伍职称结构

在教师队伍的年龄结构上，45 岁及以下的教师有 5740 人，占教师队伍总数的 70.7%，是高职院校教师队伍的主要构成。45 岁以上的教师数为 2380 人，占教师总数的 29.3%，青年教师已成为高职院校师资队伍的重要组成。青年教师的教育教学水平在很大程度上影响着职业院校的人才培养质量。旨在提升青年教师的实践教学能力与教学水平，上海举办了具有区域特色的"高校青年教师教学竞赛"，该竞赛共设有 6 个组别：人文科学、社会科学、自然科学基础学科、自然科学应用学科、非语言类外语教学学科和高职高专综合学科。高职高专综合学科是竞赛类别的重要组成部分，反映出了高等职业教育在教育体系中的重要地位，凸显了职业教育的类型定位。

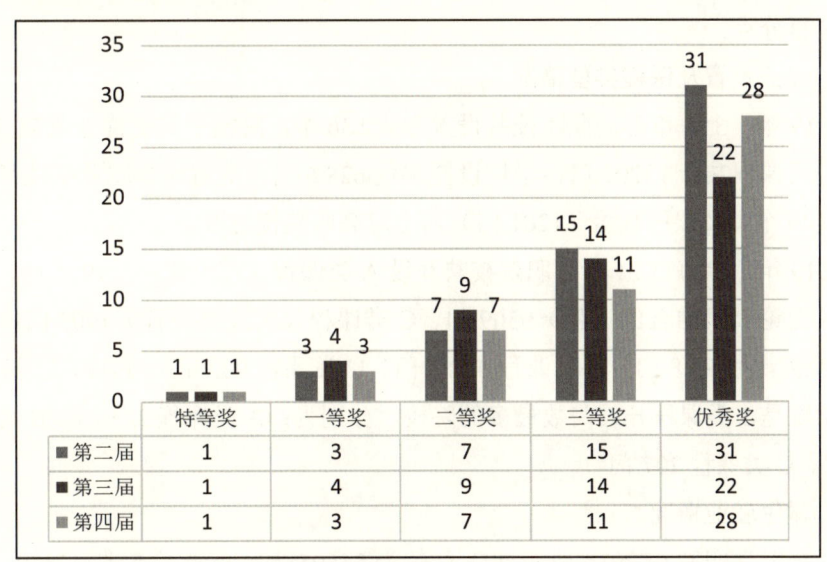

图 7　上海高校青年教师教学竞赛各届获奖情况

2019 年上海市 22 所高职院校共计获得奖项 50 个，其中特等奖 1 项、一等奖 4 项、二等奖 9 项、三等奖 14 项、优秀奖 22 项。公办高职院校在三届教学竞赛中共获得各类奖项 82 项，民办院校共获得各类奖项 110 项。获奖数量超过三项及以上的院校共 11 所，获奖数量超过 2 项及以上的院校有 6 所。竞赛已经连续举办四届，在提升青年教师教育教学能力等方面发挥了重要作用，成为广大青年教师展现实践教学能力的竞技平台、助力职业教育高质量发展的有效载体。

2. 学生人数及招生情况

2019 年上海 21 所高职院校在校生共计 10.3623 万人。其中公办院校 5.5446

万人，民办院校 4.8177 万人。

在招生方面，2019 年，上海市公办高职院校共招生 22611 人，民办高职院校招生 24187 人，后者比前者多 1576 人。招生数排名居于前三位的公办高职院校分别是：上海城建职业学院 4032 人，上海电子信息职业技术学院 3520 人，上海民航职业技术学院 3200 人；招生数排名居于前三位的民办高职院校分别是：上海工商外国语职业学院 3720 人，上海思博职业技术学院 3320 人，上海中侨职业技术学院 2913 人。

2019 年，公办院校的平均录取率和平均报到率均高于民办院校，尤其是在平均录取率上，前者高出后者 17.93 个百分点；在报到率上，二者的差距缩小到 4.22 个百分点。

3. 专业设置及课程类型情况

2019 年，上海市各高职院校共设置专业 536 个，院校平均设置专业 25.5 个；当年设置课程共计 13201 门，平均设置课程 628.6 门。上海城建职业学院开设的专业（49 个）及课程数量（1201 门）居上海高职院校之首。

2019 年，上海市 21 所高职院校共开设 A 类课程（理论课程）1991 门、B 类课程（理论实践结合的课程）9509 门、C 类课程（实践类课程）1905 门；平均开设 A 类课程 94.8 门、B 类课程 452.8 门、C 类课程 90.7 门。其中，上海城建职业学院是 3 类课程开设门数最多的院校，分别为：A 类课程 225 门、B 类课程 819 门、C 类课程 207 门。

4. 学生就业情况

上海市高职院校 2018 届毕业生总数为 36695 人，就业总数是 35639 人（9 月 1 日数据），平均就业率 97.12%。2019 年上海市高职院校应届毕业生总数为 34248 人，就业总数为 33663 人，平均就业率 98.09%，相比上年上升 0.97 个百分点。

其中公办高职院校应届毕业生总数为 18122 人，就业总数 17682 人，平均就业率是 97.57%。民办高职院校应届毕业生总数是 16126 人，就业总数 15981 人，平均就业率是 99.10%。比较可见，民办院校的就业率相比于公办院校高出 1.53 个百分点。

5. 职业技能大赛情况

各级各类职业技能大赛已成为技术技能人才展示的舞台，上海高职学生积极参与"星光计划"技能大赛、全国职业院校技能大赛以及世界技能大赛等，展示了上海高职院校学生的风采。

"星光计划"技能大赛是由上海市教育委员会、上海市劳动局和社会保障局共同主办的有关职业院校高水平的技能竞赛。比赛项目从首届的 11 个专业大类、33 个比赛项目增加到第八届（2019 年）的 23 个专业大类、113 个比赛项目。"星光计划"技能大赛与教育培养目标、专业教学标准、国家职业标准、全国技能大赛和世界技能大赛相结合，借鉴世界技能大赛的办赛理念、与世赛国赛接轨，赛项中有 54 个竞赛项目与世赛接轨，有 60 个竞赛项目与国赛接轨。高职组设 10 个大类 43 个项目，共有来自 30 所高职院校的 1622 名学生、191 名教师进入决赛阶段比赛。

上海市高职院校除了参加本市的技能竞赛之外，还参加全国职业院校技能大赛。全国职业院校技能大赛一共有 84 个赛项，其中高职设有 50 个项目。2019 年，上海高职（含本科二级学院）院校参加全国职业院校技能大赛，在市场营销技能、互联网+国际贸易综合技能等 32 个项目中获得了奖项，一等奖 16 人、二等奖 20 人、三等奖 77 人，获奖人数达到 113 人。

此外，上海高职院校还积极参加国（境）外技能大赛，并取得了一定的成绩。如上海工艺美术职业学院的赵丹同学在 2019 美国国际联邦皮具大赛获大师组穿着类第一名、何苗同学在 IFDC 国际鞋类设计大赛获铜奖；上海交通职业技术学院周思语同学、上海民航职业技术学院空中乘务专业陈亦凡同学分别在第 44 届世界技能大赛中获货运代理项目全球第四名、餐厅服务（西餐）项目优胜奖；上海出版印刷高等专科学校的甘信宇、钱叶嘉等同学获"品牌与传达设计"类红点设计奖，张勇强、张家琪、陆云、项雯、吴一韵等同学获得美国印刷大奖"班尼"金、银、铜奖，具体见下表：

表 1　2019 年上海高职院校国（境）外技能大赛获奖情况

国（境）外技能大赛获奖情况	1. 何苗作品，在 IFDC 国际鞋类设计大赛获铜奖	上海工艺美术职业学院
	2. 赵丹作品，在 2019 美国国际联邦皮具大赛大师组获奖	
	3. 赵丹作品，在 2019 美国国际联邦皮具大赛获大师组穿着类第一名	
	4. 刘振宇指导学生在德国科隆展会获奖	
	1. 周思语，在第 44 届世界技能大赛中获货运代理项目全球第四名	上海交通职业技术学院
	1. 张勇强作品，获美国印刷大奖"班尼奖"金奖	上海出版印刷高等专科学校

（续表）

2.张家琪作品，获美国印刷大奖"班尼奖"银奖	
3.陆云作品，获美国印刷大奖"班尼奖"银奖	
4.项雯作品，获美国印刷大奖"班尼奖"银奖	
5.吴一韵作品，获美国印刷大奖"班尼奖"铜奖	
6.甘信宇、钱叶嘉作品，获"品牌与传达设计"类红点设计奖，出版与印刷物 Publishing & Print Media 组别	
7.甘信宇、钱叶嘉作品，获"品牌与传达设计"类红点设计奖，出版与印刷物字体与字型 Typography 组别	
8.孟子航作品，获"当代好设计"奖中食品包装类别优胜奖	
1.2017年10月，空中乘务专业学生陈亦凡，获第44届世界技能大赛餐厅服务（西餐）项目优胜奖	上海民航职业技术学院

数据来源：各高职院校提交的人才培养状态数据（2019）。

参考文献

[1] 《上海市中职质量年报 2020》.

[2] 《上海市中职质量年报 2020》.

[3] 《2019 年上海市中等职业学校毕业生就业情况》.

二、落实国家职业教育改革实施方案：
上海职业教育改革举措与特色

2019年上海职业教育深入贯彻落实全国教育大会精神和《中国教育现代化2035》《国家职业教育改革实施方案》《加快推进教育现代化实施方案（2018-2022年）》等重大部署，对接科技发展趋势与上海城市发展需求，围绕上海建设"五个中心"、打响"四大品牌"和率先实现教育现代化目标，坚持面向市场、服务发展、促进就业的办学方向，深化产教融合、校企合作，完善职业教育和培训体系，持续推进职业教育内涵建设，着力提升上海职业教育现代化建设水平。

（一）扩大贯通培养规模，推进现代职业教育体系建设

上海持续扩大中高职贯通培养模式试点范围，2019年增设26个专业点，试点启动10年来设立专业试点达191个；开展中高职贯通专业点跟踪检查，动态调整相关专业点招生规模，启动中高职贯通数学和英语课程标准研制，推进23个中高职贯通专业教学标准开发和32个中高职贯通高水平专业建设；扩大"专科高等职业教育—应用型本科教育"人才贯通培养试点范围，启动第三批3个试点专业，着力培养具有较强发展后劲的高端应用型技术技能人才；研制"五年一贯制"职业院校试点建设工作方案，推进探索建设虹口、金山等区区属五年一贯制高职学校，优化高校布局结构调整；开展"迎祖国七十华诞，展职教时代风采"为主题的"职业体验日"，共有19所高职院校面向全市中小学生开放，共有体验项目94个，促进普职融通。

> **专栏　"高本贯通"人才培养模式的独特优势**
>
> "高本贯通"全称"'专科高职—应用型本科'人才贯通培养",是在上海高职院校和应用型本科院校间,选择部分技术技能要求较高、培养周期较长、社会人才需求旺盛稳定的专科专业与相应的应用型本科专业开展一体化人才贯通培养,学生前3年在高职院校学习,后2年在应用型本科院校学习。"高本贯通"与"中高贯通""中本贯通"一起,构成了上海现代职业教育"中职—专科高职—应用型本科"人才贯通的三大模式,对应用型人才培养体系建设提供重要支撑。
>
> "高本贯通"人才培养模式具有独特优势。一是行业认可的优势。在"高本贯通"人才培养方案中,突出强调了"双证融通"的人才培养要求,"高本贯通"培养的学生符合相关条件后,要获取行业企业认可的职业技能证书,学生在就业时更有优势。二是办学资源的优势。"高本贯通"培养可整合专科高职院校和本科院校的优势资源,培养更加符合行业企业需要的应用型人才。三是贯通培养的优势。"高本贯通"通过一体化设计培养方案,能有效解决原有的专科高职和应用型本科两个阶段相关专业的课程重复、缺少衔接、资源浪费等问题。同时,"高本贯通"也不同于现有"专升本"模式(专升本采取分段式培养),通过将本科相关要求提前3年在高职阶段进行渗透教育,使学生尽早接触专业,也可通过反复的循序渐进的知识传输和技能训练,使学生的专业基础知识更为厚实,专业技能更加扎实,技术应用与创新能力更强,职业生涯的发展后劲更强。这种人才培养模式,适合有明确职业规划、对相关专业技能感兴趣,并具备一定学习基础的学生进行报考。
>
> 资料来源:上海市教委《解放日报关于高本贯通试点工作的采访函》的答复

(二)对接上海城市发展,打造高水平职业院校和专业

根据《国家职业教育改革实施方案》总体部署,结合上海职业教育发展实际,更好服务上海"五个中心""四大品牌"战略需求,上海职业教育主动调整优化专业布局,不断增强匹配、服务、支撑能力和水平。近年来,上海中等职业学校毕业生中在上海就业的人数都在1万人以上,这些学生"留得住、下得去、用得上",是上海打响"四大品牌"的生力军。

> **专栏 凝聚优势 打响专业品牌**
>
> 中华职业学校对接"上海服务"品牌,做精烹饪类专业,该校西餐烹饪是上海市示范性品牌专业,也是上海市中等职业教育"双证融通"试点专业,倡导学生"练厨技、修厨德、慧厨心";中餐烹饪与营养膳食是上海市品牌专业,积极探索基于"工匠精神"育人理念的校企联动培养人才机制。该校烹饪类专业学生在第八届星光技能大赛获得西式点心项目三等奖,在第三届赖声强杯烹饪技艺大赛获3枚金奖、1枚银奖,李锦记奖学金获得5个一等奖、10个二等奖、15个三等奖。
>
> 江南造船集团职业技术学校对接"上海制造",以上海船舶行业承接豪华邮轮、超大型液化气船、超大型集装箱船等高技术高附加值船型为契机,将世界造船标准、行业先进标准融入教学标准,通过融合生产任务与教学课题,使教学内容"落地",为打响"上海制造"品牌培育高素质劳动者和技术技能人才。
>
> 上海市振华外经职业技术学校助力"上海购物",结合市级示范性品牌专业"国际商务"和"电子商务"验收,做好两大品牌专业的优势互补和资源共享,凸显品牌示范效应,建设了上海市国际商务开放实训中心、电子商务实训中心,开发了电子商务资源库平台及数字化资源。2019年12月,该校在第四届OCALE全国跨境电商创新创业能力大赛中获得团体第一名、第六名的好成绩。
>
> 上海新闻出版职业技术学校对接"上海文化",构建人才接续培养体系,该校五个专业全部与上海出版印刷高等专科学校实现了中高职贯通,与主管部门、行业协会、企业、职业教育科研机构等共同构建中高职贯通课程体系,编制文化基础、专业核心、专业技能、专业拓展的"四模块"课程,共同建设中高职贯通课程标准,完成了20门中高职贯通专业课程标准编制。
>
> 资料来源:2019上海中等职业教育质量年报

推进一流高职院校建设,引导高等职业院校主动面向产业经济发展重点领域,找准主攻方向,聚焦重点发力,创新建设理念、拓宽发展路径、做实改革举措,为培养新时代的"上海工匠"作出更大贡献。坚持"一流"定位,引导一批高职院校和骨干专业瞄准国内领先、国际一流,汇聚优质资源,培养一流人才,产出一流成果,形成具有竞争力的技术技能人才培养高地。一流高等职业院校建设要有一流专业(群)支撑。深化产教融合、校企合作,鼓励高等职业院校创新体制机制，全面提高人才培养供给侧和产业需求侧的匹配度，将产教融合作为推进高等职业教育质量提升的关键点和突破口，形成高等职业教育与本市重点产业统筹融合、良性互动的格局。坚持绩效导向，突出目标导向，对建设项目实施全程跟踪，强化事前绩效设定、事中绩效监控、事后绩效评价，形成动态调整、滚动支持的建设机制，促进学校和专业对标最好、办出特色、争创一流，在人才培养、技术研发、文化创新、国际影响等方面的能力水平明显提升。

建设一流专业。对接国际先进标准，引领国内同类专业标准建设，率先开展并通过国内外相关专业认证，辐射带动专业群协同发展。专业负责人和骨干教师能主持或参与行业主要技术标准制定。依托专业优势，学校成为行业主要和高水平的技术技能人才培养基地。对接现代技术发展趋势和岗位能力要求，构建契合产业需求的职业能力框架，将行业最新的技术技能标准转化为专业课程标准，打造一批具有高阶性、应用性、创新性的高职"金课"，其中部分课程冲击成为国家精品在线开放课程。拓展优质教育教学资源，健全教材专业审核机制，形成课程比例结构合理、质量优良、形式丰富的课程教材体系。

通过单位申报、专家评审、网上公示等程序，经研究确定立项建设上海工艺美术职业学院、上海电子职业技术学院、上海城建职业学院等3所一流高职院校、培育上海出版印刷高等专科学校、上海旅游高等专科学校、上海交通职业技术学院、上海农林职业技术学院等4所一流专科高等职业院校，立项建设48个一流专科高等职业教育，培育11个一流专科高等职业教育专业。

表2　上海一流专科高等职业教育专业建设立项名单

申报单位	立项专业	申报单位	立项专业
上海工艺美术职业学院	环境艺术设计*	上海旅游高等专科学校	烹调工艺与营养
	广告设计与制作*		旅游英语
	工艺美术品设计*		旅游管理
	产品艺术设计*		酒店管理
	数字媒体艺术设计*		会展策划与管理
上海电子信息职业技术学院	智能控制技术*	上海交通职业技术学院	西餐工艺
	通信技术*		城市轨道交通车辆技术
	计算机网络技术*		汽车运用与维修技术
	机电一体化技术*	上海农林职业技术学院	动物医学

（续表）

申报单位	立项专业	申报单位	立项专业
上海城建职业学院	工业机器人技术*		园艺技术
	飞机电子设备维修		药品生物技术
	文物修复与保护*		设施农业与装备
	食品质量与安全*	上海科学技术职业学院	社会工作
	酒店管理*	上海行健职业学院	学前教育
	护理（老年方向）*	上海民航职业技术学院	飞机机电设备维修
	工程造价*	上海公安学院	治安管理
	建筑工程技术	上海第二工业大学	数控技术
	物业管理	上海应用技术大学	应用化工技术
上海出版印刷高等专科学校	广播影视节目制作	上海工程技术大学	机电一体化技术
	数字出版	上海电机学院	机电一体化技术
	图文信息处理	上海济光职业技术学院	建筑设计
	艺术设计（印刷美术设计）	上海东海职业技术学院	会计
	印刷媒体技术	上海思博职业技术学院	护理
	影视动画	上海工商职业技术学院	餐饮管理

（三）统筹规划多措并举，分层分类开展院校教师培训

《国家职业教育改革实施方案》第十二条明确提出："多措并举打造'双师型'教师队伍。"《深化新时代职业教育"双师型"教师队伍改革实施方案》对职业教育教师队伍改革目标、体系和保障措施作了具体部署，上海市教委从纵向和横向两个维度深入推进教师队伍建设。从纵向维度看，为深化职业教育教师队伍建设，上海从市级和校级两个层面来开展各类师资培训。一方面，市级平台依托上海教育装备中心、上海高职教学研究会等单位开展市级层面的素质提升培训项目。另一方面，由各职业院校结合本校实际开展各类校级培训，覆盖了全市职业院校，覆盖率达100%。从横向维度看，培训项目包括了职业院校新教师岗前培训、市级教师企业实践、专业负责人培训、管理能力培训（校长和教务处长培训）、教学能力大赛、中德师资培训、信息化教学能力培训、创新创业师资培训等项目。构建从新进教师—骨干教师—专业或学科带头人—名师培育工作室主持人—正高

级职称教师的相互衔接、拾级而上的阶梯化、多元化成长路径和平台。2019年，上海市首批11位中职学校教师被评为正高级教师。

1. 加强新教师规范化培训，扣好教师发展第一粒扣子

2012年，率先研究和试点新进教师规范化培训工作。依托华东师范大学、同济大学、上海信息技术学校等市级师资培训基地，在全国率先组织开发5个模块720学时、跨度一年的新进教师规范化培训课程资源，先后有4期超过600名新进教师参加培训，这项工作在全国具有开创新、引领性、示范性。在试点基础上，上海市教委颁发了上海市中职和高职院校新进教师规范化培训的实施意见，将新进教师规范化培训工作制度固化。

2. 开发培训课程资源，提升师资培训质量

根据市级培训工作需要，依托14个市级职教师资培训基地（华东师范大学、上海市教育科学研究院、上海市教委教研室、上海信息技术学校等）、4个国家级师资培训基地（华东师范大学、同济大学、上海商学院、上海第二工业大学），构筑了教师培训网络，有效满足本市职教教师专业发展。先后开发完成中职学校校长、德育干部、班主任胜任力、中层干部、专业骨干教师等6个培训课程资源，职业教育师资队伍培训课程体系框架基本健全，满足模块化、可选择。

其中，校长培训课程资源，实现了校长专业标准的能力化、课程化，在全国具有开创新、引领性、示范性。开发的中职学校班主任胜任力模型培训课程，获得2017年上海市职业教育教学成果特等奖、国家二等奖。

> **专栏　创新培训方式　提升教师综合能力**
>
> 上海市群星职业技术学校注重教师实践教学能力的培养，为教师定制个性化发展规划，通过组织教师参加校内外信息化教学能力提升培训、职业资格认证、参与校际交流、参加专业教学大赛等活动，拓宽教师视野、提高专业教学能力。学校组织专业教师采取"工教结合"方式进行企业实践。7名教师参加市级企业基地培训，9名教师参加校级企业基地培训，2名教师参加上海市教师企业实践教学案例评比分获一等奖和三等奖。
>
> 上海市杨浦职业技术学校胡玉娟中式面点名师培育工作室积极引进邓修青等5名行业大师，通过完善制度建设、精准指导教师发展、落实教师企业实践、指导各项大赛等方式提高教师能力，工作室成员王葳娜老师获得全国职业院校

信息化教学大赛中职组信息化课堂教学比赛二等奖、上海市中等职业学校教师信息化教学大赛一等奖和超星杯慕课及移动教学大赛一等奖；许万里老师在参加的教师中华杯技能大赛中获得第一名；在第七届星光计划中式面点项目的14个获奖选手中，胡玉娟大师工作室有9名学员获奖。

上海工商信息学校落实教师进企业实践制度，2013年暑期至2018年底，实现全体专业老师到企业顶岗实践培训。2019年，该校在总结经验基础上，形成三种教师实践方式：一是鼓励教师主动联系企业，参与企业生产、技术交流咨询和员工职业技能培训等活动，并撰写实践报告；二是对于没有企业实践经历或教龄不足5年的青年教师，由专业部、教研组根据课时、职务情况，安排其到企业参加或半年，或1年，或不定期的顶岗实践；三是八大专业教研组与企划处沟通协调，搭建校企合作平台，以项目为载体，组建3至5人的核心团队，承接企业或实体的实践项目，推动教研组的实战历练能力。

资料来源：2019年度上海中等职业教育质量年度报告

3. 提升教师信息化素养，护航"互联网＋职业教育"

聚焦信息化意识、信息化知识和技术、信息化教育教学能力等方面，建立教师信息化素养画像，从提升教师信息技术应用能力向全面提升教师信息化素养转变，持续推动信息技术与教育教学深度融合，促进教育信息化从应用向创新发展，提升教师将信息技术和智能技术深度融入教育全过程的能力，探索信息时代教学新模式，推进教育教学变革。

4. 服务国家重大战略，共建共享优质培训资源

在做好本市教师企业实践工作基础上，向长三角省市、对口帮扶省市开放共享上海教师企业实践资源和平台。已组织完成近50位长三角等省市职业院校教师赴上海企业实践项目，并计划组织长三角三省职业院校教师报名市级企业实践基地及项目遴选。2019年11月在上海举办了"长三角职业院校名校长培训班"，来自长三角地区40多所职业院校的校长参加了培训。

5. 保障职教集团稳定运行，推动特聘兼职教师资助工作

职教集团是深化产教融合、校企合作，完善职业教育和培训体系的有效途径，也是对接科技发展趋势和市场需求，服务经济发展方式转变，推进职业教育与经济社会发展的有力支撑。上海共建设26个职教集团，包括10个行业职教集团和

16个区域职教集团，共有成员单位1300余个，其中行业企业占比60%以上；职教集团基本覆盖本市中高职院校，集团化办学已成为上海职业教育多元主体办学的重要实现形式。

2009年开始，上海依托职教集团启动特聘兼职教师资助工作，资助教师累计5500余人次。其中，连续11年资助个人达4600余人次，连续6年资助团队560余个合计2100余人次，涉及172个专业点。通过教育部教师队伍建设示范项目"上海市特聘兼职教师资助工作"研究成果，进一步加强特聘兼职教师队伍建设，有效发挥特聘兼职教师"双师"引领作用，加强宣传优秀特聘兼职教师事迹，提高社会对兼职教师的身份认同。

6. 开展重点专业教学设计比武，促进教师教法改革

上海市教委高度重视教法改革，通过多种方式推动教法改革，提升教师教学能力，从2011年开始，上海市教委开展全市范围的重点专业"教学设计比武"，有效推进上海职业教育教法改革，促进了内涵建设水平的提升。"教学设计比武"对接国际标准，服务产业升级，聚焦民生需求，旨在遴选建设一批国内领先、具有国际竞争力的一流专业，提升上海职业院校专业建设水平，服务上海"五个中心""四大品牌"建设。"教学设计比武"在"选专业"的同时更加关注"专业背后的人"即专业主任，通过"教学设计比武"打造一支有思想、有情怀、能够在新时代带领专业建设的专业主任队伍。

一是专业主任说"专业设计和建设路径"，形成清晰的"一流专业建设路线图"。二是骨干教师说"专业课程设计和教学"，形成清晰的"一流课程建设路线图"。三是教学校（院）长说"专业制度建设和保障"，明确为达成"一流专业"建设目标，学校层面所必须匹配的行政管理、人事分配、内部质量保证、学生管理等多方面的机制体制创新和制度建设情况。

"教学设计比武"注重内涵的导向和举措，明确教学改革的重点，引导办学定位的思考，促进优质教育资源的建设与共享，极大地冲击了传统的思维定式，开创了上海职业院校专业建设的新视野、新思路、新局面，成果显著，具有示范性和可推广性。参赛专业的建设成果有部分已经具有国内领先的水平，这些成果既反映在毕业生的岗位"档次"和工作满意度上，也反映在服务上海"全球卓越城市"建设的贡献度上，还反映在学生参加国内外技能大赛获奖上。

> **专栏　多措并举　打造双师素质教师队伍**
>
> 上海工艺美术职业学院通过加强高层次人才引进，建立中青年教师多元化培育体系，建设高水平双师队伍。一方面，探索实施"非遗传承人特聘岗位计划""现代产业导师特聘岗位计划"，推动形成"固定岗+流动岗"结合的专兼职师资队伍；另一方面，完善学院"专任教师产学研践习计划""新教师'双能'培养计划""后备领军人才培育计划""中青年教师国外访学计划"，落实五年一周期的教师轮训制度，鼓励教师赴非遗保护地、大师工作室、国内外知名企业、海外高水平院校践习进修，全面提升教师在校企合作、技术研发、实训建设、国际交流等方面的能力。
>
> 上海工商职业技术学院推进英才引进制，组建双师型教学团队。聘请企业专家、技术骨干来院兼职，在部分系（院）实施双系主任、双专业主任、双骨干教师制度，构建双师型教学团队，从人才培养方案制定到课程设置，从校企共同编写教材到实习实训室建设，从课堂教授到实践指导，双师型团队发挥了积极作用。
>
> 资料来源：2020上海高等职业教育质量年度报告

（四）加大教材开发管理，建设优质的课程与校本教材

上海积极落实教材改革工作，加快教材创新，更新教学内容，推进教学改革，提高提升办学质量和人才培养质量。除了每年按照要求选定课程相关教材之外，也鼓励各院校教师编写符合学生实际情况的校本教材，目前上海职业院校在教材编、选、用等方面主要举措和经验如下：

1. 完善教材管理机制

上海高度重视职业院校教材改革，严格遴选、高效使用，在教材选用上，确保教材选用符合政治正确性、时代先进性、统一性及经济实惠等方面要求，在学校统一组织下有序使用各类教材。在学校层面，鼓励学校修订并颁布校级教材管理办法，主要从教材选用原则、教材选用程序、教材选用管理、教材订购流程、教材发放流程等几方面规范了教材从选用到发放使用的各个环节。在学校层面通过四大环节加强教材选用监管：一是严格要求教材选用应符合人才培养方案对课程的教学要求，不符合人才培养方案要求的不列入教材备选范围。二是根据课程

标准由担任该课的所有任课教师协商推荐后形成教材选用清单。三是经专业审查，二级学院（部）审批，学校审定后方可批准使用，保障了教材选用的民主性、权威性和稳定性。同时，各学校教务处在教材选、订、发等重要环节全程把控并向主管部门提供实时数据支持。

2. 加大教材开发力度

一是深度推进校企"双元"合作开发教材。推进深度产教融合，支持学校与行业领先企业、知名企业签订战略合作协议，开展现代学徒制等人才培养模式，在此基础上学校与企业共同开发反映行业企业新技术、新工艺、新规范的校企合作教材，用于学徒培养、留学生教育、"一带一路"基础设施建设国际人才研修班教学等，部分学校在这些方面取得了良好效果。二是开发新型活页式教材。依托1+X证书试点工作的开展，由于行业技术标准不断的快速融入，传统的教材不能适应教学需求，因此通过编写活页式教材来适应1+X证书制度试点工作需要。例如，上海城建职业学院主持初级证书活页教材的编写工作并向全国BIM试点院校推广，获得了第三方评价组织和试点院校的广泛认可和好评。三是结合办学特色开发特色教材。职业院校要把教材开发与办学特色、产业发展密切联系，熏陶学生、培养学生成为高素质、高技能的"社会人"和"职业人"，为学生的职业生涯打好扎实的基础。例如，上海农林职业技术学院《大国三农》和《大学语文》两本学院特色教材，教学内容用讲故事方法达到润物无声的效果，引导学生深化对"三农"的认知与感情，增强学农务农的责任感与使命感，锻炼成长为懂农业、爱农村、爱农民"一懂两爱"的人才。

3. 搭建教材交流平台，开发优质课程

2019年，上海市组织开展中等职业学校第五届校本教材展示交流评比活动，评选优秀校本教材，共有52所中等职业学校参加活动；组织召开中等职业学校"匠心匠艺"优质课堂教学展示研讨会，推进"匠心匠艺"优质课堂建设，力争通过五年的重点研究实践，打造100节体现"匠心匠艺"精神的系列优质课；推进长三角中职优质资源建设，组织长三角中等职业教育会展专业教育联盟成立大会暨首届论坛，发布《长三角中等职业教育会展专业教育联盟章程》。

> **专栏　创新开发思路　建设课程资源**
>
> 　　上海市贸易学校以物联网技术综合应用为主线，以共建共享、优势互补、协同发展为依靠，设计专业群人才知识、能力、素质结构，构建基于物联网应用要求的平台课程和岗位交叉融合特征的专业群互选课程。校企合作开发"单项、专项、综合、创新融合"四阶递进的课程体系与课程标准，开发引领性教材及配套资源，打造新技术随动迭代的专业群平台课程，构建典范案例。
>
> 　　上海市临港科技学校联合上海电气临港工厂，落实《国家职业教育改革实施方案》关于"倡导使用新型活页式、工作手册式教材并配套开发信息化资源"的要求，开发新型活页资源。活页资源基于工厂"大型零件之汽轮机隔板中心调校"的真实工作任务进行，既可作为学校对接企业的课程资源，又可作为企业员工岗前的培训资源，体现了校企"双元"开发和校企"双元"服务的特征。
>
> 　　上海电子工业学校面对机电自动化行业新知识、新技术层出不穷的行业发展情况，在与上海电机学院共同开展"机械电子工程"专业中本贯通培养试点中，采用任务引领下的工作活页的教学组织形式。工作活页的项目设计均来自企业典型案例，将碎片化的教学内容进行整合，融入行业新知识、新技能，灵活采用小组或个人的教学组织形式，通过完成工作活页中一个个引导问题及计划的制定，任务的实施，最终完成任务目标。
>
> 　　资料来源：2019年度上海中等职业教育质量年度报告

（五）盘活各类办学资源，积极有效落实高职扩招任务

　　2019年《政府工作报告》提出，高职院校大规模扩招100万人；让更多青年凭借一技之长实现人生价值，让三百六十行人才荟萃、繁星璀璨。深化职业教育改革，实施高职扩招百万，是党中央、国务院立足经济社会发展大局作出的重大决策部署，上海积极谋划，狠抓落实，深入开展高职扩招专项考试招生等工作。

　　在上海市委、市政府的领导和统一部署下，市教委会同市国资委、市发改委、市经信委、市人社局、市农委、市退役军人事务局、市农委、市总工会等委办局，具体推进相关工作，制定并印发《上海市教育委员会关于做好2019年高职扩招专项考试招生工作的通知》等，积极推进高职扩招专项考试招生有关工作。

　　市教委推动相关高职院校积极行动，盘活校内外各类办学资源，通过采取新

增办学校区、借用中职学校场地、灵活安排教学和住宿等方式，做好扩招学生的学习和生活安排。主动对接上海"五个中心""四大品牌"建设需求，侧重选择本市经济建设急需、社会民生领域紧缺和就业率高的专业进行扩招，如家政服务、护理、空乘（上海服务），大数据技术与应用、机电一体化技术（上海制造），电子商务（上海购物），艺术设计（上海文化）等。2019年，共14所高职院校落实扩招任务，录取人数同比增加4291人，同时，中高职贯通增加5400余人，上海开放大学专科招生人数增加2900人，高职扩招任务得到积极有效落实。

保证培养质量，加强检查督导。按照"分类编制专业人才培养方案，采取弹性学制和灵活多元教学模式"的要求，结合上海实际，在人才培养质量和毕业要求不降低的前提下，统筹部署各高职院校采取灵活多样的形式对学生就读方式、培养方案进行合理安排。同时，市教委加强对各院校高职扩招工作的检查督导，结合工作实际，开展高职扩招工作的审计，比如选择部分院校进行实地检查、督导等。

> **专栏　改革教学模式　实施差异化教学**
>
> 　　上海城建职业学院统筹资源，对接需求，高效履行高职专项扩招工作。学院党政领导高度重视，积极落实扩招相关政策和招生要求。在统筹考虑师资力量、校舍条件、专业建设等软、硬条件后，确定了在本市经济建设急需或社会民生领域紧缺的专业参与扩招，主要包括大数据技术与应用、老年服务与管理、物业管理等三个专业。
>
> 　　上海电子信息职业技术学院针对退役军人、农民工、下岗失业人员、高中毕业生和三校生等不同群体的特点和受教育状况采取分列招生计划、分类考试评价、分别选拔录取等措施。对退役军人、下岗失业人员、农民工和新型职业农民，免予文化素质考试，参加职业技能综合测试即可。对取得相关职业技能证书的技能拔尖人才，则免予测试直接录取。学校实施4+1教学模式，提供个性化、差异化、人性化的教育服务。设立综合奖学金、单项奖学金、学校助学金，确保每一个被录取的学生不因家庭经济困难而辍学。
>
> 　　上海农林职业技术学院充分发挥"农字头"专业优势，通过政策宣传、计划制定、考核选拔等多个环节，面向新型职业农民、退役士兵、高中（中职）毕业生，共招收139名有志于服务"三农"的学子，其中新型职业农民101人，

> 占比72.7%。针对学员特点，分类编制专业人才培养方案，实施"农学结合、工学交替"人才培养模式，提供"送教上门"服务，采用线上线下相结合的混合式教学方式，保障教学质量，为"三农"服务解难题。
>
> 资料来源：2020上海高等职业教育质量年度报告

（六）大力开展职业培训，服务区域经济与企业转型升级

为新时期上海产业工人队伍建设提供支撑保障，提高劳动者素质和职业技能水平，提升职业教育服务发展、促进就业创业能力，上海职业学校主动服务上海经济社会发展，围绕"五个中心""四大品牌"建设，依托专业优势积极面向社会开展大规模职业培训，助力行业企业转型升级。

2019年，上海高职院校开展非学历培训总量为74.4万人日，校均3.5万人日。全市有4所高职院校非学历培训量在6万人日以上，其中上海城建职业学院高达31.3万人日、上海工商外国语职业学院达到11.7万人日。

上海高职院校开展的非学历培训服务以技术技能培训为主，近两年占比在80%以上。新型职业农民培训、退役军人培训服务体量较小，占比不足1%，基层社会服务人员培训服务（包括家政服务、养老、育幼、物业、快递等培训项目）2019年占比11%。

1. 优化专业布局

围绕"五个中心"和"四大品牌"建设要求，着力服务提升上海城市能级和核心竞争力需求，加紧布局新兴专业，重点聚焦战略新兴产业（人工智能、集成电路、生物医药）、先进制造业（大飞机、大汽车、大船舶）和现代服务业（养老服务、家政服务、学前托幼）等领域，支持有条件高职院校开设相关专业并面向社会开展职业培训。

2. 加强紧缺人才培养

针对已有专业设置但社会亟须、人才缺口较大的专业，如学前教育、养老护理等领域，支持相关高职院校面向社会开展高水平的继续教育和职业培训，提升相关在职人员专业水平和学历层次。

3. 依托市级开放实训中心加强职业培训

2004年起，上海开始建设市级职业教育开放实训中心，经多年建设，开放实

训中心已经成为提供职业培训的重要平台。截至 2018 年，上海 21 所独立设置的高职院校共有行业企业培训中心 55 个、校企合作生产性实训基地 148 个、虚拟仿真实训中心 189 个、应用技术协同创新中心 35 个。上海出版印刷高等专科学校、上海电子信息职业技术学院等院校是上海市高技能人才培养基地，承担为上海培养高素质技术技能人才的重任。

（七）共享优质教育资源，推动长三角区域职教一体化

长三角区域一体化发展是党和国家推进区域协调发展的重大战略之一。2018 年 12 月 13 日上海、江苏、浙江、安徽三省一市 13 日在沪共同签署《长三角地区教育更高质量一体化发展战略协作框架协议》与《长三角地区教育一体化发展三年行动计划》，指出未来 3 年，长三角教育将率先在高教、职教、师资等若干领域深化协作、重点发力。在职业教育领域，将搭建职业教育一体化协同发展平台，形成职业技能人才的错位培养机制。

1. 加强顶层设计统筹规划，共享职业教育与培训资源

为加快推进长江经济带地区中职教育实训基地建设，实现职教资源共享，在第二届长三角教育联动发展研讨会上，江浙沪签订了《长三角地区中等职业教育实训基地共享框架协议》。《协议》提出，推进实训基地建设标准共享，分工协作制订中职教育各主要专业、新兴专业实训基地建设标准；推进实训基地教学资源共享，开放一批设备先进、管理一流的实训基地；推进实训基地建设人才共享，互派互聘专家参加专业、教学、实训基地视导和评审，每年选派一批基地负责人进行培训交流；推进实训基地建设经验共享，确定一批典型性、示范性基地，总结推广建设与管理经验。

> **专栏　对接长三角一体化战略　开展职业教育区域合作**
>
> 上海工艺美术职业学院引领建设的长三角虚拟现实联盟连续三年被列为上海市探索区域教育协作新机制试验（长三角教育协作发展）重点项目，已经和三省一市及其他省市 20 多所高校等确定了同盟关系；与 30 多家 VR 企业确定了共同开展产业互动、技术创新、应用研发、校企联合项目开发、新技术培训合作的同盟关系；与上海青年创意人才协会、两岸智慧城市交流联盟等 10 多个

单位建立合作单位和联盟基地。

上海工商职业技术学院与大唐电信集团开展深度合作，围绕"移动互联网应用技术方向"面向社会和高校开展专项技能培训，承接了安庆师范大学、黄山学院、上海电子信息职业技术学院等本专科院校学生 500 余人次培训；与沈阳机床集团、上海智能云科公司合作完成的 i5 智能制造生产实践基地，吸引长三角地区多所兄弟院校前来观摩学习；成功申报《工业互联网协同制造云工厂技术训练》与《国产自主知识产权 i5 智能系统和多轴岗位技术训练》两个训练营项目，为长三角区域内智能制造专业发展，提供可实现路径。

上海城建职业学院城市发展研究中心编撰出版《2018 长三角城市发展报告 - 新一轮长三角一体化视角下的城市建设、管理与服务》，分别从创新引领长三角更高质量一体化发展、城市品牌评价、生态绿色助力长三角高质量一体化发展、长三角文化软实力建设及创新发展、城市管理紧缺人才研究、长三角城市管理研究热点综述等六个角度做了深度解读，该校还先后主办了"长三角城市发展论坛（2019）""长三角地区职业院校创新创业实践联盟年会""全国高职院校创新创业教育研讨会暨长三角地区职业院校创新创业实践联盟年会"等论坛。

资料来源：2020 上海高等职业教育质量年度报告

2. 开展长三角地区校长与专业负责人交流挂职

为进一步加强长江经济带地区中职教育交流和师资队伍建设，江浙沪开展长三角地区中职校长和专业负责人交流挂职活动。每个地区选派思想政治素质好、工作能力强、工作作风扎实、有改革创新意识的校长和专业负责人，到其他地方的国家级重点中职学校或某个专业领域在全国有一定影响的中职学校，开展为期三个月的挂职锻炼。挂职期间，挂职人员在接收学校的职务与原职务相当，专业相近，以便让挂职人员尽快得到学习和锻炼。

3. 开放共享实训基地，接纳长三角地区学生跨区域实训

遴选首批 15 个设备先进、管理一流、技术领先、通用型专业的实训基地，增挂"长三角地区中等职业教育共享实训基地"标牌，面向长三角地区所有职业学校开放，接纳三地学生进行实训。同时，三省市教育行政部门分工协作，共同组织开发实训教学仿真软件，三地已有仿真软件逐步开放共享。推动中等职业教育课程资源的沟通、交流与共享，逐步实行课程互选、学分互认。

4. 成立长三角地区职业院校创新创业实践联盟

长三角地区职业院校创新创业实践联盟的成立,是在长三角地区教育主管部门的指导下,由三省一市高校和相关企事业单位自愿组织、共同发起成立,将协同开展创新人才培养开拓新空间、搭建新平台,更好服务于长三角职业教育高质量一体化发展工作。旨在推动长三角高职高专领域创新创业教育实践教育体系建设,推动信息技术与创新创业实践教育深度融合;将重点落实创新创业走访学习、创新创业训练营、创新创业赛事、创新创业论坛等资源共享、经验交流实践活动,促进高校师生的交流合作;将孵化跟踪落地项目,加强政府企业联动,加强社会各界合作,努力深化职业院校创新创业实践教育改革。

5. 成立长三角电子信息职业教育集团

长三角电子信息职业教育集团的成立,是顺应"大智物移云"的时代发展的总趋势,将积极发挥区域战略优势,根植行业发展,贴合经济社会发展对人才的需求,打造长三角地区的"职教人才成长带",为加快长三角地区经济发展和一体化进程提供充分的智力支持和人才保障。

> **专栏　长三角电子信息职业教育集团概况**
>
> 长三角电子信息职教集团是由长三角"三省一市"政府支持、教育行政主管部门主管,以上海电子信息职业教育集团为发起单位,联合具有法人资格的上海市、江苏省、浙江省和安徽省相关职业院校、行业企业、科研院所等,在自愿、平等、互利的基础上组成的区域性非营利性、非独立法人组织。
>
> 该集团于2018年12月13日第十届长三角教育一体化发展会议上揭牌成立。一同成立的职教集团还有"中国长三角浙江省智能制造职业教育集团""中国长三角江苏软件职业教育集团""中国长三角安徽省国际商务职业教育集团"。目前,长三角电子信息职业教育集团已有170家单位加入。其中,从单位类型来看,高职院校32所,占比19%;中职学校55所,占比32%;企业及行业协会83家,占比49%。从单位所处区域来看,上海66家,占比38.8%;江苏15家,占比8.8%;浙江40家,占比23.6%;安徽49家,占比28.8%。
>
> 集团实行理事会领导下的理事长负责制,设理事会、常务理事会和秘书处,并设立了专业建设指导委员会、就业指导委员会、技术合作协调委员会和社会服务指导委员会等若干个指导委员会。理事长单位为上海仪电(集团)有限公司,

常务副理事长暨秘书长单位为上海电子信息职业技术学院。主要职能有：协同推进区域职教资源共享；协同推进区域人力资源开发与技术进步；推进岗位培训和职业能力；协同服务国家"一带一路"倡议；协同服务对口支援西部发展战略；以集团名义承接政府的职教研究与开发项目。

资料来源：上海中华职业教育社《长三角职教一体化进程中地区职教集团运行情况研究》

（八）开展技能竞赛与鉴定，提高技术技能人才培养质量

2019年，上海职业教育以世赛为引领，大力开展职业技能竞赛活动。一是依托世赛中国集训基地、技术指导专家组，做好第45届世赛本市选手集训、选拔及参赛保障工作。本届世赛上海共有10名选手参加9个项目的比赛，在参赛项目、参赛人数上都超过了往届，取得了2枚金牌、1枚银牌、3个优胜奖的佳绩，是上海参赛以来的最好成绩。会同市财政局、市教委、市总工会、团市委、市妇联等相关单位，对本市获奖选手及为参赛作出突出贡献的个人、单位予以表彰奖励。二是承办了第45届世赛餐厅服务等11个比赛项目的集中阶段性考核和网络安全等4个新增世赛项目的全国选拔赛，顺利完成竞赛技术、后勤保障等工作，确保大赛平稳安全顺利运行。三是组织第46届世赛上海市选拔赛，共有来自本市102个参赛单位1198名选手参加51个比赛项目，竞赛规模、参赛人数均创历史新高。四是顺利举行第八届"星光计划"职业院校技能大赛，共有2191名选手参加59个职业技能类竞赛项目。此次比赛全面对标世赛，为本市46届世赛选手培养选拔做好预热。五是组织开展"四大品牌"上海市职业技能大赛。先后举办了"上海制造""上海服务""上海购物""上海文化"4个专场100余个项目的比赛。65支代表队和1200余名技能高手同台竞技，充分展现了本市技能人才的精湛技艺和优秀风采。六是指导各区、市级行业协会和高技能人才培养基地等62家主办单位组织开展了工业机器人编程等457个项目的职业技能竞赛活动。顺利完成第三届全国智能制造应用技术技能大赛的本市集训及参赛工作，获得维修电工（教师组）三等奖、装配钳工（职工组）优胜奖。

2019年，职业技能鉴定工作围绕"抓鉴定质量、树证书品牌"目标，全面提升鉴定运行质量，推进职业技能鉴定各项试点工作，全年组织35.74万人参加职

业技能鉴定。一是完善鉴定运行管理机制，加强命题阅卷管理，优化成绩管理系统，提升证书管理质量。二是加强考评员等各类人员队伍建设，强化鉴定所现场规范管理和质量督导，推进鉴定现场远程实时监控系统建设，完善鉴定质量督导体系。三是推进职业技能鉴定试点工作，深化职业资格制度改革，建立职业技能等级制度，规范专项职业能力考核，健全完善技能人才多元化评价体系。四是深入推进"一网通办"公共服务事项，提升为民服务水平。

表2　2019年上海市职业技能鉴定工作情况表

项目	参加职业技能鉴定人数（万人）	核发证书（万本）
专项职业能力	11.36	9.79
国家职业技能鉴定五级（初级）	11.49	8.04
国家职业技能鉴定四级（中级）	5.89	3.64
国家职业技能鉴定三级（高级）	5.87	2.69
国家职业技能鉴定二级、一级（技师、高级技师）	1.13	0.35
合计	35.74	24.51

三、上海职业教育发展与国家战略同向同行

2020年是"十三五"职业教育规划收官之年,亦是"十四五"教育规划编制之年。"十三五"以来,上海职业教育改革与发展经历了从大力发展职业教育到加快现代职业教育发展和从加快现代职业教育发展(质量与内涵提升)到加速实现职业教育现代化两个阶段。2019年,上海职业教育发展对接"四大品牌"建设(上海服务、上海制造、上海购物和上海文化)和精准对标《国家职业教育改革实施方案》等文件精神、目标、任务和重大举措,聚焦上海"五个中心"建设,以及新基础建设新需求,逐步形成了都市型国际化职业教育发展样本。特别是在构建职业教育现代体系过程中,着力提升职业教育质量,为提供人力资本奠定基础。

(一)对接"四大品牌":铸造上海职业教育新特色

上海职业教育发展与改革伴随着经济社会发展及其经济结构调整的需要,尤其是以"四大品牌"建设为重点,为上海职业教育的发展确立了新的任务和方向,并注入了新的发展动力。2018年,上海市委、市政府发布《关于全力打响上海"四大品牌"率先推动高质量发展的若干意见》(以下简称《若干意见》)[1],全力打响"四大品牌",是上海更好落实和服务国家战略、加快建设现代化经济体系的重要载体,是推动高质量发展、创造高品质生活的重要举措,也是当好新时代全国改革开放排头兵、创新发展先行者的重要行动。为系统推进"四大品牌"建设,相关部门制定了"1+4+X"框架体系。"1"是制度出台一个指导性实施意见,加强顶层设计和整体部署;"4"是制定4个《三年行动计划》,分别明确打响"四大品牌"的主要目标、重要任务和工作措施;"X"是落地落细一批专项行动,

首批为43个。

《若干意见》指出的打响"四大品牌"总体目标是：经过全社会共同努力，上海"四大品牌"的认知度、美誉度、影响力显著提升，服务国家战略辐射带动能力显著增强，彰显高质量发展和高品质生活的标杆引领效应显著扩大，形成一批具有国际影响力的名企、名家、名师、名校、名医、名院、名胜、名品、名园、名街、名展、名赛、名节、名会等，在全面服务国家战略中加快构筑新时代上海发展战略优势。4个《三年行动计划》是对《若干意见》的具体落实，分别提出了各自领域的具体目标，主要包括：

1. **打响"上海服务"品牌**

到2020年，服务经济占全市生产总值比重保持在70%左右，建设形成10个左右服务经济创新发展示范区，服务领域涌现出一批具有国际影响力的企业品牌。

2. **打响"上海制造"品牌**

到2020年，战略性产业增加值占全市生产总值比重达到20%以上，战略性新兴制造业产值占全市制造业总产值比重达到1/3左右，打造2个、培育4个世界级产业集群，上海制造品牌美誉度明显提升。

3. **打响"上海购物"品牌**

到2020年，消费对经济增长年均贡献率保持在60%以上，打造2条世界级商街、10个国内一流商圈、20个特色商业街区、打响50个具有鲜明特色的新品牌、50个老字号。

4. **打响"上海文化"品牌**

到2020年，文化创意产业增加值占全市生产总值比重达到13%以上，打造2个以上平台级新媒体、2家以上国内领先的新型主流媒体集团。

围绕"四大品牌"建设需要和人才结构、层次类型多元性要求，上海职业院校坚持内涵发展，提升综合实力的同时，适度调整专业布局和强化专业建设，按照"优化结构、突出特色、促进发展"的专业建设思路，逐步建立起专业动态调整。以国家和上海新旧动能转换背景下规划产业布局为导向，突出打响"四大品牌"相关的专业特色，专业布局基本涵盖"四大品牌"建设之需。与此同时，注重与"四大品牌"相匹配的实训、教学基地建设。职业院校以岗位胜任力培养为导向，以职业素养和实践能力为主线，构建了集基础性、专业性、职业性和综合拓展性"四位一体"的实训、教学体系。毋庸置疑,职业教育的内涵发展成功之路,在于以社会经济发展需求为导向,主动服务国家战略和满足区域社会发展需求,积极探索人才培养模式改革新路径,围绕"四大品牌"领域、行业人才需求特点,吸纳企业参与技术技能型人才培养全过程。引用教育部规划司陈锋[2]在解读分析"建设现代职业教育体系的经济社会背景"时用3句话、12个字加以概括:技术进步、产业升级、创新驱动。他认为,强调技术进步对教育体系带来的结构性变化要求,以及技术进步对职业教育变革的影响和职业教育在技术进步中应承担的责任。现在我国经济发展进入"新常态",GDP 增速放缓,如何继续保持稳中有进的发展态势,需要靠"技术进步";"产业升级"包括两方面内容:一是技术进步推动了原有产业升级发展;二是出现了大量新兴产业。这对产业人才提出了两个新要求:一是,技术进步导致的产业升级要求一线劳动者能力升级,更多的劳动者需要接受更长时间的教育与培训,掌握更多的知识,掌握更多的技术和技能。二是,由于大量新兴产业发展,需要人才结构与之相适应,需要培养大量新的人才和复合型人才。产业升级所带来人才结构调整,可概括为两个80%,即:人才队伍中的 80% 是应用型人才、应用型人才中的 80% 是复合型人才。我们要根据国家产业升级需求对人才培养结构、教育结构进行重大调整;以"创新驱动"转换发展动能,提升职业教育高质量发展,并将高品质生活追求作为职业教育发展的新取向。为此,"四大品牌"建设之际,也是技术进步、产业升级、创新驱动的"新动能"转换,铸造上海职业教育特色之境遇。未雨绸缪,上海"1+X"试点高职院校、应用型高等院校也将"四大品牌"相关技能等级纳入"X"考证范畴和制定"X"标准与主要选择方向。

(二)对标《职教二十条》:加快职教高质量发展行动计划实施

2019年新春伊始,我国出台的教育政策层级高、密度大。如中央深改委通过《关于深化教育教学改革全面提高义务教育质量的意见》、国务院层面的《国家职业教育改革实施方案(2018-2022年)》(2019年1月24日),《加快推进教育现代化实施方案(2018-2022年)》和中共中央国务院办颁布的《中国教育现代化2035》(2019年2月23日)以及教育部 2019 年工作要点等文件。国家层面的政策文件和关于职业教育改革与发展战略以及职业教育发展理念、目标、任务与政策举措，可归纳为七大关键词：分别为（1）总目标；（2）具体任务；（3）立德树人；（4）教育现代化；（5）产教融合；（6）师资队伍；（7）教育信息化。

2019年两会上政府工作报告指出，加快发展现代职业教育，既有利于缓解当前就业压力，也是解决高技能人才短缺的战略之举。改革完善高职院校考试招生办法，鼓励更多应届高中毕业生和退役军人、下岗职工、农民工等报考，今年大规模扩招100万人。此外，还要扩大高职院校奖助学金覆盖面、提高补助标准，加快学历证书和职业技能等级证书互通衔接。改革高职院校办学体制，提高办学质量。李克强指出，中央财政大幅增加对高职院校的投入，地方财政也要加强支持。设立中等职业教育国家奖学金。支持企业和社会力量兴办职业教育。我们要以现代职业教育的大改革大发展，加快培养国家发展急需的各类技术技能人才，让更多青年凭借一技之长实现人生价值，让三百六十行人才荟萃、繁星璀璨。

教育部2019年工作要点（第22条和24条）中关于职业教育改革与发展、继续教育的任务确定为：

1. 实施《国家职业教育改革实施方案》

目标任务为：加强中央部门的政策联动和制度协同，强化地方政府统筹发展职业教育的责任。改善办学条件，深化职业教育产教融合、校企合作。工作措施为：保持高中阶段教育职普比大体相当。启动实施1+X证书(学历证书+职业技能等级证书)制度试点。启动高等职业教育专业评估。实施中国特色高水平高职学校和专业建设计划。建设一批高水平职业教育实训基地，开展产教融合建设试点。继续推进职业教育国家教学标准体系建设。总结现代学徒制试点经验，全面推广现代学徒制。

2. 办好继续教育

目标任务为：完善政策支持体系，提升规范化管理水平和人才培养质量，加快推进学习型社会建设。工作措施为：研究制订新时代高校学历继续教育质量提升相关政策文件。推进实施《高等学历继续教育专业设置管理办法》。指导推进开放大学建设与发展，加强信息技术与教育教学的深度融合，努力提高人才培养质量。稳步推进高等教育自学考试相关工作。做好继续教育学习成果认证、积累与转换试点总结，推动开展国家资历框架研究。加快建设学习型社会，推动各级各类学校开放资源，大力发展非学历继续教育。加快发展城乡社区教育。积极推进老年大学建设。推进农民工"求学圆梦行动"深入实施。开展学习型城市建设监测活动。办好 2019 年全民终身学习活动周。

（三）对照职教政策：推进职业教育的现代化进程

关于职业教育现代化发展政策文本，主要包括《加快推进教育现代化实施方案（2018-2022年）》（以下简称《实施方案》）和《中国教育现代化2035》（2019年2月23日）两份文件。而这两份文件是在贯彻落实2018年全国教育大会的精神和战略目标的基础上，为实现《国家中长期教育规划纲要》三大目标，提出了"实施方案"以及未来15年教育现代化的战略部署与战略任务。至今，关于职业教育政策第一次以"实施方案"形式发布，而且实施时间到延续到2022年（5年时间跨度）。《实施方案》指出[3]，今后5年加快推进教育现代化的指导思想是：以习近平新时代中国特色社会主义思想为指导，全面贯彻党的十九大和十九届二中、三中全会精神，以培养社会主义建设者和接班人为根本任务，以全面加强党对教育工作的领导为根本保证，以促进公平和提高质量为时代主题，围绕加快推进教育现代化这一主线，聚焦教育发展的战略性问题、紧迫性问题和人民群众关心的问题，统筹实施各类工程项目和行动计划，着力深化改革、激发活力，着力补齐短板、优化结构，更好发挥教育服务国计民生的作用，确保完成决胜全面建成小康社会教育目标任务，为推动高质量发展、实现2035年奋斗目标夯实基础。

《实施方案》以"现代化"为关键词，不同于以往的职业教育政策文件。定位于行动计划和施工图，是"十三五"期间，加快推进教育现代化、建设教育强国的时间表、路线图，突出行动性、操作性，重在问题导向，按照可操作、可落地、可监测、可评估的原则，聚焦未来五年教育发展的战略性问题、当前教育发展面临的紧迫性问题和人民群众关心的问题，按照可实施、可量化、可落地的原则，将职业教育现代化远景目标和战略任务细化为未来五年的具体目标任务和工作抓手，指导推进今后五年教育改革发展，确保新时代教育现代化建设开好局、起好步。

《实施方案》提出了加快推进教育现代化的实施原则：立足当前，着眼长远；聚焦重点，带动全局；问题导向，改革创新；分区规划，分类推进。总体目标是：经过5年努力，全面实现各级各类教育普及目标，全面构建现代化教育制度体系，教育总体实力和国际影响力大幅提升。实现更高水平、更有质量的普及，教育改革发展成果更公平地惠及全体人民，教育服务经济社会发展的能力显著提高，社会关注的教育热点难点问题得到有效缓解，多样化可选择的优质教育资源更加丰富，人民群众受教育机会进一步扩大，学习大国建设取得重要进展。

为此，《实施方案》提出了推进教育现代化的10项重点任务：

一是实施新时代立德树人工程。全面推动习近平新时代中国特色社会主义思想进教材进课堂进头脑，把习近平新时代中国特色社会主义思想贯穿课程教材建设全过程，把教材体系、教学体系有效转化为学生的知识体系、价值体系。

二是推进基础教育巩固提高。推进义务教育优质均衡发展，加快城乡义务教育一体化发展。

三是深化职业教育产教融合。构建产业人才培养培训新体系，完善学历教育与培训并重的现代职业教育体系，推动教育教学改革与产业转型升级衔接配套。健全产教融合的办学体制机制，坚持面向市场、服务发展、促进就业的办学方向，优化专业结构设置，大力推进产教融合、校企合作，开展国家产教融合建设试点。建立健全职业教育制度标准，完善学校设置、专业教学、教师队伍、学生实习、经费投入、信息化建设等系列制度和标准，制定并落实职业院校生均拨款制度。建立国务院职业教育工作联席会议制度。

四是推进高等教育内涵发展。加快"双一流"建设，推动建设高等学校全面落实建设方案，研究建立中国特色"双一流"建设的综合评价体系。

五是全面加强新时代教师队伍建设。加强师德师风建设，把师德师风作为评价教师队伍素质的第一标准，实施师德师风建设工程。

六是大力推进教育信息化。着力构建基于信息技术的新型教育教学模式、教育服务供给方式以及教育治理新模式。促进信息技术与教育教学深度融合，支持学校充分利用信息技术开展人才培养模式和教学方法改革，逐步实现信息化教与学应用师生全覆盖。创新信息时代教育治理新模式，开展大数据支撑下的教育治理能力优化行动，推动以互联网等信息化手段服务教育教学全过程。加快推进智慧教育创新发展，设立"智慧教育示范区"，开展国家虚拟仿真实验教学项目等建设，实施人工智能助推教师队伍建设行动。构建"互联网＋教育"支撑服务平台，深入推进"三通两平台"建设。

七是实施中西部教育振兴发展计划。坚决打赢教育脱贫攻坚战，以保障义务教育为核心，全面落实教育扶贫政策，稳步提升贫困地区教育基本公共服务水平。

八是推进教育现代化区域创新试验。创新体制机制，探索新时代区域教育改革发展的新模式。

九是推进共建"一带一路"教育行动。加快培养高层次国际化人才，完善留学生回国创业就业政策，提高中外合作办学质量，完善中外合作办学准入和退出机制。加强与共建"一带一路"国家教育合作，建设"一带一路"教育资源信息服务综合平台，建立国际科教合作交流平台，实施高等学校科技创新服务"一带一路"倡议行动计划。

十是深化重点领域教育综合改革。加快重点领域和关键环节改革步伐，为加快推进教育现代化提供制度支撑。积极稳妥推进考试招生制度改革，坚定高考改革方向，完善普通高中学业水平考试制度，进一步推进学术学位与专业学位硕士研究生分类考试，完善博士研究生"申请—考核"和直接攻博等选拔机制。推进学校治理现代化。

21世纪世界教育现代化进入新的发展阶段，这一阶段以信息革命"互联网＋"为标志，其内涵包括教育思想现代化、教育内容现代化、教育方法现代化、教育技术手段现代化、教育设施现代化和教育管理现代化等。教育现代化涉及4个不同层面，一是教育物质层面的现代化，即教育数量、规模上的发展，以及办学条件、校舍、设备、技术手段、教育经费的先进程度；二是制度层面的现代化；三是教育价值、教育思想、教育概念等层面的现代化；四是知识层面的现代化，具体指学校的课程体系、教材教法、学习等方面的现代化，以及基于现代人的特征。把教育现代化作为一个目标，是指从相对集中的角度提出了教育现代化的八个重要特征，包括教育的全民性、教育的民主性、教育的终身性、教育的生产性、教育的个性化、教育的信息化、教育的国际化和教育的科学性；把教育现代化作为一个过程，则是从动态度角度提出推进教育现代化过程中会表现出的特征：教育现代化具有历史性、动态性、阶段性、差异性、相对性；把教育现代化作为经济社会现代化的一个组成部分，不可避免地受到社会政治、经济、文化等方面的影响，其具体特征为教育发展的波动性、能动性和继承性。

《中国教育现代化2035》提出的"八大基本理念"，一方面既有符合国情、阶段性教育现代化的理念，另一方面又有反映当今国际教育现代化的基本思维特征。现在关键的问题是，如何将教育现代化"八大理念"转化成未来教育现代化的目标追求和行动指南。如果没有职业教育的现代化，那么教育现代化则是不全面和不完整的。当下，实现职业教育现代化的最佳路径，便是贯彻和落实《国家职业教育改革实施方案（2018-2022年）》（职教20条）推进职业教育现代化的战略部署重点任务。职业院校的使命是研究和服务学生、服务社会，工作的重点是关注教与学两个维度，工作对象涵盖全体教师和学生，宗旨是推动和加快职业教育现代化进程，提升职业教育服务能力和职业教育质量。职业教育规律具有4个属性：一是职业性；二是社会性；三是技术性；四是依赖性。而职业教育的改革成功与否，关键在于两个遵循：遵循职业教育规律和遵循技术技能型人才成长规律。经济学家哈耶克有一段精彩的论述和比喻："人类在改造社会秩序的努力中，如果不想弄巧成拙，他就必须明白他不可能获得主宰事务进程的充分知识，因此他不能像工匠打造器皿那样去模铸产品，而必须像园丁看护花草那样，利用他所掌握的知识，养护花草生长的过程。"同样如此，培养未来的劳动者，除了需要呵护之外，更需要了解学生知识能力结构、学习习惯，提供合适的教育，从而满足学生的发展需求。现在的问题是，学生、社会的、企业的需求侧"水涨船高"，而职业教育的供给侧"力不从心"，其服务能力难以适应和促进经济社会的发展。

2019年，国家除了发布《实施方案》和《中国教育现代化2035》纲领性文件之外，还先后发布了与职业教育改革与发展配套的指导性、计划性、操作性的文件。如教育部、财政部发布《关于实施中国特色的高水平高职学校和专业建设计划的意见》（简称《双高计划》）（2019年4月）、教育部等6部门印发的《高职扩招专项工作实施方案》（2019年5月6日）、国务院发布《职业技能提升行动方案（2019-2021）》（2019年5月23日）等。《双高计划》的核心目标是实现职业教育的高质量发展并形成高质量发展的模式。《双高计划》明确提出，要集中力量建设50所左右高水平的高职学校和150个左右高水平的专业群，打造技术技能型人才培养高地和技术技能创新服务平台。其数量指标是，到2022年，列入"双高计划"的高职学校和专业群办学水平、服务能力、国际影响力将显著提升，为职业教育改革发展和培养千万计的高素质技术技能人才发挥示范引领作用。到2035年，一批高职学校和专业群将达到国家先进水平，引领职业教育实现现代化，为促进经济社会发展和提高国家竞争力提供优质人才支撑。《职业技能提升行动计划》（简称《行动计划》）提出职工技能提升和转岗转业培训、就业重点群体技能提升和培训、贫困劳动力和贫困家庭子女技能扶贫三大任务。提供更有针对性的技能培训服务，努力推进建设知识型、技能型、创新型劳动者大军既是《行动计划》的主要目标，也是"十九大"报告中关于"完善职业教育和培训体系"的重要举措。在 2019 年 5 月 23 日"推进职业技能提升行动"电视电话会议上，李克强批示指出：开展大规模职业技能培训，是提升劳动者就业创业能力、缓解结构性就业矛盾、促进扩大就业的重要举措，是经济迈向高质量发展的重要支撑。要坚持以习近平新时代中国特色社会主义思想为指导，认真贯彻党中央、国务院决策部署，围绕落实就业优先政策、促进充分的就业，用好 1000 亿元失业保险基金和其他培训基金，扎实高效实施职业技能提升行动。适应经济转型升级需要和市场需求，完善培训内容、提高培训质量，为企业在岗职工、困难企业转岗职工、就业重点群体和贫困劳动力提供更有针对性的技能培训服务，加大高危行业从业人员安全技能培训力度。进一步深化职业技能培训领域"放管服"改革，尊重规律，充分调动企业、职业院校和社会培训机构等参与培训的积极性，强化培训资金监管、提高使用效率，努力推进建设知识型、技能型、创新型劳动者大军，为促进经济持续健康发展和就业稳定作出新贡献！[4]

（四）因地制宜：制定上海职教高质量发展方案

对标国家教育政策和因地制宜制定上海职业教育发展战略和相关政策，以《上海市中长期教育改革和发展规划纲要（2010-2020）》（以下简称《教育规划纲要》）为例：《教育规划纲要》序言部分：开宗明义指出："为了每一个学生的终身发展"，把每一个学生的终身发展作为制定《教育规划纲要》的出发点和主题思想贯穿全部文本之中。这也是上海《教育规划纲要》重要特色之一。序言中提到："上海教育改革和发展所取得的成就，得益于全社会尊重人才、重视科技、支持教育的良好传统，得益于坚持建设与一流城市相匹配的一流教育的执著追求，得益于坚持走中国特色、时代特征、上海特点教育发展之路的坚定信念，得益于上海几代教育工作者贯彻党的教育方针、紧紧围绕培养德智体美全面发展的社会主义建设者和接班人这一根本任务的辛勤耕耘和创新探索"。未来上海教育改革和发展，要以育人为本，把"为了每一个学生的终身发展"作为核心理念：

为了每一个学生的终身发展，就是要求未来上海的教育，更好地公平惠及所有学生——从校园莘莘学子到所有继续学习的成年人，关心所有学生的健康成长，关注社会各个群体的发展需求,提供更为平等、优质、多样的学习机会,努力使学生具有理想信念、公民意识、健康身心和科学人文素养。

为了每一个学生的终身发展,就是要求未来上海的教育,着眼于学生长远发展和社会文明进步的需要,全面实施素质教育,使所有学生的个性特长得到发展,潜能得到激发,创新意识、创新精神和实践能力显著增强,终身学习意识和能力显著增强,为学生的终身发展奠定良好基础,为经济社会发展培养大量高素质劳动者和大批高水平优秀人才。在重点任务职业教育章节中,首次明确提出职业教育培养目标为"知识型、发展型技能人才"——"职业教育:让学生成为适应工作变化的知识型、发展型技能人才。职业教育是促进就业和改善民生的重要保障,也是提高从业人员职业技能、加快发展现代服务业和先进制造业的重要基础。要做精、做特、做强职业教育,推进中等职业教育与高等职业教育相互衔接,促进职业教育与职业培训有机结合,为经济转型和社会进步输送知识型、发展型技能人才"。

为进一步落实《国家职业教育改革实施方案》(简称《职教20条》)各项指标性任务和战略部署,上海于2019年12月份出台了《上海职业教育高质量发展行动计划》(2019-2022年)(以下简称《三年行动计划》)。《三年行动计划》共8个部分和33条措施,具体为:指导思想、着力落实和巩固职业教育类型教育地位、优化职业院校和专业布局、深化产教融合校企合作、全面提升人才培养能级、打造职业教育教师发展高地、提升职业教育国际影响力和强化组织领导和保障支撑。《三年行动计划》围绕《职教20条》,强调的国家职业教育改革"三大转变",即职业教育基本完成由政府举办为主向政府统筹管理、社会多元办学的格局转变,由追求规模扩张向提高质量转变,由参照普通教育办学模式向企业社会参与、专业特色鲜明的类型教育转变,大幅度提升新时代职业教育现代化水平,为促进经济社会发展和提高国家竞争力提供优质人才资源支撑。《三年行动计划》提出6条主要措施:一是推动五年一贯制职业院校建设,尤其是支持政府举办与区域产业密切对接的高职院校。二是探索推进职业院校股份制、混合所有制改革,试点建设政府与企业共建职业院校。三是通过政府购买服务、委托管理、合作共建等方式,鼓励、支持、推动企业和社会力量参与职业教育。四是支持学校和企业等方面依法采取市场化、专业化、社会化机制运作,在生产性实训基地建设等方面深化合作。五是深化产教融合,构建职业教育与经济社会发展联动机制。六是从学校和政府两个层面优化职业教育治理体系，为深化产教融合提供制度保障。

《三年行动计划》强调，职业教育发展对接科技发展与上海城市发展需求，提出要深化产教融合，校企合作，要与上海城市发展同频共振，提出4条"对接"措施：一是"主动对接"上海经济社会发展特别是产业发展战略，增强职业教育对城市建设的支持力和贡献度，打造与上海城市地位相适应的高质量职业教育。二是"密切对接"产业转型升级，重点布局集成电路、生物医药、人工智能、航空航天、海洋装备、汽车制造等战略性产业相关专业。三是"密切关注"民生领域，重点布局家政服务、养老护理、学前教育、酒店管理等现代服务业相关专业。四是"对接"上海产业地图，优化职业教育布局，引导学校加强区域有需要、行业有地位，国内有影响的专业（群）建设。

为进一步完善职业教育体系建设，优化职业教育层次结构，《三年行动计划》明确提出发展方向：做精中等职业教育、做强高等职业教育，做实应用型本科，积极拓展专业学位研究生教育。据此，《三年行动计划》提出4条主要措施：一是合理确立中等职业教育功能定位和中职学校发展走向，把进一步做精作为中等职业教育发展重点，针对中职学校不同情况分类施策，支持基本条件的学校提升办学层次，推动条件暂不完备的学校加强与高职院校专业联接。二是实施高等职业教育"双高计划"或双一流计划，推动一批高等职业院校和专业（群）进入国际一流、国内领先行列。三是结合中职学校布局调整优化，强化中高职教育一体化发展，建设一批新型五年一贯职业院校。四是建立健全应用型大学分类评价标准，将评价结果与投入力度挂钩，引导应用型大学坚定职业教育办学定位，强化其在现代职业教育体系构建中的引领责任。

为了突出目标导向和指标牵引，推动《职教二十条》落实落地，《三年行动计划》提出，要建立健全全市和区的职业教育工作统筹协调机制，加强对职业教育工作的规划、领导、协调和督导评估，引导、支持、促进职业教育的发展，同时梳理明确了政府相关部门在推动上海职业教育高质量发展中的主要职责。《三年行动计划》还以可量化、可操作、可考核、可评估的指标体系作为牵引，推动《三年行动计划》见效出成果，主要体现在下面4个方面：

一是优化职业院校发展：到2022年，建设若干以技术技能人才培养为核心任务、专业设置紧密契合经济社会发展需要的地方高水平应用型大学；重点打造2-4所国际一流的高职院校，建设10-15个具有引领作用的标杆专业（群）；新建

10所左右新型（五年一贯制）职业院校；建设一批名列国家职业教育改革发展示范校前茅的领航中职学校。二是构建应用型人才培养体系：建成80个中本贯通专业，250个中高贯通专业，20个高本贯通专业，完善中职—高职—应用本科—专业学位硕士应用型人才培养体系。三是教师、教材、教法"三教改革"："双师型"教师占专任专业课教师总数达60%，建成50个职业教育名师工作室、50个职业教育技能大师工作室和20个国家级职业教育教师教学创新团队。建设一批市级职业教育教材基地和一批校企"双元"合作开发的专业教材。建设500门职业教育在线开放课程。四是推动产教融合、校企合作和双元育人：建设100个现代学徒制试点专业。培育一批产教融合型企业，推动建设若干校企共同投入、辐射区域和学校、服务学生培养和职工培训的产教融合实训基地。打造10个全国示范性职教集团。

《三年行动计划》形成了上海版"职业教育改革"33条，随着《三年行动计划》推进与实施，必将为上海率先实现职业教育现代化和职业教育高质量发展奠定基础，必将成为上海"十四五"职业教育发展规划最主要的目标与任务。

（五）聚焦"新基建"：切换职教发展新动能

当下，"新基建"成为我国经济社会发展的新热点和今后发展的新方向，"新基建"的成功实现，必将成为职业教育发展新动能，是职业教育在线教育质量发展的"红利"。

"新基建"提法和概念形成，则是2018年12月，中央经济工作会上首次确定，并列为2019年重点工作任务：加强人工智能、工业互联网、物联网等新型基础设施建设。这也是"新基建"首次出现在中央层面文件中。2019年7月30日，中共中央政治局会议再次提出"加快推进信息网络等新型设施建设"战略性任务。2020年2月14日，中央全面深化改革委员会第十二次会议明确"新基建"的性质与定位，会议指出，"基础设施是经济社会发展的重要支撑，要以整体优化、协同融合为导向，统筹存量和增量、传统和新型基础设施发展，打造集约高效、经济适用、智能绿色、安全可靠的现代基础设施体系"。毫无疑问，"新基建"概念与内涵、外延也不是一成不变的，随着科技变革和产业赋能之需，"新基建"概念必然会嬗变，有新的界定与表述。

为此，引用国家发改委 2020 年 4 月 20 日新闻发布会表述，则不失为是一种较为理性的、客观的和明智的选择。新闻发布会首次明确了新型基础设施建设范围（简称"新基建"）和指导思想[5]："新基建"是以新发展理念为引领，以技术创新为驱动，以信息网络为基础，面向高质量发展需要，提供数字转型、智能升级、融合创新等服务的基础设施体系。具体而言，"新基建"主要包括 3 方面内容：一是信息基础设施，包括以 5G、物联网、工业互联网、卫星互联网为代表的通讯网络基础设施，以人工智能、云计算、区块链为代表的新基础设施，以数据中心、智能计算中心为代表的算力基础设施。二是融合基础设施，主要指深度应用互联网、大数据、人工智能等技术，支撑传统基础设施转型升级，进而形成的融合基础设施，比如，智能交通基础设施、智能能源基础设施等。三是新基础设施，主要指支撑科学研究、技术开发、产品研制的具有公益属性的基础设施，比如，重大科技基础设施、科教基础设施、产业技术创新基础设施等。相比"传统基建"，科技创新驱动、数字化、信息网络这 3 个因素是所有关于"新基建"认知中的最大公约数，也是下一步经济社会发展的主要路径。

（六）上海"新基建"：倒逼职教动能转型

为落实国家关于"新基建"战略部署，2020 年 5 月，《上海市推进新型基础设施建设行动方案 (2020-2022 年)》（以下简称《行动方案》）正式发布。[6]《行动方案》立足数字产业化、产业数字化、跨界融合化、品牌高端化，提出了指导思想、行动目标、四大建设行动的 25 项建设任务、8 项保障措施，形成了上海版"新基建"35 条。《行动方案》提出，通过 3 年努力，率先在 4 个方面形成重要影响力：率先打造新一代信息基础设施标杆城市，率先形成全球综合性大科学设施群雏形，率先建成具有国际影响力的超大规模城市公共数字底座，率先构建一流的城市智能化终端设施网络。到 2022 年底，上海新型基础设施建设规模和创新能级迈向国际一流水平。

上海将全力实施上海版"新基建"四大建设行动。要对标一流水平，围绕新网络、新设施、新平台、新终端进行统筹布局，全力提升新型基础设施能级。初步梳理排摸了未来三年实施的第一批 48 个重大项目和工程包，预计总投资约 2700 亿元。四大建设行动包括：一是"新网络"建设行动：高水平建设 5G 和固网"双千兆"宽带网络,加快布局全网赋能的工业互联网集群,建设100家以上无人工厂、无人生产线、无人车间,带动15万企业上云上平台。二是"新设施"建设行动:加快推进硬X射线等大设施建设,开展下一代光子科学设施预研;争取国家支持布局新一轮重大科技基础设施;建设电镜中心、先进医学影像集成创新中心、国家集成电路装备材料产业创新中心等若干先进产业创新基础设施;围绕前沿科学研究方向,布局建设重大创新平台。三是"新平台"建设行动:建设新一代高性能计算设施,打造超大规模人工智能计算与赋能平台。建设政务服务"一网通办"和社会治理"一网统管"基础支撑平台,探索建设数字孪生城市。构建医疗大数据训练设施,支持人工智能企业开展深度学习等多种算法训练试验。探索建设临港新片区互联设施体系和长三角一体化示范区智慧大脑工程。四是"新终端"建设行动:规模化部署千万级社会治理神经元感知节点;新建10万个电动汽车智能充电桩;建设国内领先的车路协同车联网和智慧道路;建成市级公共停车信息平台;拓展智能末端配送设施,推动智能售货机、无人贩卖机、智慧微菜场、智能回收站等各类智慧零售终端加快布局;建设互联网+医疗基础设施;培育教育信息化应用标杆学校;打造智能化"海空"枢纽设施;完善城市智慧物流基础设施建设。

在"新基建"历程中,将数字化作为核心发力点[7],既遵循产业结构演进规律,又可借助数字经济外延政策及时动态调整产业发展的重点,加快推进科技进步和创新驱动的产业升级,助力社会经济高质量发展。"数字化"既是21世纪第四代工业革命的核心,又是数字经济的"硬核"。一方面,"数字化"催生了"数字经济"新业态、新模式,另一方面,"数字化"在教育领域衍生出新场景、教学新样态和新模式,如在线教育、云课堂、开放共享课程学习与呈现优质教育资源"跨区域分享"以及为"泛在学习"提供支撑性"时间与空间"保障性条件,从而带来的"边际效果"则是为"教育公平"提供了"有效供给"选择。随着"新基建"推动与实现,势将对职业教育带来新的发展的动能。

一是"新基建"建设过程和建成后,将会产生新的职业和新的工作岗位。自《中华人民共和国职业分类大典(2015年版)》颁布以来,先后发布了3批新职业目录。第三批9个新职业和"直播销售员""互联网信息审核员"等5个工种,新职业分别是:区块链工程技术员、城市管理网格员、互联网营销师、信息安全测试员、区块链应用操作员、在线学习服务师、社群健康助理员、老年人能力评估师和增材制造设备操作员等。第二批新职业 16 个，集中在新兴产业和现代服务业，第一批新职业 13 个集中在新技术领域。"新基建"涵盖 5G、特高压、城际等多类学科、专业。"新基建"的建成，将会助推新业态、新模式、新产业涌现，新业态会催生新职业、新工种和新岗位，与此同时，新职业会带动新就业。

二是上海推进和实现"新基建"目标，高水平建设 5G 和固网"双千兆"宽带网络，加快布局全网赋能的工业互联网集群，建设 100 家以上无人工厂、无人生产线、无人车间，带动 15 万企业上云上平台。"新基建"溢出效应和辐射能量释放，将带动"人工智能 (AI)"产业发展和人工智能技术应用场景。3 年前，"世界人工智能大会"初次降临黄浦江畔，迄今，上海人工智能产业空间格局初步形成，已拥有人工智能规模以上重点企业 1116 家，2019 年人工智能企业产值约 1447 亿元，比 2018 年增长约 10.7%。人工智能技术赋能的在线经济、外接触式服务蓬勃发展。人工智能在释放应用场景和推动人工智能产业集聚发展的同时，产生了新业态和新模式，同时对从事人工智能技术应用提出了技术、技能等方面新要求，发挥人工智能与 5G、大数据等融合发展趋势，为新业态、新模式、新产业发展深度赋能。加工制造业的数字化、网络化、智能化程度与水平大幅提升。人工智能应用场景拓展和辐射效能，正在全力打造数字化制造生态系统，采用数字孪生技术，使管理人员、工程师、技术员、操作人员和维护团队都能获得数据洞察力和深度学习带来的优势。以上海浦东新区为例，浦东在 AI 场景的建设上将围绕"AI+制造"、智慧医疗、智慧养老、智慧教育和智慧交通五大领域发力，重点探索这些领域的数字化网络化与智能化转型。为此，我们不仅要看到人工智能产业本身的产值比重，更要看人工智能"赋能百业"的效应度，要在"释放人工智能应用场景"中，加大职业教育人才供给改革力度，提供人力资本投资支撑。今年 7 月 9 日，在"世界人工智能大会云端峰会"上，李强在致辞中明确指出[8]，人工智能等新技术具有链接价值、赋能价值、向善价值，上海将着力打造人工智能产业应用"四大平台"，即链接协同创新开放平台、链接产业发展赋能平台、链接城市治理智慧平台和链接美好生活服务平台。

三是随着"新基建"推进与落实，将进一步提升上海高职院校、应用型本科高校的"1+X"的试点工作。2019 年 4 月 16 日，教育部等四部门联合印发了《关于院校实施"学历证书 + 若干职业技能等级证书"制度试点方案》(以下简称"1+X"试点方案)。国家教育部先后共发布了 3 批 93 个"1+X"证书。第一批"1+X"

证书有 6 个：建筑信息模型（BIM）、Web 前端开发、物流管理、老年照护、汽车应用与维修、智能新能源汽车。第二批"1+X"证书有 10 个：电子商务数据分析、网店运营推广、工业机器人操作与运维、工业机器人应用编程、特殊焊接技术、智能财税、母婴护理、传感应用开发、失智老人照护、云计算平台运维与开发。第三批"1+X"证书涉及到城市交通乘务等 77 个。第四批"1+X"证书项目即将申报。上海新一轮"1+X"证书试点工作和证书项目，将会出现与"新基建"相匹配和与技术技能新要求和新标准相适应的"X"证书体系，呈现"X"证书体系的多样性：即横向多样性，包括证书类型、证书领域、证书标准等；纵向多样性，包括证书等级，如国家、地方、特殊行业以及初、中、高层次等级等。

参考文献

[1] www.yicai.com.2018-04-24.

[2] 陈锋.在"创新发展高等职业教育暨高职高专校长联席会"上讲话，2014 年 10 月 18 日，泰州.

[3] https://www.tech.net.cn/web/articleview.中共中央办公厅、国务院办公厅印发《加快推进教育现代化实施方案（2018－2022 年）》.

[4] 李克强对部署推进职业技能提升行动电视电话会议作出重要批示.光明日报，2019 年 5 月 24 日（04）.

[5] www.xinhuanet.com.2020-04-26.

[6] www.shanghai.gov.cn.2020-05-12.

[7] 张磊.将数字化作为"新基建"核心发力点.文汇报 2020.05.27(4).

[8] 李强大会致辞.打造"四个平台"共建人工智能发展创新策源高地.文汇报.2020-07-10(1).

四、高质量发展规划，引领职教高质量发展

当前，我国经济正处于转变增长方式、优化经济结构、转换增长动力的攻关期。一方面，人工智能、大数据、与计算、区块链等新技术新应用快速发展，为新业态、新模式、新产业的勃发进行赋能；另一方面，从购物到服务，从生产到销售，各行各业加速"上线""上云"，传统生产组织模式和传统产业供应链不断重构。作为"类型教育"的职业教育，其内涵和界定可从功能定位、类型定位和人才培养外显形态和内在本质以及职业教育基本特征等方面予以把握。就其功能定位而言，职业教育与经济社会发展密切程度，任何教育都无法与此相比，服务国家经济发展战略，支撑区域产业结构升级换代和有效供给多类型、多层次、多领域的技术技能型人才；类型定位则涉及到产业领域、产业类型和产业链等专业性技术人才培养，人才培养的外显形态是以职业为导向，聚焦职业能力培养和职业素质养成；从人才培养的内在本质来看，专业发展和专业成长主要生长在职业工种和职业岗位上。因此，可以把职业教育视为我国教育现代化"最大公约数"，全面振兴职业教育，"职业教育现代化"再发力，应是"十四五"上海职业教育发展的总趋势和走向。

（一）"十四五"上海职业教育的改革发展走向

研究和预测"十四五"上海职业教育走向，主要围绕下面三大方面去思考与探索。

首先，研究和预测"十四五"上海职业教育走向，需从4组辩证关系去把握职教走向。

1. "职教"与"普教"的辩证关系

前者是关注"职业人"培养，培育技术技能型人才，适应"职业结构变化"，具有多次选择"职业"和"就业"的机会与本领，后者则关注养成教育和专业、学科等方面的系统、基础性训练。联合国教科文组织（UNESCO）曾将职业教育定位于"是在基础教育或普通教育基础上"实施的教育，也就是说，职业教育的层次高低，首先取决于义务教育的年限和受教育的机会与水平。因此，职业教育与普通教育分流，起始阶段取决于国家和地区教育水平与经济结构，如上海大都市的产业结构、经济社会发展水平以及国际化程度、全球卓越城市的地位，更应实施"高中后"职业教育为主，强固普通高中的特色教育，做强高等职业教育，多元发展本科层次职业教育试点学校，无需再去纠缠"普职比例"问题。为此，职业教育与普通教育分流阶段不应"人为划分"，而是因地制宜和根据区域经济社会发展水平阶段予以确定。至于"中职"与"普高"招生比例规定，先前，在一定程度上稳定了职业教育发展规模和地位，但现实效果呈现状况则是"差强人意"（至少没有根据不同区域经济结构和社会发展水平）；另外数年前倡导新建本科院校转型为高等职业教育，但成果甚微，其原因在于未能处理和把握好"职教"与"普教"辩证关系。如果说，"普职分流是优化教育结构的必由之路，普职融合是提高教育质量的必然选择"[1]。那么，在世界教育发展历程中，普职分流是工业革命和大工业生产的产物，而普职融通则是国际教育发展趋势。两者的区别在于，前者是制度性的类型教育，后者则是人才培养模式的变革和教育内容互为渗透。普职融合概念主要是指，职业教育课程内容前移后延，如职业启蒙教育、职业认知和职业体验等前移至学前、义务教育阶段；后移则是根据职业结构变化之需，满足多次就业选择机会，终身接受职业教育与培训。普职融通在高中阶段主要形式是"综合高中"，其功能与定位是为了延缓分流、提供"再选择教育方向"，同时满足了民众接受高层次的教育机会。

2. "地方政策"和"国家政策"的辩证关系

职业教育发展的基础和依据主要是区域现实需求与支撑条件保障。职业教育发展不仅要服务国家战略和发展，但更要立足于区域经济社会发展之需，如果说国家职业教育政策是全局性、战略性、方向性的话，那地方职教政策关注区域的经济社会发展需要和利用区域产业资源和职业教育资源发展区域职业教育，形成特色、差异性的地方职业教育体系。国家职教政策是发展导向与要求，国家职业教育政策类似于一种设计和方针制定，而地方职教政策则更多是"职教政策"或"职教体系"再设计过程，聚焦实施与行动计划落实，是一种实施方案和行动计划，而不能将地方职教政策文本成为国家职教政策的"复制版本"，既没有区域特色，又没有具体实施举措，致使地方职业教育呈现"同质化"和"雷同性"窠臼。

3. "短期规划"和"中长期规划"辩证关系

职业教育发展发展规划既要关注当下（短期）技术技能型人才规格、类型、层次等需求和要求，更要关注未来（中长期）产业结构调整和变化，对技术技能型人才可能变化的新标准、新要求和新需求。当然，今天和明天的界限并没有那么明显，然而当下的行动随时都在影响着明天的发展方向和水平。无可置疑，未来可能充满众多不确定性，但是，"短期规划"的实施与目标达成度，则为"中长期规划"的制定提供依据和基础性条件。以此同时，今天的目标与任务完成，为应对未来不可预测的新问题，提供新的破解方案和新的方法。正如美国教育学者、教育政策专家托马斯·S·波普科维茨（Thomas.S.Popkewitz）所言：教育政策研究需要打破那些看似自然和必然的思考方式，突破固有分析框架对我们思维和行动的桎梏。他认为教育政策研究要体现几个转向：（1）从实体转向认识论；（2）从实证、经验转向批判取向；（3）从单一研究方法转向多维研究方法建构出独特的研究方法论体系，以作为其批判教育理性的工具。所以，职业教育"短期规划"结束时，须进行对"短期规划"本身进行"再评估"和分析，发现问题和诊断"问题症结所在"，从而为新的"中长期规划"提供适切性建议和进行"政策干预"，避免政策决策失误。概而言之，"短期规划"与"中长期规划"既有相应的连续性和延续性，又有变化中的政策干预、调整与修正。任何规划的制定都强调"创新"，但"创新方向"并不等于"成功结果"，乃需要不断"修复"和"矫正"。

4. "技能人才"与"人文素养"辩证关系

职业教育关注学生"技能培养"的同时，更需要关注学生的人文素养和职业精神的培育。而人文素养的功能，使学生成为"人"的教育，关系到学生终身发展的质量与可持续发展能力的形成。所谓"人文素养"，则是由人文知识与技能、人文能力与方法、人文精神与品质等三个方面相互联系构成的一个有机整体，而人文知识、人文精神体现对人类生存意义和价值的关怀。中国人"是过着成人的理智生活，同时具有孩童般的纯真心灵的人，而中国人精神是灵魂和智慧的完美结合"（辜鸿铭语）[2]。人文素养与人文素质可视为同义语，包括人文科学的研究能力、知识水平和人文科学体现出来的以人为对象、以人为中心的精神、人的内在品质。

  人文素养的灵魂，不是"能力"，而是"以人为对象、以人为中心的精神"，其核心内容是对人类生存意义和价值的关怀，通常以"德性""价值观"和"人生哲学"，科学精神、艺术精神和道德精神等表述。人文素养概念，从广义上来说，是指一个人"成为人"和"发展为人"的内在精神品格。这种精神品格在宏观方面汇聚于作为民族精神脊梁和民族精神、爱国精神；体现在人们的气质和价值之中。从狭义层面而言，通常是文史哲艺术等知识和技能的内化，形成一个人的文化素质和精神品格。总之，人文素养或人文素质是关于"人类认识自己"的学问，做人的根本在于品质培养，发展人文素养就是"学会做人"，引导人们思考人生的目的、意义、价值，发展人性，完善人格，启发人们做一个"真人"和"全人"，做一个有智慧的人，做一个有修养的人。因此，职业教育的技能教育与人文教育共融和谐发展，培养职校生个性和谐发展，成为健康人格、全面发展的"职业人"。教育的精神力量最终体现在人文素养的底蕴中，对于人的可持续发展来说，人文素养的培养比技能的培养更基础[3]，因为人文素养是多方面能力的总支撑，这种支撑作用具体表现为理性的思维、宽容的心胸、健康的心态、良好的自我管理能力，以及足够的合作意识，等等。人文素养的缺乏直接影响了学生的思维深度与广度，以及对问题的洞察力和对事物发展的前瞻能力，而这些能力都是创造能力的重要内涵。

  其次，"十四五"上海职教走向，要从政策研究的视角来分析。

  尤其要从国际职业教育视野去梳理相关文件和重要文献。主要对标的国际教育文件以联合国（UNO）、联合国教科文组织（UNESCO）、国际经济与合作组织（OECD）等为主，例如2015年UNESCO发布的《反思教育：向"全球共同利益"的理念转变》（以下简称《反思教育》）、《2030年教育框架》和2015年5月UNESCO主办的"世界教育论坛"通过的《仁川宣言》，以及《联合国2030年可持续发展议程》等。在《反思教育》文件中强调人文主义教育观，提出尊重生命、人类尊严、权利平等、社会正义、文化多样观、国际团结和互利。全文包括五大部分：可持续发展：核心关切；重申人文主义教育方法；复杂世界中的地方决策和全球决策；重新界定教育和知识的概念，将其作为全球共同利益；关于未来的思考，"人的可持续发展"作为文件的核心主旨。《仁川宣言》确立了"实现公正、包容、和平、可持续发展的社会，确保到2030年所有人享有公平而包容的优质教育和终身学习"的可持续发展目标，制定了一个改变人们生活的、强有力的教育新进程[4]。2015年11月4日，在联合国教科文组织总部举行第38次教科文组织大会期间，《教育2030行动框架》正式发布。《行动框架》分3个部分。第一部分概述了教育2030的愿景、基本原理和原则。第二部分描述了总体目标、战略方法、具体目标和测量指标。第三部分探讨了实施方式。在"总原则"部分，重申和确立了：教育是一项基本人权，是一项可行使的权利。为了实现这一权利，国家必须确保普及全纳、公平的优质教育和学习，不让一个人掉队。教育应以人类个性的全面发展，促进相互理解、宽容、友谊与和平为目标。

教育是一种公共产品，国家是这一职责的承担者。教育需要全社会的共同努力，民间团体、教师和教育者、私营部门、社区、家庭、青年和儿童在实现优质教育权利方面都有重要的作用。国家在设置和管理标准及规范方面的作用至关重要。

性别平等与全民教育权利密不可分。实现性别平等需要以基于权利的方式确保女孩和男孩、女性和男性不仅获得和完成教育周期，而且在整个教育过程中得到平等的授权。教育2030年的总体目标为："确保全纳、公平的优质教育，使人人可以获得终身学习的机会"。十大具体目标包括两大部分：关于教育内容的具体目标和实施方式具体目标。

其中有关职业教育内容有——

目标3：到2030年，确保所有女人和男人平等获得负担得起和优质的技术、职业和不同形式的高等教育。高水平教育机会的提供往往不够充足，这种情况在不发达国家尤其突出，这会导致知识差距，带来影响社会经济发展的严重后果。

目标4：到2030年，大幅度增加拥有相关技能的青年和成年人数量，这些技能包括为就业、获得体面工作和创业的技术和职业技能。必须增加学习机会并使其多样化，使用范围广泛的教育和培训模式，以便所有青年和成年人，尤其是女孩和妇女，能够获得使得他们得到体面工作和生活的相关知识、技能和能力。

目标 5：到 2030 年，消除教育中的性别差异，确保残疾人、原住民和弱势儿童等弱势群体平等获取各级教育和职业培训。教育 2030 的关键特征——全纳、公平的优质教育，要求确保所有人的受教育权，保证所有人能够接受平等的教育，并且是优质的教育，消除性别差异，确保女性的受教育权；消除在教育中存在的歧视现象，保证所有的弱势群体平等获取各级教育和职业培训，从学前教育到各级各类的教育。

目标 6：到 2030 年，确保所有青年和大部分成年人，男性和女性，获得读写和计算能力。确保所有青年和大部分成年人掌握熟练的读写和计算能力，是使人人获得终身学习机会的基础，读写能力是教育权利的一部分，是一种公共产品，是自主学习不可或缺的基础。

目标 7：到 2030 年，确保所有学习者获得促进可持续发展所需的知识和技能，包括通过教育实现可持续发展和可持续的生活方式、人权、性别平等、促进和平与非暴力文化、全球公民意识、理解文化多样性和文化对可持续发展的贡献。

在"实施方式具体目标"中强调，教师是实现所有教育 2030 议程的关键，这一目标至关重要。教师的后续专业发展和支持，以及国家教师职业标准的缺乏或不足是造成低质量学习成果的关键因素。《教育 2030 行动框架》第三部分提出了指导建议，例如需要建立国家、区域和全球的管理、负责、协调、监控、报告和评估机制，需要合作伙伴和资金的支持。这些机制必须是包容、参与性和透明的。并倡议：当务之急是各国政府能在教育 2030 目标体系的指引下，根据本国国情，制定符合本国实际的愿景、目标和实施策略。而我国制定的《中国教育现代化 2035》，就是对上述行动框架的一种回应与行动。《联合国 2030 年可持续发展议程》提出的七大目标，其中目标 4"提高包容和公平的优质教育，让全民终身享有学习机会"中指出，要求和希望到 2030 年时：所有男女都能平等获得价廉的优质技术、职业和高等教育，包括大学教育；拥有技术和职业技能等相关的青年和成年人大幅度增加，以促进就业、体面工作和创业；消除教育中的性别差距，让残疾人、土著人民和处境脆弱儿童等弱势群体平等接受各级教育和职业培训[5]。

另外，我国出台发布的《职业教育技能提升行动计划（2019-2022）》和《工业通信业职业教育技能提升行动计划实施方案》，一定程度上回应和针对《世界银行：2019年世界报告》中关于技能范畴与变化的背景。《报告》中指出，由于"工作性质的变革、企业性质的变革、建设人力资本和终身学习"的需要，将技能分为三大类：一是高级认知技能，比如解决复杂问题的能力；二是社会行为技能，比如团队工作能力，三是能够预测适应能力的技能组合，如推理能力、自我效能在劳动市场上的重要性与日俱增。培育这类技能要求个体具有坚实的人力资本基础并有终身学习的意识、能力。具体而言，影响工作性质变革的特征是：一是技术效应所致，产生持续变化的技能和生产新模式；二是政策效应，如公共政策、人力资本投资、社会保障、收入等；三是社会包容性目标，为做好准备个体服务（学习服务、咨询服务、生涯发展服务等）、竞争性市场中的公平公正以及实施新社会契约等。

所以，上海"十四五"职业教育走向，就其政策层面而言，在国际视野和全球卓越城市建设过程中，根据国情和上海特色，上海职业教育发展要有融入国际职业教育发展的体系和步入国际技术技能型人才培养的行列，力求实现技术技能人才和专门化高技能人才全球配置态势。姚凯通过研究全球人才资源开发与流动发展新趋势、新问题，对标伦敦、纽约、东京等全球城市，把上海的人才资源配置放在全球竞争力的坐标体系中来思考和谋划，提出了未来30年上海全球城市人才资源开发与流动的战略目标、基本思路、实施途径和整体性治理体系。[6] 受姚凯《上海全球城市人才资源开发与流动战略研究》专著观点与论据启发，上海"十四五"职业教育发展政策，有条件有基础将高技能人才培养纳入全球人才资源配置体系之中。

再次，"十四五"上海职教走向，应把职业教育难点作为发展"支点"。

不可否认，改革开放以来40年以来，一方面，上海职业教育基本形成了职业教育层次、类型、结构和布局等完整体系，其专业设置基本满足了上海产业、经济社会发展、民生与文化等需求，以职院校培养为主的技术技能型人才和专门领域的高技能人才，成为上海人力资本能力建设资源的"蓄水池"和为生产、服务、文化、医疗、交通、物流等领域供给合格劳动者。另一方面，以职业院校为主要技术技能型人才市场供给侧，现有的技术技能型人才，无论是数量、质量或知识与专业结构，或是层次类型等，不能满足上海产业结构调整和新技术、新业态、新模式，以及"五个中心"建设、"一带一路"倡议、"长三角一体化"、"四大品牌"等方面的新需要。特别是在相应的高技能人才建设、创新创业服务人才等方面，从职业教育到就业，从技能培养到终身学习等全面系统的人力资本开发举措也与全球卓越城市建设战略和服务赋能等方面，仍有较大的距离。

当前，我国职业教育发展受到关注和重视程度前所未有。就其重视程度而言，首先在国家层面的政府工作报告中，将职业教育与民生发展、人民生活质量、就业创业、经济社会发展一样，提高到新的认识高度；其次，因为现代产业体系建设、制造业强国建设和经济高质量发展与变革中，技术技能型人才成为坚定基础、坚实性保障；再次，2019年关于教育政策和职业教育政策文件高密度发布。但在一个易变（volatility）、不确定性（uncertainty）、复杂（complexity）和模糊时代（ambiguity），职业教育发展既充满了变革发展机遇，又面临着众多困境与难点。把职业教育难点转变为发展支点，需从3个维度去思考：一是价值旨归。深刻认识到职业教育规律和技术技能型人才成长规律，消除职业教育"认知赤字"，回答"为什么"；二是逻辑思路。在职业教育概念、内涵、模式实践尚未成熟定型以及层次类型形式架构不完善的前提下，加大引进国际职业教育先进思想和先进理念、成功模式的同时，结合国情、区域特色，把准职业教育发展定位，回答"是什么"；三是落地实效。区域职业教育既要充分体现国家意志与战略思想，又要因地制宜，凸显区域经济社会发展与经济结构调整需要，对区域职业教育政策和职业教育体系进行"再设计"。为此，上海职业教育发展主要归纳为宏观与中观两个层面难点。

1. 宏观层面主要包括三大难点

一是上海职业教育办学模式单一，以政府办学为主，企业办学和企业参与办学处于"边缘状况"，未能形成市场要素配置和市场导向的多元办学形态。现今，仍处于"号召""宣传"和"鼓励"阶段，缺乏实质性的推进。先前，曾经"一度辉煌"的多元办学形态，如企业举办的技工学校（技校）和行业为主的中等专科教育和行业背景的高等专科教育，几乎"消失殆尽"。二是职业教育发展驱动力很大程度上仍旧停留在"政府导向"，缺乏市场导向，市场资源配置驱动"乏力"。三是地方办学自主性与探索性活力严重"缺乏"。具体表现为，上海职业教育办学层次远远落后于江苏、浙江、广东等其他省市，有"双高计划"的高职，上海无论是数量或是专业（群）建设项目，都与上海产业结构匹配度严重不足。

2. 中观层面主要包括三大难点

一是上海职业教育教师队伍结构性问题日趋突出。所谓教师"结构性"问题是指：编制结构、专业结构、学历层次结构、配置结构（如企业专业技术骨干、行业专门技术人才等"引校任教"或参与技术技能型人才培养等）。二是职业院校专业设置与调整，缺乏合理动态的"预警制度"和对经济结构调整与职业结构变化既缺少敏锐的"应变能力"，又没有"主动出击"的"机会能力"，致使技术技能型人才培养的规格、类型、层次等难以适应变化的需要。三是职校生或毕业生发展与成长道路上，仍旧存有"天花板"障碍。在用人和招聘、升迁等方面经常存有"制度性"身份歧视。至今，职业教育"吸引力"问题并未改观，除了民众对职业教育认知和职业教育社会声誉以及对职业教育的认可程度等外部环境因素之外，主要原因职业教育的毕业生（包括高等职业教育学生）薪酬偏低，就业质量不高和职场的竞争力、持续发展能力不足所致。

综上所述，上海职业教育难点有些是历史沉淀而来，有些是发展过程中，因产业结构调整、技术升级换代、经济社会发展变化，对职业教育人才培养提出的新要求、新标准、新需要而产生的。事实上，职业教育发展问题或难点，要比职业教育问题与难点更为复杂，成因更多是"非线性"发展所致。因此，把破解职业教育发展难点作为"十四五"上海职教发展的支点，则是一种"探索性""超前性"规划设计的路径与思路。《国家职业教育改革实施方案》开宗明义："职业教育与普通教育是两种不同教育类型，具有同等重要地位"，明确了职业教育的定位，并提出了总体目标要求。实现职业教育"三个转变"，即职业教育基本完成由政府举办为主向政府统筹管理、社会多元办学格局转变，由追求规模扩张向高质量转变，有参照普通教育办学模式向企业社会参与、专业特色鲜明的类型教育转变。围绕国家职教战略和发展目标，上海发布的《上海职业教育高质量发展行动计划（2019-2022年）》（以下简称《三年行动计划》），上海版职教改革实施方案《三年行动计划》提出6条主要措施：一是推动五年一贯制职业院校建设，尤其是支持政府举办与区域产业密切对接的高职院校。二是探索推进职业院校股份制、混合所有制改革，试点建设政府与企业共建职业院校。三是通过政府购买服务、委托管理、合作共建等方式，鼓励、支持、推动企业和社会力量参与职业教育。四是支持学校和企业等方面依法采取市场化、专业化、社会化机制运作，在生产性实训基地建设等方面深化合作。五是深化产教融合，构建职业教育与经济社会发展联动机制。六是从学校和政府两个层面优化职业教育治理体系，为深化产教融合提供制度保障。实现"职教三大转变"的上海方案，一定程度上可破解上海职教在宏观层面上的问题和难点，但破解这些"难点"可包括两个"支点"：

"支点"1　加快和扎实推进五年一贯制职业院校建设。

围绕加速实现国际职业教育"三大转变"，构建上海五年一贯制职业院校"新模式"，需要建设"新思路"和"超常规"建设速度。建设新思路可从本体论、认识论和价值论三方面去构略，具体而言，"本体论"意义上的模式就是客观的"贯通培养人才"的原型，专业课程贯通、技术技能递进，职业知识学习和职业技能、职业态度等评价要求"一以贯之"等。"认识论"意义上的模式，是对现实的一种概况和总结，体现与区域经济社会发展和产业结构调整相匹配和同步发展，也就是反映在技术技能人才培养的层次、结构、类型的优质供给。"价值论"则更多是职业教育体现"类型教育的价值"与特征，强调"新模式"的适用性和推广性。为此，势将上海五年一贯制职业院校建设作为实现职业教育"三大转变"难点的"支点"。就其建设速度而言，需要"非常规"的速度，提升上海职业教育层次和打造多元办学格局"时不我待"。"十四五"期间，上海五年一贯制职业院校数应达到占中职学校数的75%左右。建设对象选择策略和原则方面，（第一年）先以国家级中职示范校（共三批）为首选对象，并与区域产业相匹配程度高的专业作为试点，（第二至三年）拓展到有特色、有基础的中职学校。五年一贯制职业教育，在着力推动职业教育层次提升的同时，更因结合专业调整、职业学校布局的需要和产业结构调整变化，发挥市、区两级政府合理统筹力度，引入企业社会资源合力举办职业教育。

"支点"2　打造国际化技术技能人才高地。

随着上海"五个中心"建成、上海"新基建"推进实施、上海"四大品牌"创设、46届世界技能大赛的举办以及"长三角一体化"战略规划的全面实施，上海有基础、有能力、有条件提出"打造国际化技术技能人才高地"发展方略，确立上海职教发展的方位与方略、新目标定位和新使命担当。打造国际化高技能人才高地，一方面可提升职业教育服务与供给质量，另一方面，倒逼职业教育"三教改革"

和深化产教融合以及高职院校"1+X"试点落地。上海职业教育处在全面变革之中，是由量变到质变的一个重要临界点，一是，类型教育引导职教"三大转变"；二是"互联网+"和"人工智能+教育"引导职教课堂教学变革（包括实训范式、组织形态和评价等），线上线下相结合的混合式"教与学"将改变传统的教学模式；三是职业教育普及化、普职融合、终身化引导的个性化和多样化教育教学服务的需求。

何谓"国际化技术技能人才高地"，可从3个方面理解和掌握：一是技能人才的界定与依据；二是技能人才的标准与认定；三是技能人才成长规律与途径；四是技能人才全球配置与招聘等，由三大元素构成：一是高技能人才全球流动；二是服务高技能人才流动（包括培训和标准开发等）；三是高技能人才技能等级互认机制与环境。联合国 2014 年 12 月，将每年 7 月 15 日定为"世界青年技能日"（World Youth Skills Day），可见"技能"成为职业教育界和全球研究和关注的命题。国际技能人才高地建设质量，具体涉及到以下几个领域和范畴，主要包括专业设置标准、课程结构、教育教学与培训、师资队伍、培训组织、技能鉴定与考核以及设施设备保障性条件等。以技能人才专业标准和质量标准制定为例，如澳大利亚的"培训包"和"质量标准"，是以企业行业制定标准，并由国家政府层面颁发，既体现技能标准的科学性，又具有权威性和导向性。德国的技能鉴定与考核，是以行业实施与认定为主，参照联邦政府颁布的标准与要求，形成德国相对统一的行业标准和技能等级指标。同时，职业教育任职教师由学校和企业行业两方面资源组成，形成结构合理、互为承担学校教学和企业培训职责，并不存在所谓的"双师型"职教师资表述，也没有所谓的"兼职教师"之说，企业行业的教师通常称之为"培训师"或"师傅"（Meister）。事实上，现今，以学校为主的"双师型"教师队伍，无论知识结构或是技能结构与等级，难以胜任或承担职校生实习、实训任务，所以在职教师资队伍构成方面，突破编制等制度性障碍，引入企业行业专门人才担任专业教师和实训教师，以解决职业教育教师队伍结构性问题。

再者，正在推进实施的高等院校"1+X"试点，对于职业院校畅通技术技能人才成长通道，提升学生就业创业本领，深化教师、教材、教法"三教"改革，提高人才培养质量具有重要意义。实施 1+X 证书制度，推动产教深度融合、完善校企合作制度设计，健全职业教育制度框架，推进国家"学分银行"以及构建国家资历框架，实现职业教育高质量发展战略目标。建设一批满足和推进X证书实施需求的师资队伍和考核站点。通过规范本市范围内的培训评价组织，发挥X证书推动本市职业院校技术技能人才培养质量提升的作用。围绕上海"五个中心""四大品牌"的建设，对接技术技能型人才市场需求，凸显权威性、标准化、行业性要求，注重"新基建"发展对应用型人才提出的新需求，提出本市范围内职业院校重点实施的X证书指导意见，凸显本市X证书的引领作用与区域特色，打造形成上海"1+X"证书体系的样板。

（二）多措并举释放上海职业教育的"乘积效应"

职业教育的类型特点，决定了技术技能型人才培养模式变革趋势和培养重心聚焦职业人和工作岗位的"胜任力"。上海职业教育发展愈来愈呈现出几大态势：一是职业教育与高等教育的关系与交叉更为凸显，这是因为现代技术发展是建立在现代科学基础之上的，技术变革与创新催生的新业态、新产业、新模式、新职业，引导职业教育改革与发展，同时职业教育国际化程度日趋提升，呈现出许多新的形式和新的变化。二是职业教育与普通教育关系，不再是"绝缘体"，而是日趋"融通"和"互相渗透"。为此，"十四五"上海职业教育要多措并举，释放职教"乘积效应"。"乘积效应"原指经济行为产生的连锁反应和持续发展功能。职教"乘积效应"，包括发挥职教"提升技能"支撑效应、发挥"技能人才"人力资本效应、发挥"经济社会发展"基础效应、发挥"世界技能大赛"溢出效应。所谓"乘积效应"是指若干关系之间,因互动影响而产生的"辐射效应"和"能级提升效应"。

UNESCO在2012年发布的题为《青年与技能：拉近教育与就业的距离》"全民教育全球监测报告"[7]中指出：培养可转移的技能，应对未来工作世界的变化，为未来工作世界作准备。"可迁移的技能不是从教科书上学到的，但可以通过优质的教育获得"。虽然"可迁移技能不太具体，但对于就业能力及自尊、动力和志向等其他生活成果至关重要；可迁移技能部分是在学校环境之外形成的。然而，优质教育能够促进这些技能的发展，对缺乏支持性家庭环境的学生尤其有益"。《报告》中强调指出，"大批青年人离开学校时甚至没有掌握避免劳动市场某些最不利的环境所需的基本技能。这些青年人不可能拥有灵活适应不断变化的工作场所所需的技能。在较富裕的国家,教育程度低的人在生活早期面临失业问题,他们更有可能长期失业,对其未来的收入产生负面影响"。另外,《报告》第二部分第3章"青年、技能与工作——建立更坚实的基础"、第4章"投资技能改善生活"、第5章"中等教育:为工作铺平道路"和第6章"城市青年的技能—创造更美好的未来的机会"和第7章"培养农村青年掌握技能——脱贫之路"等章节标题,无不折射出"发挥技能效应"的重要意义。

发挥"技能人才"人力资本效应,是指职业教育在优质供给"技能人才"等方面,促进人力资本投资和人力资本能力建设质量提升。职业教育发挥"经济社会发展"基础效应,体现在促进充分就业、提升就业能力与质量的同时,承担了"消除贫困"和经济社会发展的使命。发挥"世界技能大赛"溢出效应,主要通过在上海举办第46届世界技能大赛,在全社会形成"技能成就梦想"和"新时代、新梦想、新技能"氛围,把技能学习与职业能力、职业知识与职业态度、工匠精神与人文精神视为终身学习的内容与方向。通常"职前培养"是通过学校职业教育,中等和高等教育,而"在职培养"则是在企业"实践锻炼"和"职场学习","终身发展"则更多的是"学历提升+实践锻炼"或"终身学习+实践创新"。因此,"世界技能大赛"不仅是技能"比赛",而更多的"溢出效应"在于对"技能"的理念、技能与生活质量、技能与成长发展的关系影响力与生涯发展质量的关系理解与提升。与此同时,世界技能大赛也是世界各国青年技能高手互相学习、互相交流的机会,既学到先进的技术与技能标准,又能感悟到世界技能发展趋势与新领域。多措并举,旨在将国家职业教育发展政策举措与地方的职业教育实施举措"互为一体",把国家关于职业教育的战略思想和意志转化成地方实施的行动方案,转化成自觉行为;将政府"有形之手"的调控导向功能与市场"无形之手"的资源要素配置的机制活力,形成合力,形成企业社会多元参与办学格局。

(三)高质量、高起点,科学规划上海职教新发展

"十四五"时期(2021-2025年)是我国由全面建成小康社会向基本实现社会主义现代化迈进的关键时期,也是实现2035年教育现代化目标奠定基础的关键阶段。将"十四五"上海职业教育改革与发展规划总目标以3个关键词概括:高

质量、高起点、科学规划（"两高一科"）。"高质量"目标体现在：除了规划文本的质量之外，主要反映在"十四五"上海职业教育发展的质量范畴与质量标准，如职教人才培养质量、职教育人环境质量、职教治理质量、课程与教学质量、职教师资专业结构与职业知识质量、职校生就业质量、职教服务经济社会的供给质量。特别是技术技能型人才的供给质量，关系到职业教育在社会中的地位、作用和社会声誉以及认可程度。"十九大"报告中，首次提出了"现代供应链"的概念，这标志着"现代供应链"正式上升为国家战略。供应链亦可称之为"供需链"，最早产生于20世纪80年代企业管理领域，所谓供应链，就是在生产和流通与供给之间的匹配，供需平衡。而在职业教育人才培养方面，就是满足经济社会发展、企业行业以及技术变革对技术技能型人才的规格、类型、层次的需要。职教"优质供给"或"现代供应链"就是主动适应与应对职场的变化，及时提供数量充足、质量过硬、具有知识性、可持续发展性的技术技能型人才。规划"高目标"就是要对照国际最高标准、最好水平，加快引进一批具有国际知名度和认可度的国（境）外培训机构、培训课程和认证证书，不断提升上海职业技能培训能级水平，根据上海高技能人才培养需要，探索在有条件的应用型本科院校、职业院校设立技师学院。推进上海职业高校"1+X"试点的证书开发和借鉴世界技能大赛的"技能标准""技能等级认定规则"与"发展技能"相关的先进理念与思想。判断职业教育发展理念正确与否，大道至简，关键看3个标准：一看是否符合党的教育方针，二看是否符合职业教育规律和技术技能型人才成长规律；三看是否符合公平公正的要求。至于职业教育发展的"科学规划"，其科学体现在规划编制的依据、基础；目标与指标的界定与分类；规划的任务与举措的匹配或"耦合"度；规划编制过程的开放、论证；参与编制规划成员的构成结构、专业性、独立性等。

殊不知，职业教育规划是职业教育政策的具体体现，是指导和规划职业教育发展方向的政策文本。在职业教育政策制定与决策过程，通常是"两种权利"的博弈过程。一种是统治性权利（Sovereignty Power），另一种是生产性权利（Productive Power），前者代表国家（State）为合法化形式的政治和经济活动的管理，体现政府意志与对教育治理权利；后者更多的是指教育行动者、知识生产者与专业性个体与团体，以生产性权利审视和认知教育实践，个体成为有生产力、能动性的行动者。在教育领域中，"行动者"（Actors）被授权去组织、去管理学校[8]。

这里的"行动者",笔者称之为"专业性、独立性"的教育领域专门研究者和企业行业中的人力资源开发与管理专门人才。因此,吸纳一定比例的专业人才参与职业教育规划编制,使规划编制的科学化与专业化特征更为凸显,避免决策失误。

总体而言,"十四五"期间,上海职业教育发展的基本思路力求3个坚持:一是坚定不移落实教育优先国家战略部署,精准落实《国家职业教育改革实施方案》、《加快推进教育现代化实施方案》,对标《中国教育现代化2035》等政策精神;二是突出区域特色,明确实施路径,根据上海经济社会发展的新要求和经济结构调整实际要求,提升职业教育优质供给和服务能力,满足上海"五个中心"建设、"四大品牌"创设、"新基建"实施等技术技能型人的要求,让每个职校生享受优质、高品质的教育资源;三是坚持"五育"并举,全面提升职业教育育人质量。全面实现《上海职业教育高质量发展行动计划》(2019-2022年)目标任务,举措到位,指标达成。遵循两个规律:职业教育规律与技术技能型人才成长规律,打造"上海技能人才高地"。

时间是伟大的书写者和见证者,"十三五"期间,上海职业教育发展取得了长足的发展,取得了丰硕成果,并创造了一系列职业教育"上海样本"。但成就背后仍有众多职业教育发展中值得总结与评估的问题与难点,亟待破解,为新一轮"五年规划"制定,提供政策性的"矫正"和"修复"依据。围绕国家职业教育办学"三大转变"目标,"十四五"期间,上海职业教育发展需在"高质量、高起点、科学规划"三方面发力。具体提出以下几点思考和建议:

1. 加大力度、宣传落实,提高全民职业教育共识

近期,在上海职教界和全社会进一步学习和宣传《上海职业教育高质量发展行动计划》,深刻理解和明确《三年行动计划》的目标任务和发展要求与举措。可以这样认为,《三年行动计划》主旨思想和总目标将成为"十四五"职教发展规划的基础性版本。

2. 把职业教育发展难点作为发展的"支点"

以两个"支点",即"五年一贯制职业院校试点"和打造"国际化技能型人才高地",破解上海职教发展难题和瓶颈。

3. 提升职业教育治理能力

着力上海市政府与区政府统筹协力,促进教育、人社、财政、发改委等部门

之间的协同治理，改进思维方式和工作方式，充分发挥科技支撑与赋能作用，推进职业教育精准施策，深入分析职业教育高质量发展的重点难点和瓶颈短板，全面提升职业教育治理效能。

4. 着力打造高素质职教师资队伍

加强职教教师职业理想与道德教育，适应发展需求，加快提升职教师资学历层次，多措并举引入企业行业专门技术人才，充实职教师资队伍，改变职教师资队伍的"结构性问题"。加强职教专业专任教师的技能等级提升和教育教学能力。

5. 优化资源供给，实现职教高质量发展

在优化区域职教资源配置与学校布局的基础上，依据"科学调整、合理配置、提高办学效益和提升服务能力"的原则，以"财政、税收"等政策的"杠杆"功能，动态调整，强化市场要素资源配置意识，强化配套资源保障，聚焦补短板强弱项。把为每个学生提供优质教育资源作为"思维底线"。

6. 对接科技发展趋势与上海城市发展需求

聚焦各级各类职业教育和培训事业发展的实践，着力体现上海职教发展事业与城市发展同频共振的经验与特色。

7. 未雨绸缪，举全力筹办46届世界技能大赛

46届世界技能大赛前夕，今年年底，我国将举办全国"技能大赛"，这次国家级技能大赛按照"世界技能大赛"的项目、规则、标准进行。上海在筹备"世界技能大赛"和推进期间中，加大全社会对"世界技能大赛"宣传与了解，包括"世界技能大赛"的相关历史知识、发展历程、大赛内容以及青年参与技能大赛的故事等，从而在全社会真正形成"技能成就未来"、"技能成就幸福生活"等氛围。"世界技能大赛"的辐射作用与溢出效应将大力助推上海技能提升行动计划的张力。

8. 推进长三角职教一体化，实现职业教育高质量发展

着力从办好新时代职业教育的视角，充分认识长三角一体化进程中，新时代职业教育的新特征，把握新时代职业教育制度改革的总要求，同时，勾勒长三角职教规划发展方略和加快构建区域特色职教"三大体系"，即专业体系、学术体系和话语体系。

当前，上海职业教育转型变革进入深水区和攻坚期，深入推进职业教育转型变革，巩固提升职业教育质量的任务艰巨繁重，人民群众对高质量、个性化、多样化的需求、提升职业教育办学层次与职业教育优质教育资源供给不足的矛盾依然存在,这就需要迫切需要以教育变革思想和深化职业教育理论研究、职业教育政策研究引领职业教育转型变革。为培养德智体美劳全面发展的社会主义建设者和新型"职业人",加快推进职业教育现代化,办好市民满意的职业教育,迫切需要深化职业教育相关政策研究力度与提升职教政策(规划)的权威性与科学性。着力于加强职业教育政策研究的前瞻性和系统性;糅合职业教育政策研究的学究气与乡土气,融合两种权利,即统治性权利和生产性权利在职业教育政策中的"互补功能";着眼职业教育政策研究的本土化与国际化,特别是结合国情和区域经济社会发展水平,因地制宜制定区域职业教育规划,确定区域特色明显,可操作、可持续发展的职业教育政策,构建区域职业教育体系。总之,"十四五"上海职业教育发展规划定位是:总目标力求更高,具体目标与重要任务明确,指标内容与实施举措更细,政策实施落地更实,职教成果成效辐射更广。日前,以"智联世界、共同家园"为主题的2020年世界人工智能大会,线上线下参会人数达1.15亿人次,以满满的科技感,向我们生动展望了智能时代"距离"的远与近。因此,"十四五"期间,上海职业教育发展将迎来人工智能时代背景下的新思考、新挑战、新发展机遇挑战。

链接1 《上海职业教育高质量发展行动计划(2019—2022年)》(2019.12.17)

为贯彻落实《国家职业教育改革实施方案》和全国教育大会精神、本市教育大会精神,进一步推动新时代上海职业教育高质量发展,制定本行动计划。

一、指导思想

(一)坚持立德树人。贯彻落实习近平总书记关于职业教育的重要论述精神,努力培养德智体美劳全面发展的社会主义建设者和接班人。

(二)坚持需求导向。适应上海社会主义现代化国际大都市建设对技术技能人才和高素质劳动者的需求,主动对接上海经济社会发展特别是产业发展战略,增强职业教育对城市建设的支持力和贡献度,打造与上海城市地位相适应的高质量职业教育。

（三）坚持发展导向。优化职业教育层次结构和专业布局，做精中等职业教育，做强高等职业教育，做实应用型本科，积极拓展专业学位研究生教育，完善专业布局结构动态调整机制。

（四）坚持改革导向。深化职业教育管理体制和办学体制改革，探索"市区共管、以区为主"的高等职业教育管理与办学体制，试点建设政府、企业以及行业组织等方面共同举办的股份制和混合所有制职业院校。优化职业教育发展的政策支持体系，加大政府对高等职业教育改革发展的支持力度。

二、着力落实和巩固职业教育的类型教育地位

（一）构建上海职业教育新体系。着眼类型教育属性，强化体系建设，构建与上海经济社会发展战略和产业发展需求相适应的职业教育新体系。调整中等职业教育功能定位，通过提升、贯通、转型、整合等途径，完善中职学校布局和发展走向。重点发展高等职业教育，坚持内涵为本、兼顾规模发展思路，壮大技术技能人才培养中坚力量。开展本科层次职业教育试点，推动具备条件的地方普通本科高校向应用型大学转变，引导应用型大学科学定位、坚守本位，强化其在职业教育体系中的引领责任和作用。

（二）强化应用型人才培养体系建设。完善贯通培养机制，稳步扩大贯通培养特别是高等职业教育—应用型本科教育贯通培养规模，持续提升贯通培养质量，使贯通培养成为上海职业教育人才培养的主要模式与方向。到2022年，建成80个中本贯通专业点、250个中高贯通专业点、20个高本贯通专业点和10所左右新型（五年一贯制）职业院校。进一步加强高水平应用型大学建设，集中力量新建1-2所高水平、国际化、示范性职业教育本科院校。进一步拓展高层次技术技能人才培养通道，深化专业学位研究生综合改革，在工程技术等领域探索"应用型本科—专业学位硕士"贯通培养试点。积极推动普职融通探索，进一步拓展和夯实高质量应用型人才培养基础。

（三）完善符合职业教育发展要求的评价体系。健全政府、行业、企业、职业院校等共同参与的职业教育质量评价机制，将评价结果作为政策支持、绩效考核、表彰奖励的重要依据。评价内容聚焦学生职业道德、技术技能水平、就业质量以及产教融合、校企合作水平等方面。支持第三方机构开展评价。建立中高职

贯通、中本贯通等长学制贯通模式人才培养质量指标体系。研究制定新型（五年一贯制）职业院校的办学标准和评估体系。建立健全应用型大学分类评价标准，将评价结果与投入力度挂钩，引导应用型大学坚定职业教育办学定位，强化其在现代职业教育体系构建中的引领责任。建立区别于普通教育的符合职业教育规律、体现职业教育特点的教师人事管理和专业技术职务评聘体系。

（四）完善职业教育考试招生制度。完善"文化素质＋职业技能"的"职教高考"制度。逐步提高本科院校招收中高职毕业生的比例，探索建立中等职业学校学业水平考试与应用型大学招生接轨的机制。探索世界技能大赛、中国技能大赛、全国技能大赛优秀选手免试就读本市院校的招生办法。

（五）深化办学体制改革。通过政府购买服务、委托管理、合作共建等方式，鼓励、支持、推动企业和社会力量参与职业教育。探索推进职业院校股份制、混合所有制改革，试点建设政府与企业共建的职业院校。集聚企业研发中心、科研院所等方面力量，引导其参与和支持职业院校建设。支持学校和企业等方面依法采取市场化、专业化、社会化机制运作，在生产性实训基地建设等方面深化合作，深化"产教融合""引企入校""引校入企"改革。

（六）落实《上海市职业教育条例》。以新修订的《上海市职业教育条例》正式实施为契机，研究制定相关配套政策文件，加强对产教融合的引导和推动，鼓励职业学校和企业通过共同育人、合作研究、共建机构、共享资源等方式，在人才培养、技术创新等方面拓展合作空间，深化合作程度。

三、优化职业院校和专业布局

（一）与时俱进推动中职教育科学发展。科学合理确定中等职业教育功能定位和中职学校发展走向。坚持技术技能人才贯通培养的主流方向，打破中等职业教育自成一体的封闭发展观念和办学格局。把进一步做精作为中职教育发展的重点，合理调控中职学校数量，严格控制以直接就业为培养目标的纯粹中职教育规模（以用人市场紧缺急需且中职层次培养足以满足岗位要求为限），原则上不再新举办中职学校，集中资源聚焦水平和质量提升，实现中等职业教育集约化、优质化、精品化发展。调整和优化存量中职学校布局，按照上海产业发展状况，针对不同学校实际情况分类施策，通过多种途径，整合优质职业教育资源和行业企业资源提升办学层次和培养能力，推动条件暂不完备的学校加强与高职院校的专业联结，对已经停止招生、名存实亡以及办学方向和专业设置不符合上海经济社会发展现实需求的学校，依法终止办学。

（二）打造高质量、有特色、精品化高职教育。实施高等职业教育"双一流"计划，推动一批高等职业院校和专业（群）进入国际一流、国内领先行列。打造2-4所国内同类最好、国际一流的高职院校，建设10-15个在国内具有引领作用的标杆专业（群），带动上海高职整体建设和发展。优化高职院校专业布局，加快设置一批契合上海经济社会发展现实需求的新专业，加大投入力度，提升建设水平。

（三）建设新型贯通培养职业院校。深化职业教育办学体制改革，总结中高贯通培养长期探索实践的经验得失，结合中职学校布局调整优化，强化中高职教育一体化发展，建设一批新型（五年一贯制）职业院校，推动中高贯通人才培养由中职、高职双主体实施向新型职业院校单一主体转变，提升技术技能人才贯通培养质量。鼓励、支持各区结合实际，聚焦重点产业和社会民生事业急需领域，举办体现产教融合要求的新型（五年一贯制）职业院校。引导、推动企业积极参与，探索建设股份制、混合所有制新型（五年一贯制）职业院校，促进校企双元育人。

（四）动态优化专业结构布局。对接上海产业地图，优化职业教育专业布局，引导学校加强区域有需求、行业有地位、国内有影响的专业（群）建设。加紧布局人工智能、生物医药、集成电路、航空航天、汽车制造、船舶制造等战略性新兴产业与先进制造业，以及家政、养老、护理、学前教育、酒店管理等民生事业领域和现代服务业领域的相关专业，调整关闭部分不符合经济社会发展需要或重复设置率高的专业点。

四、深化产教融合校企合作

（一）构建职业教育与经济社会发展联动机制。深化产教融合，促进教育链、人才链与产业链、创新链有机衔接，统筹规划产教融合的政策措施、支持方式、实现途径和重大项目。根据人口变化、产业发展、人力资源需求等，科学合理确定职业教育发展规模和布局结构，灵活调整招生政策和专业设置，促进技术技能人才供给侧与需求侧紧密对接。

（二）推进产教融合试点。统筹职业教育与区域发展布局，引导职业教育资源逐步向产业和人口集聚区集中。探索构建本市产教融合型企业认证制度，培育和认定一批市级产教融合型企业，促进其在现代学徒制、"1+X"证书制度、专业建设、实训基地共建、科技研发等多方面深入参与职业教育。支持有代表性、影响力和改革意愿的区参与国家的产教融合城市建设试点。推动建设若干校企共同投入、辐射区域和学校、服务学生培养和职工培训的产教融合实训基地。加强职教集团建设，打造10个全国示范性职教集团。

（三）健全产教融合的职业教育治理体系。创新治理架构，推动市、区政府和企业、行业组织等多方共同参与的职业教育。完善学校内部治理，推动学校建立健全董事会制度，吸引行业企业深度、全过程参与职业院校办学，包括参与、指导学校专业设置、人才培养方案制定等。加大"订单式"人才培养力度，推动学校人才培养与产业实际需求紧密契合。

（四）完善产教融合信息流通机制。搭建职业教育产教融合信息化平台，鼓励企业参与运行，定期发布行业发展动态、人才需求、学校资源等信息，指导、协助职业学校与相关企业建立合作关系。加强技术技能人才需求预测分析，为学校专业建设、人才培养提供智力支持。

（五）完善职业教育与培训体系。把加强职业技能培训工作和推动职业教育改革发展紧密结合，提高绩效工资水平，探索建立学校绩效考核机制，强化激励引导，推动职业院校更加积极主动开展培训，培育"上海工匠"，主动服务产业工人队伍建设改革和技能提升行动计划。鼓励学校与具备条件的企业开展培训方面的合作，学校从校企合作中取得的收入，在分配中要向在生产性实训基地从事带教工作、提供技术服务的教师倾斜。发挥上海开放大学作用，利用信息技术手段、学分银行制度等，灵活便捷提供培训服务，促进技能培训与学力提升相结合。发挥高技能人才培养基地和具有资质的社会培训机构作用，完善职业技能培训体系建设。

五、全面提升人才培养能级

（一）加强职业院校思想政治和德育工作。落实立德树人根本任务，用习近平新时代中国特色社会主义思想武装头脑，推进职业教育领域"三全育人"综合改革试点工作。健全"校家企社"四位一体、中高职衔接的工匠精神一体化建设，弘扬和传承工匠精神，将精益求精、追求卓越的工匠精神融入人才培养过程。

（二）推进"1+X"证书制度改革。建立健全"X证书"体系，为推进"1+X"证书制度改革奠定基础。推动应用型大学、本科层次职业教育、高职院校、中职学校积极参与"1+X"证书制度建设。探索逐步将取得职业资格证书或技能水平评价证书,作为各级职业院校学生毕业的必要条件。大力推动和支持学校加强国际职业资格证书、技能水平评价证书的引进、应用与推广。鼓励和支持相关企业申报"1+X"证书制度试点的培训评价组织,开发和推广相关职业技能等级证书。

(三)推动现代学徒制和企业新型学徒制试点。选取技术性、实践性较强的专业,全面推行现代学徒制。建立100个现代学徒制试点专业,推动学校招生和企业招工相衔接,明确学生学徒"双重身份",强化学校和企业"双主体"实施。推动企业招录新员工后积极开展岗位技能培训和企业文化培训。

(四)强化教材教法课程建设。健全职业学校教材管理办法。建设一批市级职业教育教材基地。建设一批校企"双元"合作开发的专业教材。适应"互联网+职业教育"发展需求,运用现代信息技术改进教学方式方法,模拟真实工作场景。推广任务引领型、项目教学法等教学方法的普遍应用。建立职业教育专业教学资源库,建设500门职业教育在线开放课程。推动能力本位课程的开发与运用。

(五)推进职业教育"学分银行"建设。探索建立职业教育个人学习账号,实现学习成果可追溯、可查询、可转换。有序开展学历证书和职业技能等级证书所体现的学习成果的认定、积累和转换,为技术技能人才持续成长拓宽通道。

六、打造职业教育师资发展高地

(一)强化"双师型"教师队伍建设。完善"双师型"教师标准和考核认定办法,"双师型"教师占专任专业课教师总数达到60%。建成10个国家级职业教育教师教学创新团队和50个上海市职业教育名师工作室。深化职业教育教师职称制度改革,积极探索中职教师职称制度衔接并轨,更加突出对教师实践能力的评价。合理确定中等和高等职业院校教师岗位结构比例,建立岗位动态调整机制。

(二)开展教师能力提升培训。推动职业教育师资培养由项目化培训向体系化培养转变,实现教师培养工作体系化。对接"1+X"证书制度试点,培育一批职业技能等级证书培训教师。继续推进职业院校教师境外培训工作,鼓励考取国际通行的职业资格证书和技能水平证书。

(三)健全校企人员双向交流机制。建立一批校企共建的教师培养培训基地和教师企业实践基地。强化中职、高职、应用型大学专业教师的企业实践制度,推动在职教师定期到企业实践锻炼。支持职业院校聘请"大国工匠""上海工匠"

等高层次技术技能人才到学校任教,成立50个上海市职业教育技能大师工作室。建设优秀兼职教师资源库。

七、提升职业教育国际影响力

(一)加强国际化人才培养。充分彰显上海改革开放前沿优势,着力打造上海职业教育国际化特色品牌。深化职业教育中外合作办学探索,提升职业教育国际化水平,重点培养高端旅游、文化创意、先进制造等领域专业人才。加强与世界高水平职业院校、产业龙头企业等方面的合作,共同制定人才培养方案,共同推进专业建设,培养具有国际视野、符合国际标准的技术技能人才。

(二)积极参与世界技能大赛。以上海举办第46届世界技能大赛为契机,依托相关职业院校和科研机构成立世界技能大赛教育研究中心,强化职业技能竞技领域国际合作交流。支持职业院校成为世界技能大赛选手培养基地。

(三)积极服务国家对外战略。服务国家"一带一路"倡议,鼓励学校在"一带一路"沿线国家设立职业培训基地,建设"鲁班工坊",把上海职教优秀教育成果输出国门,与世界分享。扩大中外学生互换、学分互认力度,提高接受全日制教育的外国来华留学生数量,提升职业院校国际影响力。

八、强化组织领导和保障支撑

(一)推进职业教育治理体系与治理能力现代化。在各区党委领导下,各区政府要把职业教育改革发展纳入议事日程,加大统筹规划、政策指导、协调落实力度,确保职业教育事业正确方向。推动职业院校以章程为依据,完善管理制度和规范体系。鼓励支持职业院校建立行业企业咨询协商机制,探索建立行业企业等办学相关方参加的学校理事会或董事会机构,参与审议学校重大事项。

(二)加强政府部门统筹协调。市和区相关部门加强协调、形成合力,加大对职业教育工作的规划、领导、协调和督导评估力度,引导、支持、促进职业教育的发展。市和区教育、发展改革、经济信息化、商务等部门建立产业发展、人才需求信息通报等协作机制。市教育部门负责各级各类职业教育学校办学、评估、考核等方面的管理和指导工作。市发展改革部门会同市教育、经济信息化、商务等部门共同推动产教融合,开展产教融合型企业认定、培育和建设以及产教融合型城市建设试点工作。市人力资源社会保障部门在教师职称评定、高技能人才落户、绩效工资合理增长等方面予以保障。市经济信息化、国资等部门支持在沪中央企业、国有企业投资举办高质量职业教育，探索建设混合所有制、股份制职业院校，校企共建产教融合型实训基地。市财政部门会同市发展改革、教育、税务等部门落实国家文件要求，对纳入产教融合型企业建设培育范围的试点企业兴办职业教育符合条件的投资，按照投资额30%抵免当年应缴教育费附加和地方教育费附加。市、区教育、人力资源社会保障部门和总工会等，在职业培训方面增强工作协同性，共同推动职业技能培训工作。各行业主管部门履行本行业职业教育的投入、协调和业务指导职责。

（三）深化职业教育基础理论和发展战略研究。充分发挥华东师范大学、上海市教育科学研究院、上海社会科学院，以及上海市职业教育协会等机构和团体的作用，深化职业教育基础理论和发展战略研究，研究建立上海市职业教育改革发展专家咨询委员会制度，为深化上海职业教育改革提供智力支持。

链接2 《国家职业教育改革实施方案》（职教20条）2019

职业教育与普通教育是两种不同教育类型，具有同等重要地位。改革开放以来，职业教育为我国经济社会发展提供了有力的人才和智力支撑，现代职业教育体系框架全面建成，服务经济社会发展能力和社会吸引力不断增强，具备了基本实现现代化的诸多有利条件和良好工作基础。随着我国进入新的发展阶段，产业升级和经济结构调整不断加快，各行各业对技术技能人才的需求越来越紧迫，职业教育重要地位和作用越来越凸显。但是，与发达国家相比，与建设现代化经济体系、建设教育强国的要求相比，我国职业教育还存在着体系建设不够完善、职业技能实训基地建设有待加强、制度标准不够健全、企业参与办学的动力不足、有利于技术技能人才成长的配套政策尚待完善、办学和人才培养质量水平参差不齐等问题，到了必须下大力气抓好的时候。没有职业教育现代化就没有教育现代化。为贯彻全国教育大会精神，进一步办好新时代职业教育，落实《中华人民共和国职业教育法》，制定本实施方案。

总体要求与目标：坚持以习近平新时代中国特色社会主义思想为指导，把职业教育摆在教育改革创新和经济社会发展中更加突出的位置。牢固树立新发展理念，服务建设现代化经济体系和实现更高质量更充分就业需要，对接科技发展趋势和市场需求，完善职业教育和培训体系，优化学校、专业布局，深化办学体制改革和育人机制改革，以促进就业和适应产业发展需求为导向，鼓励和支持社会各界特别是企业积极支持职业教育，着力培养高素质劳动者和技术技能人才。经过5—10年左右时间，职业教育基本完成由政府举办为主向政府统筹管理、社会多元办学的格局转变，由追求规模扩张向提高质量转变，由参照普通教育办学模式向企业社会参与、专业特色鲜明的类型教育转变，大幅提升新时代职业教育现代化水平，为促进经济社会发展和提高国家竞争力提供优质人才资源支撑。

具体指标：到2022年，职业院校教学条件基本达标，一大批普通本科高等学校向应用型转变，建设50所高水平高等职业学校和150个骨干专业（群）。建成覆盖大部分行业领域、具有国际先进水平的中国职业教育标准体系。企业参与职业教育的积极性有较大提升，培育数以万计的产教融合型企业，打造一批优秀职业教育培训评价组织，推动建设300个具有辐射引领作用的高水平专业化产教融合实训基地。职业院校实践性教学课时原则上占总课时一半以上，顶岗实习时间一般为6个月。"双师型"教师（同时具备理论教学和实践教学能力的教师）占专业课教师总数超过一半，分专业建设一批国家级职业教育教师教学创新团队。从2019年开始，在职业院校、应用型本科高校启动"学历证书＋若干职业技能等级证书"制度试点（以下称1+X证书制度试点）工作。

一、完善国家职业教育制度体系

（一）健全国家职业教育制度框架。

把握好正确的改革方向，按照"管好两端、规范中间、书证融通、办学多元"的原则，严把教学标准和毕业学生质量标准两个关口。将标准化建设作为统领职业教育发展的突破口，完善职业教育体系，为服务现代制造业、现代服务业、现代农业发展和职业教育现代化提供制度保障与人才支持。建立健全学校设置、师资队伍、教学教材、信息化建设、安全设施等办学标准，引领职业教育服务发展、促进就业创业。落实好立德树人根本任务，健全德技并修、工学结合的育人机制，完善评价机制，规范人才培养全过程。深化产教融合、校企合作，育训结合，健全多元化办学格局，推动企业深度参与协同育人，扶持鼓励企业和社会力量参与举办各类职业教育。推进资历框架建设，探索实现学历证书和职业技能等级证书互通衔接。

（二）提高中等职业教育发展水平。

优化教育结构，把发展中等职业教育作为普及高中阶段教育和建设中国特色职业教育体系的重要基础，保持高中阶段教育职普比大体相当，使绝大多数城乡新增劳动力接受高中阶段教育。改善中等职业学校基本办学条件。加强省级统筹，建好办好一批县域职教中心，重点支持集中连片特困地区每个地（市、州、盟）原则上至少建设一所符合当地经济社会发展和技术技能人才培养需要的中等职业学校。指导各地优化中等职业学校布局结构，科学配置并做大做强职业教育资源。加大对民族地区、贫困地区和残疾人职业教育的政策、金融支持力度，落实职业教育东西协作行动计划，办好内地少数民族中职班。完善招生机制，建立中等职业学校和普通高中统一招生平台，精准服务区域发展需求。积极招收初高中毕业未升学学生、退役军人、退役运动员、下岗职工、返乡农民工等接受中等职业教育；服务乡村振兴战略，为广大农村培养以新型职业农民为主体的农村实用人才。发挥中等职业学校作用，帮助部分学业困难学生按规定在职业学校完成义务教育，并接受部分职业技能学习。

鼓励中等职业学校联合中小学开展劳动和职业启蒙教育，将动手实践内容纳入中小学相关课程和学生综合素质评价。

（三）推进高等职业教育高质量发展。

把发展高等职业教育作为优化高等教育结构和培养大国工匠、能工巧匠的重要方式，使城乡新增劳动力更多接受高等教育。高等职业学校要培养服务区域发展的高素质技术技能人才，重点服务企业特别是中小微企业的技术研发和产品升级，加强社区教育和终身学习服务。建立"职教高考"制度，完善"文化素质+职业技能"的考试招生办法，提高生源质量，为学生接受高等职业教育提供多种入学方式和学习方式。在学前教育、护理、养老服务、健康服务、现代服务业等领域，扩大对初中毕业生实行中高职贯通培养的招生规模。启动实施中国特色高水平高等职业学校和专业建设计划，建设一批引领改革、支撑发展、中国特色、世界水平的高等职业学校和骨干专业（群）。根据高等学校设置制度规定，将符合条件的技师学院纳入高等学校序列。

（四）完善高层次应用型人才培养体系。

完善学历教育与培训并重的现代职业教育体系，畅通技术技能人才成长渠道。

发展以职业需求为导向、以实践能力培养为重点、以产学研用结合为途径的专业学位研究生培养模式，加强专业学位硕士研究生培养。推动具备条件的普通本科高校向应用型转变，鼓励有条件的普通高校开办应用技术类型专业或课程。开展本科层次职业教育试点。制定中国技能大赛、全国职业院校技能大赛、世界技能大赛获奖选手等免试入学政策，探索长学制培养高端技术技能人才。服务军民融合发展，把军队相关的职业教育纳入国家职业教育大体系，共同做好面向现役军人的教育培训，支持其在服役期间取得多类职业技能等级证书，提升技术技能水平。落实好定向培养直招士官政策，推动地方院校与军队院校有效对接，推动优质职业教育资源向军事人才培养开放，建立军地网络教育资源共享机制。制订具体政策办法，支持适合的退役军人进入职业院校和普通本科高校接受教育和培训，鼓励支持设立退役军人教育培训集团（联盟），推动退役、培训、就业有机衔接，为促进退役军人特别是退役士兵就业创业作出贡献。

二、构建职业教育国家标准

（五）完善教育教学相关标准。

发挥标准在职业教育质量提升中的基础性作用。按照专业设置与产业需求对接、课程内容与职业标准对接、教学过程与生产过程对接的要求，完善中等、高等职业学校设置标准，规范职业院校设置；实施教师和校长专业标准，提升职业院校教学管理和教学实践能力。持续更新并推进专业目录、专业教学标准、课程标准、顶岗实习标准、实训条件建设标准（仪器设备配备规范）建设和在职业院校落地实施。巩固和发展国务院教育行政部门联合行业制定国家教学标准、职业院校依据标准自主制订人才培养方案的工作格局。

（六）启动1+X证书制度试点工作。

深化复合型技术技能人才培养培训模式改革，借鉴国际职业教育培训普遍做法，制订工作方案和具体管理办法，启动1+X证书制度试点工作。试点工作要进一步发挥好学历证书作用，夯实学生可持续发展基础，鼓励职业院校学生在获得学历证书的同时，积极取得多类职业技能等级证书，拓展就业创业本领，缓解结构性就业矛盾。国务院人力资源社会保障行政部门、教育行政部门在职责范围内，分别负责管理监督考核院校外、院校内职业技能等级证书的实施（技工院校内由人力资源社会保障行政部门负责），国务院人力资源社会保障行政部门组织制定职业标准，国务院教育行政部门依照职业标准牵头组织开发教学等相关标准。院校内培训可面向社会人群，院校外培训也可面向在校学生。各类职业技能等级证书具有同等效力，持有证书人员享受同等待遇。院校内实施的职业技能等级证书分为初级、中级、高级，是职业技能水平的凭证，反映职业活动和个人职业生涯发展所需要的综合能力。

（七）开展高质量职业培训。

落实职业院校实施学历教育与培训并举的法定职责，按照育训结合、长短结合、内外结合的要求，面向在校学生和全体社会成员开展职业培训。自2019年开始，围绕现代农业、先进制造业、现代服务业、战略性新兴产业，推动职业院校在10个左右技术技能人才紧缺领域大力开展职业培训。引导行业企业深度参与技术技能人才培养培训，促进职业院校加强专业建设、深化课程改革、增强实训内容、提高师资水平，全面提升教育教学质量。各级政府要积极支持职业培训，行政部门要简政放权并履行好监管职责，相关下属机构要优化服务，对于违规收取费用的要严肃处理。畅通技术技能人才职业发展通道，鼓励其持续获得适应经济社会发展需要的职业培训证书，引导和支持企业等用人单位落实相关待遇。对取得职业技能等级证书的离校未就业高校毕业生，按规定落实职业培训补贴政策。

（八）实现学习成果的认定、积累和转换。

加快推进职业教育国家"学分银行"建设，从2019年开始，探索建立职业教育个人学习账号，实现学习成果可追溯、可查询、可转换。有序开展学历证书和职业技能等级证书所体现的学习成果的认定、积累和转换，为技术技能人才持续成长拓宽通道。职业院校对取得若干职业技能等级证书的社会成员，支持其根据证书等级和类别免修部分课程，在完成规定内容学习后依法依规取得学历证书。对接受职业院校学历教育并取得毕业证书的学生，在参加相应的职业技能等级证书考试时，可免试部分内容。从2019年起，在有条件的地区和高校探索实施试点工作，制定符合国情的国家资历框架。

三、促进产教融合校企"双元"育人

（九）坚持知行合一、工学结合。

借鉴"双元制"等模式，总结现代学徒制和企业新型学徒制试点经验，校企共同研究制定人才培养方案，及时将新技术、新工艺、新规范纳入教学标准和教学内容，强化学生实习实训。健全专业设置定期评估机制，强化地方引导本区域职业院校优化专业设置的职责，原则上每 5 年修订 1 次职业院校专业目录，学校依据目录灵活自主设置专业，每年调整 1 次专业。健全专业教学资源库，建立共建共享平台的资源认证标准和交易机制，进一步扩大优质资源覆盖面。遴选认定一大批职业教育在线精品课程，建设一大批校企"双元"合作开发的国家规划教材，倡导使用新型活页式、工作手册式教材并配套开发信息化资源。每 3 年修订 1 次教材，其中专业教材随信息技术发展和产业升级情况及时动态更新。适应"互联网＋职业教育"发展需求，运用现代信息技术改进教学方式方法，推进虚拟工厂等网络学习空间建设和普遍应用。

（十）推动校企全面加强深度合作。

职业院校应当根据自身特点和人才培养需要，主动与具备条件的企业在人才培养、技术创新、就业创业、社会服务、文化传承等方面开展合作。学校积极为企业提供所需的课程、师资等资源，企业应当依法履行实施职业教育的义务，利用资本、技术、知识、设施、设备和管理等要素参与校企合作，促进人力资源开发。校企合作中，学校可从中获得智力、专利、教育、劳务等报酬，具体分配由学校按规定自行处理。在开展国家产教融合建设试点基础上，建立产教融合型企业认证制度，对进入目录的产教融合型企业给予"金融＋财政＋土地＋信用"的组合式激励，并按规定落实相关税收政策。试点企业兴办职业教育的投资符合条件的，可按投资额一定比例抵免该企业当年应缴教育费附加和地方教育附加。厚植企业承担职业教育责任的社会环境，推动职业院校和行业企业形成命运共同体。

（十一）打造一批高水平实训基地。

加大政策引导力度，充分调动各方面深化职业教育改革创新的积极性，带动各级政府、企业和职业院校建设一批资源共享，集实践教学、社会培训、企业真实生产和社会技术服务于一体的高水平职业教育实训基地。面向先进制造业等技术技能人才紧缺领域，统筹多种资源，建设若干具有辐射引领作用的高水平专业化产教融合实训基地，推动开放共享，辐射区域内学校和企业；鼓励职业院校建设或校企共建一批校内实训基地，提升重点专业建设和校企合作育人水平。积极吸引企业和社会力量参与，指导各地各校借鉴德国、日本、瑞士等国家经验，探索创新实训基地运营模式。提高实训基地规划、管理水平，为社会公众、职业院校在校生取得职业技能等级证书和企业提升人力资源水平提供有力支撑。

（十二）多措并举打造"双师型"教师队伍。

从 2019 年起，职业院校、应用型本科高校相关专业教师原则上从具有 3 年以上企业工作经历并具有高职以上学历的人员中公开招聘，特殊高技能人才（含具有高级工以上职业资格人员）可适当放宽学历要求，2020 年起基本不再从应届毕业生中招聘。加强职业技术师范院校建设，优化结构布局，引导一批高水平工科学校举办职业技术师范教育。实施职业院校教师素质提高计划，建立 100 个"双师型"教师培养培训基地，职业院校、应用型本科高校教师每年至少 1 个月在企业或实训基地实训，落实教师 5 年一周期的全员轮训制度。探索组建高水平、结构化教师教学创新团队，教师分工协作进行模块化教学。定期组织选派职业院校专业骨干教师赴国外研修访学。在职业院校实行高层次、高技能人才以直接考察的方式公开招聘。建立健全职业院校自主聘任兼职教师的办法，推动企业工程技术人员、高技能人才和职业院校教师双向流动。职业院校通过校企合作、技术服务、社会培训、自办企业等所得收入，可按一定比例作为绩效工资来源。

四、建设多元办学格局

（十三）推动企业和社会力量举办高质量职业教育。

各级政府部门要深化"放管服"改革，加快推进职能转变，由注重"办"职业教育向"管理与服务"过渡。政府主要负责规划战略、制定政策、依法依规监管。发挥企业重要办学主体作用，鼓励有条件的企业特别是大企业举办高质量职业教育，各级人民政府可按规定给予适当支持。完善企业经营管理和技术人员与学校领导、骨干教师相互兼职兼薪制度。2020 年初步建成 300 个示范性职业教育集团（联盟），带动中小企业参与。支持和规范社会力量兴办职业教育培训，鼓励发展股份制、混合所有制等职业院校和各类职业培训机构。建立公开透明规范的民办职业教育准入、审批制度，探索民办职业教育负面清单制度，建立健全退出机制。

（十四）做优职业教育培训评价组织。

职业教育包括职业学校教育和职业培训，职业院校和应用型本科高校按照国家教学标准和规定职责完成教学任务和职业技能人才培养。同时，也必须调动社会力量，补充校园不足，助力校园办学。能够依据国家有关法规和职业标准、教学标准完成的职业技能培训，要更多通过职业教育培训评价组织（以下简称培训评价组织）等参与实施。政府通过放宽准入，严格末端监督执法，严格控制数量，扶优、扶大、扶强，保证培训质量和学生能力水平。要按照在已成熟的品牌中遴选一批、在成长中的品牌中培育一批、在有需要但还没有建立项目的领域中规划一批的原则，以社会化机制公开招募并择优遴选培训评价组织，优先从制订过国家职业标准并完成标准教材编写，具有专家、师资团队、资金实力和5年以上优秀培训业绩的机构中选择。培训评价组织应对接职业标准，与国际先进标准接轨，按有关规定开发职业技能等级标准，负责实施职业技能考核、评价和证书发放。政府部门要加强监管，防止出现乱培训、滥发证现象。行业协会要积极配合政府，为培训评价组织提供好服务环境支持，不得以任何方式收取费用或干预企业办学行为。

五、完善技术技能人才保障政策

（十五）提高技术技能人才待遇水平。

支持技术技能人才凭技能提升待遇，鼓励企业职务职级晋升和工资分配向关键岗位、生产一线岗位和紧缺急需的高层次、高技能人才倾斜。建立国家技术技能大师库，鼓励技术技能大师建立大师工作室，并按规定给予政策和资金支持，支持技术技能大师到职业院校担任兼职教师，参与国家重大工程项目联合攻关。积极推动职业院校毕业生在落户、就业、参加机关事业单位招聘、职称评审、职级晋升等方面与普通高校毕业生享受同等待遇。逐步提高技术技能人才特别是技术工人收入水平和地位。机关和企事业单位招用人员不得歧视职业院校毕业生。国务院人力资源社会保障行政部门会同有关部门，适时组织清理调整对技术技能人才的歧视政策，推动形成人人皆可成才、人人尽展其才的良好环境。按照国家有关规定加大对职业院校参加有关技能大赛成绩突出毕业生的表彰奖励力度。办好职业教育活动周和世界青年技能日宣传活动，深入开展"大国工匠进校园""劳模进校园""优秀职校生校园分享"等活动，宣传展示大国工匠、能工巧匠和高素质劳动者的事迹和形象，培育和传承好工匠精神。

（十六）健全经费投入机制。

各级政府要建立与办学规模、培养成本、办学质量等相适应的财政投入制度，地方政府要按规定制定并落实职业院校生均经费标准或公用经费标准。在保障教育合理投入的同时，优化教育支出结构，新增教育经费要向职业教育倾斜。鼓励社会力量捐资、出资兴办职业教育，拓宽办学筹资渠道。进一步完善中等职业学校生均拨款制度，各地中等职业学校生均财政拨款水平可适当高于当地普通高中。各地在继续巩固落实好高等职业教育生均财政拨款水平达到12000元的基础上，根据发展需要和财力可能逐步提高拨款水平。组织实施好现代职业教育质量提升计划、产教融合工程等。经费投入要进一步突出改革导向，支持校企合作，注重向中西部、贫困地区和民族地区倾斜。进一步扩大职业院校助学金覆盖面，完善补助标准动态调整机制，落实对建档立卡等家庭经济困难学生的倾斜政策，健全职业教育奖学金制度。

六、加强职业教育办学质量督导评价

（十七）建立健全职业教育质量评价和督导评估制度。

以学习者的职业道德、技术技能水平和就业质量，以及产教融合、校企合作水平为核心，建立职业教育质量评价体系。定期对职业技能等级证书有关工作进行"双随机、一公开"的抽查和监督，从2019年起，对培训评价组织行为和职业院校培训质量进行监测和评估。实施职业教育质量年度报告制度，报告向社会公开。完善政府、行业、企业、职业院校等共同参与的质量评价机制，积极支持第三方机构开展评估，将考核结果作为政策支持、绩效考核、表彰奖励的重要依据。完善职业教育督导评估办法，建立职业教育定期督导评估和专项督导评估制度，落实督导报告、公报、约谈、限期整改、奖惩等制度。国务院教育督导委员会定期听取职业教育督导评估情况汇报。

（十八）支持组建国家职业教育指导咨询委员会。

为把握正确的国家职业教育改革发展方向，创新我国职业教育改革发展模式，提出重大政策研究建议，参与起草、制订国家职业教育法律法规，开展重大改革调研，提供各种咨询意见，进一步提高政府决策科学化水平，规划并审议职业教育标准等，在政府指导下组建国家职业教育指导咨询委员会。成员包括政府人员、职业教育专家、行业企业专家、管理专家、职业教育研究人员、中华职业教育社等团体和社会各方面热心职业教育的人士。通过政府购买服务等方式，听取咨询机构提出的意见建议并鼓励社会和民间智库参与。政府可以委托国家职业教育指导咨询委员会作为第三方，对全国职业院校、普通高校、校企合作企业、培训评价组织的教育管理、教学质量、办学方式模式、师资培养、学生职业技能提升等情况，进行指导、考核、评估等。

七、做好改革组织实施工作

（十九）加强党对职业教育工作的全面领导。

以习近平新时代中国特色社会主义思想特别是习近平总书记关于职业教育的重要论述武装头脑、指导实践、推动工作。加强党对教育事业的全面领导，全面贯彻党的教育方针，落实中央教育工作领导小组各项要求，保证职业教育改革发展正确方向。要充分发挥党组织在职业院校的领导核心和政治核心作用，牢牢把握学校意识形态工作领导权，将党建工作与学校事业发展同部署、同落实、同考评。指导职业院校上好思想政治理论课，实施好中等职业学校"文明风采"活动，推进职业教育领域"三全育人"综合改革试点工作，使各类课程与思想政治理论课同向同行，努力实现职业技能和职业精神培养高度融合。加强基层党组织建设，有效发挥基层党组织的战斗堡垒作用和共产党员的先锋模范作用，带动学校工会、共青团等群团组织和学生会组织建设，汇聚每一位师生员工的积极性和主动性。

（二十）完善国务院职业教育工作部际联席会议制度。

国务院职业教育工作部际联席会议由教育、人力资源社会保障、发展改革、工业和信息化、财政、农业农村、国资、税务、扶贫等单位组成，国务院分管教育工作的副总理担任召集人。联席会议统筹协调全国职业教育工作，研究协调解决工作中重大问题，听取国家职业教育指导咨询委员会等方面的意见建议，部署实施职业教育改革创新重大事项，每年召开两次会议，各成员单位就有关工作情况向联席会议报告。国务院教育行政部门负责职业教育工作的统筹规划、综合协调、宏观管理，国务院教育行政部门、人力资源社会保障行政部门和其他有关部门在职责范围内，分别负责有关的职业教育工作。各成员单位要加强沟通协调，做好相关政策配套衔接，在国家和区域战略规划、重大项目安排、经费投入、企业办学、人力资源开发等方面形成政策合力。推动落实《中华人民共和国职业教育法》，为职业教育改革创新提供重要的制度保障。

链接3　关于在院校实施"学历证书＋若干职业技能等级证书"制度试点方案

按照国务院印发的《国家职业教育改革实施方案》(简称"职教20条")要求，经国务院职业教育工作部际联席会议研究通过，现就在院校实施"学历证书＋若干职业技能等级证书"制度试点，制定以下工作方案。

一、总体要求

(一)指导思想和基本原则

以习近平新时代中国特色社会主义思想为指导，深入贯彻落实全国教育大会部署，完善职业教育和培训体系，按照高质量发展要求，坚持以学生为中心，深化复合型技术技能人才培养培训模式和评价模式改革，提高人才培养质量，畅通技术技能人才成长通道，拓展就业创业本领。

坚持政府引导、社会参与，育训结合、保障质量，管好两端、规范中间，试点先行、稳步推进的原则。加强政府统筹规划、政策支持、监督指导，引导社会力量积极参与职业教育与培训。落实职业院校学历教育和培训并举并重的法定职责，坚持学历教育与职业培训相结合，促进书证融通。严把证书标准和人才质量两个关口，规范培养培训过程。从试点做起，用改革的办法稳步推进，总结经验、完善机制、防控风险。

(二)目标任务

自2019年开始，重点围绕服务国家需要、市场需求、学生就业能力提升，从10个左右领域做起，启动1+X证书制度试点工作。落实"放管服"改革要求，以社会化机制招募职业教育培训评价组织(以下简称培训评价组织)，开发若干职业技能等级标准和证书。有关院校将1+X证书制度试点与专业建设、课程建设、教师队伍建设等紧密结合，推进"1"和"X"的有机衔接，提升职业教育质量和学生就业能力。通过试点，深化教师、教材、教法"三教"改革；促进校企合作；建好用好实训基地；探索建设职业教育国家"学分银行"，构建国家资历框架。

二、试点内容

（一）培育培训评价组织

培训评价组织作为职业技能等级证书及标准的建设主体，对证书质量、声誉负总责，主要职责包括标准开发、教材和学习资源开发、考核站点建设、考核颁证等，并协助试点院校实施证书培训。

（二）开发职业技能等级证书

职业技能等级证书以社会需求、企业岗位（群）需求和职业技能等级标准为依据，对学习者职业技能进行综合评价，如实反映学习者职业技术能力，证书分为初级、中级、高级。培训评价组织按照相关规范，联合行业、企业和院校等，依据国家职业标准，借鉴国际国内先进标准，体现新技术、新工艺、新规范、新要求等，开发有关职业技能等级标准。国务院教育行政部门根据国家标准化工作要求设立有关技术组织，做好职业教育与培训标准化工作的顶层设计，创新标准建设机制，编制标准化工作指南，指导职业技能等级标准开发。试点实践中充分发挥培训评价组织的作用，鼓励其不断开发更科学、更符合社会实际需要的职业技能等级标准和证书。

（三）融入专业人才培养

院校是 1+X 证书制度试点的实施主体。中等职业学校、高等职业学校可结合初级、中级、高级职业技能等级开展培训评价工作，本科层次职业教育试点学校、应用型本科高校及国家开放大学可根据专业实际情况选择。试点院校要根据职业技能等级标准和专业教学标准要求，将证书培训内容有机融入专业人才培养方案，优化课程设置和教学内容，统筹教学组织与实施，深化教学方式方法改革，提高人才培养的灵活性、适应性、针对性。

（四）实施高质量职业培训

试点院校要结合职业技能等级证书培训要求和相关专业建设，改善实训条件，盘活教学资源，提高培训能力，积极开展高质量培训。根据社会、市场和学生技能考证需要，对专业课程未涵盖的内容或需要特别强化的实训，组织开展专门培训。试点院校在面向本校学生开展培训的同时，积极为社会成员提供培训服务。社会成员自主选择证书类别、等级，在试点院校内、外进行培训。新入校园证书必须通过遴选渠道，已取消的职业资格证书不得再引入。教育行政部门、院校要建立健全进入院校内的各类证书的质量保障机制，杜绝乱培训、滥发证，保障学生权益，有关工作另行安排。

（五）严格职业技能等级考核与证书发放

培训评价组织负责职业技能等级考核与证书发放。考核内容要反映典型岗位（群）所需的职业素养、专业知识和职业技能，体现社会、市场、企业和学生个人发展需求。考核方式要灵活多样，强化对完成典型工作任务能力的考核。考核站点一般应设在符合条件的试点院校。

（六）探索建立职业教育国家"学分银行"

国务院教育行政部门探索建立职业教育"学分银行"制度，研制相关规范，建设信息系统，对学历证书和职业技能等级证书所体现的学习成果进行登记和存储，计入个人学习账号，尝试学习成果的认定、积累与转换。学生和社会成员在按规定程序进入试点院校接受相关专业学历教育时，可按规定兑换学分，免修相应课程或模块，促进学历证书与职业技能等级证书互通。研究探索构建符合国情的国家资历框架。

（七）建立健全监督、管理与服务机制

建立职业技能等级证书和培训评价组织监督、管理与服务机制。建设培训评价组织遴选专家库和招募遴选管理办法。对培训评价组织行为和院校培训质量进行监测和评估。培训评价组织的行为同时接受学校、社会、学生、家长等的监督评价。院校和学生自主选择 X 证书，同时加强引导，避免出现片面的"考证热"。

三、试点范围及进度安排

（一）试点范围

面向现代农业、先进制造业、现代服务业、战略性新兴产业等 20 个技能人才紧缺领域，率先从 10 个左右职业技能领域做起。省级教育行政部门根据有关要求对符合条件的申报院校进行备案。试点院校以高等职业学校、中等职业学校（不含技工学校）为主，本科层次职业教育试点学校、应用型本科高校及国家开放大学等积极参与，省级及以上示范（骨干、优质）高等职业学校和"中国特色高水平高职学校和专业建设计划"入选学校要发挥带头作用。

（二）进度安排

2019 年首批启动五个领域试点，已确定的五个培训评价组织对接试点院校，并启动有关信息化平台建设；陆续启动其他领域试点工作。2020年下半年，做好试点工作阶段性总结，研究部署下一步工作。

四、组织实施

（一）明确组织分工

国务院教育行政部门负责做好1+X证书制度试点工作的整体规划、部署和宏观指导，对院校职业技能等级证书的实施工作负监督管理职责。国务院市场监督管理部门（国家标准化管理委员会）负责协调指导职业教育与培训标准化建设。各省级教育行政部门主要负责指导本区域1+X证书制度试点工作，会同省级有关部门研究制定支持激励教师参与试点工作的有关政策，将参与职业技能等级证书培训与考核相关工作列入教师和教学管理人员工作量范畴，帮助协调解决试点中出现的新情况、新问题。省级有关职能部门负责研究确定证书培训考核收费管理相关政策。试点院校党委要加强对试点工作的领导，按有关规定加大资源统筹调配力度。

（二）强化基础条件保障

各省（区、市）在政策、资金和项目等方面向参与实施试点的院校倾斜，支持学校教学实训资源与培训考核资源共建共享，推动学校建好用好学校自办、学校间联办、与企业合办、政府开办等各种类型的实训基地。要吸引社会投资进入职业教育培训领域。通过政府和社会资本合作（PPP模式）等方式，积极支持社会资本参与实训基地建设和运营。产教融合实训基地和产教融合型企业要积极参与实施培训。

（三）加强师资队伍建设

各省（区、市）和试点院校要加强专兼结合的师资队伍建设，打造能够满足教学与培训需求的教学创新团队，促进教育培训质量全面提升。要将职业技能等级证书有关师资培训纳入职业院校教师素质提高计划项目。培训评价组织要组建来自行业企业、院校和研究机构的高素质专家队伍，面向试点院校定期开展师资培训和交流，提高教师实施教学、培训和考核评价能力。

（四）建立健全投入机制

中央财政建立奖补机制，通过相关转移支付对各省1+X证书制度试点工作予以奖补。各省（区、市）要加大资金投入，重点支持深化职业教育教学改革、加强技术技能人才培养培训等方面，并通过政府购买服务等方式支持开展职业技能等级证书培训和考核工作。参加职业技能等级证书考核的建档立卡等家庭经济困难学生免除有关考核费用。凡未纳入1+X证书制度试点范围的培训、评价、认证等，不享受试点有关经费支持。

（五）加强信息化管理与服务

建设1+X证书信息管理服务平台，开发集政策发布、过程监管、证书查询、监督评价等功能的权威性信息系统。参与1+X证书制度试点的学生，获取的职业技能等级证书都将进入服务平台，与职业教育国家学分银行个人学习账户系统对接，记录学分，并提供网络公开查询等社会化服务，便于用人单位识别和学生就业。运用大数据、云计算、移动互联网、人工智能等信息技术，提升证书考核、培训及管理水平，充分利用新技术平台，开展在线服务，提升学习者体验。

参考文献

[1] 曾天山.健全普职教育融合体系对教育强国的建设重大意义.中国教育学刊.2020,7.

[2] 辜鸿铭.中国人精神.江苏南京：译林出版社，2012:53.

[3] 南方周末.2004-02-26期.

[4] 中国教育报.2015-06-08(5).

[5] www.doc.88.com/p.

[6] 吴江.聚天下英才而用之.光明日报2020-07-11(09).

[7] 姚凯.上海全球城市人才资源开发与流动战略研究.复旦大学出版社.2019.

[8] UNESCO.青年与技能：拉近教育与就业的距离.北京.教育科学出版社，2013-08:187-199.

[9] Popkewitz, T.S.(Ed).(2013).Rethingking the histor of educationg：Transnational perspktives on its questions，mehtods，and knowledge.New York：Palgrave Macmillan：27-29.

第二部分

上海职业教育专题研究

一、中华人民共和国成立70年来职业教育发展的历史阶段特征与经验

中华人民共和国成立70年来，我国经济社会发生了翻天覆地的变化，成为世界第二大经济体。70年来，在不同的发展时期，针对不同的发展需求，国家引导、推动职业院校积极探索，坚持教书育人与职业培训并重，形成世界上最大规模的中高等职业教育体系，有效提升了一线劳动者的技术文化素质，为我国工业体系、经济体系培养了数以亿计的高素质技术技能人才。

（一）中等专业教育和技工教育有序发展支撑了中华人民共和国成立初期的工业体系构建

中华人民共和国成立初期，一穷二白，国家围绕经济建设需求配套发展职业教育，开启了我国职业教育新进程。在这一时期，国家提出建立职业教育制度，并确定了职业教育要服务国家大规模经济建设的需要。1951年，《政务院关于改革学制的决定》明确要求："中等专业学校按照国家建设需要，实施各类的中等专业教育。"1952年，《政务院关于整顿和发展中等技术教育的指示》中进一步强调："培养技术人才是国家经济建设的必要条件，而大量地训练与培养中级和初级技术人才尤为当务之急，中等技术学校在学校系统中的任务为培养工业、农业、交通、运输等方面的中级和初级技术人才。"此后，各类中等专业学校逐步转归有关业务部门领导，开始按照国民经济各部门的需要培养人才，专业设置、教学组织、教学方法等逐步规范，确立了中等专业教育服务于国家建设的基本导向。

计划经济体制下的职业教育发展道路，体现了国家指令性计划配置资源的特征，支撑了中华人民共和国成立初期工业体系和国民经济体系对技术技能人才的

需求，初步奠定了职业教育的基础。"1950—1960 年，中等专业学校数量由 1086 所增至 3706 所，增幅 241%；在校生数由 25.7 万人增至 149.5 万人，增幅高达 481%"，初步形成配套工业体系发展的职业学校集群。第一个五年计划布局建设的 156 项重点工程是中华人民共和国工业化的开端，为培养对接工程需要的技术技能人才，国家配套建设了一批中等技术学校和技工学校，有力地支撑了中华人民共和国成立初期的工业体系构建，也成为今天职业教育发展的重要基础。高职院校的发展历史显示，近百所高职院校的建校基础均为成立于 1950—1960 年间，由各行各业开办的中专学校，这些院校中有 30 所后来发展为国家高职示范（骨干）校。

（二）职业教育在恢复和发展中积蓄了助力改革开放的能量

改革开放伊始，百废待兴，国家将工作重心转向社会主义现代化建设，开始通过调整中等教育结构来发展职业教育，强调教育要为经济结构变化培养训练专门家和劳动后备军。1978 年，邓小平在全国教育工作会议上的讲话中指出："整个教育事业必须同国民经济发展的要求相适应……应该考虑各级各类学校发展的比例，特别是扩大农业中学、各种中等专业学校、技工学校的比例。""20 世纪 80 年代初期，为解决地方技术人才严重匮乏等问题，一批以'收费、走读、不包分配'为特点的地方短期职业大学诞生，率先打出了'高等职业教育'的旗号。"1985 年，《中共中央关于教育体制改革的决定》明确提出大力发展职业技术教育，并且要同经济和社会发展的需要密切结合起来，进而逐步建立起一个从初级到高级、行业配套、结构合理又能与普通教育相互沟通的职业技术教育体系。

改革开放以后，我国积极探索社会主义市场经济体制，围绕建设开放型经济体系的需求，各级各类职业教育得到恢复和发展，职业教育体系的雏形开始显现，职业教育为各行各业尤其是农业发展作出重要贡献。1978—1988 年，中等专业学校数量即由 2760 所增长至 4022 所，增幅 46%；在校生数由 88.9 万人增长至 205.2 万人，增幅 131%；高职（专科）院校在校生规模也由 38.0 万人增长至 73.1 万人，增幅 92%。与此同时，中职教育在校生规模占高中阶段教育在校生的比重由 14% 增长至 51%，中等教育结构得到极大的调整。我国在改革开放时期以发展农业作为保证四个现代化实现的根本条件，在此时期职业教育积极服务"三农"发展。1978—1988 年，全国农林类中等专业学校由 302 所增至 433 所，在校生由 8.6 万人增至 17.6 万人。发展至今,全国具有涉农专业的高职院校已超过 300 所,为现代农业发展提供了重要服务。

(三) 新世纪初期职业教育跨越式发展形成服务经济高速增长的动力

20 世纪末,在国际金融危机的背景下,职业教育进入国家扩招政策推动下的大发展。1999 年,《中共中央国务院关于深化教育改革全面推进素质教育的决定》明确提出:"要大力发展高等职业教育。"同年的全国教育工作会议也提出大幅度扩大高等学校招生规模。在相关政策的推动下,高职教育成为高校扩招的主力军,招生规模连年增长。进入 21 世纪,国家重视以专项引导为抓手,加快职业教育改革与发展。2006 年推出的国家示范性高等职业院校建设计划,标志着国家高职教育政策在强化特色、加快改革方面的重点引导,推动高职教育实现历史性跨越发展。中国职业教育逐步成长为世界上规模最大的职业教育体系,实现了由"小"到"大"的转变。

21 世纪初的职业教育发展之路是在社会主义市场经济体制下的探索,面对人民大众接受教育的需求和经济改革发展的需要,职业教育逐步成为拓宽人才成长通道和解决经济驱动力的重要力量,为我国实现从人口大国向人力资源大国的转变做出了重要贡献,尤其在我国加入世界贸易组织和经济全球化迅速发展的背景下,具有更加重要的意义。至 2010 年,全国独立设置的高职院校 1246 所,招生数 310.5 万人,在校生数 966.2 万人,分别是 2000 年的 3 倍、6 倍、10 倍。同时,中等职业教育规模持续发展,到 2010 年,招生数 870.4 万人,在校生数 2238.5 万人,分别比 2000 年增长了 113%、74%。高中阶段、高等教育毛入学率加快提高,2010 年高中阶段毛入学率达 82.5%,高等教育毛入学率达 26.5%,与 10 年前相比均实现翻倍。在此过程中,职业院校坚持专业对接产业,服务区域发展,形成了一批专业特点突出的优秀职业院校群体,推动战略性新兴产业、先进制造业健康发展,为加快传统产业转型升级,提供了重要的技术技能人才支撑。

(四) 新时代职业教育深化改革支撑国家经济高质量发展

党的十八大开启了社会主义现代化新征程,我国成为世界第二大经济体,经济转向高质量发展，市场经济体制逐步成熟，职业教育真正成长为一种教育新类型。2014年，习近平总书记在对全国职业教育工作会议所作的批示中指出"职业教育是国民教育体系和人力资源开发的重要组成部分"，2017年，党的十九大报告明确要"完善职业教育和培训体系，深化产教融合、校企合作"，2018年，《国家职业教育改革实施方案》强调"职业教育要对接科技发展趋势和市场需求"。职业教育的类型特征逐步清晰，发展职业教育正在成为推进教育现代化和人力资源供给侧结构性改革的重要任务。2019年，"加快发展现代职业教育"与财政政策、货币政策并列"置顶"于政府工作任务中的宏观政策层面，既体现了对职业教育的认可，也成为新时期发展职业教育的新动员。党的十八大以来，习近平总书记关于职业教育的一系列重要论述，对于明确中国特色职业教育的本质特征、完善职业教育和培训体系、深化产教融合与校企合作、引领职业教育更好服务国家经济高质量发展具有重大意义。

新时代，针对中国经济增速趋缓、结构趋优的"新常态"特征，职业教育的要素配置进一步优化，内涵质量进一步提高，逐步形成高度匹配区域产业体系的院校集群和专业集群，在扩大就业、服务经济社会发展等方面发挥了独特作用。"至2018年，中等职业学校达到10340所、在校生1552万人，高等职业院校达到1418所、在校生1134万人，中职毕业生就业率连续10年保持在95%以上，高职毕业生半年后就业率超过90%，近70%的职业学校毕业生在县市就近就业。"调研显示，职业院校遍布城乡，县级行政区的中等职业学校覆盖率接近90%，600余所高等职业院校布点在地市级及以下城市，200余所高职院校在县级城市办学，形成了覆盖区域更加广泛、分布更加均衡的院校网络，面向中小城市、中小企业、农村和民族地区、边疆和贫困地区提供技术技能人才支撑。职业院校专业设置对接区域产业发展和社会需求，构建了覆盖产业结构的专业图谱，比如《普通高等学校高等职业教育（专科）专业目录（2015年）》基本匹配对应《国民经济行业分类》（GB/T4754-2017），集聚了推动产业转型升级的巨大能量。2017年，全国职业院校共开设1000余种专业、近10万个专业点，覆盖国民经济主要行业；高职院校智能制造、电子信息、移动互联技术等专业点数达12000多个，财经商贸、装备制造、电子信息等专业大类在校生分别在100万人以上，适应了国家对新型制造业、信息技术产业等领域人才的需求。职业院校注重贴近区域经济发展，着力培养"下得去、留得住、用得好"的人才，社会各界对其取得成效的认可前所未有，对其服务贡献的期盼前所未有。

（五）70 年中国职业教育发展历程积累了宝贵经验

回顾 70 年来的发展历程，职业教育集曲折过程与独特贡献于一身，在实践中形成了宝贵的理念和经验。

其一，国家重视顶层制度政策安排，引导职业教育坚持正确办学方向。我国职业教育的发展历程表明，国家的统筹规划是职业教育发展的根本保障。这是由职业教育的类型特征决定的，职业教育具有适应经济社会发展和个人个性化成长的双重需求主体特征。因此，在发展职业教育时，国家要统筹考虑两个方面的要求优化安排。我国职业教育进程的成功推进，很大程度上得益于国家基于发展的需要，提出合理的政策安排，并因时因地进行动态调整，推进制度创新。尤其是新世纪以来在发挥市场配置资源作用的同时，更好地发挥了政府作用，促进了职业教育的可持续发展。

其二，在不同阶段重视发展不同层次类型的职业教育，构建符合国情的职业教育与培训体系。我国在不同阶段致力于发展不同层次不同类型的职业教育，是 70 年职业教育进程的重要经验，其显示的是既遵循职业教育发展的基本规律，又尊重自身的国情特点，从而形成具有中国特色的职业教育发展道路。比如，中华人民共和国成立初期，围绕 156 项重点工程建设中专学校，是为了培养与重大产业发展对接的人才；改革开放后，大力发展中职教育，着力培养各行各业的技术人才；1999 年开始，大规模发展高等职业教育，把提高学生文化知识、学习能力和掌握就业技能相融合，为经济快速发展提供人力资源支撑；进入新时代，我国经济由高速增长阶段转向高质量发展阶段，建设现代化经济体系、实现教育现代化，对完善职业教育和培训体系提出更高要求。

其三，职业教育重视实践创新和改革探索，形成育训结合、德技并修的培养模式。70 年来，我国职业教育经历了从创办到改革发展的历程，逐步创新性地形成了育训结合、德技并修的培养模式，成长为一种新的类型教育。这充分体现了职业教育注重改革、创新、作为的"底色"，并借此正在逐步成长为中国教育改革的探索者，努力从跟跑转向并跑。当前，我国加快转变经济发展方式与新科技革命和产业变革正在形成历史性交汇，国家创新发展和产业转型升级对人才培养提出前所未有的需求。在此之际，育训结合、德技并修的培养模式尤显重要，既有助于提高劳动力的岗位适应力，更有助于提升毕业生的可持续发展能力。当前,国家设计了"学历证书+若干职业技能等级证书"制度（1+X证书制度）,"这将进一步完善中国特色职业教育育人与培训有机结合的经验,体现中国特色职业教育发展模式的基本内涵"。

其四,重视先试点再推广的渐进式改革发展模式,提升职业教育办学效益。职业教育工作的系统性强,涉及产业、教育等诸多方面。改革开放以来的职业教育发展进程中,国家重视职业院校和地方的创新精神,鼓励职业院校因地制宜,有效利用当地的政策环境、产业环境、资源条件等,探索特色发展模式,进而为全国职业教育的发展提供有益经验,体现了渐进式改革实施的特点,逐步形成"制度创新试点—实践验证反馈—大范围推广普及"的模式。比如,2006年,教育部、财政部联合启动国家示范性高等职业院校建设计划,"一批高职院校坚持与产业互通互融,努力将代表产业发展趋势的优秀元素融入教育教学过程,将产教融合的内涵提升到新高度,加快了高等职业教育改革步伐,引领高等职业教育走出一条不同于普通大学的类型之路"。

习近平总书记指出,当前中国处于近代以来最好的发展时期,世界处于百年未有之大变局。经过70年的发展,中国职业教育站上历史新起点。面对新形势,国家把"职业教育服务能力显著提升"作为《中国教育现代化2035》八大发展目标之一,这是对职业教育发展的更多期待和更高要求。据此,职业教育将进一步确立新发展理念,加快适应建设现代化经济体系和实现更高质量更充分就业需要,更好地对接科技发展趋势和市场需求,坚持产教融合、校企合作,完善职业教育和培训体系,优化学校、专业布局,深化办学体制改革和育人机制改革,按照《国家职业教育改革实施方案》关于"职业教育与普通教育是两种不同教育类型,具有同等重要地位"的重要论述,加快完善育训结合培养模式,坚持把立德树人、教书育人作为职业教育的根本任务,高度重视学生成人成才,在培养学生良好习惯、责任意识、敬业诚信和发展自信等方面取得显著成效;坚持把服务国家发展作为职业教育的重要使命,重视培养学生服务地方经济社会发展的意识和能力,提高教师技术开发和培训服务的能力,努力使毕业生资源红利和教师技术开发红利成为企业创新发展离不开的共享型资源,推动我国由职业教育大国走向职业教育强国,为教育现代化和中华民族伟大复兴做出更大贡献。

（执笔：郭文富、马树超）

二、坚持学历教育与职业培训并举推动新时代职业教育改革

职业学历教育与职业培训并举是中国特色职业教育的基本特征，也是建设知识型、技能型、创新型劳动者大军的重要组成部分。2018年，全国中等职业教育招生559.41万人、在校生1551.84万人，分别占高中阶段教育的41.4%、39.5%；高等职业教育招生368.83万人、在校生1133.70万人，分别占普通高等教育的46.6%、40.0%；广泛开展各类培训，每年培训上亿人次，形成了世界上最大规模的职业教育与培训体系。与此同时，我国改革发展进入新时代，产业升级和经济结构调整不断加快，对加快推进教育现代化、建设教育强国、办好人民满意的教育提出更高要求。近日，《国家职业教育改革实施方案》（简称《实施方案》）出台，立足新时代新发展新要求，聚焦当前存在的关键问题，指出未来发展目标，提出一系列举措整体推进职业教育改革。《实施方案》进一步明确了职业学历教育与职业培训并举的目标任务举措，对于建设中国特色的现代职业教育体系、提高优质技术技能人才供给有着重大意义。

（一）聚焦问题导向，正视职业教育发展面临的困境

发现问题并解决问题是认识世界和改造世界的重要方法。《实施方案》注重从问题出发，开门见山提出当前职业教育改革实施中存在的六大问题，体现了鲜明的问题导向。没有职业教育现代化就没有教育现代化，只有真正解决这些影响发展的关键问题，职业教育改革实施的成效才能真正彰显。具体而言，职业教育体系建设不够完善，职教内部贯通、衔接不畅，职普之间融合度、互认度不强，职前职后一体化水平不高，与"完善职业教育和培训体系，深化产教

融合、校企合作"的要求存在明显差距，亟待提升服务现代化经济体系建设的能力和水平。

其次是职业技能实训基地建设有待加强，难以把握加强技术技能人才培养的关键环节。调研显示，目前具有校内实践教学基地和校外实习实训基地的职业院校比例分别达到90%，但实训基地按照课程计划开展实训、实践教学的有效性仍然需要提升，产教融合实训基地和公共实训基地两个建设重点的内容方式、运行机制等方面仍然需要不断完善，同时也需要借鉴发达国家经验，创新运营模式，提升管理水平，切实提升技术技能人才实训能力。

第三，职业教育制度标准不够健全，这是一项具有基础性和专业性的工作。目前我国基本形成了以专业目录、专业教学标准、课程教学标准、顶岗实习标准、专业仪器设备装备规范等部分构成的国家教学标准体系框架。但在同时，职业教育制度标准仍然存在供不应求、供非所求、供给失效等问题，比如2000年出台的《高等职业学校设置标准（暂行）》已难以满足当前需要，具有职业教育特点、突显产教融合校企合作的质量评价标准等还存在缺失。

第四，企业参与职业教育办学的动力不足，参与人才培养的重要主体作用没有充分发挥。由于相关法律法规、政策文件条款的力度、操作性与约束性存在不足等原因，企业参与往往容易流于表面，不够深入，存在浮躁、急功近利的现象。例如自2014年开展现代学徒制试点以来，教育部先后批准了562个试点单位，但参与现代学徒制试点的企业仅有17家，在第一批试点验收中，不通过、延期和暂缓通过的达到37家，占比30.0%。

第五，有利于技术技能人才成长的配套政策尚待完善，技术技能人才社会认可度低，职业院校毕业生就业时，存在学历的招用限制和就业歧视。现行收入分配制度和用人制度使一线劳动贬值，劳动者得不到应有的经济利益和足够的职业尊严，职业生涯发展预期不高。技术技能人才社会话语权不足，导致全社会不重视技术技能人才，相应劳动岗位缺乏吸引力，社会话语权低又反作用于人才评价标准与机制政策不到位、职业资格证书不完善等问题。教育系统内部也存在着职业教育是"普通教育的补充""二流教育""次等教育"等观念，考试招生制度更多考虑的是普通教育特点而忽视对职业教育的有效引导。

第六是职业教育办学和人才培养质量水平参差不齐。仅仅从基本办学条件上看，不同区域间、不同学校间的不均衡不协调现象还很明显，一方面，半数以上高等职业院校的生均教学科研仪器设备值达 8500 元以上，尤其是江苏、浙江等省份高职院校校均占地面积超过 600 亩，建筑面积超过 22 万平方米，教学科研仪器设备总值超过 9000 万元，校园、校舍、仪器设备等硬件条件已接近或达到国外同类院校的先进水平。但中职学校基本办学条件不达标仍然普遍，半数以上学校在校生规模达不到 1200 人的设置标准，学校建设规划用地、生均占地面积、生均校舍建筑面积分别有 50% 的学校不达标，贫困地区职业学校办学条件薄弱问题更为突出。

（二）凸显目标导向，引领新时代职业教育深化改革

坚持目标导向，才能更好地明确前进方向，更好地规划实现路径。2018 年 12 月，习近平主持中央全面深化改革委员会第五次会议审议通过《实施方案》，会议强调要把职业教育摆在更加突出的位置，对接科技发展趋势和市场需求，完善职业教育和培训体系，优化学校、专业布局，深化办学体制改革和育人机制改革，鼓励和支持社会各界特别是企业积极支持职业教育，着力培养高素质劳动者和技术技能人才，为促进经济社会发展和提高国家竞争力提供优质人才资源支撑。《实施方案》进一步将上述要求转化为职业教育改革的具体方向和总体目标，提出基本完成发展模式的"三个转变"，即由政府举办为主向政府统筹管理、社会多元办学的格局转变，由追求规模扩张向提高质量转变，由参照普通教育办学模式向企业社会参与、专业特色鲜明的类型教育转变。"三个转变"进一步凸显了职业教育的类型特征和不可替代的重要性，也就是说，专业特色不鲜明的职业教育、与普通教育大同小异的职业教育，难以受到社会的欢迎，难以适应经济产业升级的需要。如果不具有鲜明的专业特色，职业教育就难以成为与普通教育不同的类型教育。

基于职业教育是一种类型教育的新判断，《实施方案》围绕改革总体目标，顶层设计了深化职业教育改革的路线图和时间表，提出了十大具体目标，并在任务举措中逐一呼应和落实，体现了方案编制与实施的新思路。一是职业院校教学条件基本达标，条件达标是职业教育现代化的基本前提，因此要着力从兜底线促公平的角度，改善薄弱职业学校的基本办学条件；二是一大批普通本科高等学校向应用型转变，这是教育领域人才供给侧结构性改革的重要内容，也是建设现代

职业教育体系的需要，完善高层次应用型人才培养体系的需要；三是建设50所高水平高等职业学校和150个骨干专业（群），集中力量建设一批引领改革、支撑发展、中国特色、世界水平的高职学校和专业群，是新时期引领职业教育持续深化改革的重要手段；四是建成覆盖大部分行业领域、具有国际先进水平的中国职业教育标准体系，发挥标准在职业教育质量提升中的基础性作用；五是培育数以万计的产教融合型企业，建立产教融合型企业认证制度，这是激发企业参与职业教育办学动力的创新性制度建设；六是打造一批优秀职业教育培训评价组织，这是加强"放管服"改革、转变政府职能背景下的新举措，也是健全社会参与职业教育的新机制；七是建设300个具有辐射引领作用的高水平专业化产教融合实训基地，推动开放共享，辐射区域内学校和企业，整体提升职业教育实训基地水平；八是职业院校实践性教学课时占总课时一半以上，按照专业设置与产业需求对接、课程内容与职业标准对接、教学过程与生产过程对接的要求，职业教育教学要坚持育训结合、知行合一、工学结合；九是"双师型"教师占专业课教师总数超过一半，分专业建设一批国家级职业教育教师教学创新团队，引领职业院校教师队伍水平整体提升；十是启动"学历证书+若干职业技能等级证书"制度试点（简称1+X证书制度）工作，笔者认为，到2035年我们能够为世界职业教育发展提供中国方案的时候，1+X证书制度将成为中国特色职业教育模式的最大亮点。

（三）启动1+X证书制度改革试点工作，坚持教育与培训并举的重要特色

我国职业教育具有国民教育体系和人力资源开发的双重特征，2014年习近平对职业教育作出的重要指示中强调，职业教育是国民教育体系和人力资源开发的重要组成部分，肩负着培养多样化人才、传承技术技能、促进就业创业的重要职责。目前全国共有全日制职业院校在校生近2700万人，职业教育的大发展对提升受教育年限、提高劳动者素质、优化劳动力结构具有重要意义。国内外学者在研究成功跨越中等收入陷阱国家的经验时发现，人均受教育年限与跨越陷阱具有高度的正相关性，日本、韩国、新加坡等赶超型的新兴经济体教育和技术创新对经济增长的主导作用明显，而经济增长缓慢或停滞的拉美与东南亚各国其教育发展也明显滞后。反观我国，2009年我国主要劳动年龄人口平均

受教育年限为 9.5 年，至 2018 年达 10.5 年，已经十分接近新加坡、日本跨越陷阱时的平均受教育年限。在此过程中，职业教育为普及高中阶段教育和高等教育作出了重要贡献，尤为重要的是，中职学校在校生总数的七成是农村户籍学生，高职院校毕业生的八成以上是家庭第一代大学生，职业院校坚持扎根中国大地办教育，成为中西部地区普及高中阶段教育和高等教育、提高经济贫困家庭子女受教育程度的重要通道。

育训结合是中国特色职业教育的重要属性，"1+X"集中体现了育训结合的特征。围绕服务发展、促进就业的办学方向，职业教育正在形成职业学历教育与职业培训并重的发展特色，一方面职业教育坚持把立德树人作为根本任务，德智体美劳全面培养，努力形成更高水平的技术技能人才培养模式；另一方面，职业教育肩负着培养大批经济社会发展急需的高素质劳动者和技术技能人才的重任。中职毕业生就业率连续 10 年保持在 95% 以上，高职毕业生半年后就业率超过 90%，近 70% 的职业学校毕业生在县市就近就业。在现代制造业、新兴产业中，新增从业人员 70% 以上来自职业院校，职业院校毕业生成为支撑中小企业集聚发展、区域产业迈向中高端的产业生力军。调研显示，中西部地区和东北三省分别有近 82 万和 10 万高职院校毕业生留在当地就业，职业院校毕业生成为支撑中西部和东北地区产业发展重要的新生力量。《实施方案》提出启动 1+X 证书制度试点工作，鼓励学生在获得学历证书的同时，按照育训结合、长短结合、内外结合的要求，开展高质量职业培训，取得多类职业技能等级证书，通过职业技能等级证书反映职业活动和个人职业生涯发展所需要的综合能力，夯实学生可持续发展基础。进入新时代，我国经济由高速增长阶段转向高质量发展阶段，建设现代化经济体系、提高供给体系质量对人力资源开发质量提出了更高要求。在此背景下，1+X 证书制度有望成为构建国家资历框架、推进教育现代化、建设人力资源强国的重要载体，推动职业教育更好地服务现代农业、先进制造业、现代服务业、战略性新兴产业发展需求。

（四）健全制度标准体系，完善教育与培训相结合的制度基础

建立学历教育与职业培训并举的现代职业教育是全面深化改革背景下的新设计、新安排，具有跨界性的鲜明特征，其综合性、全面性超过以往，因此也面临

前所未有的改革推进难度。同时，标准在职业教育质量提升中具有基础性作用，是质量提升与质量评价的基本依据。以高职教育为例，伴随高职院校基础办学能力的明显提升，高职教育质量要进一步提高，进而成为世界舞台，尤其是面向"一带一路"沿线国家职业教育发展提供中国方案，最大的挑战已经不是校园、校舍和仪器设备水平，而在于缺乏具有约束力的专业与课程建设标准，缺乏适应发展需要、具有时代特征的专业课程体系与高质量教材，加快丰富专业教学标准等质量核心要素，将成为深化职业教育教学改革的重要抓手，成为提高职业教育人才培养质量的关键环节。但在当前，正如《实施方案》所指出，职业教育制度标准不够健全，中等职业教育发展水平有待提高，高等职业教育高质量发展需要深化，高层次应用型人才培养体系有待完善，教育教学相关标准仍待改进，高质量职业培训亟待推进，学习成果的认定、积累和转换机制仍需搭建。

《实施方案》明确提出要完善国家职业教育制度体系，构建职业教育国家标准。一是健全国家职业教育制度框架，提出一系列有关职业教育办学、教学、质量评价、质量保障等相关的制度建设。同时强调把发展中等职业教育作为普及高中阶段教育和建设中国特色职业教育体系的重要基础，把发展高等职业教育作为优化高等教育结构和培养大国工匠、能工巧匠的重要方式，发展以职业需求为导向、以实践能力培养为重点、以产学研用结合为途径的专业学位研究生培养模式，整体协调推进新时期的职业教育与培训体系建设。二是将标准化建设作为统领职业教育发展的突破口，要求建立健全学校设置、师资队伍、教学教材、信息化建设、安全设施等办学标准，持续更新专业目录、专业教学标准、课程标准、顶岗实习标准、实训条件建设标准，引领职业教育服务发展、促进就业创业，为服务现代制造业、现代服务业、现代农业发展和职业教育现代化提供制度保障。三是建立健全职业培训标准，落实职业院校实施学历教育与培训并举的法定职责，开展高质量职业培训，同时推进职业教育国家"学分银行"建设，试点制定国家资历框架，进一步开展学历证书和职业技能等级证书所体现的学习成果的认定、积累和转换，为技术技能人才持续成长拓宽通道。

（五）推进产教深度融合，促进校内校外工学结合育人

十九大报告明确职业教育要深化产教融合、校企合作，全国教育大会再次强

调推进产教融合、校企合作,《国务院办公厅关于深化产教融合的若干意见》将产教融合上升为国家教育改革和人才资源开发的基本制度安排,充分体现了产教融合、校企合作对当前全面提升人力资源质量、提高教育服务经济转型升级能力的重大意义。深化产教融合,促进校企合作,是办好职业教育的关键。企业参与人才培养,是推动职业院校教育教学改革与产业转型升级衔接配套、提升技术技能人才培养质量的重要途径。投入优势资源参与院校专业建设、课程开发和实践教学等环节,正在成为企业参与职业教育人才培养的重要方式。2017年,企业提供的高职院校内实践教学设备值达215.7亿元,高职院校年支付企业兼职教师课酬达11.8亿元;806家企业主动发布高等职业教育质量年报,比上年增加378家。但由于受到体制机制等多种因素影响,职业教育产教深度融合仍然面临诸多困难,一方面,校企合而不深、合而不融的问题依然存在,部分院校的合作依然停留于签订协议层面,企业深度参与不足。239所高职院校年支付企业兼职教师课酬低于1000元,其中143所院校无兼职教师课酬,校企合作还需要进一步深化。另一方面,传统的学校办学既缺乏行业背景和产业特色,也缺乏面向行业企业和社会培训机构购买专业教学服务的动力和机制,产教对接困难重重。

《实施方案》进一步强调了产教融合校企"双元"育人,一是坚持知行合一、工学结合的培育模式,校企共同研究制定人才培养方案,及时将新技术、新工艺、新规范纳入教学标准和教学内容。二是校企全面加强深度合作,职业院校主动与具备条件的企业开展合作,并且学校可从中获得智力、专利、教育、劳务等报酬。建立产教融合型企业认证制度,对认证企业给予"金融+财政+土地+信用"的组合式激励,厚植企业承担职业教育责任的社会环境,推动职业院校和行业企业形成命运共同体。三是打造一批高水平实训基地,建设一批资源共享的职业教育实训基地,同时建设若干具有辐射引领作用的高水平专业化产教融合实训基地,提高企业和社会力量的参与度,服务于学生考取职业技能等级证书和企业提升人力资源水平。四是打造"双师型"教师队伍,改革职业院校、应用型本科高校相关专业教师公开招聘制度,从具有3年以上企业工作经历并具有高职以上学历的人员中选聘。探索组建高水平、结构化教师教学创新团队,教师分工协作进行模块化教学。建立健全职业院校自主聘任兼职教师的办法,职业院校通过校企合作、技术服务、社会培训、自办企业等所得收入,可按一定比例作为绩效工资来源。产教融合的关键是要将产业的科技发展趋势等先进元素融入专业教学资源和教育教学过程，推进专业教学对接产业发展，增加技术技能人才培养的有效供给。《实施方案》明确的任务举措将进一步引领、推动职业教育产教融合、校企合作进入新阶段。

（六）强调放管服改革和管办评分离，保障技术技能人才培养培训成效

职业教育"放管服"改革和"管办评"分离是加快推进职业教育治理体系和治理能力现代化的基本要求，是保障技术技能人才培养培训成效的重要举措。近年来，国家把职业教育作为统筹经济社会发展和人力资源开发的重要组成部分，努力完善法律法规政策体系，有利于多方共办共评职业教育的制度体系不断完善，显著促进了职业教育的改革发展。与此同时，职业教育质量评价工作正在形成督导评估、学校自我诊断与改进、发布质量年度报告等多措并举、相辅相成的新体系，成为职业院校提高质量的重要动力。例如，国务院教育督导委员会办公室委托上海市教育科学研究院开展全国职业院校评估工作，对高职院校重在"适应社会需求能力"评估，引导院校深化产教融合、校企合作，提升服务地方和产业发展的贡献力；对中职学校重在"办学能力"评估，引导各级政府和学校加快按照设置标准改善条件，规范办学，提高专业教学能力。高职教育连续8年面向社会发布院校、省区和国家三级质量年度报告，有效确立了职业教育新型质量观，包括学生发展、教学改革、政府责任、国际合作、服务经济社会发展贡献等五方面维度，并逐步成为职业院校审视教育教学质量的一面镜子。但在同时，制定政策不易，落实政策更难。2015年全国人大执法检查的结果反映，发展职业教育的政策落实并不令人满意，有些地方政府和部门没有把职业教育摆在应有的地位。2017年，对照财政部教育部关于"各地高职院校年生均财政拨款水平不低于12000元"的要求，仍有部分省份的平均水平未达标；有72%的高职院校发放学生企业实习补贴或为学生购买企业实习保险，其中仅23%的院校获得财政专项补贴。高等职业院校适应社会需求能力评估已经开展了两轮，但从实际情况看，评估并未能够像"高职高专院校人才培养工作水平评估"和"高等职业院校人才培养工作评估"等评估工作那样更加引起高职院校的重视。

《实施方案》围绕新时期形成职业教育发展合力的目标，提出建设多元办学

格局、加强职业教育办学质量督导评价等系列举措。一是明确政府部门要深化"放管服"改革，加快推进职能转变，由注重"办"职业教育向"管理与服务"过渡，政府的职能主要是负责规划战略、制定政策、依法依规监管。二是要推动企业和社会力量举办高质量职业教育与培训，做优职业教育培训评价组织。能够依据国家有关法规和职业标准、教学标准完成的职业技能培训，更多通过职业教育培训评价组织等参与实施。三是建立健全职业教育质量评价和督导评估制度，围绕学习者的职业道德、技术技能水平和就业质量，以及产教融合、校企合作水平等，建立职业教育质量评价体系。实施职业教育质量年度报告制度，完善政府、行业、企业、职业院校等共同参与的质量评价机制，积极支持第三方机构开展评估。完善职业教育督导评估办法，建立职业教育定期督导评估和专项督导评估制度。四是完善国务院职业教育工作部际联席会议制度，组建国家职业教育指导咨询委员会，联席会议统筹协调全国职业教育工作，研究协调解决工作中重大问题，听取国家职业教育指导咨询委员会等方面的意见建议，部署实施职业教育改革创新重大事项，加强了中央部门的政策联动和制度协同，为职业教育改革创新提供制度和组织保障。

日前，党中央、国务院印发《中国教育现代化2035》，中办、国办印发《加快推进教育现代化实施方案（2018-2022年）》，新时期，职业学历教育与职业培训并举的改革部署已经明确，我们期待各项任务举措能够得到有效的落地落实，到2035年，中国特色职业教育的品牌和优势进一步彰显，坚持学历教育与职业培训并举的职业教育成为建设教育强国和人才强国的骨干力量，并为世界职业教育发展提供中国方案。

（执笔：马树超、郭文富）

三、首次以第三方机构名义公开发布的全国职业院校评估报告

20世纪末,上海确定了高职院校的建设规划:第一阶段(1999年至2008年)为院校建设阶段,解决高职的办学方向和院校的办学条件,重点是院校评估、校长能力;第二阶段(当时预计10至15年时间)为专业建设阶段,解决专业服务定位和专业建设,重点是专业评估、专业带头人;第三阶段为课程建设阶段:解决课程教学质量,重点是课程评估、教师。

(一)全国职业院校评估报告发布概况

两年一轮的全国职业院校评估报告发布,是国务院教育督导委员会办公室从2016年起委托上海市教育科学研究院开展的重大项目。在教育部督导局的协助配合下,上海市教科院职成教所项目组于2017年完成首轮评估报告,后以国务院教育督导委员会办公室的名义在教育部官网发布,在教育系统内部起到较好促进作用,但对社会的影响力比较有限。

2019年完成的第二轮评估报告,即《2018年全国高等职业院校适应社会需求能力评估报告》和《2018年全国中等职业学校办学能力评估报告》,改为以上海市教科院的名义于2019年11月发布。这是在党的十九届四中全会推进国家治理体系和治理能力现代化新形势下,落实教育领域"放管服""管办评"改革的一项重要举措,成为政府部门首次以第三方机构的名义向全社会公开发布的国家层面的教育督导评估报告。除教育部官网以外,《中国教育报》、中国政府网、新浪网、文汇网、网易、腾讯、今日头条等全文转载,中央广播电视总台、光明网、人民网、搜狐、天眼等多家媒体也予以正面报道,社会影响广泛、反响良好。

（二）2018年全国职业院校评估工作主要特点

根据国务院教育督导委员会的要求，2018年全国职业院校评估工作要深入贯彻落实全国教育大会和《关于深化新时代教育督导体制机制改革的意见》精神，提高职业教育评估质量和水平，确保督导评估作用充分发挥。为此，上海市教科院职成教所项目组对评估工作进行了系统设计，主要呈现出以下特点：

1. 突出类型特征的评估指标

评估方案和指标体系的设计应运新时代和教育评估的发展趋势，在研究过程中，始终将指标的可操作性、可测量性和科学性放在首要考虑，强调职业教育作为一种类型教育的特征，评估指标得到国务院教育督导委员会认可和高度评价。

2. 重视评估主题的引导性

对高职院校重在"适应社会需求能力"评估，引导院校深化产教融合、校企合作，提升服务地方和产业发展的贡献力；对中职学校重在"办学能力"评估，引导各级政府和学校加快按照设置标准改善条件，规范办学，提高专业教学能力。

3. 注重评估方法的时代性

采取"网上评估，不进学校"的模式，不影响院校正常教学秩序。评估数据以学校填报的客观数据和校长、教师、学生问卷为主，同时参照公开统计数据、学校网站数据、自评报告等相关资料，建立评价模型开展评估，得到较丰富的评价结果。

4. 强化对评估结果的运用

一是根据评估结果，向存在问题较多的省份印发整改通知，督促整改；二是联合教育部相关司局，适时约谈职业院校建设改革成效不明显的省份，指导其加快建设；三是梳理各省职业院校问题清单，为省级政府履行教育职责评价提供线索。

在此基础上，项目组按《高等职业院校适应社会需求能力评估暂行办法》（国教督办〔2016〕3号）和《中等职业学校办学能力评估暂行办法》（国教督办〔2016〕2号）要求开展评估，共采集到全国6800余所职业院校（含1200余所高职院校和5500余所中职学校）的数据信息和34万份抽样调查问卷，经过数据复核、建立评估模型和专家评议，形成2018年的两份评估报告。

（三）2018年全国职业院校评估报告内容概要

1. 基本成就

（1）为社会经济发展提供了有力的人才支撑。2017年全国高职院校毕业生351.6万人，毕业生直接就业率为90.7%，70.5%的毕业生在中小微企业及基层就业，成为支撑中小企业集聚发展、服务区域民生需求的有生力量。全国中职学校毕业生就业率更高，超过95%。毕业生成为支撑中西部和东北地区产业发展重要的新生力量。中西部地区和东北三省分别有近82万和10万高职院校毕业生留在当地就业，成为当地优秀的生力军。新疆、西藏、青海、四川、云南、甘肃分布在"三州三区"等深度贫困地区的中高职院校共有383所，在校生总数超过76万人，其中46%的高职毕业生留在当地就业。

（2）服务经济社会发展能力不断增强。2017年全国高职院校社会培训和技术研发服务收入到款额超过50亿元，比上年增加6.0亿元，校均达到400万元。江苏、浙江、广东、湖南、山东等省的高职院校社会培训和技术服务收入到款总额分别超过2.5亿元。专业设置主动对接区域产业发展和社会需求。全国职业院校共开设近1000个专业、近10万个专业点，覆盖国民经济主要行业。高职院校对接新兴产业、新装备、新动能、民生需求的专业发展迅速；中职学前教育、电子商务等专业大类的在校生规模均超过50万人。地级市举办的职业院校成为服务当地经济社会发展的重要支撑力量。依据高职院校毕业生和当地就业人数、培训和技术研发服务到款额等指标评出的高职院校服务贡献50强院校中，地级市院校达到24所，其中山东省有7所，发挥了当地技术研发服务和传播中心、文化传承载体等重要功能。

（3）高职院校服务贡献能力的社会认可度持续提升。李克强总理2017年对中国高职教育质量年报的相关报道做出批示，表扬高职院校对促进就业创业提供了有力支撑。中国科学院上海应用物理研究所与甘肃武威职业学院共建中科低碳新能源技术学院，合作培养国家新能源产业项目和技术成果在西部地区落地需要的高素质技术技能人才，华为技术公司和深圳职业技术学院等合作培养人才，都是对高职院校毕业生"下得去、留得住、用得好"的高度认可。

（4）产教融合、校企合作进一步深化。校企合作的企业参与度进一步增强。企业把设备放到高职院校、不计入院校固定资产但院校有使用权的校内实践教学设备总值为 61 亿元，校均达到 493 万元，有效提高了院校实践教学设备与产业发展的适应性。高职院校聘请企业兼职教师 15.9 万人，年授课量 2062 万课时，相当于 3 万多名专任教师的年工作量。50% 以上的中职学校开展了企业订单培养，相比 2015 年增长近 10%。

（5）为普及高中阶段教育和高等教育做出重要贡献。全国共有全日制职业院校在校生 2700 万人，中职学校在校生总数的七成是农村户籍学生，高职院校毕业生的八成以上是家庭第一代大学生，成为中西部地区普及高中阶段教育、提高经济贫困家庭子女受教育程度的重要支撑。

2. 主要问题

（1）办学经费投入不足。对照国家要求[1]，12 个省份的公办高职院校生均财政拨款的平均水平未达标；近一半的行业企业举办的公办院校生均财政投入低于 1000 元。广西、陕西、河南、贵州、湖南等省份的中职学校生均公共财政预算教育事业费投入不足 1 万元，其中贵州、河南等省份 30% 以上的公办学校生均经费不足 4000 元。

（2）教师队伍结构性问题比较突出。近七成的高职院校的师生比未达到 1:18 的设置标准，公办院校由于招生规模不断增长，师生比不达标问题仍然比较严峻。部分地区高职双师型教师比例偏低，如宁夏、青海、甘肃、西藏、云南、贵州等省均不足 30%。中职学校专任教师数、师生比、双师型教师比例不达标现象普遍，分别有 45%、30%、52% 的学校不达标。近 2000 个中职专业点专任教师数不达标，涉及 240 余种专业，覆盖 10 万多名学生。

（3）部分省份高职院校技术服务能力明显不足。全国近 450 所院校三年累计纵向科研到款额低于 5 万元，山西、吉林、辽宁、安徽、河北等省此类现象较为普遍。500 多所院校三年基本没有横向技术服务到款额，青海、江西、贵州、吉林、宁夏等省内三分之二以上的院校三年累计到款额不足 5 万元。

（4）中职学校基本办学条件[2]不达标仍然普遍。半数以上学校在校生规模达不到 1200 人的设置标准，黑龙江、陕西、北京、内蒙古等省市尤为突出。学校建设规划用地、生均占地面积、生均校舍建筑面积分别有 50% 的学校不达标。近 340 所学校在"生均教学科研及辅助、行政办公用房面积""生均教学仪器设备值""在校生数""专任教师数""师生比"等五项指标上都不达标。

（5）部分省份中职学校学生流失率过高。2017 年中职学校毕业生数较 2015

年入学时的数量减少 60 余万名，以在校生数 1200 人计算，相当于 500 所学校的在校生流失。海南、贵州等省份均有半数以上的学校学生流失率超过 30%。

3. 对策建议

（1）针对高职院校提高适应社会需求能力的建议。国家教育行政部门要修订基本办学条件指标标准，引领高职院校提高办学基础能力和服务贡献能力；地方政府要保障办学投入，夯实院校基础，优化政策环境，激发高职院校服务贡献动力；省市教育行政部门要优化院校与专业布局，强化政策落实，完善教师评聘制度，引导院校提高服务社会能力；高职院校要对接市场需求，加强基础条件建设，优化教师队伍结构，加快提高技术服务与研发能力。

（2）针对中职学校提高办学能力的建议。一是要加大薄弱学校投入力度，全面提升办学达标率；二是要加强专任教师队伍建设，提高教师专业化发展水平；三是要加强地方统筹，进一步优化学校专业布局；四是要强化类型教育特征，完善学校设置标准；五是要完善经费投入机制，保障办学能力稳步提升。

（四）上海市职业院校在两轮评估中的大致情况

在 2016、2018 年两轮评估工作中，项目组根据国务院教育督导委员会的具体要求，对全国各省、自治区、直辖市的职业院校能力都进行了分省份评价。但是，这一部分内容在最终发布的报告中均未予以公开，只是针对少量存在问题较多的省份分别进行了单独反馈，并通过组织国家督学等专家进行现场督导检查等方式促其整改。在此，简要介绍一下上海市的职业院校在全国分省份评价中的大致情况。

2016 年首轮评估中，全国 31 个省份中等职业学校的办学能力大体分为具有较强的综合办学实力、具备基本的办学能力、办学能力相对较弱的三类地区。上海排在第一类，办学能力相对领先，综合办学实力较强，优秀学校比较集中，学校规模比较合理，生均财政投入力度大，毕业生职业资格证书获取率高，实践教学条件良好；当然也存在一些问题，但首轮评估结束后上海及时进行了整改，并对评估整改落实情况开展了专项督导，从整改措施的针对性、有效性以及整改成效等维度对全市所有中职学校进行严格评审，因此在 2018 年的第二轮评估中依然排在第一类，办学能力仍处于全国领先。

2016 年首轮评估中根据各地高职院校综合指标表现，将全国 31 个省份高职院校适应社会需求能力由强到弱分成三类地区。上海排在第二类，具备基本的适应社会需求能力，与地方经济产业发展比较匹配，在区域服务中发挥了作用；但同时指出了上海需要引起重视的是高职生均财政投入的高水平和院校服务贡献能力尚不匹配，亟待提升院校社会服务能力和水平。2018 年第二轮评估中根据聚类分析评价模型，基于院校发展能力、服务贡献能力两个维度分析，全国 31 个省份高职院校适应社会需求能力分为较强、一般、相对较弱三类地区，上海仍然排在第二类。总体上看，上海的高职院校发展能力低于全国平均水平，部分高职院校发展能力较弱且服务贡献能力不高，院校的办学资源投入和教师配备尚未能够满足适应社会的需要。

参考文献

[1] 财政部、教育部《关于建立完善以改革和绩效为导向的生均拨款制度加快发展现代高等职业教育的意见》（财政（2014）352 号）要求，2017 年各地公办高职院校"年生均财政拨款水平不低于 12000 元".

[2] 教育部 2010 年《中等职业学校设置标准》规定，中等职业学校学历教育在校生数应在 1200 人以上，生均用地面积指标不少于 33 平方米，生均校舍建筑面积指标不少于 20 平方米，专任教师不得低于 60 人，师生比应达到 1∶20，双师型教师不低于本校专任教师数的 30%，各专业点专任教师不少于 2 人.

（执笔：陆燕飞、郭扬）

四、从对接走向融合:扩招背景下的高职院校转型发展

2019年3月5日,国务院总理李克强在十三届全国人大二次会议上的政府工作报告中提出高职院校大规模扩招100万人的目标和任务,引发了各级政府的高度重视和社会各界的多种热议,更引发了高职院校领导和教师们的群体性焦虑。随着教育部等6部门《高职扩招专项工作实施方案》的出台,高职扩招正式进入落实阶段。如何认识这次大扩招,以及能否抓住这一契机实现自身转型发展,是高职院校必须深入思考的话题。

(一)扩招背景下高职院校转型发展的必要性

1. 扩招的战略需要要求高职院校转型发展

关于本次大扩招,业界已有多种观点,一种观点认为是高等职业教育的再一次规模扩张,是应对部分地方高职院校生源危机的有效举措;另一种观点认为是推动我国高等教育迈入普及化阶段的重要契机;还有一种更为普遍的观点是认为本次大扩招是一项为"缓解当前就业压力"而采取的政策。上述3种观点有其一定的合理性,然而若仅限于此,我们认为还远远不够。因为如果将本次大扩招单纯看作是高等职业教育的再一次规模扩张,认为是高职院校可以再一次向政府要资源、再搞一轮基本建设的机会,显然与《国家职业教育改革实施方案》中"由追求规模扩张向提高质量转变"的总体要求和目标不符;而如果将其看作只是一项为"缓解当前就业压力"而采取的短期政策,则难以回答为何是高职扩招而不是应用本科扩招抑或是中职扩招、为何要将扩招的目标人群增至劳动力存量等问题。因此,我们认为需要站在更高的战略层面即现代化经济体系建设来理解本次

大扩招。

2017年10月，党的十九大报告首次提出"现代化经济体系"这一概念，并将其作为重要的发展战略目标。这一体系由7个部分有机组成，其中最重要的就是现代产业体系。而支撑现代产业体系的最有力的支柱是现代教育体系，其中的现代职业教育体系就是现代产业体系的重要支撑点。然而，长期以来，现代产业体系和现代教育体系作为支撑现代化经济体系的两根支柱，在很大程度上一直互不关联，需要有一种机制来使双方沟通协调、形成合力。本次大扩招把退役军人、下岗工人、农民工、新型职业农民等诸多劳动力存量作为重要的生源群体，促使高职院校由原来的间接面对产业变成为直接面对产业，由原来的通过培养学生为经济发展间接提供服务的方式变成为间接服务与直接服务并存的方式。因此说，本次扩招是一次直接沟通现代产业体系和现代职业教育体系、催化高职教育与产业深度融合的契机，必然要求高职院校加快转型发展。

2. 扩招的生源对象需要高职院校转型发展

与以往扩招不同的是，本次扩招的对象主要是退役军人、下岗工人、农民工、新型职业农民等。这些人群的加入将使得高职院校的生源结构由目前的以适龄青年（应届高中毕业生和三校生）为主的单一结构转变为适龄青年和超龄青年、无社会工作经验和有社会工作经验的生源共存的二元结构。与适龄青年相比，这些超龄青年学生具有几个共同特征：一是文化程度参差不齐，但基础普遍较弱；二是具有一定的工作经验或者掌握了一定的专门技能，但在专业基础、转岗能力需求和可持续发展能力上较为欠缺，对未来产业发展趋势认识不够清晰；三是承担"养家糊口"的职责，难以完成全日制学习；四是学习为了更好地就业的目标更加明确。因此，如果仅仅将"扩招100万"看作是一项一次性的指标任务，那么我们将很难确保质量型扩招，也难以实现《国家职业教育改革实施方案》提出的"由追求规模扩张向提高质量转变"的总体要求。对于高职院校来说，应"透过现象看本质"，应看到招收培养社会人员将是未来学校人才培养的常态，劳动力存量必将成为学校的主要培养对象。因此，本次扩招必然要求高职院校在落实好扩招任务的同时，更需审视生源结构的变化将给学校带来的挑战，认真思考学校的未来走向，学校的办学功能、办学形态、运行模式等的转变。

3. 扩招的时代背景推动高职院校转型发展

教育与经济密不可分。经济发展是教育发展的前提，教育发展促进经济发展。

作为一种与经济社会发展联系最为紧密、与产业发展直接相关的教育类型，职业教育的发展更是离不开现代化经济体系提供的外部环境，其发展对现代化经济体系建设也将起到至关重要的作用。与以往扩招不同的是，本次扩招是在我国全面进入现代化经济体系建设的关键发展时期提出的。2019年政府工作报告提出"推动传统产业改造提升""促进先进制造业和现代服务业融合发展""促进新兴产业加快发展，深化大数据、人工智能等研发应用""支持新业态新模式发展"等工作任务。4月7日，中共中央办公厅、国务院办公厅印发了《关于促进中小企业健康发展的指导意见》，指出要"加大创新支持力度，提升中小企业专业化发展能力和大中小企业融通发展水平""支持推动中小企业转型升级"。可见，我国产业、行业、企业已全面进入转型发展阶段。新经济、新技术、新模式、新业态的逐渐形成，将使得人与技术、人与机器的持续互动成为可能，设计、制造、销售、维护之间的界限变为模糊，人的岗位变得不再固化，知识与技能的呈现方式和需求方式发生以跨界融合为主要特征的变化，跨学科能力将成为人才的重要特征。本次扩招的对象主要有两种类型：一种是具有转岗需求的生源；另一种是在岗的生源。无论是哪种生源，进入学校再学习的目的都是为了能够更好地就业并尽可能避免再次失业。因此说，扩招对象的现实需求和产业融合发展对人才需求的相结合，必然也要求高职院校的办学理念、办学目标、办学方式等进行转型发展。

（二）扩招背景下高职院校转型发展的新要求

如前所述，无论是从国家战略发展需要，还是从扩招对象的发展需要，还是从产业融合发展的需要来说，本次扩招都需要或者说是必然会推动高职院校转型发展。这种转型是一种从以往对接式发展转向融合式发展的过程。具体来说，主要体现在以下几个方面：

1. 从单一取向的对接转向多元取向的融合

2019年4月4日，继政府工作报告提出高职扩招后不久，李克强总理在全国深化职业教育改革电视电话会上指示要求"结合完成今年扩招100万人的任务"来推动产教融合，"让更多有志青年成长为能工巧匠，在创造社会财富中实现人生价值"。其实质是一种职业教育价值取向的转变，由以往仅关注行业、企业需求，对接市场需求塑造人才的经济取向转向不仅关注行业企业需求、关注国家发展需要，更关注人的自我价值实现和可持续发展的经济取向、社会取向和人本取向的多元融合。未来高职院校的发展不仅要考虑国家战略的需求，也要考虑产业发展的需求，还要考虑个人发展的需求，在"有教无类""因材施教"等教育理念的指导下，开发出适合不同类型学生群体的教育项目，使每个学生可以随时随地选择适合自己的教育[1]，在为国家、为社会创造价值的过程中实现自我价值。

2. 从单一环节的对接转向更加全面的融合

本次扩招通过将主要生源锁定在劳动力存量，一方面将学校与企业的合作从人才培养过程前置到招生环节，实现从招生到培养再到就业的全过程融合发展，另一方面将主要集中在资源上的合作拓展为资源、人员和资本的全方位合作。这就要求广大职业院校改变功能定位，全面融入产业发展，而不再停留在诸如招聘、员工培训、技术服务、实训基地建设等部分具体环节上与企业的对接，不再局限在微观教学层面上与工作岗位对接的"工学结合"或中观办学层面上与企业生产对接的"校企合作"，而是与产业的全面融合。所谓"融合"，《辞海》中的解释是：融化汇合，合成一体。从物理意义上讲，是指熔成或如熔化那样融为一体；从心理意义上则是指不同个体或不同群里在一定的碰撞或接触之后，认知、情感或态度倾向融为一体。据此，可以将"产教融合"理解为产业界与教育界双方各种要素的互相转化、互相支撑，从而形成一个产业与教育良性互动、融为一体的生态体系。其内涵早已大大超越了过去简单化要求校企对接的"产教结合"，不再局限于职业教育，也不局限于教育界和产业界，而是黄炎培先生"大职业教育主义"思想在当今新时代背景下的发展[2]。

3. 从单一功能的对接转向多元功能的融合

随着本次扩招举措的落实，高职院校必须认识到高职教育的功能正在发生根本性的改变。在以往的社会认知中，高职院校既然作为学校，就应该是纯粹的教书育人的地方；而在现代化经济体系建设中，职业教育作为现代产业体系的重要支柱，不仅要教书育人，更要全方位服务产业发展。具体到高职院校，也不仅仅是学生与教师共同生活、学习的地方，而要发挥人才、知识、资源高地的集成作用，成为社会治理的重要节点，全面服务社会进步。1999年4月，联合国教科文组织召开第二次世界职业技术教育大会，主题为"全民的终身学习与培训——通往未来的桥梁"，首次提出现代职业教育"TVET（Technical and Vocational Education and Training）"的综合性概念[3]。此次大扩招将推动高职院的办学功能需向两端即两个"T"延伸。前一个"T"是技术（Technical）延伸的要求，即在培养高素质技能型专门人才的基础上，注重培养更多高端的技术应用性专门人才。与"双高计划"同步启动的百万扩招，是建立在高质量发展基础上的大扩招，是高质量的规模发展。需要高职院校在扩大规模的同时还需紧紧抓牢办学质量这条根本的发展之路。后一个"T"是培训（Training）的延伸，即承担更多的社会培训功能，需要尽快完善1+X证书制度，提供多样化的职业资格证书供扩招对象选择。在此基础上学校的办学功能将越来越丰富。

（三）扩招背景下高职院校转型发展的对策

本次扩招加速了高职院校的转型发展，推动高职院校的教育价值取向更加多元，产教融合、校企合作更加全面，办学功能更加多样。在此背景下，高职院校需要从办学理念、办学形态、专业建设、课程改革、资源建设等方面积极改革探索。

1. 全面融合，转变办学理念和形态

首先，高职院校要转变办学理念，从对接企业需求转变为融入区域经济发展。改革开放40年来，特别是自2006年我国高职教育迈入内涵建设期以来，我国高职院校在办学理念、办学模式等方面做了诸多的改革探索，并取得了丰硕的实践成果，"校企合作"已深入人心，校企合作模式层出不穷，学校与企业之间的合作愈来愈密切，合作形式愈来愈多样，合作内容愈来愈丰富。然而，从合作形式上来看，现有的合作主要是学校与企业之间的点对点的对接合作，尚未形成学校与区域、与产业的融合发展。2017年国务院《关于深化产教融合的若干意见》将"产教融合"作为职业教育重要的办学理念深入推行。高职院校要改变已有的办学理念，将思考的原点从"自我"转向"他人"，站在区域经济发展、行业发展的高度上，根据区域经济发展需求，为区域中的企业提供针对性的服务内容或解决方案，从而获得地方政府、行业企业的高度认同，并反哺学校在专业规划、课程建设、教学改革、学生就业、技术服务、技术培训等方面的提升。

其次，高职院校要转变办学形态，变"院校式"办学为"产业园区化"或"社区化"办学。即从办学形态上，将高职院校与产业园区或者社区紧密结合，充分发挥高职院校为产业、为社区服务的功能，形成高职院校依托产业群、依托社区而发展的态势。可在条件允许的地方将高职院校办到产业园区去，与产业园区形

成融合共生的发展生态；也可通过政府宏观调控手段，根据区域内各高职院校的专业特色，牵线搭桥，统筹安排区域内的相关产业园区与其合作办学。无论哪种形态，都可借鉴美国社区学院的做法，紧贴园区或社区产业发展需要，为园区或社区提供量身定制的教育计划，如：转学、升学教育；职业准备教育；技术准备教育；补习教育（成人基础教育）；转业、再就业培训；职业资格证书培训等[3]。此举既推动教育与产业的融合发展，又可满足那些超龄新生源群体对"半工半读"学习方式的需求。

2. 多元融合，创新专业建设路径

经济取向、社会取向和人本取向的多元融合发展需要高职院校的专业建设要更加符合区域产业发展需要，要更加符合未来社会对人的适应能力、发展能力的需要。

首先，在专业设置上，要根据产业实际发展中的融合进行专业跨界的融合，充分体现产业融合、技术融合，实现专业人才培养与产业发展阶段的跨领域衔接与深度融合。例如，根据"无人农场"以及未来农民应更加注重运营、管理等的发展趋势，融合航空装备类专业、农业类专业和管理类专业跨界形成某一新专业，当然这种改革需要赋予高职院校自主设置专业的权利。同时根据产业群设置专业群，系统设计思考和建构专业协同发展的专业体系，形成适应产业发展需求、生态位交错关联、相互交叉融合、共生竞争发展的专业生态链[4]，实现教育链、人才链与产业链、创新链的融合。

其次，在人才培养方案制定上，要根据生源的差异性开发并实施不同版本的人才培养方案。随着本次扩招任务的逐步落实，未来高职院校将呈现生源多样化的重要特征，不同生源群体在文化基础、专业基础、专业实践、社会经历等各方面都存在较大的差异，因此用同一套的人才培养方案来培养所有的学生，显然已不再适合，需要高职院校倡导"以人文本"的教育理念，根据生源群体的差异性，开发并实施不同版本的人才培养方案，满足不同群体的受教育需求。

再次，在人才培养模式上，要打破统一的人才培养模式，根据生源群体的差异，采取灵活多样的培养模式、教学模式、教学方法等。例如，根据扩招所面向的新生源群体文化基础相对薄弱但有一定实践经验的特点，创新课程教学的方法与途径，实行"课题化"教学模式，将专业知识、技能和素质要求糅合到按课题化设计的教学过程中，将教学融入技术服务、社会服务中去，在"师傅带徒弟"或"项

目负责人带领"的形式下,帮助新生源群体更好地消化和吸收专业理论知识和技能,同时满足那些超龄学生对"半工半读"学习方式的需求。

3. 多元功能,重构课程内容与体系

课程是实现人才培养的基本教学单位,对人才的培养要求需要在课程中落实。生源群体的变化以及多元价值取向和多元功能实现需要学校的课程体系也发生相应的变化。

首先,要在专业群或专业大类之间实现课程融合。在高职院校课程体系的构建上,按照专业大类或专业群建制的要求,突出宽基础、活模块的体系特征:在基础学习阶段,融合专业大类或专业群共同所需的知识、技能和素养,形成专业大类基础课程模块,授予学生更为宽泛、更为通用的基础知识和技能,满足其职业生涯发展需要;在专门化学习阶段,根据同一大类专业中各专业的不同岗位技能要求,分别设置相应的岗位技能课程模块,供学生根据其职业发展方向定位而灵活选择。

其次,实现科技发展趋势与职业教育内容的融合。经济和技术的快速变革和进步意味着劳动力不仅需要具有专业知识和技能,而且还需要快速适应新兴技术所用的通用技能,需要尽快适应工作组织环境变化并善于在工作中驾驭新组织环境的通用能力。世界银行在《2018世界发展报告》中强调若要实质性提高教育质量,有效解决技能缺口,应把基础认知能力即基础技能作为人力资本发展的首要重点,如果劳动者连基本技能都不具备,那么将很难参与科技变革下的技能升级与再培训[5]。因此,高职院校的课程内容不能只强调技能学习,而应该是认知、感知、接受力、才智和技能的融合体。

再次,是课程类型的融合。可以适当借鉴美国社区学院课程设置的方法,根据学生群体的不同需求设置多样化的课程组合。例如,为具有实际经验并且想要获得相关从业资格证书的群体提供职业资格证书课程模块,为已具备某项专业技能但需扩展其专业基础、提高其发展能力的群体提供专业理论课程模块,为想要继续升学深造的群体提供升学教育课程模块,等等。同时,适度调整不同课程类型之间的课时比例。根据劳动力存量生源"文化基础和专业基础差、有一定的产业经验、但对未来产业发展趋势不清晰"等特点,加强文化基础课和专业基础课的课时比重,适当减少专业技能课时,并不再安排统一的时间进入企业实习或弱化企业实习环节,以弥补其基础差、可持续发展能力不足等需要。

4. 跨界融合，共建共享办学资源

资源是高职院校转型发展的重要保障。最近20年来，我国高职教育得到了大规模的发展，高职院校资源配置渐趋丰富，但在总体投入上仍有很大不足。而此次扩招100万意味着要在现有基础上增加近三分之一的招生量，高职院校在迎来发展利好的同时必然面临有限的资源被进一步"摊薄"的严峻挑战。高职院校需要结合新生源的基本特征，结合当前所处的经济发展大环境以及互联网等信息化技术的广泛应用，创新思路，改变原有的较为单一的资源配置方式，即在财政支持下的自我配置或单一的点对点合作企业共同配置等，积极探索跨界融合的共建共享方式。

首先是信息技术与教学资源的融合。运用现代化信息技术加强在线精品课程和网络学习空间建设，在校级层面甚至是区域层面建立共享课程超市，借助信息化手段实现资源的快速流通和灵活使用，既解决扩招带来教学资源紧缺的问题，又有利于面对非传统生源群体的基础文化水平相对薄弱、工学矛盾比较突出、学习时间和精力有限的现实。

其次是教师队伍的跨界融合。专业的跨界融合必然带来师资的跨界融合，这种融合可以是学校内部不同院系、不同专业之间的，也可以是学校与企业及科研院所之间、学校与学校之间，或者是多个主体之间的。泛在的互联网已使这种跨界融合变得可能，可以根据具有特定目标的学习项目重新组合教师队伍，让不同学科背景、不同工作背景的教师、企业技术人员和能工巧匠组成团队共同完成特定的教学任务。

再次是实训基地与产业园区或社区的共建共享。在引企驻校的同时，将学校的教学搬到社区和产业园区，在那里共建生产性实训基地或实训中心，以解决学校办学场地不足的问题，同时也可解决那些新生源群体难以在校全日制学习，以及企业人员来校教学不便等问题。

在资源的配置过程中，还需要汲取美国社区学院因使用在线课程造成学习质量较差、因采用兼职教师造成教学质量难以保证等教训[6]，合理开发与使用教育教学资源，切实保障高质量的扩招和转型发展。

此次大扩招可以看作是推动高职院校转型发展的加速器，如何紧跟国家现代化经济体系建设需要，变直接与具体企业岗位"对接"为主动与区域产业发展"融合"，转变办学功能和人才培养模式，创新管理体制、专业建设、课程开发、教

学实施、教学评价、资源配置等的思路与路径，满足日益多元化的学生群体的不同需求，是高职院校已经并将长久面对的话题。

参考文献

[1] 匡瑛，石伟平. 论高职百万扩招的政策意图、内涵实质与实现路径 [J]. 中国高教研究，2019(05)：92-96.

[2] 郭扬. 完善体系的关键在于提升产教融合的高度——兼谈基于"大职业教育"观整合部门资源的地方实践 [J]. 中国职业技术教育，2018(07)：59-61.

[3] 赵文平. 美国职业教育体系的开放性特征分析 [J]. 职教论坛，2014(34)：53-56.

[4] 翟亚军，王战军. 基于生态学观点的大学学科建设应然研究 [J]. 科学学与科学技术管理，2006(12)：111-115.

[5] 刘骥. 科技变革与新型劳动的需求：教育如何有效应对 [J]. 新华文摘，2018(14)：111-113.

[6] 连进军，杨旻旻. 奥巴马执政以来美国社区学院发展的机遇、主要政策及面临的问题 [J]. 比较教育研究，2015(01)：78-84.

（执笔：兰小云、郭扬）

五、育训结合、德技并修：中国特色高水平院校和专业建设

近日，教育部、财政部印发《关于实施中国特色高水平高职学校和专业建设计划的意见》（简称"双高计划"），研读"双高计划"谋篇，可以看到"双高计划"的实施，不仅是贯彻"中国教育现代化 2035"的战略之举，也是落实《国家职业教育改革实施方案》（简称"职教 20 条"）的关键行动。

（一）育训结合是中国特色职业教育发展模式的集中体现

"双高计划"确定的总体目标是，到 2035 年，一批高职学校和专业群达到国际先进水平，引领职业教育实现现代化，为促进经济社会发展和提高国家竞争力提供优质人才资源支撑，并形成中国特色职业教育发展模式。这一总体目标，体现了中国职业教育现代化 2035 的目标，成为"中国教育现代化 2035"目标的重要组成部分。我们要充分认识"双高计划"的战略意义，"双高计划"不仅要使若干所高职学校和一批专业体现中国特色并达到世界水平，其重大意义更在于探索中国特色、世界水平的高职教育方案，优化人力资源供给，服务教育强国、人才强国和制造强国战略，使我国成为国际技术技能人才培养培训高地和国际技术技能创新高地。

"双高计划"将开展"学历证书＋若干职业技能等级证书"制度试点（简称 1+X 证书制度）作为重要任务，这将有效完善中国特色高职教育的育人与培训有机结合的经验，体现中国特色职业教育发展模式的基本内涵。学历证书是对学生完成规定学习任务所颁发的文凭，强调的是学校的育人和学生的成人成长成才，有利于逐步养成学生的自我约束力、学习能力、遇到问题能够解决和处理的能力，

夯实学生可持续发展基础，使之一生都能受益；职业技能等级证书则与职场就业活动紧密相关，强调的是直接从事某一职业和岗位工作所需要的知识和技能，并且面对科技快速变化和技能淘汰更新的挑战不断学习和接受培训，拓展就业创业本领。

1+X证书制度是育训结合模式的关键举措，是高水平高职学校和专业建设坚持工学结合、知行合一的复合型技术技能人才培养培训模式的落地，有助于高水平培育学生的认知能力、合作能力、创新能力和职业能力。中国高职教育30多年的发展实践证明，育人与培训一体化的"育训结合"模式，不仅使学生获得直接就业技能，也使学生能够有效地获得非认知技能，特别是学生在学习自信、沟通交流和情感等方面的能力，凸显了1+1＞2的效果。

（二）德技并修是体现中国特色高水平高职教育立德树人的根本特征

实施"双高计划"的基本原则，第一就是要坚持中国特色，扎根中国大地，全面贯彻党的教育方针，坚定社会主义办学方向，完善职业教育和培训体系。强调"中国特色"，是"双高计划"的基本出发点和落脚点。21世纪以来，高职院校发展立足国情、教情、省情、校情，遵循教书育人规律和技术技能人才成长规律，坚持育德与修技并举、立德树人与服务经济社会并重，形成了扎根中国大地办教育的鲜明特征。

"双高计划"多次强调立德树人的重要性，这是落实"中国教育现代化2035"关于更加注重以德为先、更加注重全面发展的基本理念要求。在快速变化的技术技能世界中，职业教育面临重大挑战，一个挑战是现代科技的日新月异，信息技术无孔不入，渗透到每一个领域；另一个挑战来自中国社会传统和现实唯文凭、唯升学的评价取向，而职业教育面对的学生又往往存在学习动力和学习习惯等问题，既要让学生掌握就业技能，还要求学生能够适应社会快速变化的需要，德技并修的任务十分艰巨。

这就要求高水平高职学校的教学安排要更重视学生的体验和获得感，要围绕学生发展进行教学设计。我们在2019年中国高职质量年报的编写中，专门设置了"学生反馈表"，反映学生的在校体验，引导学校更加关注教书育人，把育德、修技融入专业教学全过程，融入思想道德教育、文化知识教育、社会实践教育各环节，不仅要围绕这个目标来设计专业教学体系、课程教材体系和教学管理体系，还要努力提高学生学习技术技能的能力，有效提高学生获得知识和技能的可迁移性。

（三）育训结合、德技并修对强化产教融合、校企合作提出更高的要求

"职教20条"明确提出职业教育要由参照普通教育办学模式向企业社会参与、专业特色鲜明的类型教育转变。换言之，如果不具有鲜明的专业特色，职业教育就难以成为与普通教育不同的类型教育。实践证明，专业特色不鲜明的职业教育、与普通教育大同小异的职业教育，难以受到社会的欢迎，难以适应经济产业升级的需要。职业教育作为一种类型教育，就要体现其类型教育的特点，而强化这个特点，必须产教融合、校企合作。

落实育训结合、德技并修，要求大力推进产教深度融合，提升工学结合育人水平。"双高计划"在提升校企合作水平方面站位更高，提出了"把握全球产业发展、国内产业升级的新机遇，主动参与供需对接和流程再造，推动专业建设与产业发展相适应，实质推进协同育人"的更高要求，这就需要重视传统学校教育体系难以面向市场的缺陷，鼓励和支持市场优秀力量进入专业教学改革和推广领域，把产业发展对职业岗位的关键要求融入专业教学标准和大纲等教学资源中，全面提高教学资源水平，优化教学过程，提高学生职业胜任力，增强学校服务贡献力。在此基础上，高水平高职学校和专业更要积极打造德技兼备、育训皆能的工匠之师，提高专业教师对接产业发展的能力以及吸收产业先进技术元素的动力，用高水平的"双师"培养高素质技术技能人才。

围绕育训结合、德技并修，需要加快推进职业教育评价和技术技能人才评价改革。职业教育是"五唯"评价的受害者，正是因为社会上"五唯"的顽瘴痼疾，影响了技术技能人才成长的社会认可度和配套政策，使职业教育难以走出困境。这次"职教20条"对完善职业院校设置标准提出了大改革的要求，这就是按照产教融合的"三个对接"——专业设置与产业需求对接、课程内容与职业标准对接、教学过程与生产过程对接，来完善职业院校设置标准，推动职业教育走出"自娱自乐"的"围城"。"双高计划"在项目遴选上提出"坚持质量为先、改革导向"，

明确"对职业教育发展环境好、重点工作推进有力、改革成效明显的省（区、市）予以倾斜支持"，就是要按照"三个对接"来判断类型教育的特色是不是鲜明，实质推进校企协同育人的效果是不是明显，职业教育与普通教育"同为教育、不同类型、同等重要"的认识是不是落地，使教书育人成为高职院校教学实践活动的共同理念、价值标准和行为规范，推动高水平高职学校和专业建设成为育训结合、德技并修的中国特色职业教育发展典范。

（执笔：马树超、郭文富）

六、高质量发展：上海深化高职院校的建设与改革

（一）以高职"双一流"建设工作引领高职教育建设发展

依据《国家职业教育改革实施方案》（国发〔2019〕4号）《上海深化产教融合推进一流专科高等职业教育建设试点方案》（沪教委高〔2019〕11号）等文件精神，上海市教育委员会于2019年5月下发了《关于做好上海一流专科高等职业教育建设申报工作的通知》文件，对上海一流高等职业院校和专业建设申报相关事项做了具体布置，指出上海"一流专科高等职业教育建设"由"一流专科高等职业教育院校建设"（简称"一流高职院校"）和"一流专科高等职业教育专业建设"（简称"一流高职专业"）两部分组成，并对申报要求、工作程序与工作要求等进行了具体明确。

经过各院校的申报答辩和专家评审，在完成相关工作程序后，2019年8月，上海市教育委员会对2019年上海一流专科高等职业教育建设拟立项和拟培育名单进行了公示。其中的一流专科高等职业教育院校建设立项单位为：上海工艺美术职业学院、上海电子信息职业技术学院、上海城建职业学院，3所院校立项建设（含培育专业）的一流高职专业数量分别为5个、6个、8个。培育单位为：上海出版印刷高等专科学校、上海旅游高等专科学校、上海交通职业技术学院、上海农林职业技术学院，这4所院校立项建设（含培育专业）的一流高职专业数量分别为6个、6个、3个、4个，此外还有13所院校的21个专业获准立项一流高职专业（含培育专业）建设。

同年12月10日，《教育部、财政部关于公布中国特色高水平高职学校和专业建设计划建设单位名单的通知》（教职成函〔2019〕14号）公布了国家"双高

计划"名单，公示名单中，共有 56 个高水平学校建设单位和 141 个高水平专业群建设单位，本市推荐的上海工艺美术职业学院正式入选高水平高职学校建设行列。

国家"双高计划"旨在集中力量建设一批引领改革、支撑发展、中国特色、世界水平的高职学校和专业群，引领职业教育服务国家战略、融入区域发展、促进产业升级。上海工艺美术职业学院以实施"双高计划"为契机，秉持国家文化自信方针，服务国家文化战略和上海文化品牌建设，在优化"双高计划"建设方案的基础上，持续贯彻国家关于职业院校开展产教融合的方针，全力打造工艺美术品设计和产品艺术专业群，充分发挥专业特色，将学院服务产业发展的途径落实在对国家优秀传统文化的传承和发展上，以实现培养更多的非遗保护和创新技术技能人才的目标。

上海高职院校中的各"双一流"建设院校和专业，在改革实践中坚持"双主体育人"，推进产教深度融合；全面对接行业标准，教学内容反映岗位需求；建设各类高质量的实训平台，实现教学资源的信息化；培养"双师双能"师资队伍，提升教师教学水平；加强人才的国际化培养，提升专业社会影响力，通过相关改革，有力地推进了院校的内涵建设和高质量发展，在引领本市高职院校提升整体办学水平上收到了明显成效。

（二）以教学诊改工作推动内部质量保证体系的建立完善

教学诊断与改进是推进高职院校教育教学改革、有效提升人才培养质量的一项重要举措。根据《关于印发＜高等职业院校内部质量保证体系诊断与改进指导方案（试行）＞启动相关工作的通知》（教职成厅函〔2015〕168 号）文件精神，遵循《全国诊改专委会 2019 年主要工作安排》《高等职业院校内部质量保证体系诊断与改进复核工作指引（试行）》等文件要求，在市教委的指导下，本市高职院校教学诊改专家委员会制定了《上海市高职院校教学工作诊断与改进 2019 年工作要点》，并按照工作要点积极开展了实践工作，探索出了契合本区域高职院校教学诊断与改进的实践经验，推动了高职教学诊改工作的有效开展。主要举措及取得的成效如下：

第一，开展教学诊改实施现状调查，多维度宣传教学诊改工作。设计专门调查问卷,从诊改工作实施的总体情况、课程诊改(课程标准建设),以及诊改信息支撑平台建设等方面展开了对于本市高职院校的问卷调研工作。通过抽样,共回收18所院校1046份有效问卷,结合专家访谈,形成了关于上海市高职院校课程标准建设和高职院校诊改信息支撑平台建设两份调研分析报告,得到了一些有价值的研究结论,为本市诊改工作后续的开展提供了有价值的指导。在宣传工作方面,通过发表教学诊改工作探索论文,编写论文集,利用"上海高职""高职教学诊改与质量提升"微信公众号,对各院校在教学诊改中的创新工作与实施成效进行宣传报道,诊改专委会秘书处同时提出工作要求,推动各院校利用其校园网加强对本校教学诊改工作实施的报道,营建了教学诊改工作推进的良好氛围。

第二,加强教学诊改专题培训,落实教师层面诊改工作理念。根据不同高职院校教学诊改工作基础,遵循分类指导的原则,上海高职教学诊改专委会邀请全国职教诊改专委会知名专家以及国内试点院校的领导、相关部门负责人员,开展诊改工作理论与实践、复核工作开展等专题报告13场次,本市高职院校参加培训的教师超过600人次。同时组织本市高职院校教学诊改专委会成员及教学诊改工作专家库人员,参加全国诊改专委会组织的专家培训3次共计12人次,推进本市教学诊改专家库的建设工作。上海电子信息职业技术学院、上海交通职业技术学院、东海职业技术学院等院校,也积极开展面向本校教师的诊改培训工作,通过召开相关会议、学习试点院校教师层面诊改实务的案例材料,有效推动学校五个层面教学诊改工作的科学、有效实施。

第三,推进教学诊改理论研究,指导教学诊改实践科学开展。上海高职教学诊改专委会组织开展了对本市高职院校人才培养状态数据(2013—2018年)的统计分析工作。通过对本市高职院校近年的人才培养状态数据进行整理分析,形成了《上海高职院校数据手册》。通过开展较大规模的问卷调查及对专家的深入访谈,结合对国外高校内部质量保证体系建设的深入研究,发表了相关理论研究成果。开展了高职院校教学诊改工作复核方案研究,制订并下发了相关实施文件。相关的数据分析结论、理论研究成果、诊改复核方案文件等,对于指导本市高职院校诊改工作的开展发挥了重要作用。

第四,建立市级教学诊改信息平台,积极准备教学诊改复核工作。上海电子信息职业技术学院开发了市级的教学诊改信息平台,建立诊改信息平台数据分析框架,同时开展了信息平台使用的培训工作,依托本校数据和本市高职院校人才培养状态数据，开展了对收集数据的整理分析，在一定程度上发挥了数据的决策指导功能。本市高职诊改专委会主任委员杨应崧教授、副主任委员杨秀英教授、诊改委员何锡涛教授以及秘书长罗尧成教授，分别参加了对无锡职业技术学院、常州工程职业技术学院、南京工业职业技术学院等国内教学诊改试点院校的现场复核工作；同时，承办了全国诊改试点院校复核专家组秘书工作会议，组织了3个专家报告及相关研讨，推动了复核秘书工作的科学、规范运行。

（三）以 1+X 证书制度实施推进高职人才培养模式的改革

上海积极贯彻落实《国家职业教育改革实施方案》对 1+X 证书制度试点工作的总体要求，全面推进 1+X 证书制度改革试点，着力培养德智体美劳全面发展的高素质劳动者和技术技能人才，加强组织协调，推动相关改革举措落地取得实效，推动上海高职高水平高质量发展。2019 年，上海市教委先后组织开展了两批 1+X 证书制度试点申报，推动应用型本科高校、高职院校积极参与 1+X 证书制度建设。截至 2019 年底，上海市参与 2 批试点共 15 种证书，其中首批试点有 6 个证书，58 个试点，涉及院校 45 所，其中高职院校试点 20 个，涉及院校 15 所。上海第二批试点共 9 个证书，75 个试点，涉及院校 35 所，其中高职试点 33 个，涉及院校 11 所。

表　上海高职院校 1+X 证书制度试点情况（第 1-2 批）

序号	证书名称	试点数量（个）	序号	证书名称	试点数量（个）
1	建筑信息模型（BIM）（首批）	3	9	工业机器人操作与运维（第二批）	3
2	Web 前端开发（首批）	5	10	工业机器人应用编程（第二批）	1
3	老年照护（首批）	2	11	智能财税（第二批）	6
4	物流管理（首批）	3	12	母婴护理（第二批）	2
5	汽车运用与维修（首批）	5	13	传感网应用开发（第二批）	6
6	智能新能源汽车（首批）	2	14	失智老年人照护（第二批）	2
7	电子商务数据分析（第二批）	3	15	云计算平台运维与开发（第二批）	3
8	网店运营推广（第二批）	7			

2019 年，本市共有 9 所应用型本科院校、18 所高职院校、30 所中职学校的 227 个专业点，共计 15000 余名学生参与 1+X 证书制度试点，在推进学历证书和职业技能等级证书的有机衔接上，迈出了可喜的步伐。在公办高职院校中，证书试点数位居首位的是上海电子信息职业技术学院和上海城建职业技术学院，两所院校均有 8 个试点。在民办高职院校中，试点数位居首位的是上海济光职业技术学院，有 5 个。

2019 年 9 月，建筑信息模型（BIM）职业技能等级证书首次考核工作在上海城建职业学院举行，这次考核是 1+X 技能等级证书试点工作开展以来全国首次考试，全国一共设置 18 个考点，上海城建职业学院作为考点之一承担了考试工作，40 名考生参加了初级职业技能证书考核。年度内，上海市各类职业院校共参加职业技能等级证书考核 2205 人次，共通过 953 人次。其中高等职业院校共参加 1434 人次，占参加总人次的 65%，共计通过 494 人次。

上海高职院校从师资队伍、学生培训、证书考核、学校管理、平台建设等方面，积极推进职业技能等级证书与学历证书相结合，取得了良好进展，在推动上海培养复合型技术技能人才，提升职业教育质量，助力打响"上海服务、上海制造、上海购物、上海文化"四大品牌建设上发挥了重要作用。11 月，教育部组织专家组到上海开展 1+X 证书试点师资培训视导调研，对于上海相关工作的总体推进情况给予充分肯定。

（四）以现代学徒制试点为载体深化高职教育的产教融合

建立现代学徒制是职业教育主动服务当前经济社会发展要求，推动职业教育体系和劳动就业体系互动发展，打通和拓宽技术技能人才培养和成长通道，推进现代职业教育体系建设的战略选择；是深化产教融合、校企合作，推进工学结合、知行合一的有效途径；是全面实施素质教育，把提高职业技能和培养职业精神高度融合，培养学生社会责任感、创新精神、实践能力的重要举措。

自 2014 年 8 月《教育部关于开展现代学徒制试点工作的意见》（教职成〔2014〕9 号）颁布以来，教育部先后确定三批现代学徒制全国试点单位，其中上海共有 8 所高职院校入选，第一批有 3 所，分别是上海中侨职业技术学院、上海旅游高等专科学校、上海农林职业技术学院；第二批有 3 所，分别是上海邦德职业技术学院、上海城建职业学院、上海东海职业技术学院；第三批有2所，分别是上海工艺美术职业学院、上海济光职业技术学院。2019年底，上海市遴选的第一批、第二批试点已全部验收通过。

第一，发挥多元主体优势，开展多元化合作实践。上海各高职院校在现代学徒制试点过程中，充分发挥多元主体优势，建立合作机制，共同探索现代学徒制人才培养体系创新，实现了学校课堂与企业岗位、学校教师与企业师傅、专业考试与技能考核、学历获得与职业资格认证的有效融合，通过改革人才培养模式，深化校企协同育人，形成了一些有价值的实践案例：如上海民航职业技术学院与上海飞机制造有限公司主动对接，合作开展"订单式"人才培养；上海工艺美术职业学院与企业（上海全筑建筑装饰集团股份有限公司、上海上房园艺有限公司）、研究机构（上海景格科技股份有限公司）共同开展基于现代学徒制的人才培养数据库应用研究；上海邦德职业技术学院与上海复旦皇冠假日酒店共同建立校企一体化招生招工制度，与企业共同招收的酒店管理专业和烹调工艺与营养专业的现代学徒制的徒弟；上海中侨职业技术学院课程设计围绕合作企业核心岗位知识和能力，开发了"基础课＋专业课＋学徒课"课程体系，专业核心课程和企业岗位紧密相关，将汽车驾驶教练和汽车修理工国家职业标准的具体知识要求和能力要求引入汽车发动机机械系统、汽车辅助电气系统等专业核心课程中；上海城建职业学院通过"五步法"衔接"听、看、协、仿、做"，即"学生听着老师讲→学生看着师傅做→学生配合师傅做→学生模仿师傅做→师傅指导并评价学生做"；上海东海职业技术学院与企业共同摸索，在试点班中创新设立了"五步骤"学徒制人才培养模式，分别为课堂指导、巩固强化、学生模拟、师傅示范、师生协同。

第二，建设"实习工厂"，优化学习管理平台。上海市部分现代学徒制试点院校已建成基于"互联网＋"理念的"实习工厂"，开发出现代学徒制学习服务与指导的学习管理平台。该平台可发挥信息技术优势，形成顶岗成果的"资源化"平台，充分展示学生专业素养和顶岗成果。如上海城建职业学院现代学徒制试点专业学生运用软件提交日报、周报；指导老师进行评审，老师与学生互动，随时为学生排忧解难。企业通过顶岗过程的信息资源平台，可以全面了解学生的工作态度、专业技能等综合素质。实现顶岗实习的全员化指导、过程化管理，充分体现了学习、顶岗、就业"一体化"的特色。

第三，创新考核评价体系，保障人才培养质量。上海市高职院校现代学徒试点项目强调考核评价的多元化，打破了传统学业考核的结果性评价，增加了对学习过程的评价，强化综合素养考核，力求能充分反映学生不同智能类型和水平，构建主体多元、内容完整、科学合理的评价方案。如：上海城建职业学院根据现代学徒制人才培养模式的内涵和特色，制定了理论和实践考核办法，期末成绩由理论成绩和实践成绩共同组成。理论部分考核平时表现主要从出勤率、课堂表现、作业完成情况进行评分；笔试成绩主要考察学生对烘焙技术课程基本知识的掌握情况。实践部分考核平时表现主要从出勤率、课堂表现、课后练习情况进行评分；实践考核成绩主要从学生对烘焙技术课程实践课堂动手能力、实践参与度和成品完成情况进行评分；职业素养成绩主要考察学生职业道德和能力、纪律性和工作态度。

上海市高职院校现代学徒制试点通过在开展现代学徒制的专业开展实施"学历证书＋职业技能等级证书"双证融通项目制度试点，通过实现招生招工一体化落实学徒双重身份，建立双导师制度，发挥院校和企业各自比较优势，为进一步深化上海职业教育产教融合、校企合作，构建现代职业教育体系，加快培养适应上海经济社会发展需要的知识性、发展性技术技能人才奠定了良好基础。

（执笔：罗尧成、赵坚）

七、江浙粤鲁四省职业教育改革发展经验对上海的启示

2019年5月,上海市人民政府办公厅根据市领导要求牵头组成课题组,就本市职业教育发展情况开展专题调研,通过广东、江苏、浙江、山东四省职业教育现状与上海的比较,发现本市职业教育尤其是高职教育在师资条件、国际交流与服务贡献等方面须加强建设,迎头赶上。推动产教融合、校企合作,推动现代职教体系构建,兄弟省份的经验做法值得借鉴。

(一)四省职业教育现状与上海的比较

1. 规模与结构

从规模上来看,广东、江苏、浙江、山东四省的高职教育在校生规模在高等教育在校生规模总量中的比例均要高于本市,校均在校生规模也要高于本市;中等职业教育规模,除浙江省较高以外,广东、江苏、山东及本市大体相当。

表1 四省一市高等职业教育在校生规模统计

省市	学校数(所)	在校生数(万人)	校均规模(万人)	占高等教育在校生总数的比例(%)
广东	88	75.9	0.86	39.3%
江苏	90	59.0	0.66	33.4%
浙江	49	39.5	0.81	26.4%
山东	78	72.7	0.93	36.1%
上海	22	11.1	0.51	18.0%

表2　四省一市中等职业教育在校生规模统计

省市	学校数（所）	在校生数（万人）	校均规模（万人）	占高中阶段教育在校生总数的比例（%）
广东	444	86.73	0.20	31%
江苏	213	55.99	0.26	37%
浙江	308	65.18	0.21	46%
山东	401	79.34	0.20	32%
上海	82	9.09	0.11	36%

数据来源：按照各省统计数据

从结构上来看，广东、浙江、江苏、山东四省的高职院校均以公办为主，本市则公办和民办院校各占一半；四省一市的中职校均以公办为主，其中本市最高，占比为98%。

表3　四省一市高职院校结构分析

省市	学校数（所）	公办（所）	占比（%）	民办（所）	占比（%）
广东	88	61	69%	27	31%
江苏	90	66	73%	23	26%
浙江	49	39	80%	10	20%
山东	78	60	77%	18	23%
上海	22	11	50%	11	50%

表4　四省一市中职学校结构分析

省市	学校数（所）	公办（所）	占比（%）	民办（所）	占比（%）
广东	453	337	74%	116	26%
江苏	213	189	89%	24	11%
浙江	231	191	83%	40	17%
山东	366	277	76%	89	24%
上海	82	80	98%	2	2%

数据来源：中华人民共和国教育部发展规划司官网，国家统计局官网，以及四省一市教育局网站与统计局网站（表4里的中职学校只包括普通中专学校和职业高中学校）

2. 办学条件

从2018年的各项指标数据来看，在硬件条件上，本市高职院校远优于其他三省，如生均教学科研仪器设备值、校园网主干最大带宽；在软件条件，特别是双师素质专任教师比例和高级职称教师比例等师资条件，与江苏、浙江、山东三省尚有一定差距。

表5 四省一市高职院校办学条件分析

	指标	单位	江苏省	浙江省	广东省	山东省	上海市
1	生师比	—	12.66	14.03	15.54	14.48	15.50
2	双师素质专任教师比例	%	78.20	82.04	58.74	71.12	62.02
3	生均教学科研仪器设备值	元/生	15595.15	16973.59	12678.77	10566.35	20152.02
4	生均教学及辅助、行政办公用房面积	m²/生	23.30	23.19	17.96	17.51	18.95
5	生均校内实践教学工位数	个/生	0.87	4.00	0.80	0.63	0.66
6	校园网主干最大带宽	Mbps	40000.00	8533.40	6802.74	6982.62	110698.00
7	教学计划内课程总数	门	66240.00	860.60	66292	58288	12838
	其中：线上开设课程数	门	14932.00	228.72	10859	13211	1054

数据来源：各省2018年高等职业教育质量年报。

3. 办学水平

在全国职业院校职业技能大赛获奖上，从获奖数来看，2008-2017年，江苏省获奖数排全国首位，占获奖总人数的6.7%；浙江排第二位，占5.9%；广东排第四位，占5.7%；第三位为山东省，占5.8%；上海排第12位，占3.8%。从一等奖获奖的比例来看，江苏省一等奖获奖人数占一等奖总数的19.2%，遥遥领先与其他地区；浙江省位列第二，占9.5%；山东省第三，占9.4%；广东省第五，占5.5%；上海第六，占4.9%。

在国家级教学成果奖获奖上，2016年、2018年，江苏省居全国首位，共105项；其次北京，共95项；第三为广东，83项；第四为山东，74项；第五为浙江省，73项；上海35项，位居第九。

表6 四省一市国家级职业教育教学成果奖获奖总数统计

省份	2016年（项）	2018年（项）	总计（项）
江苏	59	46	105
浙江	42	31	73
广东	45	38	83
山东	33	41	74
上海	19	16	35

从入选国家级项目来看，江苏省发展劲头较足，各方面均位于全国之首；浙江、广东、山东紧随其后。

表7 四省一市入选部分国家级项目的统计

省市	全国职业院校教学能力大赛获奖（项）	立项国家职业教育专业教学资源库数量（项）	进入全国高职院校"服务贡献50强"院校数（所次）	入选全国高职院校"国际影响力50强"院校数（所次）	入选全国高职院校"教学资源50强"院校数（所次）
广东	35	8	21	4	4
江苏	35	15	37	31	6
浙江	33	11	26	12	1
山东	37	5	14	8	7
上海	20	1	0	1	0

注：全国职业院校教学能力大赛于2018年开始首届比赛；全国高职院校"国际影响力50强"院校评选于2017年开始；全国高职院校"教学资源50强"院校评选于2018年开始。

从学生发展情况来看，2018年，本市高职学生的就业率、自主创业比例、雇主满意度、毕业三年职位晋升比例与其他三省大体相当。

表8 四省一市高职院校就业基本情况分析

指标	单位		江苏省	浙江省	广东省	山东省	上海市
1	就业率	%	95.06	97.84	94.56	97.32	97.71
2	月收入	元	3698.92	4162.56	3362.00	3363.92	4334.00
3	理工农医类专业相关度	%	66.37	66.37	71.63	76.69	75.12
4	母校满意度	%	95.52	92.05	93.99	96.89	94.60
5	自主创业比例	%	2.81	4.01	0.35	2.08	2.51
6	雇主满意度	%	95.30	93.12	95.17	97.73	95.81
7	毕业三年职位晋升比例	%	64.79	44.89	49.83	44.36	38.32

数据来源：各省2018年高等职业教育质量年报。

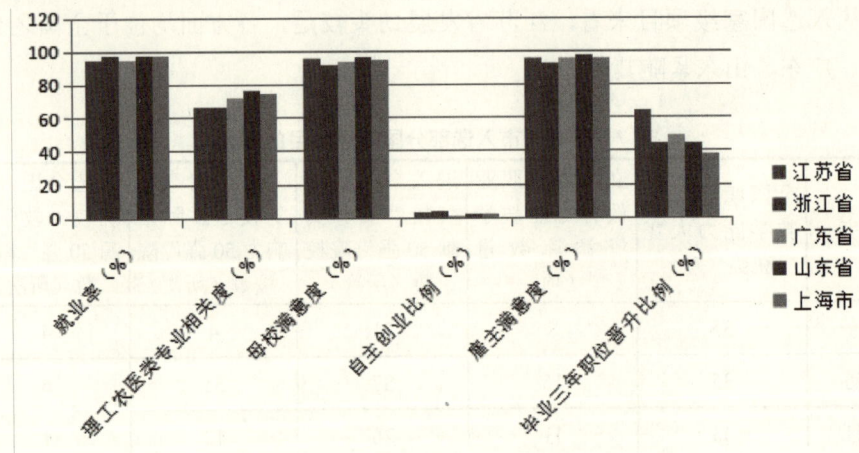

图1　四省一市高职院校毕业生就业基本情况

4. 国际交流

在国际交流方面，随着国家"一带一路"战略的推进，全国职业教育越来越注重跟随企业"走出去"，开展输出式国际交流。在此方面，本市高职院校的各项指标数据与其他四省尚有一定差距，但作为国际化大都市，本市职业院校具有很好的国际交流、国际合作办学的基础和经验。

表9　四省一市高职院校国际交流情况分析

序号	指标	单位	江苏省	浙江省	广东省	山东省	上海市
1	全日制国（境）外留学生人数（一年以上）	人	6389	2390	974	1580	137
2	非全日制国（境）外人员培训量	人日	241939	119707	124177	101209	7598
3	在校生服务"走出去"企业国（境）外实习时间	人日	240733	118283	177841	169946	3265
4	专任教师赴国（境）外指导和开展培训时间	人日	67568	16585	12375	45027	1117
5	在国（境）外组织担任职务的专任教师人数	人	377	73	156	261	7
6	开发国（境）外认可的专业教学标准	个	186	48	28	49	2
	开发国（境）外认可的课程标准数	个	1068	287	81	227	14
7	国（境）外技能大赛获奖数量	项	209	209	125	195	23

数据来源：各省2018年高等职业教育质量年报。

5. 服务贡献

从服务经济社会发展来看,2018年,本市高职院校在开展技术服务、技术交易、技术培训和公益性培训等方面与其他四省还存在一定差距。但这些数据并不代表本市职业院校不具备开展技术服务、技术开发、技术培训的基础和能力。

表10 四省一市高职院校服务贡献情况分析

指标		单位	江苏省	浙江省	广东省	山东省	上海市
1	全日制在校生人数	人	590,668	355429	759085	726880	110979
	毕业生人数	人	198,111	122974	252026	261147	37342
	其中:就业人数	人	187,342	120503	238198	254142	36526
	A类:留在当地就业人数	人	118,820	65034	142982	144564	25988
	B类:到西部地区和东北地区就业人数	人	7,063	1130	14175	8665	1720
	C类:到中小微企业等基层服务人数	人	123,630	91949	181265	160750	25710
	D类:到500强企业就业人数	人	17,284	6507	10682	27947	3046
2	横向技术服务到款额	万元	79,678.81	36023.01	27824.43	24147.66	1549.37
	横向技术服务产生的经济效益	万元	282,069.69	268398.76	43157.33	492043.04	1171.13
3	纵向科研经费到款额	万元	24,018.46	14806.93	21287.38	16219.11	6412.71
4	技术交易到款额	万元	34,996.60	12244.53	3931.22	8815.65	70.36
5	非学历培训到款额	万元	41,645.82	52656.62	48079.80	104640.02	9691.67
6	公益性培训服务	人日	2,764,164	2757350	1616716	3728096	96118

数据来源:各省2018年高等职业教育质量年报。

(二)兄弟省份在推动产教融合、校企合作上的经验做法

1. 健全与产业发展的联动机制

集聚政行企校多方资源,跨界整合,打造产业研究院、工程技术研发中心、工艺产品开发中心、技术成果转化中心、技术创新推广中心、公共技术服务中心等瞄准职业教育及产业发展关键环节精准发力,创新机制、深化改革,全力深化产教融合,加快推进职业教育现代化建设。如在广东省,广州市对接开发区产业需求,

政行校企共建产业学院。由广州市教育局、广州市黄埔区政府、广州市开发区管理委员会牵头，政校行企四方联动，对接广州开发区产业需求和产业优势，发挥企业重要育人主体作用，组建了智能制造产业学院等首批7个产业学院；中山市则围绕整个县级市的15个省级产业镇、27个国家级产业基地，在中山职业技术学院探索"一镇一品一专业"的模式，即在全市各专业镇区建立"南区电梯学院""古镇灯饰学院""沙溪服装学院""小榄工商学院"等产业学院，96%以上毕业生在本地中小微企业就业，成为"地方产业升级发展的给水泵"。

2. 推进产教融合平台建设

政府安排财政专项经费，建设产教融合平台，提升职业院校实训条件，拉动企业社会的投入，实现多方共建、共管和共享集人才培养、技能培训、技术研发等多种功能于一体的合作平台。江苏省自2016年以来安排财政专项经费3亿多元，一次遴选、分批建设100个产教融合实训平台，要求校企联合申报，企业投入不低于总投入的30%。举办教育与产业的对接活动，助推融合发展。江苏省教育厅主动与省级有关部门、地方政府、高等院校联合，举办"江苏教育界与产业界对话对接"活动。活动中，高等院校与地方政府、机构、企业签署合作协议，展示院校与企业合作典型案例，推介高等院校培养特色与重大科技成果，分享交流院校与企业的校企合作的经验，拉近了江苏教育界与产业界的距离。鼓励职业院校主动对接龙头骨干企业和高水平科研机构，组建一批专业特色显著、产业链条完整、市场规模庞大的产教融合联盟。浙江省杭州万向职业技术学院牵头与24家高星级品牌酒店成立了酒店管理专业校企联盟，形成"领班订单班""境外英才订单班"差异化酒店管理专业人才培养方案；温州职业技术学院建成占地20000平方米的技术研创大楼，内设45个省、市、院多层次科技创新服务平台，为行业企业提供技术开发、产品开发、成果转化、项目策划等"立地式"研发服务。

3. 培育产教融合型企业

鼓励企业主办和参与职业教育。2018年广东省出台《广东省人民政府办公厅关于深化产教融合的实施意见》，明确将出台产教融合型企业认定与奖励办法，给予产教融合型企业在技术改造补助、企业技术中心认定企业创新平台建设等方面予以优先支持。目前一些企业瞄准区域新兴产业和重点产业，与职业院校合作或者自己主办职业教育。浙江省提出"五个一批"产教融合体系建设，即一批产教融合工程项目、一批产教融合型企业、一批产学研政用产教融合新联盟、一批产教融合示范基地（以省产业集聚区、经济技术开发区、高新区、特色小镇等平台为重点）、一批产学合作协同育人项目（面向企业征集合作项目），促进人才培养供给侧和产业需求侧结构要素全方位融合。山东省提出遴选 10 个在新旧动能"十强"产业产教融合领域起到示范引领作用的骨干学校和企业联合体，统筹有关资金对实训基地建设予以支持。制定产教融合型企业评定标准，将人才培养、产教研合作取得显著成效的企业认定为产教融合型企业。江苏省提出今后 5 年，省级每年认定产教融合型企业 100 家左右。对产教融合型企业，在技术改造等方面予以优先支持和优惠政策。

4. 引进产业教授制度

江苏省人才办、江苏省教育厅等 5 部门联合出台《江苏省产业教授（研究生导师类）选聘办法》，总结、推广高校研究生类产业教授的做法和经验，建立高职院校产业教授制度。2017-2018 年，5 部门联合选聘 303 位企业精英加盟高职院校人才培养。产业教授参与制订高职院校人才培养方案，以导师身份指导高职院校师生生产实践、科技创新，推动所在企业与高职院校联合开展项目研究和科技攻关，联合申报国家和省级科研项目，转化高科技创新成果；推动所在企业为高职院校学生提供实践创新基地，实施现代学徒制等产教融合人才培养项目等。产业教授在实施过程中也存在一些问题，如少数高校产业教授形同虚设，聘而不用，没有发挥应有的作用；部分产业教授在指导学生及科研合作等方面存在时间精力投入不够、合作沟通机制不畅、高层次合作程度不深等。为此，江苏省明确对产业教授加强考核管理：中期考核不合格的，由聘任高校进行约谈并要求整改；整改后一年考核仍不合格者，由高校报省五部门审定后予以解聘。各高校作为产业教授制度的责任主体，不仅明确了产业教授岗位职责，建立健全了产业教授参与学校学生培养的制度，还积极构建校省两级产业教授聘任长效机制，通过"柔性聘、弹性用"等方式，聘请企业一线高技能人才、能工巧匠加入兼职教师行列。

5. 探索股份制和混合所有制办学

山东省研究制定了职业院校混合所有制改革指导意见，首批 9 个混合所有制改革试点公有资本 6.5 亿元，拉动社会资本投入 22.3 亿元，全省开展混合所有制改革的职业院校达到 40 余家，形成集群效应。广东交通职业技术学院海事学院和深圳泰克科技有限公司联合成立了新型研发机构"智慧港航产业研究院（广州）"，学校以无形知识产权入股，拥有35%的股权，探索知识产权转移转化新路径，探索科技创新资源共享机制的建立。浙江省金华职业技术学院与金华经济技术开发区、四川抗生素工业研究所签订三方合作协议，市财政及开发区合计投入5000万元资金支持，成立"川抗所金华分所"，同时校企共同出资成立金华川抗医药科技有限公司。

6. 出台政策，搭建平台

山东省制定实施了9项校企合作税收优惠政策；建立了职业学校学生实习责任保险制度，将学生实习实训补贴和投保经费统一纳入公用经费补助范围；将校企合作项目收费标准浮动幅度由不超过20%提高到30%；遴选了19对校企合作一体化办学示范院校和企业项目、63个现代学徒制试点项目；组建了170个各级各类职教集团（产业联盟），搭建校企合作平台。浙江省印发《关于深化产教融合的实施意见》，提出要强化企业重要主体作用，拓宽企业参与途径，深化"引企入教"改革，推进产教协同育人；省教育厅发布《关于开展高等学校省级产教融合示范基地遴选建设工作的通知》，鼓励高等院校发挥行业、企业作用，通过"引企入教"实现人才培养供给侧和产业需求侧结构要素全方位融合，培养高素质创新人才和技术技能人才。各高职院校与企业积极响应，开展多种形式的产教融合，助推人才培养模式改革。

（三）在职教体系构建上的经验及其教训（以江苏为例）

目前我国职业教育不同层次的衔接呈现出"整体协调推进、局部差异发展"的特征，即大部分省份均开展了中职、高职与本科衔接的试点工作，但不同地理区域试点工作开展的程度和范围存在较大差别。从现有的实施情况看，各省中高职衔接（贯通）衔接模式不同，衔接模式大致可分为一贯制、分段式两种衔接模式。实施一贯制衔接模式的地区较少，大部分地区均采用了分段式衔接的模式，即主要是学制上的衔接。高职与应用型本科衔接模式可归纳为：高职与本科分段培养；高职与本科联合培养（高职开设应用本科专业）；五年制高职与普通本科分段培养；本科院校举办高等职业教育。下面主要以江苏省的五年制高职为例进行分析。

1. 背景分析

江苏省是全国较早开展五年制高职教育的省份之一，1996年，经省政府批准，有16所中专校进行五年制高职试点，并逐步扩大成为江苏高等职业教育发展的重要形式，呈现出了良好的发展势头。进入新的世纪，江苏先行开展五年制高职教育的国家级重点中专校纷纷升格为高等职业技术学院，五年制高职教育办学任务的主要承担者是挂靠在高职院校的中等专业学校，然而，《高等教育法》规定，中等专业学校不能举办高等教育。如果将这些中专校都升格为高等职业技术学院，既不现实，也不符合条件。为了促进五年制高职教育持续健康发展，江苏省教育厅经过反复调查研究、充分论证和广泛听取意见，提出了成立江苏联合职业技术学院的设想。2003年6月，经江苏省政府常务会议研究决定正式成立了江苏联合职业技术学院，以解决该省五年制高职教育发展的制度问题。至2015年12月，江苏五年制高职教育年招生人数6万人，在校生规模30万人，成为全国规模最大和最有影响的办学群体，其中江苏联合职业技术学院招收五年制学生4万多人，在校学生20万人。

2. 经验做法

采用"小学院、大学校"办学模式，实行统一管理、分散办学。学院下设若干高等职业学校作为学院的分院。学院主要负责统筹管理和指导各分院五年制高职教育的发展，其职能是协调和帮助各分院制订发展规划、统筹各分院专业建设和招生计划、组织开展教育教学交流合作与研究、协调校际之间资源共享、组织高校教师职称院级评定、负责对各分院五年制高职学生学籍管理和颁发证书等。分院的设置按照《江苏省高等职业学校（五年制）设置办法》的有关规定执行。各分院原有行政级别、隶属关系、经费渠道均不变，在学院宏观管理和指导下开展五年制高职教育教学活动。学院将宏观管理指导与各分院具体办学有机结合起来，与各分院之间建立了有"统"有"分"、统分结合的管理新机制。

——统筹规划、综合协调，不断调整优化五年制高职专业结构。学院对各分院的专业设置，进行统筹规划和综合协调，形成合理分工、错位发展的新格局。对接全省主导产业、特色产业和战略新兴产业，重点发展了先进制造业、现代服务业和现代农业等适宜学生年龄小、培养周期长、复合能力要求高的专业，其中适应江苏产业发展急需的工科类专业占到50%。在广泛调查研究的基础上，制订了五年制高职专业设置标准和五年制高职指导性专业目录。

——构建五年制高职教育课程体系。按照五年制高职教育人才培养目标定位，遵循五年制高职教育教学规律和技术技能型人才成长规律，推进课程改革，构建与职业岗位能力相对应、与职业标准和技术技能规范相衔接，文化基础课程、专业课程以及实践课程相互渗透融为一体的五年一贯制的课程体系。在五年的修学时间内，统筹安排德育课程、文化基础课程、专业课程，积极开发与生产技术同步、与职业岗位（群）工作任务相一致的院本教材。

——联合打造优秀教学团队。以培养高水平专业带头人为龙头，以推进"双师型"骨干教师队伍建设为重点，提高教师队伍整体素质和专业化水平，联合打造专业教学团队，为学院持续健康协调发展的提供保障。

——集约化推进实训基地建设。利用国家和省财政投入的专项经费，按照教育规律和市场规律，探索集约化推进实训基地建设路径，形成了一批教学改革力度大、装备水平高、优质资源共享、高水平现代化的实训基地，构筑了高技能人才培养平台。

3. 问题挑战

首先是容易产生高职教育中职化的弊端。五年制高职教育办学点仍然位于中职校内，各学校的高等职业教育办学中中等职业教育的痕迹浓重，管理理念、管理方法、教育理念、教育方法多停留在中职教育的层次上，无法回避地带有浓厚的中职办学痕迹，难以体现其高等教育的特性。其次是院校同质化发展现象较为突出。由于各学校管理权限有限，同时由于县域中职院校服务半径过大，院校整合资源、共享资源的能力受到限制，学校的办学实力相对较弱，院校同质化发展情况较为突出。

（四）对本市的借鉴与启示

1. 在现代职教体系构建方面

在上海市人才需求类型、结构和规模大调研基础上，进行全局性的职业教育大调整。根据每个行业的初、中、高级人才的需求数量和结构，进行中、高等职业院校布局和专业布局，合理确定三年制中职、三年制高职、五年制高职、应用本科的院校数、办学规模、专业分布等，聚焦优质资源，实现集约化发展。清晰界定同一专业的中职、专科高职、应用本科、专业硕士的人才培养目标，完善职教体系内的相互衔接。

——加快应用技术型和应用技能型高校的发展，加大分类考试力度，为中职学生提供主要的升学途径；推进职业教育课程和职业证书向普通教育的渗透；制定学历证书与职业技能等级证书所体现的学习成果互认机制等；构建普通教育与职业教育、职前教育与职后培训交互贯通的"立交桥"，逐渐消弭普职之间的界线，实现普职融合发展。推动高中阶段教育普职融合办学模式改革，探索中职学校学生和普通高中学生根据学籍管理规定，达到相应学业水平标准后可相互转学升学，实行相同课程学分互认。进一步将劳动教育融入小学、初中相关教学，普通高中适当增加职业技术教育内容。

——根据本市经济社会发展和产业转型发展需要，充分发挥上海国际化大都市的优势，推进职业教育整体层次高移，实现弯道超车。一方面，在引导现有应用技术型高校转型的基础上，允许若干办学基础和能力较强的高职院校升格为应用本科（职业本科），同时允许暂不具备升格的高职院校举办应用本科（职业本科）专业点。另一方面，可在中职学校试点办五年一贯制的高职专业，但结合台湾地区五年制大专和江苏五年制高职的实践教训，应尽可能做到以下几点：一是要严格遴选出确有能力、有条件举办高职且适于长学制培养的专业举办五年一贯制，并加强对这些专业的校长和管理人员及教师的管理和教育理念等的培训，使其具备办高等教育的格局和视野，避免江苏五年制高职发展过程中碰到的"高职教育中职化"的现象；二是要改变目前"条块分割""政出多门"状况，可借鉴台湾地区技职教育中职、高职"一条龙"统筹管理体制，对现行的职教管理体制进行结构改革；三是要制定出一整套五年制高职教育标准体系，如办学标准、教师标准、专业标准、课程标准、设备设施标准等，明确五年制高职的入口与出口条件，以质量引领五年制高职教育改革，形成"质量标准驱动"的五年制高职教育改革框架。

2. 在推动产教融合、校企合作方面

围绕构建教育和产业统筹融合发展格局，推动学科专业与产业需求精准对接，推进产教协同育人，加强产教融合师资队伍建设，完善招生考试配套改革，推进教育"放管服"改革，发挥企业的重要主体作用，推进产教协同创新，加强产教融合平台载体建设，开展产教融合建设试点等。要切实加大对职业院校开展产教融合、校企合作的扶持力度和政策支持，建议尽快根据《国家职业教育改革发展方案》等文件精神，出台本市指导性文件，指导职业院校开展各项工作，同时可采取其他相关举措：

——发挥政府主导作用，集聚多方资源，创新机制、深化改革，在职业院校打造产业研究院、工程技术研发中心、工艺产品开发中心、技术成果转化中心、技术创新推广中心、公共技术服务中心、产教融合联盟等，全力深化产教融合，加快推进职业教育现代化建设。

——安排财政专项经费，建设产教融合平台，培育产教融合型企业，遴选建设产教融合示范基地。改革人才引进和绩效分配机制，引进产业教授，加强职业院校双师型教学团队建设。探索建立符合本市实际情况的职业教育校企合作模式，充分发挥职业院校和企业各自的优势，形成促进本市职业教育跨越式发展和推动产业转型升级的合力。

——加快健全职业教育产学研合作的相关法律法规，对产学研合作过程中政府、企业、学校、社会之间的权利和义务进行具有可操作化的规定。完善校企合作税收优惠政策，加快形成促进职业教育校企合作的多元化经费保障机制，鼓励和引导社会资金进入职业教育校企合作领域。

（执笔：兰小云、郭扬）

八、落实国家职业技能提升行动 大规模开展上海职业培训

（一）2019年上海职业培训基本概况

2019年，围绕国家进一步加强重视对职业培训的工作要求，迎接2021年世界技能大赛，适应国际大都市城市产业转型提升等，上海市坚决贯彻落实国家职业技能提升行动，大规模开展职业技能培训。

1. 制定了技能提升行动实施方案，建立技能提升行动资金专账

会同市财政局制定出台《上海市职业技能提升行动实施方案（2019-2021年）》，建立"职业技能提升行动专账"，从失业保险基金结余中提取28.6亿元专项用于实施职业技能培训经费补贴，督促各区制定出台区域性技能提升行动计划贯彻落实文件。

2. 推进了企业新型学徒制和新技能培训

出台《关于全面推行企业新型学徒制的实施办法》，在市区两级全面推广企业新型学徒制，累计培养企业新型学徒10029人；在新技术、新技能、新工艺、新设备的培训项目中，启动新技能培训评价试点工作，推动19家新技能试点单位完成53个新技能项目的开发和培训，已开展培训2290人。

3. 积极落实人力资源和社会保障部农民工培训"春潮行动"

开展农民工培训44.6万人次，加大农民工集中就业的养老护理行业从业人员职业技能培训。

4. 贯彻实施乡村振兴战略，推进本市农民职业技能培训

开展本市农民非农就业培训和岗位技能提升培训13.9万人次，超额完成全年培训9万人次的目标；对未就业且有就业创业意愿的13402名农民，开展有

针对性的技能培训等就业服务，高质量完成"为1万名建档立卡农民提供职业培训等就业服务"的市政府实事项目。

全年享受职业技能培训补贴108.6万人，完成人力资源和社会保障部下达任务的109%；全年新组织开班职业培训106.64万人次，其中补贴性培训100.72万人次；开展职业技能鉴定35.74万人次，鉴定发证24.51万本。

（二）2019年上海职业培训的主要特点

围绕国家战略要求，上海市2019年的职业培训呈现以下几大特点：

1. 围绕筹备2021年世界技能大赛，积极组织技能竞赛

2019年上海市发布了2021年第46届世界技能大赛吉祥物"能能""巧巧"和"一技之长，能动天下"的办赛主题口号，世赛正式进入中国时间，上海时刻。同时为了高效推进世赛筹办机构建设，专门抽调相关部门干部，成立专职从事世赛机构。在这基础上，2019年，围绕以世赛为引领大力开展职业技能竞赛活动。一是依托世赛中国集训基地、技术指导专家组，做好第45届世赛本市选手集训、选拔及参赛保障工作。本届世赛上海共有10名选手参加9个项目的比赛，在参赛项目、参赛人数上都超过了往届，取得了2枚金牌、1枚银牌、3个优胜奖的佳绩，是上海参赛以来的最好成绩。二是承办了第45届世赛餐厅服务、印刷媒体技术等11个比赛项目的集中阶段性考核和网络安全、云计算等4个新增参赛项目全国选拔赛的组织工作。三是组织第46届世赛上海市选拔赛，共有来自本市102个参赛单位1198名选手参加51个比赛项目，竞赛规模、参赛人数均创历史新高。四是顺利举行第八届"星光计划"职业院校技能大赛，共有2191名选手参加59个职业技能类竞赛项目。此次比赛全面对标世赛，为本市46届世赛选手培养选拔做好预热。五是采取市区联动方式，会同浦东、杨浦、黄浦、徐汇四区，组织开展了"上海制造""上海服务""上海购物""上海文化"等四大品牌技能大赛，组织开展第46届世赛上海选拔赛，覆盖世赛50多个比赛项目，着手选拔优秀选手备战明年全国选拔赛。同时，指导各区各行业组织开展各类技能竞赛活动。先后举办了四个专场100余个项目的比赛。65支代表队和1200余名技能高手同台竞技，充分展现了本市技能人才的精湛技艺和优秀风采。六是指导各区、市级行业协会和高技能人才培养基地等62家主办单位组织开展了工业机器人编程等 457 个项目的职业技能竞赛活动。顺利完成第三届全国智能制造应用技术技能大赛的本市集训及参赛工作，获得维修电工（教师组）三等奖、装配钳工（职工组）优胜奖。

2. 大力推进养老护理员的队伍建设

为深入贯彻落实习近平总书记考察上海时提出的要解决好"老、小、旧、远"重大民生问题的重要指示，根据《国务院办公厅关于推进养老服务发展的意见》（国办发〔2019〕5 号）、市政府《关于印发〈上海市深化养老服务实施方案（2019-2022 年）〉的通知》（沪府规〔2019〕26 号）等文件精神，上海以养老护理员"进得来、留得住、稳得了、干得好"为目标，进一步加强了养老护理员队伍建设，促进养老服务高质量发展。一是深入开展课题调研，通过大数据比对、抽样调查、座谈走访、国内外经验比较等方式，查找分析养老护理员队伍建设中的瓶颈问题，研究形成对策建议。二是科学规划队伍建设，在调研基础上，市人力资源社会保障局会同市民政局、市卫生健康委、市医保局、市教委、市财政局等部门，研究制定了《关于加强本市养老护理员队伍建设提高养老护理水平的实施意见》，提出了养老护理员培养培训、薪酬保障、财政支持、信息管理等一系列政策措施，力图在全国率先形成养老护理员职业化、专业化建设的制度性安排。三是持续推进技能培训，印发《关于规范本市养老护理人员职业技能补贴培训实施工作的通知》（沪人社职〔2019〕280 号），进一步规范养老护理人员职业技能补贴培训工作，提高培训的针对性和有效性。全年完成养老护理等项目技能培训 5.23 万人次。

3. 试点建立职业技能等级认定制度

2019 年，根据人社部的决策部署，本市试点建立职业技能等级认定制度，鼓励并支持用人单位结合生产经营服务需求，自主开展职业技能评价并颁发职业技能等级证书。一是聚焦技能人才评价需求，制定出台《关于印发〈关于上海市开展职业技能等级认定试点工作的实施方案〉的通知》（沪人社职〔2019〕276 号），为开展企业技能人才自主评价试点工作提供制度保障。二是根据自愿申报、择优遴选的原则，本市共有 47 家用人单位经备案成为首批试点评价机构，面向本单位或本行业开展技能人才自主评价，在全社会发挥了示范引领和标杆作用。三是年底举行首批职业技能等级证书发放仪式暨试点工作交流会，现场为首批考核合格的企业员工代表颁发上海市首批职业技能等级证书。截至 2019 年底，中海油上海分公司、上汽集团、申通地铁集团、城投集团、燃气行业协会等 5 家试点单位的208名职工已相继完成首批认定工作,其中有142人获得首批职业技能等级证书,本市用人单位自主评价、政府部门指导监管的技能人才评价模式初步确立。同时,通过建立职业技能登记制度建设,积极组织相关技能类职业资格鉴定,全年组织35.74万人参加职业技能鉴定,核发证书24.51万本(见下表)。

2019年上海市职业技能鉴定工作情况表

项目	参加职业技能鉴定人数(万人)	核发证书(万本)
专项职业能力	11.36	9.79
国家职业技能鉴定五级(初级)	11.49	8.04
国家职业技能鉴定四级(中级)	5.89	3.64
国家职业技能鉴定三级(高级)	5.87	2.69
国家职业技能鉴定二级、一级(技师、高级技师)	1.13	0.35
合计	35.74	24.51

4. 继续推进高技能人才队伍建设

2019年,上海继续加大对优秀高技能人才的评选表彰力度,推进高技能人才队伍建设。一是完成年度"上海市技能大师工作室""上海市首席技师资助"项目的申报受理和评审,新建市级技能大师工作室资助25个,追加资助6个,市级技能大师工作室累计资助227个;新建首席技师资助180人,追加资助19人,市级首席技师工作资助累计1816人次。二是推荐幸利军技能大师工作室等5个技能大师工作室获得"国家级技能大师工作室"资助。三是推动高技能人才培养基地健康发展,上海纺织时尚产业发展有限公司等10家单位被认定为第九批"上海市高技能人才培养基地",推荐国家级高技能人才培训基地2个,产业覆盖先进制造业、战略性新兴产业、现代服务业等行业。年末本市高技能人才占技能劳动者比重达34.18%,比上年增长约一个百分点。

5. 大力启动"互联网+"职业技能培训试点

2019年,根据《关于开展本市互联网职业技能培训试点工作的通知》(沪人社职〔2018〕389号)文件精神,本市搭建"上海市职业技能互联网移动培训云平台",启动互联网职业技能培训试点工作,开展电工(初、中级)等10个项目试点。

6. 社会力量兴办职业培训出现新的发展趋向

上海是国际大都市，社会力量对于职业培训的参与和重视持续性向上发展。一是创新大众创业＋农业田园＋技能培训模式向社会推广，例如注册于上海的蚂蚁（电商）学院，积极响应国家大众创业、万众创新的号召，2015年3月启动"蚂蚁计划"，围绕基础教育、职业教育、产业教育以及国家教育积极打造长三角田园五镇等教育创业生态圈。五年来，蚂蚁电商学院实现学生百分百参与社会实践，让学生一站式链接企业资源，拓宽学生就业渠道，从而使学生招得进、留得住、学得好、推得出。2019年，蚂蚁学院有幸得到上海市合作交流办和援藏指挥部的信任和支持，开展援藏扶贫，通过职业教育培训，根据西藏日喀则区域社会经济发展和产业结构的特点，精准设置开设符合市场需求的特色专业，密切与就业的联系，帮助来沪学习的30名同学通过精准职业教育培训，改变了自身及家庭的命运。二是注重灵活响应并创办新一代信息科技的基础职业培训。例如上海曼帝思信息科技有限公司依托由自创的《智能机器人基础》实用教材（市教育出版社出版），近年来主动积极与社会多方合作，在临港、闵行等地区创设培训基地，并与上海商贸旅游学校等，开设相关智能机器人基础、城市智慧交通、AI视觉、工业机械臂、PEPPER服务机器人等教学培训课程，企业社会影响力得到有力提升。如：上海商贸旅游学校自2017年开始与该公司合作相关课程。2018年该校在全国中职学校率先开设了计算机专业的AI服务专业，由曼帝思公司为该校AI专业学生承担教授专业课程，目前该专业班学生在上海市级相关机器人赛事中已获得良好成绩。三是外商独资创办职业技能培训机构发方兴未艾。根据社会投资需求形势，上海市及时全面推广外商投资举办职业技能培训鼓励政策。出台《关于扩大外商独资设立营利性职业技能培训机构实施范围的通知》，将自贸试验区政策复制推广到全市各区，进一步扩大职业技能培训市场对外开放。目前，全市外商投资营利性职业技能培训机构已设立10家，其中正式开业7家。其中，第一家获准在自贸区开业的瑞士财富管理中心，已在上海崭露头角。其麾下的IfFP瑞士财富管理专业培训中心（IfFP China）瑞伯职业技能培训（上海）有限公司（瑞士独资），目标 全球视野下的中国服务经济，瑞伯财富管理（品牌）集成服务（商）平台主要由校企互动平台、人才交流平台、技能成长平台、综合会务平台四个子平台支撑。目前与上海大学合作共建财富管理专业双硕士＋SCWPI瑞士注册财富理财规划师（国际）认证证书（上海现行先试，复制全国各省部分特色高校）；

积极探索上下游人才培养专业体系联盟（应用型高职、本科财富管理专业共建）；与上海市人力资源和社会保障局推荐认可的第三方评价机构合作开发具有瑞士财富管理运行系统特色、融合中国国情、法律法规的中国瑞士（中外合作）国家职业资格培训、考试标准化题库建设和证书体系（上海现行先试，积极探索纳入中国人社部财富管理国家职业资格第三方评价体系）。另外，针对打造全球金融中心战略和紧缺人才的培训需求，把瑞士财富管理培训、实践、运营完整的教育体系与上海海派文化相融合，还积极打造由政府搭台、机构运行，中国与瑞士共同探索的金融财富管理专业人才 1+X（学历＋技能）人才培养"蓄水池"。

（三）对 2020 年政府工作报告提出新任务的初步思考

2020 年全国两会《政府工作报告》中提出要千方百计稳定和扩大就业的相关措施如何贯彻落实汇智聚力。针对"职业技能培训 3500 万人次以上、高职院校扩招 200 万人"目标，上海中华职业教育社充分发挥专家和校长等作用，就师资问题、教学质量、政策配套、办学主体、证书体系这 5 个关键问题积极献言建策，认为政府工作报告中提出的"职业技能培训 3500 万人次以上、高职院校扩招 200 万人"目标，对中国的职业教育和职业培训提到了前所未有的高度，同时也提供了相当大的动力和压力。为此，要充分重视并认真处理好这以下 3 方面关系：

1．需求与供给的相匹配

"培训 3500 万人次与扩招 200 万人"这是职业教育（职业培训）新时期提出的新需求。对这新需求，就产生了全国地区发展的相对不平衡。有的地区需求不足，有的地区需求却还不够。去年，有的地区扩招 100 万还不足，只能把一些原本不相关的人扩招进来。当然，这个需求主要是针对稳就业、扩就业提出的。有需求当然要有相适应的供给匹配。而我国区域中职业教育与培训的资源也是不均衡配置的。这些教育资源包括教师的数量和质量、教学设施的配置、教学课程的创新设计，以及教学社会实践的环境等。由于不均衡配置，面临这新的需求，相应的教育培训资源整合和提升还是不足的。有的资源配置比较强，但生源不足，或者受政策限制，不便开展社会培训等。如一些民办的职业院校在开展广泛的社会职业培训中，就受到一定的政策限制。

需求与供给关系中，还有一个结构性问题。既然新的需求比较大，传统的生源不够，我们就可开拓新的生源途径。比如有专家提出的"中小企业家+"培训，终身教育培训，针对上海的支柱产业，开发如人工智能、生物医药等产业的高技能培训等课程。既然供给资源不够，我们可开拓一些相关职业教育培训协会（学会）机构资源，让他们可作为平台牵头组织开展社会化、专业化的职业培训。包括拓展线上培训平台等。

2. 投入与产出的相平衡

这次提高培训人次和扩招培训人员等，有政府资源配置，也是社会市场资源配置。无论是政府还是企业，都有一个投入与产出的相对平衡要求。政府的投入有政府绩效基金的评估要求，企业的投入有相对成本与利润的要求。无论哪方面，都必须强调教育培训的"真实有效性"。2019年上海提升职业技能补贴培训任务为100万人次。全市全年完成职业培训106.64万人次，其中补贴培训100.72万人次。上海每年社会企业培训补贴资金有好多个亿，全国3500万人次的培训，扩招200万人，这些教育培训的质量究竟如何？教育培训的课程和培训的人员技能是否符合要求？由于忙于应付培训目标中的数量要求，因而对质量要求就疏于应对。因此，对这次教育培训人次和培训人员的提高与扩招，当务之急要建立一个教育培训质量的考核（评估）指标体系。

这个考核评估指标体系，包括如何创新新型职教体系、教育培训质量的目标要求、数量目标的细化或修正等。如专家提出：是否将培训人次优化为"培训人时"等。培训人员中，是否可增强对新型农民工、贫困山区青少年的技能培训，以及拓展成年人在养老产业、社区服务、文旅产业、体育休闲健康产业等领域的专业技能培训等？同时，对于这些培训人员要有不同领域的专业培训考核程序，颁发相关权威性教育培训证书。

3. 枢纽与节点的相衔接

上海是长三角城市群中的核心城市。上海又是支援全国贫困地区的重要贡献城市。在围绕3500万人次和200万学员的工作中，从"枢纽与节点"关系中来思考整个城市群中的需求与供给的相匹配。承接载体空间的大小，也决定投入与产出的不同效应。从上海的一座城市，放大到整个城市群中41个地级市，上海作为超级枢纽（平台），其他像杭州都市圈、南京都市圈、合肥都市圈等，作为所在都市圈中的核心城市等，教育培训人次和教育培训人员，特别是教师及教育培训设施等，可以通过扩大范围的调剂及相应评估考核，从而达到"高质量、一体化"的总体发展要求。

构建枢纽与节点的网络链接体系，重要性在于更能充分发挥现有的长三角职教联盟、中华职业教育社联盟等联合机构的作用，通过其主观能动性的充分发挥，对优化都市圈、城市群的供给与需求资源配置赋予其协调发展功能。同时，让一些大企业产业和教育集团、外资职业教育培训机构等，也能积极参与政府主导的职教培训目标工作中，让全社会的职教培训资源都能快速高效地运转起来。2021年的世界技能大赛即将在上海举行。目前的筹赛工作正在紧锣密鼓开展。能否充分把握好这一机遇，让今明两年的职业教育培训与其有机结合，需要在"枢纽与节点"上有创新思维和创新路径。

2019年通过的《国家产教融合建设试点实施方案》，明确5年内在全国试点布局50个左右产教融合型城市。上海作为首批试点城市，正在抓紧研究制定"建设产教融合型城市试点方案"。所谓"产教融合"，其核心就是"大产业与大教育"在门类、效能、资源等方面的相适应、相匹配和相衔接。城市群高质量一体化中难度最大之一就是重点产业门类的供应链、价值链、创新链的有效布局和整合。要避免走产业同质化竞争老路，相应千亿级、万亿级规模的重点、支柱性高新产业，其原本忽略的相应职业教育培训资源就要予以重视配套，并融入大产业、大教育体系中。近两年的政府职业教育培训目标要求就可列入重点项目清单、相关政策创新清单中。

（执笔：施蔷生）

九、修订实施《上海市职业教育条例》 助力上海城市发展

职业教育是与区域经济社会发展关系最为紧密的教育类型。上海是中国近现代史上第一所"职业学校"诞生地，上海职业教育在服务城市发展中始终发挥着不可替代的作用。

随着进博会的召开、自贸区建设的推进以及长三角区域一体化发展的战略升级，上海将进一步增强服务国家战略、配置全球资源的能力。眼下，上海正在加快建设"五个中心"，全力打响"四大品牌"，建设具有世界影响力的社会主义现代化国际大都市，要更好体现国家形象、代表国家水平，参与全球合作竞争。在此背景下，上海的职业教育需要不断调整功能定位，提高自身能力和水平，通过发展高质量的职业教育，厚植人才优势，提供更加有力的技术技能人才支撑，以人才优势引领上海发展，促进长三角区域整体竞争力的提升。

2019年3月1日，修订后的《上海市职业教育条例》（以下简称《条例》）正式施行。它是新时期引导、促进、保障上海职业教育健康发展的基石，它的出台为上海市职业教育最终实现现代化搭好了框架。

（一）系统发力，《条例》保障人才培养规模和质量

职业教育的发展离不开完善的法规保障和顶层设计。《上海市职业教育条例》（以下简称《条例》）最早实施于2004年。14年来，上海职业教育不断深化发展，面临的外部环境发生了巨大变化，出现诸多新问题，原《条例》中很多内容已经难以有效规约，亟待修订。作为引领上海职业教育长期发展的地方性法规，修订后的《条例》充分体现了职业教育事业科学发展的根本要求，结合上海城市建设

发展的实际情况，紧扣职业教育发展中的关键问题，通过完善职业教育内部体系，优化外部环境，内外结合，系统发力，保障人才培养规模和质量，对于促进上海职业教育事业发展具有重要意义。

上海城市的发展离不开千万级的高素质劳动者和技术技能人才，也就需要与之相适应的职业教育体系。《条例》明确提出高等职业学校教育包括专科、本科和研究生层次教育，建立健全中等、专科、本科、研究生等不同层次职业学校教育衔接贯通培养制度，细化普通教育和职业教育的融通机制，将上海开展多年的成熟做法，比如职业体验日、职业生涯教育和劳动技术课程改革等写入条例，中等职业学校教育与普通高中教育可以实行学习成果互认和课程融通，建立高等职业学校与普通高等学校学分转换制度，打通了人才培养通道。

我国职业教育是国民教育体系和人力资源开发的重要组成部分，具有教育和经济的双重属性以及"育训结合"的跨界特征，因此离不开行业企业的深度参与。《条例》增加"校企合作"专章，明确校企合作的原则、方式和具体形式；全面推广提升学生技能水平的现代学徒制和培训培养职工的新型学徒制。另一方面，《条例》明确提出建立职业资格、职业技能等级与职称系列贯通制度，打通高技能人才与工程技术人才职业发展通道；推行学历证书、技能评价证书并重制度，建立和完善技能评价与学习成果转化互认机制，实现学历教育与职业培训的衔接融通，优化职业教育事业发展的外部环境，力求提高职业教育在全社会的竞争力与吸引力。

（执笔：石伟平、王启龙）

（二）构建中高本硕人才培养体系，培养更多"包起帆"式人才

上海第二工业大学的办学定位是"职业导向的高等教育"。如何培养更多新时代"包起帆"式的人才，是上海第二工业大学等一批应用技术型大学在新时代面临的挑战和发展要求。

第一是坚定信心。前不久国务院印发的《国家职业教育改革实施方案》以及即将施行的条例，都明确指出职业教育是一种教育类型，与普通教育具有同等重要地位。贯彻落实全国教育大会精神，也对职业教育改革发展构成了重大机遇。

职业教育和劳动教育关系密切，是加强劳动教育的最佳载体。

第二是深化改革。要增强职业教育的竞争力、影响力，最根本的还是要靠综合改革。改革要实现突破、取得实效，关键是破解瓶颈问题。目前，全国职业教育改革发展的焦点问题是打通中高职立交桥，构建中高本硕人才培养体系。《条例》中明确要求建立健全中等、专科、本科、研究生等不同层次职业学校教育衔接贯通培养制度。深化职业教育综合改革的根本出发点，不应是简单地为中职教育和中职学生打破学历天花板，更重要的是增强职业教育作为一种类型教育的整体竞争力。应该对技术技能人才培养过程进行系统化、一体化设计，根据教育教学规律和需要配置要素和资源，探索体制机制创新，通过校企合作、产教融合打造职业教育高地。

第三是深度开放。《条例》中明确提出推动职业教育的对外交流与合作，鼓励引进境外优质教育资源，支持职业学校和职业培训机构赴境外开展办学活动。上海职业教育要代表国家在全球打响品牌，必须主动对标国际最高标准、最好水平，坚定追求卓越的发展取向。职业教育是一种类型而非层次，应当也可以办出世界一流。打造世界级职业教育高地，迫切需要深度开放，大力推动职业教育类中外合作办学项目和机构，实行中方主场引领国际化办学的创新模式，探索构建以"中"为本的全球多学位认证体系，培养中国经济社会发展所需的具有国际视野的应用技术人才。

（执笔：俞涛）

（三）深化校企合作，为提升城市能级培养技术人才

3月1日起，上海施行修订后的《上海市职业教育条例》（以下简称《条例》），新增"校企合作"专章，着力解决职业教育校企合作的制度短板，加强对产教融合的引导和推动，凸显职业教育的类型教育特征，至少体现在以下几个方面。

重视对接产业需求，明确职业教育发展方向。新世纪以来，上海职业教育快速发展，在服务经济社会持续发展中做出了重要贡献。但受限于体制机制等因素影响，传统的普通学校教育制度仍然偏重于院校自身发展，缺乏对校企合作的共识。

对此，《条例》规定，职业教育应当符合产业发展方向，深化产教融合、校企合作，为提升城市能级和核心竞争力提供技术技能人才支撑。同时，政府应当将发展职业教育纳入国民经济和社会发展的总体规划。

重视制定具体要求，促进校企合作深入发展。产教融合与校企合作的关键就是将产业的先进元素融入专业教学资源和教育教学过程，推进专业教学对接产业发展，增加技术技能人才培养的有效供给。但由于种种原因，学校缺乏主动意识，企业缺乏参与动力，校企合作往往流于形式。对此，《条例》规定，职业学校和企业要在人才培养、技术创新、就业创业、社会服务、文化传承等方面开展合作。同时，职业学校要主动与具备条件的企业开展合作，要对校企合作成效显著的企业依法给予表彰和资金支持，并支持公办职业学校购买企业自主开发的、体现产业发展需要的职业教育课程等，这些都将进一步保障校企合作的深度和效度。

重视制度创新，保障改革设计落地落实。新时期的产教融合与校企合作是在全面深化改革的大背景下形成的，其面临更深层次、更高难度的诸多困难，实现这项安排也有赖于相关制度与机制的匹配与支撑。由于制度在推动改革中具有基础性和全局性的作用，"以制度创新来推动改革，更能越过事物的表象，击中改革的要害"。因此《条例》注重相关各方的激励与约束机制建设，着力构建一个良性互动的制度环境，进一步明确了推进校企合作的4项制度建设，保障深化产教融合校企合作落地落实。

（执笔：马树超、郭文富）

（四）把职业教育真正办成一种类型教育

新颁布的《上海市职业教育条例》（以下简称《条例》）71条的核心就是为上海率先实现职业教育现代化铺路，把职业教育真正办成一种类型教育。

确立职业教育作为类型的向导。国务院发布的《职业教育改革实施方案》的第一句话就已明确"职业教育与普通教育是两种不同教育类型，具有同等重要地位"。在总体要求和目标上提出3个转变，即"职业教育基本完成由政府举办为主向政府统筹管理、社会多元办学的格局转变，由追求规模扩张向提高质量转变，由参照普通教育办学模式向企业社会参与、专业特色鲜明的类型教育转变"。说明实现职教现代化的关键是要办出类型特征。上海新版《条例》的第十条"本市推进实施国家的教育资历框架制度，促进职业教育学习成果与其他各类学习成果的融通衔接"。这是引导上海职教率先达标，真正顺现代职教体系。

铺设职业教育层次间贯通的轨道。《条例》中明确："逐步提高高等职业学校招收中等职业学校毕业生、应用型本科院校招收中等职业学校毕业生和专科层次高等职业学校毕业生的比例和规模。"这是实现人才培养系统化设计，是教育层次类型化对接。

铺设职业教育与普通教育连接的通道。从学生职业生涯规划的角度看，当今职业院校影响力应向中小学生延伸。《条例》提出："职业学校的实训场所、课程、师资等教育教学资源应当面向普通中小学校开放。普通中小学校应当通过职业体验活动等形式，开展职业启蒙教育。"指引上海的职教资源向普教渗透，让生涯规划深入人心；同时也积极建立学生生涯发展中的"容错"机制，让学生可以在学术型发展和应用型发展的不同阶段进行重新选择。

上海经过多年的双证融通实践，《条例》明确提出：建立职业资格、职业技能等级与职称系列贯通制度，打通高技能人才与工程技术人才职业发展通道，这就打通了职业教育与工作世界在社会认同上的隧道。

（执笔：邬宪伟）

（五）《条例》为建立终身职业培训新体系提供制度保障

《条例》修订对多年来上海职业教育发展进行了一次系统梳理，在此基础上对加快构建现代化职业教育体系、激发职业教育办学活力、提高人才培养质量提供了根本遵循。更重要的是，《条例》对于推动上海技能人才队伍建设、促进职业培训事业健康发展，助力本市经济社会发展具有十分重要的意义。

现《条例》在大职教体系理念的指导下，对上海的职业培训作出了诸多富有特色的制度性安排。比如，《条例》明确了构架职业学校教育和职业培训并重，与其他教育互相沟通、协调发展的职业教育体系。建立和完善以政府为主导，企业、事业单位、社会团体、其他社会组织及公民个人参与的多元化职业教育办学体制，推行劳动者终身职业技能培训制度。将创业培训作为职业培训的一种类别，将专项职业能力、技师、高级技师纳入培训等级范畴；在职业培训实施主体上除了职业学校、职业培训机构以外，将企事业单位、行业协会作为实施主体，建立职业培训与学历教育相结合的职工终身学习机制。

此外，《条例》对多年来上海技能人才培养和职业培训一系列创新探索、有效实践、改革成果作了法律上的固化。对职业培训、校企合作、人才评价、教师队伍发展有了更加精准的描述。《条例》中明确，建立健全以职业能力为导向、以工作业绩为重点、注重工匠精神培育和职业道德养成的技能人才评价体系，实行职业资格评价、职业技能等级认定、专项职业能力考核等多元化评价方式。建立企业新型学徒制，企业为职业学校提供学生实习和教师实践岗位等。这些条款为像上海电气李斌技师学院之类机构推出"3+3+3"学习体系等做法提供了更加有力的法律依据。

《条例》还要求，企业开展职业培训的经费不低于工资总额 1.5% 到 2% 的基础上，明确经费主要用于一线职工，比例不低于 60%。同时对企业开展校企合作提出了资金支持、成本补偿机制。并鼓励有条件的企业、行业组织、产业园区建立高技能人才培养基地，面向本单位或上下游产业链单位开展技能培训，政府予以政策支持。如今，上海已经建成 100 余个高技能人才培养基地，一系列法律法规的出台，将有力促进培养基地建设发展。

（执笔：瞿龙祥）

（六）《条例》修订为上海职业教育实现现代化奠定法理基础

《上海市职业教育条例》（以下简称《条例》）自 2004 年实施以来，就在上海市职业教育发展中发挥了重要支撑和引领作用，上海市职业教育能有今天的发展水平，与该《条例》的实施是密不可分的。本次修订，则是在上海市职业教育经过 14 年的巨大发展变化之后，根据当前的新背景、遇到的新问题及对未来的新规划对《条例》所进行的一次重要补充和完善，它的出台为上海市职业教育最终实现现代化搭好了框架。

之所以这样定位这次《条例》修订的重大意义，是因为修订的内容基本上都是现代职业教育的重要要素，而现代职业教育的重要要素基本都已包含在内，并

具有明显的上海大都市职业教育的特征:

首先,《条例》设计出了清晰的现代职业教育体系。完善的职业教育体系是实现职业教育现代化的"物质基础"。《条例》则明确要求:上海职业教育体系在层次上要包括应用型本科和专业学位研究生,并且要形成贯通培养制度。更重要的是《条例》要求逐步提高高等职业学校招收中等职业学校毕业生、应用型本科院校招收中等职业学校毕业生和专科层次高等职业学校毕业生的比例和规模,这为各级职业教育相互衔接和贯通提供了重要制度保障。在与普通教育的沟通衔接上,《条例》也规定了具有上海特色的解决方案。

其次,突出人才评价在现代职业教育建设中的关键作用。我国职业教育发展长期面临的问题是企业需求与个体需求的矛盾,这一矛盾形成的根源并非在于人们天然地抵触职业教育,而在于社会人才评价体系的不公平、不公正,技能型人才的社会地位没有获得应有的认可和制度保障,其背后是过去的人才等级观在现代社会的延续。公平、公正的人才评价体系构建是职业教育长远健康发展的基础,因而是现代职业教育重中之重的要素。《条例》规定要建立职业资格、职业技能等级与职称系列贯通制度,打通高技能人才与工程技术人才职业发展通道,推行学历证书、技能评价证书并重制度,可谓是抓住了职业教育发展的关键环节。

(执笔:徐国庆)

(七)《条例》可有效促进职业学校的教育创新发展与质量提升

新施行的《上海市职业教育条例》(以下简称《条例》)充实了职业学校教育的新业态,深化了多元化人才评价体系,能够有效促进中等职业学校的教育创新发展与质量提升。

一、聚焦课程培育素养,不断完善职教体系

课程建设和实施是职业学校教育的核心和灵魂,中职学校要紧跟行业产业发展,不断优化专业布局。同时,中职校要通过组织、承办、参加上海市和全国行业技能大赛及世界技能大赛(技能),以赛促教,提升人才培养质量。学校将上海高新产业技术要求及世界技能大赛技术标准引入相关专业课程,以此完善课程

标准和人才培养方案，逐步实现专业教学标准与行业企业技术技能人才需求的对接。

此外，中职校还要为培养知识型、技术型和创新型人才搭建平台。纵向上要完善从中职到高职、本科、硕士的现代职业教育体系，横向上要打通职业教育与普通教育的桥梁，为学生各阶段提供多次选择的路径，建立系统化的"立交桥"式的职业教育体系。

二、深耕校企合作，产教融合锻造工匠

中职学校要围绕产业办专业，办好专业促产业。学校培养的人才与企业需求"两张皮"，不但难以获得企业支持，而且还会造成专业人才培养的结构性过剩。只有产教融合的专业，才可将校企合作落到实处。校企合作才不会停留在简单的就业合作上，才能进入到育人全过程的深度合作中。

校企合作是深化产教融合，推进职业教育供给侧改革，助推产业转型升级的有效方式。中职学校校企合作的方式可以多元化，对企业而言，校企合作不仅是对劳动力的索取，还应包括教师培训的提供、实训基地的开发、公益项目的合作等。学校通过与企业"深耕"合作，共同完善人才培养方案，真正培养出企业和社会所需的技术技能人才。

中职学校可以通过国际交流的细化和持续深化不断"深耕"职业教育的发展和质量提升。通过"请进来、走出去"，把德、英、美、澳、日等制造业和职业教育强国经验和资源，充分引进、借鉴和学习。在课堂教学实施、人才培养方案、专业教学标准、职业教育制度等方面，逐步深化国际交流，提升职业教育的质量。

（执笔：黄彬）

第三部分

上海职业教育实践案例

一、课程思政篇

"课程思政"是新的历史时期教育部对德育工作提出的新要求,是贯彻落实习近平总书记关于"培养什么人、怎样培养人、为谁培养人"的指示精神的重要举措。在实施"课程思政"的过程中,一线教师各显神通,无论是青年马克思主义工程育人模式的探索,还是以历史记忆培育学生对职业教育的认同,抑或是将廉洁教育引入中职课堂,都体现了老师们的创造性劳动和无穷智慧。在举国上下共同抗击新冠疫情的特殊时刻,许多教师将发生在抗击疫情中发生的许多可歌可泣的事迹作为鲜活的教学案例,以真实事例打动学生,取得了良好的思政效果。

以历史记忆培育职教认同
——中职德育工作的新视角

上海商业会计学校

一、课题研究的背景及意义

(一)课题的提出及意义

职业教育是国民教育体系和人力资源开发的重要组成部分,是广大青年实现理想的重要途径,肩负着培养多样化人才、传承技术技能、促进就业创业等重要职责。现实中受传统思想、社会观念等因素的影响,不少人对职业教育的认可度不高。恰逢中国现代职业教育创立100周年,课题组所在学校位于中国近代职业教育的发源地之一,即黄炎培等职教先驱建立中华职业学校的旧址,现建有职教源展示馆。本文从职教发展历史的视角思考如何帮助中职生认识并认可职业教育,"以史育德"从职教本源中汲取中职生积极成长的动力。

1. 符合国家发展规划

《国家中长期教育改革和发展规划纲要(2010-2020年)》确定的职教规模发展目标与职业教育在校生实际人数间存在大量缺口凸显了职业教育认同感偏低的现实。一些中职生及家长把就读职业学校作为"无奈"的选择，部分中职生把自己归入"二流的失败者"。提高职业教育的认同感既是实现《纲要》发展目标的要求，也是更好开展中职教育的前提和基础。

2. 符合学生发展规律

认同感影响对自我价值的判断。职业教育是一种教育的类别而非等级，不同类型的人适合不同的教育。正处于青少年期的中职生正在形成自我认同的过程中，从历史角度培育职教认同有利于增强中职生的归属感、自豪感和使命感，潜移默化促进中职生培养良好的道德品质，追求工匠精神，实现自我价值。

（二）课题研究现状及理论基础

1. 相关研究现状

当今教育理论及实践领域已意识到职教认同对于中职生成长发展的重要性。经检索，开展职教认同研究的相关文献共20余篇，多数侧重于机制设计、政策研究、宣传导向等方面。如毕凤祥的论文《构建长效宣传体系，提升现代职业教育社会认同感》（发表于《协商新报》2016年10月），从职业教育与社会发展的人才结构关系出发，呼吁要重视提升职教认同，并突出研究了宣传重点及策略；江苏省泗洪职教中心戴林东在《职业教育应当尽快让全社会认同》中建议从"宏观调控"上加以努力。本文以职教历史为视角，挖掘教育资源，提升职教认同属新的拓展。

2. 相关理论基础

肯尼斯·伯克的认同理论提出人与人之间存在认同来源，共享的主张、态度、感觉和价值观；哈布瓦赫的"集体记忆"（collective memory）概念，研究在家庭、宗教群体和社会阶级环境中，过去是如何被记住的。强调记忆的公众性，必须依赖某种集体处所和公众论坛，人与人之间相互接触才能得以保存；张静教授主持的国家社科基金项目、教育部社会学基地项目"社会成员身份认同研究"对身份认同进行了科学界定：普通人对某一种社会身份及其规则的认同和变化，包括它的影响来源，尤其是价值和（社会历史）结构的影响；心理研究中的标签效应，当人被一种词语贴上标签时，会就此作出自我印象管理，使自己的行为与所贴的标签内容相一致；关于影响认同的因素，参考心理学家马斯洛的需要层次理论，其中尊重需要就包括自我尊重方面，具有自尊，才能充分调动积极性。

二、课题研究的设计与过程

本课题是一线教师在教育实践中提出，通过文献、访谈、问卷等研究手段寻求结论并进行教育实践的行动研究。

（一）研究目标及概念

研究的目标是通过充分挖掘职教历史的德育功能，提升中职生职教认同，进而内化为中职生身份认同，欣然接受并以此为荣，激发使命感。

首先对核心概念——职教认同感进行严格界定：职教认同感主要指对职业教育社会存在与价值创造的认同。提出研究假设：一是提升中职生的职教认同感有助于促进中职生在校期间积极的行为表现；二是帮助中职生了解职教发展历史有助于提高中职生职教认同感。

（二）研究内容及过程

围绕研究假设分 5 步展开研究：

1. 编制评价要素评估职教认同程度

职教认同感是一种心理活动，考察职教认同感的作用以及提升路径，首要是科学编制问卷对学生职教认同程度进行量化评估。通过对部分学生进行半结构式访谈，以科学的理论为指导，走访校内外专家，查阅相关文献，最终从职教认知、职教情感以及相关行为等维度编制了职教认同感要素问卷并对中职生职教认同感进行分档观测。课题组将中职生对职教认同感程度分为 4 档：55~44 分为认同感高；43~33 分认同感较高；32~22 分认同感较低；21~11 分认同感低。在专家指导下通过专业分析软件对问卷调研结果进行信度和效度分析，获取了可以用于后期统计、对比、分析的数据。

2. 考察职教认同与行为表现的关联

一些学者分别从管理学和社会学角度，研究过认同感与行为表现之间的关联，都得出了认同感有助于提高相关积极行为表现的结论。课题组据此提出如下假设：中职生对职教认同程度与其行为表现存在关联，并在前期编制职教认同感要素问卷的基础上增加关于中职生在校表现方面的调查，将中职生职教认同感与内隐、外显的多个维度表现进行对比。内隐部分主要有自我效能感，对未来的预期等；外显部分包括学术方面的成绩、非学术方面的奖项、学生干部经历等，经过调查数据分析，确认了职教认同感和中职生相关行为之间存在关联，为进一步研究如何提高中职生职教认同感奠定了基础。

3. 提取职教史具德育功能的触动点

梳理中国职业教育百年历史，把职教发展的来龙去脉呈现在学生面前，加强中职生的爱国主义教育及职教历史文化教育。对熏陶后的学生进行访谈，捕捉到职教大师及其典型的职教思想，如倡导"生利之民力"的严复、提出"五育并举"的蔡元培、认为职业教育终极目标是"使无业者有业，使有业者乐业"的黄炎培、指出"生活即教育""社会即学校""教学做合一"的陶行知等是显著的触动点。

4. 实施培育行动验证历史促进认同

有意识的策划和全面动员，通过立体的、全方位的互动活动打通学生对职业教育认同的途径。充分利用校内资源即"职教源——中华职业教育互动实践基地"实施培育行动。以"看""说""思""行"为主线促进学生了解职教历史，学习职教精神，弘扬职教文化，拓展德育途径。包括：组织参观职教源、培养学生志愿者讲解员、支持成立传播职教历史文化的社团、举办职教史相关主题班会比赛等，以客观历史记忆串起现代职教发展，建立价值认同。在全过程中分析学生变化，明确历史记忆在培育职教认同中的作用。

5. 分析数据推动教育行动持续改进

意识地在调查问卷中加入培育途径，由此获取相关数据，与职教认同感要素做关联性分析。通过SPSS软件对问卷数据的有效性进行检验，考察数据的正态分布，检验中职生对于职教的认同程度与其对职教历史的了解程度呈正相关。分析职教认同感产生的机制，探寻职教历史记忆的浸润与培育在哪些方面增强了学生的职教认同感，以及学生职教认同感提升的程度，哪种途径更有效，为持续改进教育行动提供理论和数据支撑。

三、课题研究的结论与成效

设计问卷分4个板块：职教认同、职教历史、获知途径和个体表现。获取数据后，着重分析了两对关系：职教认同与个体成就；职教认同与对职教历史的了解程度，最终结合获知途径推出职教历史作用于个体的途径。同时把研究过程中提取的富有教育意义的10条职教历史触动点作为主要内容，开展形式多样的教育行动，并捕捉学生的积极变化。

（一）测量工具及结论

课题组精心编制要素问卷测量职教认同感。从题5"了解职教背景"至题 30"努力打基础并获奖学金"共 26 题。问卷经信度检验,克隆巴赫系数 α=0.948 表明问卷有良好的内部一致性信度(详见附件 1)。

表 1 问卷克隆巴赫系数

Cronbach's Alpha	基于标准化项的 Cronbachs Alpha	项数
.948	.952	26

注:信度系数介于 0.70 — 0.98 均属高信度

1. 职教认同感高的中职生在校表现更自信积极

问卷题 14 至题 24 用来评估职教认同程度,而题 25 至题 30 用来评估学生在校成就。其中题 16"认为职教有作用"与题 26"认真学专业练技能",以及题 27"遵守制度培养职业精神"皮尔森相关系数均达 0.634;题 20"为接受职教自豪"与题 26"认真学专业练技能"及题 27"遵守制度培养职业精神"相关系数均达 0.704。职教认同感与在校积极表现两个板块数据如表 2 所示,均呈显著正相关。职教认同感得分高的学生在个人表现获得成就相关得分上也相应较高。可见中职教育要想培养符合社会主义现代化的合格人才,帮助学生提升职教认同是有效的。

表 2 职教认同感与在校积极表现相关系数

皮尔森相关系数	题 25 就读期间获奖有信心	题 26 认真学专业练技能	题 27 遵守制度培养职业精神	题 28 参加活动锻炼能力	题 29 认真履行学生干部职责	题 30 努力打基础并获奖学金
题 14 认为职教培养人才	.505	.488	.488	.563	.585	.449
题 15 关注职教新闻	.493	.427	.427	.405	.503	.432
题 16 认为职教有作用	.367	.634	.634	.540	.548	.421
题 17 在中职学习有收获	.479	.630	.630	.575	.566	.425
题 18 对职教发展历程有兴	.570	.539	.539	.526	.645	.559
题 19 中职负面是偏见	.364	.468	.468	.428	.459	.408
题 20 为接受职教自豪	.633	.704	.704	.608	.599	.414
题 21 家人乐于我读职教	.555	.697	.697	.567	.520	.486
题 22 乐意提就读职校	.570	.567	.567	.436	.499	.334
题 23 对负评职教不愉快	.455	.567	.567	.603	.492	.524
题 24 接受职教有期待	.695	.657	.657	.525	.568	.498

注:相关系数用 r 表示,r>0 正相关,r<0 负相关,r=0 非线性相关

2. 增进中职生对职教发展史的了解有助于提升其职教认同感

历史具有感召力。问卷中题 5 至题 8 是关于了解职教历史相关的内容，题 9 至题 13 是参与了解职教历史的各种形式，与题 14 至题 24 关于评估职教认同程度均成正相关。其中题 7 知道职教培养杰出人才与题 18 对职教发展历程有兴趣，相关系数达 0.603，显著相关。"题 9 参观过职教源"和"题 14 认为职教培养人才""题 15 关注职教新闻""题 16 认为职教有作用""题 17 在中职学习有收获""题 29 认真履行学生干部职责"等相关系数分别达到 0.427、0.397、0.375、0.387、0.413；另外，"题 10 开过相关内容班会"和"题 8 了解职教法律""题 14 认为职教培养人才""题 15 关注职教新闻"等显著相关，相关系数分别达到 0.507、0.454、0.466。从而课题组得出结论以历史记忆培育职教认同有助于促进中职生积极发展。

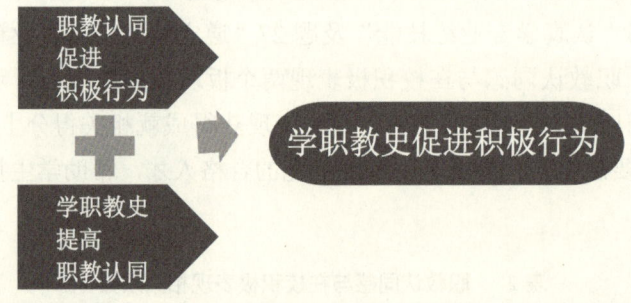

图 1　课题理论研究结论示意

（二）实践运用及成效

课题践行"以史育人"，通过系列培育活动，逐步提高学生对职业教育社会存在与价值创造的认同，转化为积极行动来传承和实践职教精神。实践中发现学生至少呈现六大变化：一是对职教从陌生到了解；二是对自己从悲观到乐观；三是对教师从逆反到尊重；四是对学校从勉强到珍惜；五是对专业从轻视到重视；六是对未来从迷茫到规划。

1. 职教十史及其德育功能

梳理文献资料结合访谈，提取出 10 条中国职教百年发展史的教育主题：（1）职教缘起；（2）产教结合；（3）实业传承；（4）职教创立；（5）职教之路；（6）职教素养；（7）学做合一；（8）职教发展；（9）职教转型；（10）法律保障。围绕这 10 项开展培育活动，学生从中感悟职教精神，激发爱国主义情怀，在认知、态度和行为上不断改善。

2. 以史育德的4条有效途径

观察各种形式的职教历史认同培育活动，通过问卷及访谈反馈，发现参观"职教源"、培养学生志愿者讲解队、成立职教文化学生社团、开展职教精神主题班会等途径是提升中职生职教认同感的有效途径。在问卷中参观过职教源、开过相关内容班会、加入社团这几项与职教认同感题目相关性分别达到0.427、0.512、0.546，在学生访谈关于"哪些活动让你对职业教育有感触和新认识"中的描述也同样体现了培育具有实效性。主要变化可以归纳为以下6条：

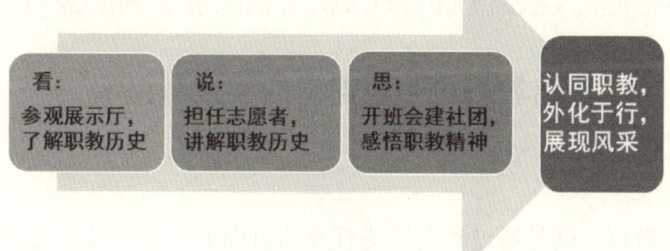

图2　实施职教历史培育职教认同系列活动

四、课题研究反思与深化

本课题研究中遇到两大问题，一是"职教认同"的测定，二是教育资源的提取。作为核心的概念的"职教认同"，涉及面广，如价值认同、专业认同、课程认同、管理认同、校园文化认同、师资认同等，是一个多维度、立体化的范畴。研究中还未能进行定性定量的深入研究，尝试了通过要素问卷的形式采取相关性研究及"分层分类"研究，各个年级同时进行，控制变量，4个板块融合对比，呈现出学生职教认同的渐进梯次和多元态势。同时，近代职教历史资源十分丰富，关于其教育意义的提取，课题组首先对近代职教历史进行了系统梳理，借助职教源展示馆等资源，展现中国职业教育的缘起、发展、大事记等，在实践中结合学生反馈，提取触动最深的职教历史关键点。

课题从立项到结题时间跨度仅一年，初步研究成果还需进一步验证，跟踪调查及反馈程度还不够，作为行动研究还需将研究成果进一步运用到教育实践中，对课题再设计，形成理论框架，突出实践导向，研究评价标准，形成课程品牌，利用第一、第二课堂、主题班会等形式对中职生进行系统的教育，力争形成加强中职生职教认同教育的新范式。

（作者：茅智勤）

参考文献

[1] 董奇，雷正光. 黄炎培职教思想对职教"顶层设计"的现实意义 [J]. 职教论坛，2012（13）：80-83.
[2] 金宝丽. 浅谈历史认同感的重要性 [J]. 黑龙江农垦师专学报 . 2013（12）.
[3] 王卓琳. 中职生的身份认同：危机与应对 [J]. 教育学术月刊 2014(10) .
[4] 狄佩丽. 提升中职生幸福感的有效策略 [J]. 职业 2014(01) .
[5] 岳杰勇. 中等职业学校学生思想状况调查分析 [J]. 职业技术教育 2009(11).
[6] 刘婷婷. 中职生社会主义核心价值观认同现状及教育对策研究 [J]. 云南财经大学学报 .2017(6).

廉洁教育进中职课堂的实践与探索

上海石化工业学校

所谓廉洁教育，就是通过对公民进行廉洁方面的教育，来营造廉洁奉公、诚信守法的社会氛围，以达到规范和约束个体的行为。"廉洁教育"不仅针对党员干部，它同样适用于我们的普通群众、在校中职生。通过对学生进行廉洁教育，可以提高学生的思想道德修养和法制观念，增强学生实事求是、明辨是非的能力，同时树立正确世界观、人生观、价值观。

中职学生是一个比较特殊的群体，他们中的大部分人曾经历学习上的落后和挫败，也有些学生养成一些不良习惯。然而，将来走上工作岗位后对他们却有很高的要求，有的要作为企业中的技术骨干中职学生不仅要掌握企业的专业技能，也要参与企业的管理。与专业技术相比，廉洁的品质或许更为重要。培养一支技术精湛、品德高尚、廉洁自律的技术工人队伍，关系到祖国制造业的发展。因此，对中职生树立正确的"廉洁教育"是非常要必要的，而且刻不容缓的。在长期的实践中，我们从以下从5个方面就"廉洁教育进中职课堂的理论和实践"进行了实践和探索。

一、开展廉洁教育主题班会

经常有这么一句话"我又不是领导，哪有贪腐的机会啊！"这是一种极其错误的观念。那么当你做了领导，你是不是也会贪欲呀？这个观念在思想上就出了问题，说明你有贪的念头，只是不在其位而不能。我们必须对其进行坚决的纠正，坚决改掉不良的固化思想。

习近平总书记在十八届四中全会曾说过："党的十八大以来，我们面临的反腐败斗争形势复杂严峻，一些领域腐败现象易发多发，一些腐败分子一意孤行，仍然没有收手，甚至变本加厉。从已经查处的案件和掌握的问题线索来看，一些腐败分子贪腐胃口之大、数额之巨、时间之长、情节之恶劣，令人触目惊心！有些地方甚至出现'塌方式腐败'！"在这句话中，习书记连用4个"之"，可见廉政建设和反腐败斗争形势依旧非常严峻。

我们在平时的主题班会中，可以多开一些反腐倡廉方面的主题班会。"廉洁"主题班会可以有多种形式，如讲故事、讨论各种腐败案例、角色扮演、联系生活、辨析是非等。通过多种活动的开展，使同学们多了解反腐倡廉的相关知识，树立良好的道德修养、增强自觉意识和明辨是非的能力、树立正确的道德观；同时树立"廉洁光荣、腐败可耻"的意识和防腐败必胜的决心。对于我们中职生，"廉洁"就是要求我们树立实事求是，不弄虚作假，做一个诚实守信、有原则的孩子。习书记说的好："能否廉洁自律，最大的诱惑是自己。"

二、倡导保持廉洁的生活作风

我们现在的美好生活来之不易，我们要保持廉洁的生活方式、生活习惯。廉洁的生活方式，是一种高尚的道德情操与朴素的习惯有机结合，它所倡导的是文明、健康的生活方式，它不仅适用于党员领导干部，同样适用于我们的中职生。我们在生活中的廉洁，并不意味着我们不能享受生活。而是在生活中懂得我们的衣食住行都需要耗费社会资源，这就需要我们大家一起来节约资源。将这种节约的理念贯穿到我们平时生活中的点点滴滴。在吃饭时，时时刻刻想到"锄禾日当午，汗滴禾下土；谁知盘中餐，粒粒皆辛苦。"

《党员廉洁自律规范》第三条：坚持尚俭戒奢，艰苦朴素，勤俭节约。这不仅适用于我们的党员同志，同样适用于我们的中职学生。想想我们的红军战士，在二万五千里的长征途中，那是何等的艰苦，甚至每天只吃一粒黄豆充饥。我们的革命先烈用他们的生命给我们创造了今天幸福的生活。我们也并不是让同学们像前辈们那么艰苦，但是要保持这种艰苦朴素的优良作风。

三、形成公开廉洁的班级管理制度

班级管理也是培养学生廉洁品质的好场所。班费使用如何做到公开透明？笔者通过多年班主任管理经验的积累，在班级方面对廉洁教育进行了如下实践探索。

班级准备两本班费本，一本教师保管，另一本生活委员保管。全班班费由生活委员放入自己的中职卡中。当需要购买班级所需物资，例如垃圾袋、办公用品等，首先需要在班级进行公告，再从生活委员处取用。生活委员与班长一学期内应该对班费使用情况公布至少一到两次。

下面为上海石化工业学校某班的班费管理及部分使用的公示情况，班主任定期将班费使用情况在班级和家长会上进行公示。

9月份班费情况

日期	收入	来源	支出	用途
2011年开学	5000	50位同学		
09.01			59	班级办公用品的准备
09.12			5	教室用盆
09.18			412.5	练习本500本、英语本250本 每本0.55元，每人15本
09.18			49	班级U盘
09.20			64	装饰盆景、点名册、信纸、橡皮筋
09.25			50	垃圾袋20个*2.5元
09.29	6.0	卖瓶子		

图1 某班9月份班费情况

10月份班费情况

日期	收入	来源	支出	用途
10.13	5	卖瓶子		
10.18	1.5	校服3个纸箱子		
10.27	11	卖瓶子		

图2 某班10月份班费情况

11月份班费情况

日期	收入	来源	支出	用途
11.03			48	运动会盐汽水
11.07	11	卖瓶子		
11.15	5	卖瓶子		
10.22			2	钟表5#电池
10.30	7	卖瓶子		

本学期每人收了100元班费，共5000元；
现在还剩下班费4357元。

图3 某班11月份班费情况

在以上3幅表中，支出情况用黑色字体表示，每一项支出都有对应的日期和支出用途。收入用红色字体表示，同样有对应的日期和收入来源。

从图1，我们可以看出，某班50名同学，每人收100元班费，共计收5000元。开学初需要购买一些办公用品(如尺子、文件夹、小刀、胶带等)、垃圾袋等。所购买的物品一律要有收据，由所购买人签字确认，并贴在班会账本上。

从图2可以看出，整个10月份没有支出，只有收入。收入来源于同学们所喝饮料的空瓶子和校服纸箱，一并计入班费中。

从图3可以看出，只有购买运动会盐汽水和5号电池两项支出。其他3项为卖空饮料瓶子的收入。2011年11月03日举行运动会，购买了一点运动员所需补充能量的盐汽水。运动员们为了班级荣誉在操场上挥洒着汗水，需要给予一定的人文关怀。图3下方是一个班费使用的汇总，目前包括3个月的支出和收入，共结余4357元。

从以上3个月的班级使用情况可以看出，时间具体、支出和收入条目清楚、用途明了，在班会和家长会上给予公示。凸显了班级班费管理的公开化、透明化，同时打消了家长对班费使用的疑虑，增强了家长们对班主任、学校管理的信任。更好的弘扬了我们教育系统的廉洁自律性。对于学生而言，这样班费情况使用的公开透明化，增强了学生对老师的信任与爱戴，形成了一种廉洁自律的费用使用氛围。无形中使学生树立了公开透明的社会主义核心价值观，同时有利于班级工作的开展，并能更好的影响、教育学生，形成一种廉洁的校园文化。

四、利用数字化平台进行廉洁教育。

在信息社会,借助于数字化平台进行信息的传递和交流是非常便捷的,也是用以开展廉洁教育的好帮手。可建立班级微信群、家长微信群,有费用使用动态及时在群里进行公布、告知,并进行解读。

例如:开学初,笔者作为新生班主任,及时建立某班家长微信群,便于及时跟家长沟通。特别是一些需要告知全班家长的情况,微信是非常便捷的。全部家长都可以看到,不用像往常一样给每个家长打电话、让学生回家告知。传统的方式耗时,效率低下,特别是经过学生的传话经常变样。现代化的传媒不仅不可以"一对多",而且原始图片、文件都可以快速上传,大家可以全部看到,不用费力地去解释。通过现代化的手机终端平台,班主任及时跟家长进行告知、沟通,消除疑虑,达成信任。

下面两幅图为上海石化工业学校某班家长微信群,关于若干费用的动态情况。

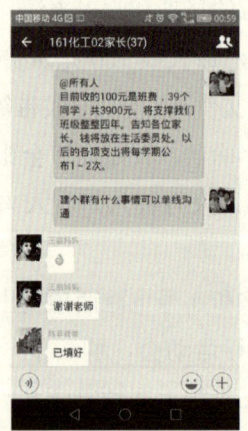 

图4　微信公告1　　　　图5　微信公告2

图4为班费情况说明。内容如下:"目前收的100元是班费,39个同学共3900元。将支撑我们班级整整4年,告知各位家长。钱将放在生活委员处,以后的各项支出将每学期公布1～2次。"从这段文字中,我们可以出,班级开学初的收费情况,进入群的所有家长都可以看到。以后的班级各项费用支出可以通过家长会进行公示,同样也可以通过手机拍下来发到家长微信群公示。

图4与图1、2、3的区别在于,前面是班费的使用方面廉洁、公开透明;而图4重点是班费使用公示途径的快速、公示渠道的廉洁、公开透明。

图 5 为两种保险的情况告之家长。内容如下:"各位家长,现有少儿住院保险、中国人寿学生保险,各 80 元。自愿购买,资料已经让学生带回去,回去各位家长把意见和签字填上。"其实这部分内容在班级已经告知学生,但是学生未必能对家长说得清楚。将这段文字及两种保险的资料放入微信群,家长一目了然,很清楚是什么费用,交何种保险。这是一种对学生负责的方式,同时也是对家长负责的表现。通过这种廉洁、公开的方式,家长会对教师非常信服。通过建立廉洁公开的家校关系,有利于学生的成长,班级工作的开展。

通过老师以身作则的表现,会触及学生的内心深处,比你说多少遍要如何廉洁有用得多。

五、采用"师生结对"的形式对学生进行廉洁教育

中职生处于青春期最敏感的阶段,这个阶段的学生容易出现叛逆,个别学生会出现行为偏差,思想不够成熟,容易钻牛角尖等。采用党员教师与学生"一对一"的结对形式,有利于进行廉洁教育。党员可以定期了解学生的生活情况、学习情况、思想状况等,并作详细的记录,更有利于全面的了解学生的心理动态。同时,"一对一"结对的形式,可以使党员更容易发现学生身上的闪光点,也能及时发展存在的问题,从而因势利导,给予其正确的指引,使其成为廉洁自律、公平公正、明辨是非、诚实守信之人,并帮助其树立正确树立起正确的世界观、人生观、价值观,成为一个对社会有用之才。

总之,廉洁教育进课堂,需要从两方面着手。一方面是对学生进行廉洁教育,使学生明白廉洁教育的有用性、重要性和紧迫性。另一方我们教师同样要加强对自身的廉洁教育,要以身作则、率先垂范,无形中影响学生的廉洁价值观,树立榜样引领作用。同时教师要收集廉洁教育的典型案例、将廉洁教育和德育教育融为一体,形成课题,开发教材。廉洁教育是一项功在当代,利在千秋的重要举措。我们要充分发挥教育的积极作用和影响力,通过润物无声、持之以恒的廉洁教育,形成"廉洁校园文化",使廉洁之风吹遍学校的每一个角落。

(作者:高文杰)

参考文献

[1] 习近平,《在中共十八届四种全会第二届全体会议上的讲话》,2016.10.23.
[2] 《学习习近平总书记一系列重要讲话文章选》,2013.08.10.

《哲学与人生》课中渗透战"疫"精神的教学案例法实践

上海市农业学校

一、实施背景

《哲学与人生》是中职德育课程中的核心课程，主旨是引导学生树立正确的世界观、人生观和价值观。在教学的过程中，需要选用恰当的教学方法来把马克思主义哲学原理讲通、讲透，让学生学懂并灵活运用。面对今年的新冠肺炎疫情，中国人依靠自强不息、百折不挠的民族精神，众志成城，共克时艰，使我国疫情防控工作取得了阶段性的胜利，而在当中展现出来的战"疫"精神是非常好的教学素材。本文将通过案例教学法将战"疫"精神融入课堂教学过程中，为更好地做好德育教学工作做一些有益的探索和实践。

二、实施过程

德育课是对中职学生进行思想品德教育的主渠道和主阵地。《哲学与人生》课在中职4门必修德育课程中居于核心地位，起着统领的作用。这门课的宗旨是教会学生把马克思哲学辩证唯物主义和历史唯物主义的观点和方法正确运用到实际的生活中，学会如何做人做事。更重要的是教会学生拥有面对困难的勇气，用坚强的意志力和理性的行动去思考问题、解决问题，敢于担当，脚踏实地走好自己的人生路。正好今年由于疫情的影响，教育部发出"停课不停学"的通知，要求大中小学生在家上网课，因此运用案例教学法，选择典型并且切合课程主题的战"疫"案例融入教学过程中，激发学生学习的热情，帮助他们调整好心态，正确应对"疫"情大考，在期末交出一份满意的答卷是教学的重中之重。

本文将以《哲学与人生》（北师大版）第一单元"坚持从客观实际出发 脚踏实地走好人生"中的第三课《自觉能动与自强不息》为例，将战"疫"精神渗透德育课堂教学中，让学生学会尊重客观规律，正确发挥主观能动性，不断发掘自我潜能，自强不息，坚持奋斗，坚定走好人生每一步，最大程度地实现自我发展。本课主要分为两条主线：一条是唯物辩证法关于正确发挥主观能动性的哲学观点主线；一条是关于自强不息与成功人生的人生问题主线。

在讲"自觉能动性及其特点"这一部分内容时，运用了中国在抗疫狙击战中的种种举措的案例来说明自觉能动性的特点。强调自觉能动性不仅是人类所特有的能力和活动，更是人在认识世界和改造世界的过程中表现出来的精神状态，如信心、决心、毅力、意志、干劲等。2020年伊始，一场突如其来的疫情打乱了国人的生活。正值春节前夕，武汉市出现了部分居民感染不明肺炎病毒的病例，随后人数不断增加，国家卫健委在获悉情况之后立即派出以钟南山院士、李兰娟院士等人组成的专家组，第一时间奔赴武汉，展开调研和救治工作。在确定病毒为新型冠状肺炎病毒，并有"人传人"的危险之后，为使疫情不持续扩散，武汉作出了自1月23日起"封城"的举措，全面展开全城防治救治工作。习近平总书记高度重视并作出重要指示，强调"要把人民群众生命安全和身体健康放在第一位"。缺床位、缺医护、缺设备、缺物资，重压如山，刻不容缓。一场中华人民共和国成立以来规模最大的一次医疗力量调遣迅速启动。缺床位，4万名建设者就10天10夜24小时倒班、人停机不停，火速建成了火神山医院和雷神山医院，建成后迅速交接给联勤保障部队，9个小时内布置完全部病区，2天内建成ICU；缺医护，来自全国各地的4.2万多名医护工作者，悬壶入荆楚，白衣为战袍，与湖北50多万名医护工作者携手救治患者；缺设备、缺物资，华侨同胞和海外同胞就自掏腰包全世界到处买口罩、买呼吸机等医疗设备寄回国内。疫情还在持续，在武汉保卫战中，重症患者的救治是医疗救治工作的首位，也是取得战疫胜利的重要一环。医护工作者秉持对生命的敬畏，上至耄耋老人，下至呱呱落地的婴儿，他们不放弃任何一个生命，顽强地同病毒作斗争，最终打赢这场疫情狙击战。让世人称赞的"中国速度""中国力量"正是中国人充分发挥主观能动性的体现。

在讲"尊重客观规律与发挥自觉能动性"这一部分内容时，运用了此次新冠肺炎病毒产生的案例。人类自诞生以来所做的唯二两件事：一个是认识世界，一个是改造世界，而认识世界和改造世界都离不开人类的主观能动性。可以说，在人类改造世界的过程中，主观能动性是无处不在、无时不有的。世界的飞速发展主要就是依靠人类充分地发挥了主观能动性去进行改造。但是人类在改造世界的过程中为满足自己的欲望无限制地开采自然资源，破坏大自然，不尊重动物的生命，这种愚蠢的行为自然遭到了大自然的报复。2003年SARS病毒的爆发就是由于人类食用野生果子狸而引起的，但人类并没有因此而吸取教训，非法捕猎、售卖野生动物的行为时时上演，屡禁不止。甚至人们对野味补身的迷信偏执和猎奇心态，反而使得捕猎、售卖野生动物的这条产业链越来越壮大兴盛起来。此次新冠肺炎病毒就是从武汉市华南海鲜市场首先发现的。华南海鲜市场表面上卖的是海鲜，其实猫、狗、蛇、鳖、野鸡、土拨鼠、果子狸、梅花鹿、活猴、孔雀、鳄鱼等上百种野味都有售卖，均明码标价，活宰现杀，因此交易区卫生情况十分糟糕，随处可见丢弃的动物尸体和内脏，恶臭漫天。2019年11月武汉开始出现有不明肺炎症状的患者去医院就医，基本都是在华南海鲜市场工作的人员和附近的居民，随着感染人数持续增加，病毒进一步扩散，疫情也越来越严重。通过这次的事情，可以看出，如果我们人类能够控制住自己的欲望，尊重自然，尊重动物，尊重客观规律，那么新冠肺炎病毒不会出现。通过这个案例，启示学生们要吸取教训，人确实可以通过主观能动性去改造世界，但必须是在尊重客观规律的前提之下，如果违背了客观规律，结果只会适得其反。然后在讲述"正确发挥主观能动性是认识、把握和运用规律的条件"这一部分内容时，举出了中国与美国对于防控防治新冠肺炎疫情不同态度和行动的案例来作对比，指出美国目前新冠肺炎确诊超106万例，美国疫情之所以会这么严重，一直无法得到有效控制并持续扩大就是因为以特朗普为首的美国政府不作为，在疫情初期不重视，不全力进行救治，不把人命当回事，让轻症肺炎患者听天由命，在家进行自我隔离，也不限制民众出行，导致疫情迅速蔓延直至失控。通过美国疫情的案例教导学生，在客观条件面前，放弃主观能动性，无所作为的做法也是错误的。

第二部分"自强不息与成功"是本课的重点内容，也是教导学生树立正确人生态度的重要一节。《周易》曰："天行健，君子以自强不息；地势坤，君子以厚德载物。"君子为人应该像天的运动那样刚强劲健，发愤图强，永不停息；君子处世也应该向地的气势那样厚实温和，增厚美德，容载万物。自强不息一直是我们中华民族的传统美德和中国人的特性，也流淌在每个中国人的血液中。什么样的人能够称得上是自强的人呢？人的一生总是会不断地面临不同的境遇，有些人在顺境之中不思进取，有些人在逆境之中却学会了自强不息，就像是悬崖峭壁上的花，在危险的环境中顽强地生长并绽放绚烂的身姿。因此在讲"自强与迎接人生挑战"这个部分运用了武汉市金银潭医院院长张定宇的案例，引导学生学习张定宇与病魔作顽强斗争，始终坚守在抗"疫"第一战线的精神，面对人生的各种挑战能够做到自强不息，奋力拼搏。金银潭医院是武汉市传染病专科医院，也是最早打响2020年这场全民抗"疫"之战的地方。金银滩医院的院长名叫张定宇，今年56岁，2018年被确诊患有"渐冻症"。在被确诊之后，张定宇没有自暴自弃，坦然地接受了这个事实，他每天正常上下班，甚至偶尔还花 3 个多小时从家徒步走到医院。张定宇的爱人在武汉市第四医院医保办工作。2020 年 1 月 14 日，他的妻子下班回到家就有点发烧，18 日出现了气喘、胸闷等症状，19 日，他带着妻子一同去医院做了检查，采了两份痰，两份肛拭子，当天下午检测结果出来了：张定宇两个都是阴性，他的妻子两个都是阳性。张定宇当下就让妻子立即住院治疗，而自己则转身回到工作岗位上继续战斗。张定宇身患渐冻症，走路非常困难，冬天天冷，他晚上想去病房，又不愿意麻烦同事，就一个人拖着走路困难的双腿一步步慢慢挪过去，只为看看重症患者们的治疗和恢复状况，才能放心。身处这场疫情风暴的中心，张定宇不顾自己身患"渐冻症"，承受住爱人感染新冠肺炎的打击，始终坚守在自己的岗位上，每天在医院进行全面指挥和参与救治。他带领着全院的医护人员一起战斗，在武汉封城期间，每天接收一批批确诊的新冠肺炎病毒患者送进医院来，一刻也不敢耽误地全力救治，与时间赛跑，与病毒斗争，让重症患者转危为安。可以说，张定宇是用自己顽强的意志力，经受住重重的困难和危险，守好了防疫的第一关口，为战"疫"的胜利作出了重大的贡献。2020 年 2 月 29 日，中国罕见病联盟授予张定宇"非凡医者"称号；4 月 17 日，张定宇被评选为"中国网事·感动 2020"一季度网络感动人物。张定宇用渐冻的生命顽强守在疫情防控第一线，全力救治重症患者，守护人民群众的健康，他的事迹让人感动，他的精神让人敬佩，是医护工作者的榜样，是值得所有人学习的榜样，他配得上这样的称号和荣誉。

三、实施成效

通过案例教学法的方式，使学生们深刻认识到要保护自然，敬畏生命，在尊重客观规律的基础上正确发挥主观能动性去认识世界和改造世界。通过对疫情的发生和发展、中国在应对疫情上付出的种种努力和作出的各项举措、那些在战"疫"中为我们负重前行的英雄事迹等讲解，学生们认识到人要活得有意义，让生命有价值，那就必须发挥主观能动性，才能实现自我的发展。当国家有难，就应该挺身而出，奋发拼搏，只有自强不息，才能实现伟大复兴的中国梦，实现民族的振兴。整体来看，通过案例教学法把战"疫"精神融入课堂教学达到了很好的教学效果，学生们上课很认真地听，互动也很积极，能更透彻地理解课本内容，收获知识，认知、情感态度观念、运用能力都有所提高。

四、体会和思考

本课的核心问题是使学生认识到自觉能动和自强不息在人生选择和人生实践中的重要作用。所以一定要引导学生去认真思考，去深刻认识到，在这场战"疫"大考中，我们每个人都是答卷者，每个人也都是阅卷人。我国的此次战"疫"能够取得阶段性的胜利，就是因为全国民众团结一心、众志成城、共克时艰，凭着中华民族自强不息的精神，所以说只有不屈的民族才有希望，才能强大。"00"后作为中国特色社会主义事业的建设者和接班人，更要自尊、自信、自立、自强，使自己成为家庭的顶梁柱和中华民族的脊梁。只要我们每个人能够坚持自强不息，永不言弃，奋力拼搏，就能战胜各种困难，获得成功，创造出美好的生活。

（作者：路珧）

基于在线课程的思想政治课混合式教学模式探索

上海市环境学校

新时代随着互联网和信息技术的应用和普及，特别是今年受新冠病毒爆发的影响，中职思政课单纯采用传统课堂教学或单一在线课程进行的教学模式，虽然各有特色，但也都呈现出一定的弊端。本文主要基于在线教育课程，通过搭建一个重要平台、转换两种不同角色和注重三个方面结合，探索在线课程和线下教学相混合式的教学模式，以促进中职思政课实效性和时代感的提升。

习近平总书记于2019年3月18日在学校思想政治理论课（以下简称"思治课"）教师座谈会上发表重要讲话，为新时代创新推进思政课教育教学工作确定了发展目标、指明了前进方向。中等职业学校思政课教师应树立以学生为中心的理念，根据社会发展的特点，积极探索适应学生需要和时代发展的基于网络课程的混合式教学模式，进一步提高思想政治理论课教学的实效性和时代感。

一、中职思政课的传统教学模式已不能满足新要求

21世纪，世界进入了快速发展的新时代，互联网一直是信息技术的迅速发展也是大规模推广应用，和年轻学生，都应该跟上时代的好，敢于尝试新事物的特

征,如职业思想政治理论课教学带来了一定的挑战,传统的教学模式已不能完全满足学生的需求和社会发展的需要,主要表现为:

1. 学生进行学习的自主性得不到充分利用发挥

传统的教学模式,主要以教师和课堂为核心,容易出现太过注重发挥教师主导作用而忽略或压抑了学生自主学习能力的情况。整节课中,学生不断地接受教师思想政治内容的灌输,这种被动接受知识的方式,难以激发学生自主学习的积极性和热情,很多学生逐渐养成不愿意主动思考、提问和探究的不良习惯,进而对思政课的学习也会失去兴趣,这在一定程度上会影响思政课的教育效果。

2. 学生喜欢新颖便捷的学习方式得不到满足

当今信息化时代的背景下,各种信息化网络技术的应用,大大方便了人们的学习生活,中职学生已习惯通过电脑网络或智能手机进行学习、生活、娱乐,擅长通过信息技术途径搜索信息、感社会,如果中职思政课还仅仅停留在传统课堂教学模式中,就无法满足现在青年学生的在线学习需求,而错失传授知识、引导学生思想和灵魂的思政课新阵地。

3. 授课条件受时间和空间限制

传统教学模式,基于学校教室课堂教学为主,教育和学习行为的发生必须在一定的实地场所进行,教学和学习时间也是根据上课时间表统一安排,授课条件完全受限于时间和空间,教学行为容易受教师和学生身体状况、家庭状况和社会突发事件的影响而受阻。如今年爆发的新型冠状病毒肺炎疫情,为了生命安全和身体健康,全国所有学校停课近两个月,在此期间,传统的教学模式无法满足学生学习的需要。

二、新时代在线课程的相对优势

近年来,随着我国信息技术的快速发展,在线课程作为一种新型的教学方式随之应运而生,它是一种可以让教师和学生不用受时间和空间的限制,只需要用手机、电脑等设备,通过网络,随时随地都可以进行教学和学习的一种方式。与传统课程相比,在线课程具有一些优势:

1. 顺应新时代对中职思政课教学的新要求

《教育部办公厅关于加强和改进新时代中等职业学校德育工作的意见》(教职成厅〔2019〕7号)中明确指出,要"建好用好网络德育阵地,拓展网络德育阵地,强化网络育人载体，提升学校应用新媒体开展德育工作的能力。运用互联网思维，充分利用大数据、云计算技术，以及'两微一端'新媒体手段，推动建设数字化德育平台，拓宽网络德育空间，扩大网络育人覆盖面"。思政课是实施德育工作的主要途径，将在线课程有效的引入中职思政课，既是新时代对教学改革的呼唤，也符合中职思政课自身的发展需要。

2. 能更充分发挥学生进行学习的自主性

由于在线课程不拘泥于时空，因此，学生可以根据自己的时间、兴趣爱好、需求和学习风格，按照课程学习的要求，灵活自主地选择学习内容和参与方式，让学生找到学习的主人翁意识，提高学习的能动性和自主性，从而提高学习兴趣和效率。

3. 授课学习行为不受制于时间和空间

传统思政课教学，知识的传授基本在教室完成，但是在线课程，可以通过互联网，将课堂移至电脑和手机等设备，学生可以根据自己的现实情况和需要，灵活安排学习时间和地点，完全突破传统课堂学习在时间和地点上的种种限制。尤其在遇到学习和生活发生冲突、师生身体健康状况、不良天气因素或社会各种疫情的状况时，在线课程基本可以做到不受影响，是传统课程很好的补充。如今年疫情期间，全国各地的学校依靠在线课程平台进行授课，有效实现了"停课不停教、停课不停学"，确保教学和学习任务的顺利完成。

三、基于在线课程的混合式教学模式构建策略

虽然在线课程有诸多优势，然而思政课承担着塑造灵魂、塑造生命、塑造新人的"化人"功能，思政课的教与学具有需要心灵感化和行为外现的课程特殊性，就要求思政课不能仅仅进行单纯的传授知识和技能，必须要有情感的交流和思想相境界的提升，这些仅仅依靠师生隔着屏幕教学的方式是难以实现的。因此，现实教学中，单纯的在线课程授课由也存在互动效果不佳、情感难以渗透、学生疑问难以深度解答、课本知识的习得和日常生活应用无法更好结合等弊端。要让思政课有深度、宽度和温度，真正实现入脑、入耳、入心、入行，就要将在线与线下教学有机结合起来，实施混合式教学模式，进一步提高思政课教学的实效。

混合式教学模式是指综合运用不同的学习理论、不同的技术和手段以及不同的应用方式来实施教学的一种策略，它把面对面的课堂教学和在线教学两种教学模式有机地整合起来，其目的在于融合课堂教学和网络教学的优势。一般而言，

"混合教学模式能集中传统教学方式、自主学习、合作学习、数字化和网络化学习方式的优势。发挥教师在教学中引导、监控、启发的主导作用,同时又能充分激发学生作为学习主体的能动性、创造性和参与意识"。基于在线课程的混合式教学模式可以尝试以下方式进行构建:

1. 搭建一个平台

混合式教学模式,采用在线网络授课和线下互动二者相互结合进行教学的一种全新的模式。具体来讲,分两步走:第一步即学生需要先在线上收看授课视频、完成在线预习、在线讨论、在线答题、在线考核等环节;第二步即学生在线下通过面对面课堂教学、讨论交流、小组合作、作品展示、实践活动等方式加深对线上知识的理解巩固、内化迁移和应用提升。要实现这种教学的一个重要前提是在线网络学习平台,因此,中职思政课顺利实施混合式教学的基础就是搭建一个方便教师和学生登录、使用的在线网络平台。

2. 转换两种角色

由于混合式教学模式包含线上和线下的两种途径,在实施两种不同形式的教学过程中,改变了传统的师生关系,教师和学生的角色在某种程度上也要进行有机转换。一方面,整个教学过程中,在教学设计、实施、评价等环节,教师是教学活动的主体,起主导作用,教师引导、启发、监控、帮助学生更加积极的自主性学习,扮演传授者、引导者、启发者和监控者等角色;在线课程学习过程中,教师不在身边,学生要依靠自己通过现代化工具,完成在线预习、在线观看、在线答题和在线讨论等环节,自主学习思政课中的知识点,并且将掌握到的知识与同学们及老师进行分享和解读,这个过程中,学生充分发挥自己自主学习、自主选择和自主管理的能力,是学习活动的主体;在线课程学习之后,学生需要整理和反思自己在线课程学习理解、掌握情况和问题,积极主动向教师反馈,教师需要就学生在线课程的学习情况,通过面对面交流、探讨、小组活动、模拟实践等方式,加以有针对性的进一步讲解、辅导和解析,在这个线下面对面的教学活动环节中,教师和学生是双主体,各自都要发挥主动性。

3. 注重三方面结合

一是在线课程教学与线下面对面教学相结合。混合式教学模式是由借助网络媒介的在线课程与师生面对面线下互动教学两部分组成,是将在线课程教学与线下面对面教学二者有机结合的一种教学模式。在线课程教学和面对面互动教学二者分别承担不同作用,缺一不可。其中,在线课程部分是基础部分,通过在线网络视频等方式呈现，学生可以根据自身情况，自主选择适合自己学习的时间和地点，有助于实现教学为学生服务，将课堂还给学生的目的；线下面对面教学则是在学生完成自主在线课程之后的教学活动，它并不是对在线课程内容的重复教学，而是根据学生在线学习后的情况，针对重点知识点、需要深入解析、不容易理解的难点问题或需要迁移实际运用等内容，通过讲授、解析、小组合作、角色扮演、探讨交流、模拟实践等多种方式，有针对性的、有目的性地讲授强化学生对在线课程所学内容的理解，促进学生对思政课内容的内化、迁移和实践。线下面对面教学是对在线课程学习的查验、补充和提升。二是知识学习和内化实践相结合。混合式教学模式，将在线课程作为教学活动的基础部分，主要承担思政课中基础知识和基本理论的学习。利用在线课程和多媒体的技术新颖、资源丰富、呈现方式便捷等优势，可以有效促进学生积极主动地了解和掌握思政课中知识性、理论性的内容；然而，对于中职思政课，知识和理论的学习仅仅是第一步，如何将学到的知识和理论内化为学生自己的思想品德、道德情操和价值观并将它正确运用到生活中去，需要通过混合式教学模式的线下互动教学来实现。线下师生通过面对面近距离的交流，以晓之以理、动之以情的原则，学生可以通过教师感情的引导，有效达到情感和心灵的碰撞和释放，将理论性知识内化为自己的思想行为和道德情操，还可以通过角色扮演、模拟情景、实地锻炼等形式，有效促进学生将内化的意识形态转化为具体行为，进而提升学生综合素养。因此，混合式教学模式可以有效将中职思政课知识学习和内化实践相结合，最终有助于学生综合素养的提升。三是在线过程性考评和线下个性化评估相结合。中职思政课是让学生"内化于心、外化于行"的教育，因此，对学生的考评也应将学生平时的、过程性的表现和学生对思政课整体掌握和实践情况相结合来综合评价。混合式教学模式，可以利用现代化信息技术和互联网，实现对每一位学生每一次在线课程学习、在线讨论、在线答题、现在参与等方面的状态、完成度、正确率等维度进行记录和分析，学生过程性学习情况的记录更详细、更精准、更客观，教师可以依据这些情况对学生进行过程性考评；同时，线下面对面教学时，教师通过课堂小组合作、模拟实践和期末考试成绩等多种情况进行个性化评估，一定程度上规避了传统教学缺乏过程性评价、过于注重卷面成绩或"一刀切"照顾不到每个学生的实际表现等不公平现象，使课程考核更合理、更科学。

（作者：石磊）

参考文献

[1] 教职成厅〔2019〕7号.《教育部办公厅关于加强和改进新时代中等职业学校德育工作的意见》[Z]. 教育部办公厅, 2019-11-20.

[2] 黄荣怀, 周跃良, 王迎. 混合式学习的理论与实践 [M]. 北京: 高等教育出版社, 2006.

[3] 朱洁. 基于超星学习通的《经济学基础》混合式教学模式研究 [J]. 文化创新比较研究, 2019(5): 179.

"青年马克思主义工程"育人模式的探索与研究

上海商业会计学校

"青年马克思主义者培养工程"（以下简称"青马工程"）旨在广大青年中培养一大批用马克思主义中国化的最新成果武装头脑的青年马克思主义信徒。通过对"青马工程"的研究与实践，从培养目标、培训内容、培养方法、培养路径和思考等方面进行探索，架构符合院（校）区青年特点的体系和机制，形成具有一定影响力和实效性的育人模式，使其成为学校培育青年成长成才的有效平台。

一、"青马工程"实施背景和意义

（一）国家对于主导意识形态的要求

当今受社会思潮冲击，青年学生普遍存在理想信念模糊、信仰缺失等问题，青年的信仰方向决定了我们党和国家未来的发展方向。习近平总书记在全国高校思想政治工作会议上提出，要为青年学生的"一生成长奠定科学思想基础"，要巩固马克思主义在意识形态领域的主导地位，指明了加强马克思主义理论教育对培育中国特色社会主义事业建设者和接班人的深远意义。

（二）社会对坚定理想信念的需求

2007年，团中央和全国学联启动实施"青马工程"，旨在通过教育培训和实践锻炼等行之有效的方式，不断提高学生骨干、团干部、青年知识分子等青年群体的思想政治素质、政策理论水平、创新能力、实践能力和组织协调能力，使他们进一步坚定"跟党走"和"中国特色社会主义道路"的信念，成长为中国特色社会主义事业的合格建设者和可靠接班人。2017年4月，中共中央、国务院印发《中长期青年发展规划（2016-2025年）》，重点提出将"青年马克思主义培养工程"列为10个重点建设项目之首。十九大报告中也明确指出要牢牢掌握意识形态工作的领导权。

（三）学校对落实"课程思政"的探索

2016年起，院（校）区团委开展"青年马克思主义者培养工程"培训班，使"青马工程"成为院（校）区青年学生思想政治教育、学生干部培养的有力抓手和有效途径，在此过程中不断深化和探索当下"课程思政"视域下青年马克思主义工程培养实践育人模式。

二、"青马工程"建设过程和内容

交通路院（校）区2016年正式开展实施"青马工程"，在校党委和上级团委的指导下，制定方案、整合资源、组织宣传、有序推进。开展实施以来，结合当下"课程思政"的研究与探索，以"青马工程"为实践途径，分类分层抓住现实的痛点和难点，延展"思政"工作维度与深度，完善服务青年成长的体系与机制，取得了一定的成效。

（一）破解思政工作痛点与难点

1. 破解"思政"教育形式单一化

建立"四维度"课程体系，涵盖政治理论、历史发展、实践拓展、示范辐射。对应设立四大学习模块，与信仰对话、与理想握手、与榜样同行、为青春奋斗。内容上，以政治素养和实践锻炼相结合；形式上，线下讲座、分享会，注重互动交流；线上网络课程、电子读物，进一步拓宽学习平台。

表1 第三期"青马工程"培训课程内容

模块主题	形式	内容梗概
	开班典礼	1. 青马培训班课程介绍；2. 颁发《青马培训学员手册》；3. 开班动员讲话；4. 学习平台操作指导
信仰·对话	专题讲座	《学习贯彻习近平总书记72讲话精神、共青团十八大精神解读》
		《马克思主义与青年》
	线上学习	学习通平台：马克思主义相关课程
理想·握手	专题讲座	《新时代·新青年·新发展——改革开放与当代青年的成长路径》
		《大数据时代行业发展与青年未来》
	线上学习	学习通平台：历史、价值观课程

（续表）

模块主题	形式	内容梗概
榜样·同行	宣讲会	榜样的力量宣讲
	小组学习	小组研读学习平台电子书：《习近平的七年知青岁月》《邓小平时代》《新时代面对面——理论热点面对面2018》
	线上学习	超星学习通平台：能力提升课程
青春·奋斗	总结分享	学习分享会暨结业仪式：青年说
	素质拓展	团队凝聚力建设

2. 推进"学员主体参与度最大化"

设立以学生为主体的双向互动学习形式，如：榜样力量宣讲会、青年说学习分享会、小组学习和素质拓展。最大限度的发挥学员主体参与度，鼓励青年敢于提问，勤于思考，乐于分享。从身边榜样的故事里，去感受奉献、拼搏、磨练、专注的精神。以"时代与青年"为话题，听学员们站在时代角度谈青年人的担当，联系自身学习专业、技能竞赛、校园活动，看到了时代带给青年人的机遇与挑战，也看到了时代对青年人的呼唤。学员们通过"学习—思考—交流分享—再学习"的过程，不断充实和提升对政治理论知识的理解，同时也培养了学生的学习能力、合作能力。

（二）拓展思政工作深度与广度

1. 发挥多渠道思政工作影响力

传统的"思政"教育方式是通过面对面的形式，而在此次"青马"工程中，我们更是运用了激发兴趣和吸引眼球的效能，创设线上学习平台，开设"青马大讲堂"专题讲座，进行了视频课上传。同时，开设了"心得感悟"版块供学员交流互动，后台大数据显示学员参与程度较高，切实解决学员思想认识不到位的难点问题。线上线下多维度合力协作，跨越常规寻求突破。

"青马大讲堂"学生心得感悟篇数统计表

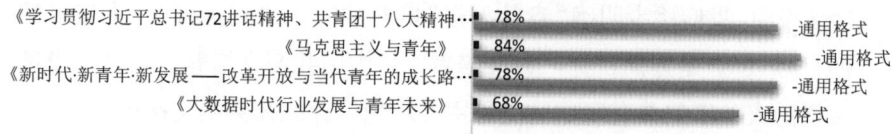

图1　"青马大讲堂"学生心得感悟篇数统计结果

2. 提升与各类课程的结合度

"青马工程"要以"课程思政"的视角把握好与学科教学之间的衔接，以"青马工程"丰富各类学科教学内容和形式，延伸各类课程的育人效果。在协同过程中要积极贯彻落实全国高校思政工作会议精神，发挥在院（校）区团委发挥多渠道思政工作影响力，更贴近实际设计符合学生特点的环节和项目，使协同机制不断完善，协同效果不断增强。

（三）提升共青团组织的政治性、先进性、群众性

服务青年成长成才，是共青团的重要职责。"青马工程"是培育优秀青年的重要平台。按照团中央"关于新形势下推进从严治团的规定"，通过青马工程培训，构建一套人才培养模式，搭平台、强能力、提素质、树典型，让团干部更像团干部、团员更像团员，团组织更加充满活力。

第三期"青马工程"培训结束后，我们对学员做了问卷调查和个案访谈报告，学员们普遍认为在思想政治素质、团队写作能力和深度思考能力3个方面提升较大。

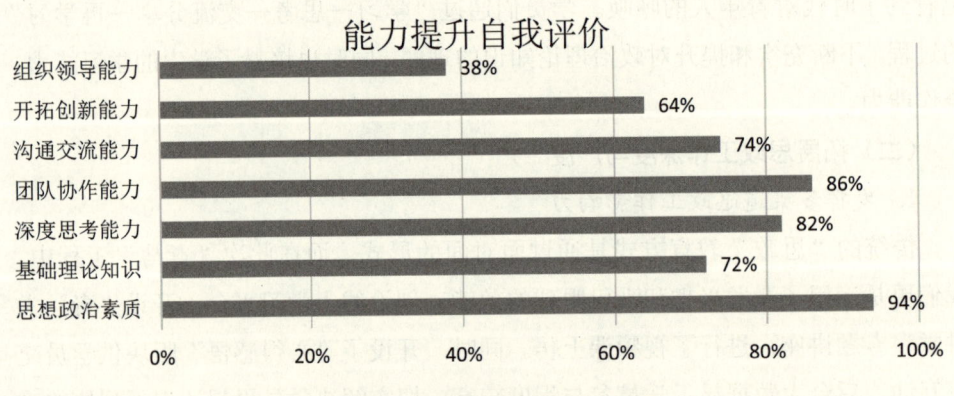

图2　学员能力提升自我评价图

（四）完善服务青年成长的体系与机制

1. 明确育人"两目标"

三年建设中，我们逐步明确"青马工程"培养目标，以"立德树人"为根本任务，确立"两目标"，一是方向目标，为谁培养？为中国共产党培养；二是育成目标，培养什么样的人？培养具有坚定马克思主义理想信念的社会主义接班人。

2. 建立选拔机制

"青马工程"采用基层团组织推荐，院（校）级团组织面试选拔相结合的方式，综合考量，好中选优。

3. 分类分层培养

通过开展基础团校、团学干部训练营、青马工程，对全体团员、团学干部、优秀青年实施分层、分阶段、分级化培养，每一阶段培养内容各有侧重不同，针对特定群体采取针对性的措施。

4. 完善考核制度

坚持优胜劣汰的培养原则，按照整体培训流程和内容，制定考核标准，综合课程学习表现、理论学习情况、实践互动参与度，对每期青马学员进行严格的评价考核，评选优秀学员。同时，加大对优秀学员的培养、表彰、宣传力度，鼓励青马学员充分发挥榜样的示范带动作用。

三、"青马工程"存在不足及改进对策

（一）教师队伍建设不够完善

师资队伍是"青马工程"实施的关键保障要素，对学生的思想引领、理论辅导起到重要的指导作用，切实有效地提升"青马工程"的内涵和实际效果。从现阶段来看，"青马工程"中教师队伍主要来自校内思政类老师和校外专家，主要承担学习讲座类活动的授课人。而针对学员整体青马培训中的辅导，缺乏专业的老师给予及时的指导和解惑。因此，建设一支有专业政治理论素养的辅导老师队伍迫在眉睫。

（二）长效培养机制不够健全

人才培养是一项长久而又系统的过程，"青马工程"从人才培养的定位上来看，对上是为我们党培养、储备、输送具有坚定理想信念的接班人，对下是在各个青年群体中，选拔、建立一支优秀青年人才的精英式队伍。因此，要凸显"青马工程"服务青年的作用，更加要注重系统各环节的统筹安排、协调与对接，突出培养的持续性，采取阶段培训与长期培养相结合的手段。要推动机制内各环节各部分规范运行，使"青马工程"全面、切实、有效地服务青年成长成才。

现阶段，"青马工程"以阶段培训为主，需要建立长期的培养机制，来进一步推进人才"蓄水池"的建立。一是建立学员成长档案，个性化规划、追踪学员的发展，从理论素养、能力提升、实践锻炼等多方面综合考量，设立阶段性发展

目标。二是发挥青马学员的模范辐射作用，扩大"青马工程"育人的受众面，让优秀"青马"学员将学到的理论知识，通过宣讲会、小组学习社团等形式带给更多青年。将学到的能力，运用到校园活动和学校工作中去。

四、"青马工程"育人模式探索

（一）资源融合，多方协同育人机制

1. 党建带团建协同育人

"党旗所指就是团旗所向"。2018年7月2日，习近平总书记在同团中央新一届领导班子集体谈话时指出，共青团应始终发挥中国共产党助手和后备军的作用，不断巩固和扩大党执政的青年群众基础，为党培养和输送新鲜血液。"青马工程"成为青年人才蓄水池，优秀"青马"学员作为入党推优对象的候选人。

2. 社会与学校协同育人

青马工程要主动与课程思政、家庭教育、企业实践、社会关怀有机衔接、联通、合作，校内校外资源融合，邀请青年研究专家、行业大咖与青年对话等，追求多方合力和多方共赢的合作机制，打造合作平台，聚合各方资源，共建共育，逐步形成家校联动、校企合作、产教融合、社会关注的良好态势，实现全员、全过程、全方位的育德格局。

3. 多载体平台协同育人

统整线上线下等教育资源和手段，积极探索多维度多形式的育德途径，凸显创新性和吸引力。线上资源是网络信息中蕴含的德育资源，线下资源是指日益成熟的学校、家庭和社区共享的三位一体资源。线上线下合力组合，走出去请进来相得益彰，有效丰富和延展思政内容，凸显协同效果。

（二）"青马工程"中高职贯通一体化培养的有效尝试

交通路校区同时包含中职和高职两个学段的学生，且中职学段学生以贯通班为主。中职阶段是青年学生价值观、政治观形成的重要时期，是对青年学生进行政治启蒙的最佳时期，同时，人才培养是一个长期性、持续性的过程，采用"大小拉小手"的形式，一方面，充分发挥优秀大学生对中职生的榜样影响，通过小组学习、分享交流等途径，在同伴教育中，渗透理想信念教育。另一方面，中高职贯通一体化培养模式下，我们也发现了中职学生和高职学生在思想碰撞和交流的过程中，理论认识的层次由浅入深，政治认识逐渐完善，这与学生在传统"思政"课堂上的学习方式是完全不同的,是对"思政"德育课的补充和延伸,有效提高学生的思想政治素质、政策理论水平、实践创新能力和组织协调能力。

新形势下,上海共青团提出"关于高中高校'青马工程'一体化培养模式"的新思考。在"青马工程"开展过程中,中高职一体化培养的模式已初现和初见成效,我们致力于找寻高职学生和中专学生同时能够接受和理解的平衡点,无论从形式上还是内容上,核心是成长,力争发挥更大辐射作用。

(作者:陆瑞雯、范荣、周妍、张玲)

参考文献

[1] 共青团中央."青年马克思主义者培养工程"实施纲要[Z].中青发〔2007〕2 中青发 27 号,2007-10-16.

[2] 谭武,许梦琦.青年马克思主义者培养工程服务青年成长的体系设计及机制研究[J].教育现代化,2018,5(09):179-180,185.

[3] 张悠然,胡旭.浅谈新时期高校如何完善"青马工程"培养机制[J].课程教育研究,2018(41):223.

[4] 黄广顺."大思政"逻辑下深化高校"青马工程"改革的几点思考[J].佳木斯大学社会科学学报,2018,36(01):74-76.

[5] 戴冰.高中高校"青马工程"一体化:实现青年政治引领的重要途径[J].现代教学,2018(22):4-7.

二、教学探索篇

教学是学校教育质量的根本保证，也是教育研究永恒的主题。令人欣喜的是，近年来越来越多的青年教师，积极投身于教学研究，不断改进自己的教学。他们走出象牙塔，走出办公室，以课堂为研究场所，以学生为研究对象，开展与工作紧密结合且富有成效的研究，大胆提出自己对教学的新看法。其中，有将医学上的概念"易感"引入教学情境的理论运用创新，也有运用教学机智巧妙化解教学中发生的各种矛盾。总之，针对厌学情绪严重的中职学生，教师们殚精竭虑、呕心沥血，想方设法通过各种行之有效的手段激发学生的学习兴趣，以理实一体的风格去化解教学中的各种困难和矛盾，体现出高超的智慧和对学生负责的精神。

《国际贸易业务流程》课程教学中易感教学情景的运用

上海市贸易学校

一、实施背景

在中职国际商务等经贸类专业的班级中教授《国际贸易业务流程》时，发现教材上的一些情景导入，对学生学习兴趣的激发，虽有一定的作用，但随着教学的进行，他们对教材中拟想的由一家固定公司和两个固定人物形成的故事式情景，兴趣和关注程度开始下降。

产生上述现象的主要原因有两个方面：一是教材上的情境是编者抽象出来的，与学生所经历的生活和社会活动世界距离较远；二是有些情景的时间久远，不能很好反映当今经贸活动的新业态。

为此，授课时将一些已被学生熟悉了的或能比较容易感染他们的情景，即在本案例中使用到的且称之为的"易感教学情景",导入到了课程教学中去。这样的课程教学,就比较容易将学生自然而然地引入到一个特定的,他们熟悉的学习情境中去。通过教学实践,证实了这时的课堂特别活跃,学生也很投入,教学效果明显改善。

(一) 文献研究及启迪

"易感教学情景"中的"易感"一词多用于医学方面,指的是人(生物)对某种传染病缺乏免疫力,易受该病感染,或对传染病病原体缺乏特异性免疫力,易受感染的情况。本案例借用的易感教学情景,是基于情景教学的,是受医学上"易感"一词启发,在情景教学实践的基础上提出的。国内外文献研究后发现:情景在教学过程中的应用研究,兴起于20世纪初期,情景教学法首先在国外被运用于语言类课程的教学,20世纪后期被我国语言类课程教学采用,21世纪初,职业教育的一线教师,普遍进行了各种教学法的研究,情景教学法也是其中之一。上海中等职业教育,自进行项目驱动下的任务引领型专业教学标准开发起,在不少专业的专业课程标准和配套教材中,也引入了教学情景,不少专业教师在课程教学中也引入了情景教学法。但是,有关对易感教学情景及其应用的国内外专题研究,鲜见报道。

文献研究至少带来如下思考和启迪:情景教学具有"情感与认知活动存在相互作用""认识起始于直观""最近发展区"等理论支撑;情景教学的应用价值至少在于有利于教学内容的有效展开、学生间的相互影响被放大、教学的有效性被提升;情景教学具有本质特征和过程特征;情景教学中教师导入的情景,对学生而言,应当是"易感"的,"易感"的情景导入才对教学有效;寻找、设置和运用学生"易感"的教学情景,是改善或提升情景教学法应用效果的一个关键因素。

(二) 调查及其引发的思考

为了在中职《国际贸易业务流程》课程教学中引入易感教学情景,还进行了专题调查。专题调查采用问卷调查和访谈调查两种方式。问卷调查采用网络问卷形式,涉及上海市贸易学校和本市其他8所中职学校的学生550学生。问卷调查主要提取3个方面的信息,一是学生对《国际贸易业务流程》课程现有教学中来自教材情景设置的理解和学习影响,二是学生对《国际贸易业务流程》课程不易理解的内容,三是学生的购物经历及与购物经历有关的情况。最后一个信息提取的目的,是为《国际贸易业务流程》课题在行动研究中创设易感情景作准备。访谈调查采用个别交流方式,仅涉及上海市贸易学校学生,总访谈量超过90人次。

访谈调查通常在上课间隙或课余进行,被访人员和环境均随机选择。访谈调查的内容主要集中在《国际贸易业务流程》课程教学的反馈上。

通过调查,获取了大量的信息,和文献研究一起,共同引发了对课程地位与特点的重新认识、找到了《国际贸易业务流程》课程教学面临的主要困惑、初步寻找到了可解途径、知道了该如何设置易感教学情景等。

(三)易感教学情景应用实践

在文献研究和调查研究的基础上,进行了易感教学情景的应用实践。

首先,针对调查获得的学生在学习《国际贸易业务流程》课程存在的困惑,进行分析,在此基础上,选择了《解读贸易术语FOB》《解读商品保险》和《解析信用证》3个课题,进行易感教学情景的可导入研究。继后,在分析学生生活和社会活动经历的基础上,寻找到了可导入的易感教学情景,进行情景置换(表1),编制了易感教学情景运用的教学设计,并进行教学实践。

表1 情景更替与易感教学情景设置解读简表

课题名称/主要涉及内容	原有情景设置	易感情景设置	情景置换后的教学处理	情景置换后的教案整体结构
解读贸易术语FOB / FOB	上海顺风进出口有限公司(下称我方)今日与日本某公司商谈出口大豆的交易,张刚被指派协助业务员小王工作。在交易磋商中,小王问张刚:为保证我方利益,该批大豆应在何地交割?运输和保险等事宜应由谁负责?运输中遇险受损,责任应由哪方负责?	如果你去宜家家居(IKEA)购买衣柜,那么,在购买衣柜后怎样运回家?自行搬运和委托宜家家居(IKEA)送货上门所承担的义务和风险是否相同?若不同则有哪些?	引用去宜家家居(IKEA)购买衣柜的易感教学情景后,通过向学生提出两个方面的问题:(1)购买衣柜后怎样运回家?(2)自行搬运和委托宜家家居(IKEA)送货上门所承担的义务和风险是否相同?如果不同,则有哪些?尔后把学生带进新的学习内容。	巩固复习、情景导入(易感)、新课讲授、操作训练、课堂小结、作业布置等基本环节。
解读商品保险/认识国际货物运输保险——海运保险	上海顺风进出口有限公司有一批货物已投保了平安险,载运该批货物的海轮于5月3日在海面遇到暴风雨的袭击,使该批货物收到部分水渍,损失1000美元。该货轮在继续航行中,又于5月8日发生触礁事故,又使该批货物损失3000美元。保险公司对此应如何赔偿?	当收发快递时,会遇到包裹破损或丢失的情况,你是如何避免损失的?是否使用过快递中的保价服务?保价服务的目的是什么?	引用"收发快递"的易感教学情景后,通过向学生提出两个问题:(1)收发快递会有包裹破损或丢失的风险,你是否遇到过?你是如何避免的?(2)你是否使用过快递中的保价服务来避免上述损失?(3)保价服务的目的是什么?尔后把学生带进新的学习内容。	巩固复习、情景导入(易感)、新课讲授、操作训练、课堂小结、作业布置等基本环节。

（续表）

课题名称/主要涉及内容	原有情景设置	易感情景设置	情景置换后的教学处理	情景置换后的教案整体结构
解析信用证/支付	上海顺风进出口有限公司与荷兰TBCC公司签订了国际贸易合同，我方销售商品给TBCC公司，在合同中双方约定以信用证方式结算全部货款。2011年6月18日，我方接到汇丰银行上海分行的通知，有一份受益人为我方的信用证已从荷兰传递到汇丰银行。我方拿到后，按合同规定将货物发运，并准备好信用证规定的单据，于7月24日向银行交单，银行审核无误后将单据买下。张刚被要求协助李经理处理此业务，李经理让他拿到信用证后先初步审核信用证，并将主要当事人找出来，列在分析单上。	淘宝购物后利用支付宝付款，货款的流转流程是怎样的？使用支付宝等第三方支付平台付款，有怎样的好处？	引用淘宝购物，支付宝支付的易感教学情景后，通过向学生提出两个问题：（1）淘宝购物后利用支付宝付款，货款的流转流程是怎样的？（2）这样使用支付宝等第三方支付平台付款，有怎样的好处？如何保障安全。	巩固复习、情景导入（易感）、新课讲授、操作训练、课堂小结、作业布置等基本环节。

上述3个课题作为实践的个案，在使用易感教学情景后，通过教学观察回顾、课后学生个别访谈和作业检测等形式，就课堂教学实施效果，得出了以下的基本的结论：（1）引入的易感教学情景，与学生之前所经历过的某些生活或社会活动相类似，完全能掉在他们的认知、感受范围之内，接受程度几乎高达100%；（2）导入的情景对学生学习和理解贸易术语FOB、商品保险以及信用证有很大的帮助；（3）在课堂教学过程中，学生的注意力累计集中时间超过五分之四的学习课时；（4）作业完成情况和质量，均超出预期；（5）学生参与课堂活动的积极性提升明显，形成了良好的师生互动、生生活动、组内交流和组建交流。

3个易感教学情景应用案例实施后，又对所创设的易感教学情景的合理性，进行了改进性反思（见表2）。

表2　易感教学情景设置与改进内容简表

课题名称/主要涉及内容	易感教学情景	改进内容	改进缘由
解读贸易术语FOB/FOB	宜家家居（IKEA）购买大件物品，搬运时买卖双方的风险与责任的划分问题。	可同时导入其他实体店和学生更为熟悉和了解的电商平台。	学生对实体店购物的经历存在一定的差异，故对"宜家购物"情景的易感速度和程度存在一定的差异。
		布置课前任务需给足提前量，建议课题开展前的1~2周。	在本课题课前的预习阶段，增加了学生对实体店购置商品的了解或体验的要求。
解读商品保险/海运保险	收发快递时如何规避包裹破损和丢失包裹风险的问题。	让学生事先搜索和收集有关快递保价服务的相关资料。	学生虽都有收发快递的经历，但大部分学生没有使用过快递保价服务，所以他们对此项服务不是特别了解。
		尝试调研和收集一些跨境快递公司或物流公司有关保价服务相关资料。	不同快递或物流公司所提供的保价服务及费用存在一定差异性和学生从未接触过险别概念。
解析信用证/支付	使用支付宝等第三方支付平台购买货物时，货款的运作流程问题。	课前预习时，通过搜索资料，进一步了解和分析等第三方支付平台的工作原理，并通过绘制流程图的方式，让整个运作流程一目了然。	考虑到学生虽然平时经常使用支付宝等第三方支付平台，但对其工作原理和货款的流转流程，还不甚了解。

在案例实施和前期研究基础上，又进行了进一步的思考，对易感教学情景应用中有待关注要点，提出了一些看法，包括对易感教学情景含义的理解、易感教学情景的采集、易感教学情景应用注意要点等。

二、主要成效

通过本案例的教学实践，不仅改善了中职《国际贸易业务流程》课程课堂教学效果的一些衡量指标，诸如学生的学习兴趣、学生的参与度、学生的体验度、学生学习的行为激发、课堂的活跃度、学生的习得程度等，切实改善了课程实施的有效性，还找到了易感教学情景的来源和主要获取途径。

同时，通过本案例的教学实践，也得出了以下基本结论：（1）情景教学作为一种有效的教学方法，它有自己的理论支撑和发展过程，如今仍然受到广大一线教师的青睐，被广泛运用于课堂教学之中；（2）情景教学能较好地启发学生的形象思维，帮助他们理解、掌握具体的知识技能，以达到表达、行为与情感的一致，从而激发他们的学习；（3）要提高课堂教学的有效性，在采用情景教学时，如果引用的情景脱离了学生的认知或感知范围，就较难兑现教师预期的教学目标，而引用学生易感的教学情景，作为教学的导入或课程实施情境，具有有效推进教学和提高课堂教学有效性的作用；（4）易感教学情景存在于学生丰富的生活和社会活动世界，对学生而言，能体验的鲜活的教学情景，往往是易感的，因此教师要对教材所给出的情景进行必要的扬弃，结合学生实际和教学内容，选择、设计和动态运用教学情景，并在课程教学的实践中探索情景教学的发展，提升情景教学的使用价值；（5）在教学实践中，由于每个学生的先前经历和认知的差异性，要寻找到和创设一个让大部分学生都能易感、都有共鸣的教学情景，并非一件易事，因此，教师如何去采集与教学内容展开相关的易感教学情景，并把它嵌入到教学过程中，是我们教师需要面对、思考和破解的难题。

三、反思与体会

保障和提高课堂教学有效性，是任何课程实施者需要关注的一个永恒主题。反思本案例的实践，认为以下两点在今后的工作中，是可以继续努力的。第一，进行《国际贸易业务流程》课程的易感教学情景分类、易感教学情景同质成组研究，在此基础上形成该课程易感教学情景导入指导手册，为教师根据授课学生实际和自己教学特点编制本课程教案，提供资讯；第二，结合学生和课程特点，对本专业其他专业课程进行易感情景采集，形成易感教学情景资讯库，供教师在编制其他专业课程教案时参考，或可作为专业的教学资源，纳入专业教学资源库。

通过本案例实践，获得了如下体会：（1）基于问题导向的思考与研究，感觉很有必要、也很实在，它是"易感"教学灵感的源头；（2）课堂教学是课程实施的主要阵地，任何有效的课堂教学方法都是在教学实践中诞生、丰富和发展的；（3）贴近学生的"易感"的课堂教学，才有可能成就有效的课堂；（4）课堂教学要"易感"，就得了解学生的生活和社会活动世界、了解学生的认知条件和承载可能；（5）课程实施的有效改善，永远值得教师，尤其是一线教师去思考。

（作者：施翌昀）

运用教学机智化解教学过程中矛盾的策略

上海船厂技校

师生关系是教育过程中最基本、最主要的人际关系。师生关系的好坏，在很大程度上会直接影响到教学的好坏。如果师生之间有隔阂、冲突，有时候会让学生产生逆反心理，甚至会影响到正常的教学。而和谐融洽的师生关系，会在教学过程中发挥一种奇妙的作用。它像一根彩带，将师生彼此之间的距离拉近，使学生的学习动机由单纯的认知需要上升到情感需要，同时也使教师的工作动机由职业需要上升为职责需要。因此，作为一名教师，能否处理好师生关系便成为教学成败的一个重要因素。

刚踏上教学岗位的时候，我因为没有教学经验，特别是没有与学生的相处经验，使我与学生产生了一些隔阂。有一次，我在授课时，有个女生在课堂上讲话，我立刻对她提出了批评。她马上反驳说她是纪律委员，刚才是在管理班级的纪律。我知道她是在利用职务之便给自己随意讲话找借口，所以当众对她提出了更严厉的批评。最后的结果是那个女生不但没有接受我的批评指正，而且在此后很长时间一段时间内，那个女生都对我怀着敌意。

其实，在与学生产生矛盾时，"硬碰硬"是最下下策的做法。中职生的年龄大多在15-18岁之间，这段时间的他们刚好处在青春叛逆期。针对这个年龄段的学生，如果教师一味用高高在上的权威去压他，往往会适得其反，不仅不会让学生乖乖听话，反而还容易让其产生叛逆情绪，甚至对教师所任教的学科产生厌学情绪。

那么，我们教师应该怎样处理与学生，特别是与中职生的矛盾呢？

一、"曲则全，直则枉"，要适时"拐弯"

教师不能太"直"。有时候，适时的拐个"弯"，效果会更好。

《战国策》中，《触龙说赵太后》堪称会"拐弯"的一个名篇。秦国攻赵，赵求救于齐，齐国开出条件：必须让赵太后的小儿子长安君做人质才出兵。可是赵太后心疼小儿子，不愿意让他去。触龙去说服赵太后很有一套，他并没有直接说明自己的目的，而是绕了一个"大弯子"。他先探讨下身体，暗示太后已经不年轻，能管得了小儿子一时，却管不了他一世，然后又说当前形势对她小儿子不利，说以后他会由于对国家没贡献而没有地位，这时候，赵太后因为认同要为小儿子作长远打算的观点，所以也就愿意派他去做人质了。设想一下，如果触龙一开始就直接向赵太后进言，请求她派长安君去齐国当人质，结果必然是无功而返，还会被赵太后大骂一通。他适时的拐了"弯"，使得最后如愿以偿达到了自己的目的。

  我们教师，在处理与学生的关系时也是同样的道理。我们经常以亲身的经历教导学生，避免他们少走弯路，但在教育学生的时候，必要的"弯路"还是要走。

  有次我去上课，班里有两个男生打得不可开交，看到我进教室，两人才松开。下课后，我让先打人的男生去教师办公室，那个男生却语气很冲地说，凭什么只叫他。虽然最后还是进了办公室，但我能从他的脸上看到愤怒、不满以及抵触。不难看出，他对只把他叫到办公室，而没有叫另外那个男生这件事很不满。这时候，如果我再直接批评他先动手打人，不但不会让这个学生认识到自己的错误，反而还有可能认为我偏袒。我没有先对他打人这件事进行说教，而是翻出他之前写过的一篇作文，题目是：我的同桌。他写的对象刚好就是今天打架的那个同学。在他的作文里，他提到他的同桌非常好，帮了他很多，是他在这个学校交到的第一个朋友。我再以一个过来人的身份对他讲，在异乡能够遇到志同道合的人是多么的难得，应该学会珍惜。这个学生本来以为老师会批评他，没想到却是跟他聊这些，脸上的怨怒消了一些。接着我再说，既然在他看来，他的同桌是个值得交的朋友，而他今天却动手打人，一定是同桌做了过分的事情，先说出来，让老师来评理。这时候，这个学生才慢慢向我说明了原因。接着，我再教育他，同桌的做法固然不对，但打人也是不可取的。这个学生最后意识到了自己的错误，两人都向对方道了歉。一场小危机便随之化解了。

  身为人师，没有批评过学生的恐怕只有极少数。教育是我们的根本目的，在批评学生时如果变直截了当为拐弯抹角，遇事"拐个弯"，效果多半会比直截了当更容易让学生接受。

二、以退为进，以守为攻

  "以退为进，以守为攻"是我国古代用得很频繁的一个作战用兵的方法，在对待学生的问题上，同样适用。

  有一次，我在一个班级里订正学生的期中考试试卷。其中一个学生在看到自己试卷的作文一题我给了他零分后，当即发问为什么给他零分。我给出的理由是因为他的作文涉嫌抄袭。这个学生一听，马上就语气很冲地说他没有抄袭，甚至还拍桌子、扔试卷。因为我很清楚，他那篇作文的确是抄袭，如果这时候我硬碰硬，很强势地指出他就是抄袭的，给他零分并没有任何问题的话，学生可能会更加情绪化。学生年轻气盛，控制自己情绪的能力比较差，所以教师应该做的是先安抚其情绪，然后再说教育。所以，我首先是对那个学生说，老师也不是什么都对，如果老师确实批错了，会当全班同学的面向他道歉。学生听完我说的话后，原本一腔的怒火一下消了许多。接着我再跟他说，现在是上课时间，我们先评析试卷，他的问题下课后我们再单独讨论。后来，下课的时候，我找到学生，很诚恳地提出要跟他讨论作文的问题，这时候，他有些不好意思地说，作文的确是他抄的，不过他只是抄了一段，后面部分是自己写的。我首先是对他进行了肯定，他花时间精力去抄，在看到自己的作文得零分时生气，这都说明他还是在意这次的考试成绩的，学生不好意思地低下头。这时候，我又顺势教育他，我们想要达到自己的目的必须要用正确的方法，比如考试，作弊是万万不可取的，哪怕他的作文全都是正确的废话，但只要是发诸真情实感写出来的，就都值得肯定。这时候，学生很心平气和地接受了我的批评。

网上有句话我很赞同：人愤怒的那一个瞬间，智商为零，过一分钟后恢复正常。当学生看到自己的作文成绩为零时，他是很愤怒的，这时候如果和学生"硬刚"，可能会让双方都很情绪化，从而使师生矛盾长级。正确的做法是以退为进，先给双方一点缓冲和冷静的时间，然后再去解决，结果往往好解决得多。

三、欲抑先扬，一句赞扬赛过十句批评

语文上，有一种写作手法叫"欲扬先抑"，在处理与学生的问题时，可以将其反过来，"欲抑先扬"。苏霍姆斯基说："教师的语言是一种什么也代替不了的影响学生心灵的工具。教育的艺术首先包括说话的艺术，同人心交流的艺术。"对学生来说，一句赞扬可能会比十句责骂效果更好。

有次我在一楼的一个教室上课，靠窗的一个学生趁我转身板书的工夫，将他喝完的矿泉水瓶从窗户扔了出去。我看到后，当即提出了批评，指出他向窗外扔东西是一种很不文明的行为。当时学生的负面情绪很大，说他并不是乱扔矿泉水瓶，而是他看到窗户外面有人在捡垃圾，他只是想把瓶子给她而已。听到这里，我马上为我误会他乱扔矿泉水瓶的话向他道歉，然后在全班同学面前表扬他，夸他很有爱心，懂得奉献。听到这里，那个本来以为会接受一场老师暴风雨"洗礼"的学生，他的表情一下从生气变得有些害羞起来。见时机差不多了，我再开始教育，虽然他的初衷是好的，可毕竟这是上课时间，上课就应该遵守上课纪律，不能随便做与学习无关的事情。那个学生听后，很心悦诚服地点头，承认他刚才的不对之处。

一般人都不喜欢听难听的话，对于学生，特别是比较叛逆的中职生更是如此。尤其是在双方产生矛盾的时候。虽然作为教师，我们的初衷都是好的，都是想扭正学生的思想，使其树立正确的思想。可因为学生多有逆反心理，这时候对他们提出批评，不但不一定让其认识到自己的错误，反而还容易弄巧成拙，让彼此的关系更恶化。学生都喜欢听赞美，了解了学生的心理，再去做工作就要简单得多了。

四、坦荡无私，虚怀若谷，教师要敢于认错

《论语》有一则故事：子之武城，闻弦歌之声。夫子莞尔而笑，曰："割鸡焉用牛刀？"子游对曰："昔者偃也闻诸夫子曰：'君子学道则爱人，小人学道则易使也。'"子曰："二三子！偃之言是也。前言戏之耳。"连被誉为"至圣先师""世界十大文化名人之首"的孔子都能如此坦然地在自己学生面前承认自己的错误，作为教师，我们也应该学习他的这种精神。

圣人有云："人非圣贤，孰能无过"。适时的在学生面前承认自己的错误，有时候不但不会降低自己在学生心目中的形象，反而会拉近彼此的距离，让他们心服口服，从而达到教育的目的。

有次上课，我看到有个学生趴在课桌上睡觉，于是对他进行了点名批评。那个学生很委屈又带着怨气地解释说他之所以睡觉，是因为自己患了重感冒，再加上吃了药，所以很犯困，就不小心睡着了。我听后，马上为自己刚才误会了他道歉，同时关心地询问他身体是否吃得消，如果实在觉得难受，可以请假回寝室休息。学生没有想到老师竟然会向他道歉，再加上又听到这么多关心的话语，让他一下哽咽。经过那次，使那个学生在我的课堂上更加专心，也更加踊跃回答问题了。

只有先让学生"亲其师"，然后才能"信其道"。设想一下，如果我当时因为端着教师的架子，而不愿意先"低头"，承认自己做错的地方，势必会让那个学生对我产生隔阂，甚至会影响到他今后在我的课堂上的学习。

同时，教师先承认自己的错误，对学生来说，也能起到一个表率作用，让学

生知道，在做错事情时，不是想方设法回避，而是勇于承担。教师，要为人师表，我们的一言一行，都可能会被学生效仿，所以，我们做错了，特别是误会了学生时，一定要及时承认，先给学生做一个表率，接下来再做学生的工作可能就会容易得多了。

以上就是我总结出的如何运用教学机智化解矛盾的几点看法。当然，更多的时候，还是各种方法的杂糅运用。教师要学会"圆滑"，不能再以传统社会中的那一套模式来与学生相处。很多时候，我们要对学生晓之以理，动之以情，跟他们打"亲情牌"，先想办法把他们的气焰扑灭，然后再去讲道理，往往会达到事半功倍的效果。

当然，这里还得把握一个"度"。教师也不能一味向学生妥协。我们既不能摆出一副师道尊严的架子，也不能被学生"牵着鼻子走"，要始终作为主导者，不能弱化自己的主导地位。这就是我理解的用教学机智来化解课堂上与学生的矛盾的法宝。我始终坚持的原则是，教师既要有威严，同时又不能让学生觉得你高高在上，彼此之间不能进行对话。当我们在教育实践中逐步积累了属于自己的、鲜活的教育案例，就能在遇到突发状况时，运用教学机智去化解矛盾，使师生关系更加和谐。

（作者：莫雪）

刍议理实一体化教学法在机械专业教学中的运用

上海船厂技校

理实一体化教学法突出学生动手能力和专业技能的培养。机械专业的知识内容丰富，涉及面广。随着技术的发展，学生需要掌握的理论知识与操作技能也越来越丰富。实施理实一体化教学，将艰深难学的系统理论知识分解后，融入实训教学中，在做中学，只有这样才能让学生更好地掌握相关专业知识和技能，有利于他们成长为高素质劳动者和高技能人才。

一、什么是理实一体化教学

理实一体化教学法是理论与实践高度融为一体的教学方法。理实一体化教学突破以往理论与实践相脱节的现象，教学过程理论与实践环环相扣、紧密结合，它强调充分发挥教师的主导作用，通过设定教学任务和教学目标，让师生双方边教、边学、边做，全程构建素质和技能培养框架，丰富课堂教学和实践教学环节，提高教学质量。理实一体化教学的特点是，在整个教学环节中，理论和实践交替进行，直观和抽象交错出现，没有固定的先实后理或先理后实，而是理中有实，实中有理。突出学生动手能力和专业技能的培养，充分调动和激发学生学习兴趣的一种教学方法。

二、机械专业的特点及传统教学的弊端

机械专业是典型的工科类专业，作为技工学校机械专业的毕业生，虽然通常是从事机械行业技术工人的工作，以体力劳动为主，但也需要这些劳动者有一定的逻辑思维能力和扎实的相关理论知识去处理、解决实际生产加工中遇到的问题。因此，学生仅仅具备操作技能而缺乏一定的专业理论知识是无法胜任未来职业岗位的工作。

机械专业课程内容大多与实际生产贴近，学生要有较强的动手操作能力。中职学校机械类专业学生必修的专业课程包括《机械制图》《机械基础》《机械制造工艺基础》等，涉及了画法几何、工程制图、机械原理、工程材料、热处理、金属切削原理、机械加工工艺、金属切削机床等多方面的内容，这些课程向学生提供了机械制造产品工件时需要的基本理论、基础知识和基本方法，是学生必须掌握的专业课程，也是以后他们从事机械类工作的基础。相对其他专业而言，机械专业的课程的分量是比较重的。然而，中职学校有的学制通常为3年，在这3年中学生不仅要完成必修的专业基础课与专业课程，还要学习语文、数学、英语等公共基础文化课程，此外还要完成企业实习，而且这些学生学习能力差，所以学时少、授课任务重、学生接受能力差成为机械专业课程的突出矛盾。随着科技的不断进步与发展，机械专业的知识内容不断丰富，涉及面广，学生需要掌握的理论知识与操作技能也越来越丰富。但是，目前传统的教学方法难以满足这种需要。

三、机械专业实施理实一体化教学的必要性

首先，职业教育，尤其是机械专业的职业教育适合采用理实一体化教学。与

普通教育相比，职业教育侧重于实践技能和实际工作能力的培养。职业教育的根本目的和任务是以服务社会主义现代化建设为宗旨，培养数以亿计的高素质劳动者和数以千计的高技能专门人才。传统的教学方式只局限在课堂内，学生想要掌握机械专业的技能，就只有让学生走进车间，去感受，去体会，才能掌握技能，消化理论。

其次，职教学生的认知特点适合采用理实一体化教学。如果说只是一味地进行理论知识的讲解，首先学生很难集中精力去听课，其次理论知识太多而且又有连贯性，学生开个小差回来思维跟不上就不会想再听下去，有时更是心有余而力不足。即使在教学过程中能够有相关的视频、动画播放给学生观看，大部分的学生也只是有一个笼统的印象，在下一次见到的时候能够知道这是什么工种。在机械这个专业中，看别人做千遍万遍，始终都是纸上谈兵。根据艾宾浩斯的遗忘曲线，只有让学生不断反复地练习才能牢记知识，熟练技能，熟能生巧，大国工匠也并不是比别人更有天赋，只是他们比别人更努力，在一遍遍的实践中积累经验，发现错误，纠正错误，精益求精。所以说要实施理实一体化，打碎理论，融合到实训教学中，在做中学，只有这样才能让学生成为高素质劳动者和高技能人才。

第三，机械专业知识和技能内容的特殊性适合采用理实一体化教学。机械专业实施理实一体化有如下优点：一是解决传统教学模式中理论知识与实际操作技能在知识上的不连贯、不衔接的问题；二是能把抽象枯燥的理论知识转化到生动有趣的实践教学中，让学生在实践中得到感性认识，进而将感性认识上升到理性认识；三是活跃课堂气氛，可以调动学生的主观能动性，激发学生学习的热情和兴趣，培养学生分析和解决问题的综合能力；四是每个学生都自己动手操作，老师们能更清晰直观地了解学生掌握理解的情况。

四、机械专业如何正确实施理实一体化教学

首先，理实一体化要使理论知识和实践达到真正的融合。机械专业实施理实一体化不是说单纯地完成实训与理论知识的教学，也不是要将理论知识完全打碎融入实训中，而是把理论知识与实训教学相结合，实现内容上的一致性。以讲授的理论知识为基础进行实训教学，在实训练习中强化巩固理论知识，学生不仅知其然，更知其所以然。

其次，理实一体化要以生产岗位的实践知识为指引。无论是产教融合，还是工学结合，我们的最终目标是为企业培养技能型人才。所以我们职业院校要跟企业保持密切联系，建立紧密关系，时时刻刻关注企业发展改革，关注社会就业形势。作为专业课程的老师更是要不断地学习，更新自己的知识，提高自己的教学能力，紧跟企业发展需求的改变，调整专业课程的教学任务，保障学生在学校学到的技术在企业中能够找到相契合的岗位。比如说《机械制造工艺基础》这门课程，此课程主要是要求学生掌握铸造、锻造、焊接、车工、钳工等多种工种的基础知识。机械专业的学生往往是取其中一个工种开设的班级，这些学生只会主攻本专业的工种。在传统的教学方法中，只会对学生所学的具体专业开设实训课程，而其他工种只有理论教学。比如，车工班的学生会安排《车工工艺学》和《车工技能训练》，既有理论课也有实训课，车工班的学生在上车工课时就可以采用理实一体化。但是《机械制造工艺基础》中其他工种通常只有理论课程的安排。

最后，理实一体化中，理论和实践的比例和结构不是一成不变的，要根据生产岗位的实际需要及时调整理论知识与实践知识的关系。我们的学生毕业后进入公司，走向工作岗位时，有时可能从事的不是本工种的工作，所以《机械制造工艺基础》这门课程在教学中应安排实训课程，让他们对机械这个大专业有明确的认识。在高等教育中，机械专业的学生通常会进行金工实习，就是把几乎是所有的工种都动手操作体验一遍。这正是《机械制造工艺基础》这门课程正确实施理实一体化的方法，讲到某个工种的时候让学生进入相应的实训工厂去体验。如果学校内没有相关设备和实训条件，可与相关企业进行合作，组织学生到企业参观学习。我们教师要做的是找准理实一体化的定位，分配好理论与操作的比例，找到与企业实际生产有关并且学生容易理解掌握的案例，力求培养出技术业务能力达标的学生。

五、结束语

正所谓纸上得来终觉浅，绝知此事要躬行。耳听不如眼观，眼观不如实操，通过实施理实一体化教学模式，可以更高效地让学生掌握本专业的技能与知识。如同我们考驾照，我们必须要通过理论考试才能继续学习真正的驾驶操作。理论是操作的基础，操作是理论的检验。要想让学生真正学会一项技能，理论知识与实训操作都是必不可少的，理实一体化教学模式是大势所趋。因为这种模式响应了《职教20条》中"启动1+X证书制度试点工作""推动校企全面加强深度合作""打造一批高水平实训基地"等多条内容。最后，以习近平总书记的话作为本文的结束语："要牢牢把握服务发展，促进就业的办学方向，深化体制机制改革创新各层次各类型职业教育模式，坚持产教融合、校企合作，坚持工学结合、知行合一，引导社会各界特别是行业企业积极支持职业教育，努力建设中国特色职业教育体系。"

（作者：罗祥玲）

参考文献

[1] 王金敏．职业技术教育机械类课程教学法[M]．北京：国防工业出版社，2008.07.

[2] 邱葭菲．高等职业教育机械专业教学法[M]．北京：化学工业出版社，2017.05.01.

[3] 李美琴．理实一体化教学模式的探索与实践[J]．天津职业院校联合学报．2012.08.

[4] 赵春江，关玉琴，燕晓红．理实一体化教学实践分析与思考[J]．成人教育，2012（12）．

[5] 金月波．对理实一体化教学实践的若干思考[J]．辽宁职业技术学院学报，2012（12）．

[6] 周伟娟．数控专业理实一体化教学改革的探索与实践[J]．《装备制造技术》，2014（1）：211-213.

职教《无机化学》课程教学模式改革的研究

上海石化工业学校

一、问题的提出

在以就业为导向、以能力为本位、以岗位需要和职业标准为依据的职业教育理念的引导下，满足学生职业生涯发展的需求，适应社会经济发展和科技进步的需要，为生产、服务第一线培养具有公民基本素养和职业生涯发展基础的中等应用型技能人才，中职学校的课程教学应进行大胆改革。作为化学基础课程《无机化学》必须打破传统的教育观念和教学模式，避免"一言堂""填鸭式"的教学现象。应设计一系列符合职业教育要求和理念的教学模式，对课程内容和知识点进行一定程度的整合，让学生在掌握课本知识的同时促进能力的提高或在发展能力的同时获得知识，能力可以是技能也可以是自主学习的能力、独立思考的能力、合作能力、推理能力甚至是阅读能力和记录能力等。

针对不同性质的内容可采用不同的教学模式，首先对《无机化学》课程内容进行梳理并归类，然后针对不同内容引出一个主题并研究设计其教学模式。

二、《无机化学》课程部分内容的主题设计

按课程内容的性质，中职《无机化学》课程可以分为纯理论、理论实践一体和纯实验3种类型。对每个项目课程内容设计不同的教学模式之前，应对每个项目设计一个主题（或引题）将内容整合起来，以达到"做学一体""知识与能力并进"的学习目标。

课程部分内容的主题设计如下表：

序号	项目	主题（或引题）	说明
1	化学基本量计算	配制浓度为0.1mol/L的NaOH溶液	以"配制浓度为0.1mol/L的NaOH溶液"学习任务将物质的量、物质的量浓度和化学方程式计算串连起来，再引申到气体摩尔体积
2	物质结构	探究"水是一种很好的溶剂"的原因	从问题"水为什么是一种很好的溶剂"开始探究水分子的结构，从而引出原子结构和分子结构的知识
3	化学反应速率和化学平衡	合成氨的工业生产	以"合成氨的工业生产"项目展开教学，以工厂情景化形式导入课题，逐步渗入化学反应速率的影响因素、化学平衡概念及影响化学平衡移动的因素
4	氧化还原反应和电化学基础	走进"氯碱工业"	以一个项目如"氯碱工业"展开教学，以氯碱工业的生产原理导入课题，逐步渗入氧化还原反应和电化学基础知识
5	实验	1. 制备硫酸铜晶体 2. 碳酸钙的制备 3. 鉴别未知化合物 4. 硝酸钾晶体的制备 5. 结晶水含量的测定 ……	每个实验作为一个任务，首先解读任务书，再设计方案，最后独立或小组完成任务

三、《无机化学》课程的几种教学模式探究

（一）导读→释疑→提升→小结的自主式教学模式

模式框架：

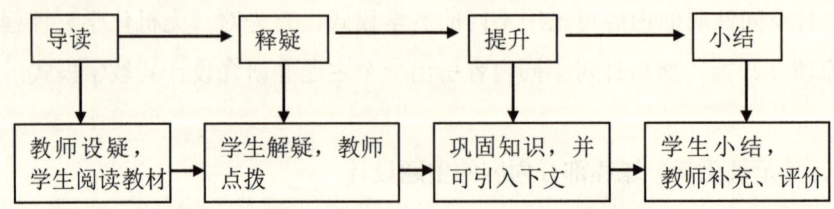

自主式教学整个过程可以以小组合作方式完成，重点体现在学生自主学习的模式上。此教学模式的要点是教师首先对教材、课程标准相当熟悉，其次在导读环节中教师预设的问题相当重要，既能涵盖本课内容，又能突出知识要点，还要难度适中，过难的问题会吓退学生，而过于简单的问题会使学生丧失兴趣和挑战性，问题要有一定难度但通过讨论思考后能解决，这样会让学生有成功的喜悦和成就感。

案例：氧化还原反应——以走进"氯碱工业"为引题

"氯碱工业"可以贯穿于氧化还原反应和电化学基础知识之中，将这两部分内容有机结合起来。氧化还原反应在初中已接触过，所以有一定基础的自主学习，但在此过程中教师必须很好地引导。

引入：适当介绍一些有关"氯碱工业"的各家企业生产状况，如上海氯碱化工有限公司，包括我们学生在那边的工作或实习情况。（目的：引起学生的关注，激发学生主动探究的欲望）

介绍氯碱工业的反应：$2NaCl+2H_2O \rightarrow 2NaOH+Cl_2\uparrow +H_2\uparrow$

提问：上述属于什么反应？（首先引导学生复习四大反应类型，学生会发现此反应不属于四大类型中的一种，有学生会想到氧化还原反应，但他们肯定不能确定，随后就可以引导学生自学）

自学（导读与释疑）：学生认真阅读教材，并以小组合作形式完成教师精心设计的问题。

问题A：（1）以前学的氧化还原反应的概念？

（2）从哪个角度能更正确的判断氧化还原反应？

（3）下列反应哪些是氧化还原反应？

$2CuO + C \rightarrow 2Cu + CO_2 \uparrow$

$CaCO_3 + 2HCl \rightarrow CaCl_2 + H_2O + CO_2 \uparrow$

$Fe_2O_3 + 3CO \rightarrow 2Fe + 3CO_2 \uparrow$

$H_2 + Cl_2 \rightarrow 2HCl$

$CaCO_3 \rightarrow CaO + CO_2 \uparrow$

$Zn + 2HCl \rightarrow ZnCl_2 + H_2 \uparrow$

（4）自选上述其中 2 个氧化还原反应，判断谁是氧化剂、谁是还原剂？（第一阶段先完成问题 A，由每一小组推选一名组员代表上台讲解）

问题 B：（1）氧化还原反应的特征？

（2）氧化还原反应的实质？

（3）填表

	化合价	电子得失	性质	反应属性	本身被
氧化剂					
还原剂					

（第二阶段完成问题 B，是对氧化还原反应的归纳总结）

启发（提升）：氯碱工业反应：$2NaCl + 2H_2O \rightarrow 2NaOH + Cl_2 \uparrow + H_2 \uparrow$

（1）是不是氧化还原反应？谁是氧化剂、谁是还原剂？

（2）$Cl^- \rightarrow Cl_2$；$H^+ \rightarrow H_2$ 分别是什么反应

（3）NaCl 加水后怎么会生成 NaOH、Cl_2、H_2？

（这一步既是巩固，又是对后面电化学基础打伏笔）

小结：（略）

自主学习中每小组解答完问题外还要上台讲解，所以更重要的是语言组织，其目的是培养学生的逻辑思维能力和语言表达能力，要求讲解时思路清晰，做到使其他学生听懂和认可，轮流上台讲解，力求每位学生有锻炼机会；另一目的是每位学生有小组合作和团队精神，使每位学生能融入大团体中。任务（问题）可以小组自选也可由教师分配，任务完成后可以采用教师评价、学生互评和学生自评 3 种方式。

（二）项目→分解→实施→评价的项目法教学模式

模式框架：

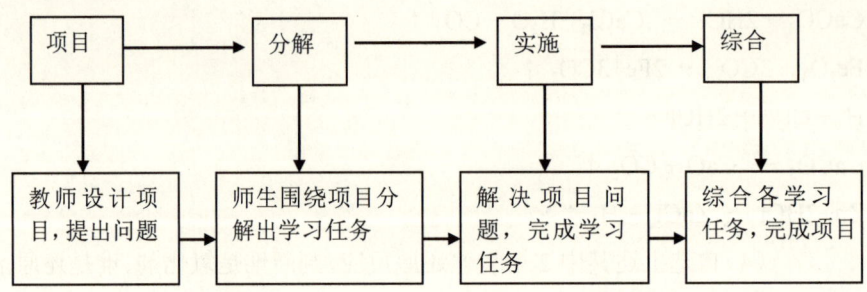

项目教学中教师首先要设定一个项目，此项目必须能涵盖本课题的所有知识点，在实施过程中有逐步递进的层次，环环相扣，注意理论与实践相结合。

案例：化学基本量及计算——以"配制 0.5mol/L 的 NaOH 溶液"为主题

项目（问题）：如何用氢氧化钠固体配制 0.5mol/L 的 NaOH 溶液？

分解（任务）：（1）认识物质的量浓度的概念（即 0.5mol/L 表示意义）

（2）学习物质的量概念

（3）物质的量与质量间的转换（即为称量服务）

（4）配制 0.5mol/L 的 NaOH 溶液

（5）利用化学方程式计算（即用滴定的方法验证所配溶液的浓度和准确测定该溶液浓度）

实施：围绕主题，各任务逐个完成。首先认识 0.5mol/L 的表示意义，从而引出物质的量浓度，随即引出物质的量概念。这两个任务完成后，学习物质的量与质量之间的换算，随后进入溶液配制阶段，在此过程中首先选择不同规格的容量瓶，再根据容量瓶体积计算所需称取的质量，再准确配制。最后学习化学方程式计算，同时用滴定方法检验所配溶液的正确性和精确性。

综合：综合各任务，梳理该项目涉及的知识点和技能点。

知识点：物质的量、物质的量浓度、物质的量与质量之间的换算、浓度与物质的量之间的关系及有关化学方程式的计算。

技能点：基本的实验操作技能、容量瓶的使用、溶液配制、滴定操作及基本计算能力。

实施每个任务时要注意上下衔接，并始终围绕主题，可以有适当延伸。任务实施的过程中教师以启发为主，结论由学生得出，在完成整个项目后学生应有一个清晰的思路：完成本项目完整的步骤是什么；类似项目的解题思路；整个项目中的知识点和主要会做什么。所以项目结束后能对项目进行梳理是相当重要的。

（三）任务→设计→操作→总结的任务型教学模式

模式框架：

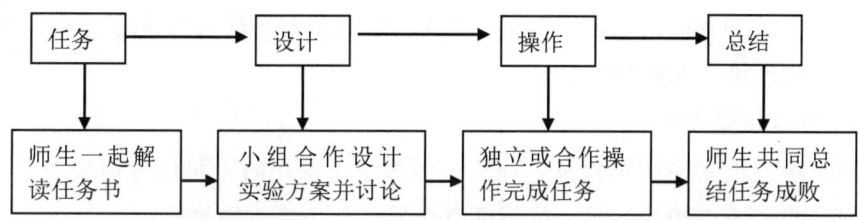

《化学基础》中的实验项目都可采用任务型教学模式，首先教师针对一任务设计一份任务书，学生根据任务书设计解决方案，教师组织学生讨论并得到老师和同学认可，然后进入实际操作，依据任务书和设计的方案完成任务，最后要对任务的成败进行总结或点评。

这种模式的关键在于，要求学生按照设计的实验方案进行操作，操作之前教师应说明和强调注意事项，整个过程中教师不断巡视和指导，学生有问题应及时提出由教师解答。实验结束后，师生共同归纳总结知识要点和任务完成情况，并给予评价。

任务解读过程中，教师要有意识地点拨，使学生有能力设计方案。在学生设计过程中，若有小组对此毫无思路时，教师应及时引导，并不断鼓励。对每个小组设计的方案加以讨论，并给予必要的评价。主要评价学生设计的方案、学生的参与度和最后任务完成的情况等。

四、几种教学模式实施过程中的几点说明

以上3种教学模式仅是教学中的几种，遵循的是"生为主、师为辅"的职教理念，3种模式都以小组合作的方式进行教学。实施过程中应注意以下几点：

1. 人数不宜过多

每个班级30人左右，课堂纪律容易掌控，教学进度也能很好完成，并能及时做到个别辅导或小组指导。

2. 应分组教学，培养其合作学习的精神

一般5~6组为宜，每组不超过6人，这既有利于学生讨论，又有利于教师指

导。小组太多或每组人数太多容易造成课堂混乱，个别小组或个别学生不能很好地参与到小组学习。

3. 有足够的实验室或理实一体的教室

达到真正意义上的"生为主、师为辅"和"知识与能力并进"。每个项目一般都包含理论和实践的知识，教学中理论与实践的知识应融会贯通，不应分割，实践中渗透理论，理论中包含实践。

4. 可以分模块教学

当班级人数太多或实验室、理实一体教室不够用时，可以分模块教学，一位教师负责若干个模块，另一位教师负责另外几个模块的教学。

综上所述，以"知识与能力并进""生为主师为辅"的教学理念结合课程内容和设计的主题采用自主式教学模式、项目法教学模式、任务型教学模式等主要典型教学模式实施教学，可有效激发中职学生的学习兴趣，提高学习效果。

（作者：蔡东华）

参考文献

[1] 上海市中等职业教育课程教材改革办公室. 上海市中等职业学校化学工艺专业教学标准 [M]. 华东师范大学出版社. 2008.
[2] 戴士弘. 高职教改课程教学设计案例集 [M]. 北京：清华大学出版社. 2010.
[3] 旷英姿. 化学基础 [M]. 北京：化学工业出版社. 2010.
[4] 黎春南. 有机化学 [M]. 北京：化学工业出版社. 2009.

基于移动终端的课堂教学改革的探索

上海市第二轻工业学校

一、实施背景

自 2016 年品牌专业建设以来，我专业进行大量的调研，在原有教学实施方案的基础上，拓宽并搭建学生多元成才的发展路径，修订美发与形象设计专业人才培养方案来适应市场需求。为更好培养专业人才，美发与形象设计专业 3 年来做了大量的课程建设工作，聚焦于本专业的信息化技术革新与课堂实际的运用。

在建设美形美容专业英语训练系统、大量微课资源和课程教材的基础上，增设和开发了《人物整体造型》等核心课程的课程标准和教材，为提升专业教学质量发挥了关键的作用。当时，教学改革的动因主要有 3 个方面：

（一）突破传统教学瓶颈

受传统教学理念的影响，《人物整体造型》课程的教学方法陈旧，仍以教为中心，学生地位弱化，导致学生在学习中的自主性、积极性被忽视。加上《人物整体造型》牵涉的专业知识面比较广，涉及妆容、发型、服装搭配等等，相对比较零散，教师难以在课堂上解决学生提出的专业上所有的问题和困惑，不利于学生形成完整而清晰的整体造型知识结构体系。因此，这样的教学模式所培养的学生不能满足未来职业岗位的要求。

（二）优化课程教学资源

《人物整体造型》原有的课程资源多以教师制作的微课、PPT、教师示范视频为主，不适合学生在课余时间随时、随地进行学习，亟待将课程相关素材课件、统计数据、评价标准、教学反思、图片、教学视频等多种资源进行整合，建成一个集教学活动管理、教学资源管理、学生自主学习于一体的平台。这不仅扩大了学生学习的知识覆盖面，还能优化课堂教学资源，提高课堂教学效率。

（三）提升学生学习能力

传统的教学模式中，教学内容、教学方式、组织形式大都被固化，学生不能在学习中真正发挥主体作用，处于一种被动学习和参与的地位。让学生在实际操作的过程中掌握更专业的技能，培养职业能力，将来毕业后能更好地跟上时尚潮流，以适应企业工作岗位的要求，成为专业核心课程急需解决的问题。

二、实施过程

（一）研究专业教学新需求

大数据时代对专业课程改革提出了新的要求，美发与形象设计专业也不例外，为适应上海国际化大都市"服务中心"建设和"上海服务、上海文化"品牌战略需求；对接国际和国内先进行业企业技术标准，丰富课程资源，将新技术与美形专业深度融合，特别是信息技术与课程的深度融合；在品牌专业建设期间，我专业多次对学生和教师以及行业企业相关人员进行专业课程需求调研，根据调研结果对专业课程的信息化建设提出了以下三大要求：

（1）需要美发与形象设计专业课程同时具备大数据采集与评价功能；

（2）需要构建符合教学目标和教学策略的教学交互环境；

（3）需要将最新的适合人物整体造型科学技术如 AR 技术、人像识别技术、虚拟化妆软件及先进的手机移动教学理念融入专业课程；

（4）为促进学生的泛在学习，真正为学生创造人人皆学、时时能学、处处可学的教育教学环境，提升专业的科技含量与市场竞争力，推动美发与形象设计行业的进步与发展。

（二）运用专业教学新手段

在学校领导的高度重视和支持下，校企双方密切合作，运用现代信息技术，开发了集移动教学、人像识别技术、虚拟化妆等于一体的教学软件，探索《人物整体造型》教学数字化和信息化的全过程。

1．构建《人物整体造型》移动教学平台

围绕《人物整体造型》课程的教学实施需求，将以《人物整体造型》移动教学应用为主线，汇集人像识别技术、虚拟化妆软件及美形资源库平台。通过技术融入、数据导入、系统链接的方式贯穿教学过程的实施。同时，在保证学情数据的统一和贯通上，将运用统一身份认证的方式，实现单点登陆，实现基础数据的无缝对接和数据同步（如图1所示）。

《人物整体造型》课程的教学实施需要配合移动端完成人像档案的建立、实训任务的提交等，因此在技术选型上，采用目前用户体验便捷、应用无需安装的小程序实现。

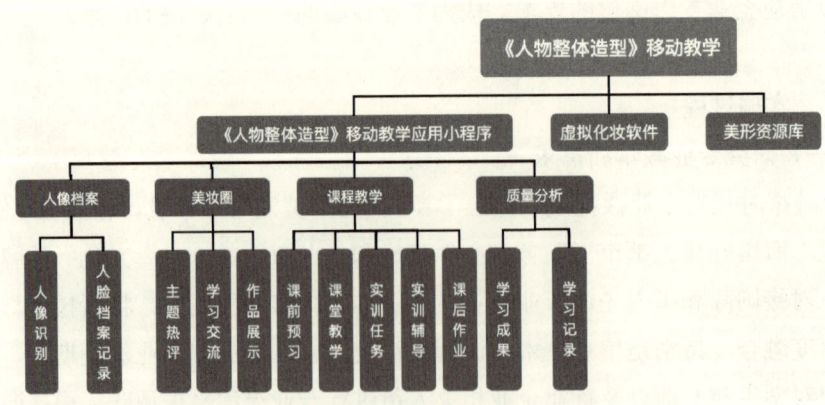

图 1　人物整体造型移动教学软件功能图

2. 运用人像识别技术辅助教学

《人物整体造型》中所涉及的技能与知识点，对于不同的学生，由于每个人的脸型不同，在实际教学过程中应提供的教学实训辅导应该具有针对性或个性化的辅导。

因此，在课程教学初期，通过人像识别技术为每个学生建立个人人像档案，且人像档案应与课程教学内容相关知识、技能建立关联，便于在实训过程中，能够根据人像档案中的数据推送对应的操作技能和知识，扩大学生的人脸化妆练习样本，提升学生的专业实操能力。课中运用该项技术为学生进行妆容纠错，比对分析帮助学生掌握课程内容，课后借助人像识别技术再进行样本练习和比对分析，帮助学生巩固教学内容，提升练习样本数量（如图2、图3所示）。

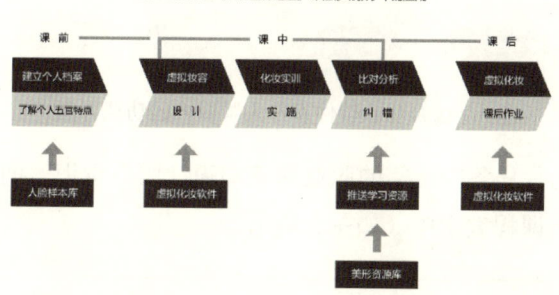

图 2　人像识别技术在《人物整体造型》课程移动教学中的应用

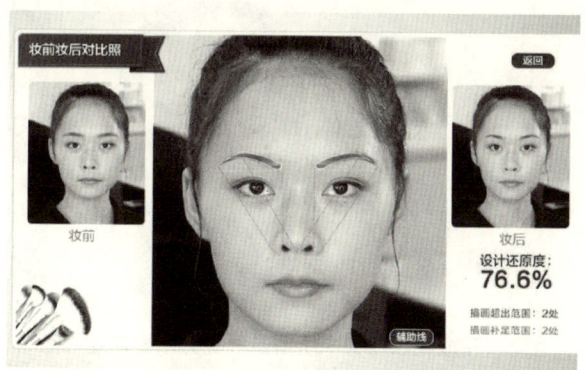

图 3　人物整体造型中妆前和妆后的对比

（三）实践专业教学新方法

新方法以《人物整体造型》课程内容为基础，通过师生日常学习平台的应用来实现课程教学优化，全面优化课前、课中及课后的教学设计，提高学生自主学习的积极性、自主性和探究学习的意识，主要有以下几方面构成教学新方法：

（1）运用虚拟化妆软件及素材库，极大丰富了人脸采集样本信息，引导学生开展探究型学习（如图4所示）。

图4　虚拟化妆软件调整人脸眉毛的功能界面

（2）将完成化妆任务中所需的职业素养知识、服务意识、创新意识、职业能力等培育有机融入课程教学中（如图5所示）。

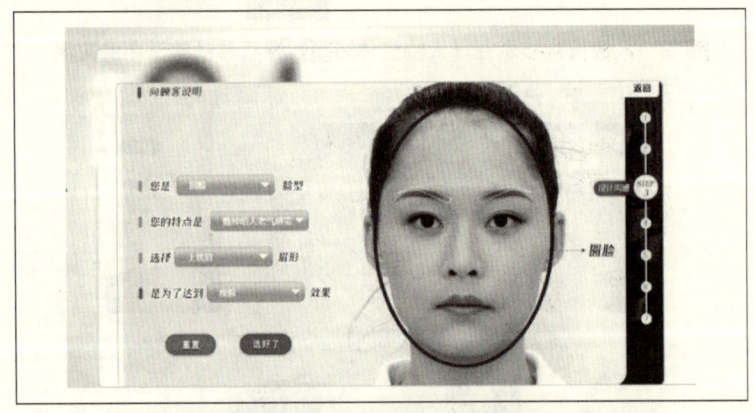

图5　完成化妆任务中所需多种能力培养功能界面

（3）通过动态跟踪的方式及时将学情数据、教学诊断信息推送到教师，及时纠正教学的偏离度（如图6所示）。

（4）将实训数据推送给学生，使学生及时完成学习质量的自我检测，提升学习效果，突破教学难点（如图7所示）。

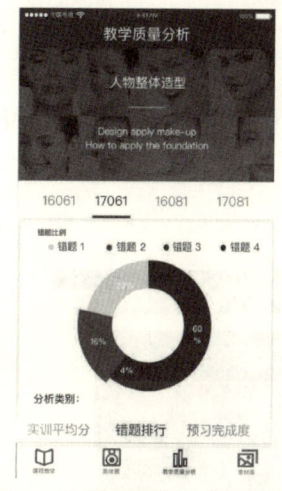
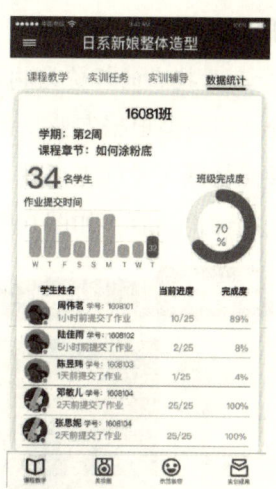

图 6 教学质量分析功能界面　　图 7 日妆新娘整体造型联系结果数据统计界面

整体教学设计框架如下（以"根据不同的脸形进行眉毛的描画"为例）。此课采用任务驱动教学法（如图 8 所示），以《为不同脸形顾客描画适合的眉形》为教学任务展开学习。

课前，通过微课学习和完成街拍任务，使学生了解描画眉毛的工作目标；课中，借助"变脸"互动程序引发认知冲突，从而激发学习兴趣，导入新知识，明确教学重难点；然后运用虚拟化妆软件进行实践，检验新知识的掌握情况；再通过真人实操，引导学生在完成工作任务的同时，关注职业素养的提升。

借助移动教学平台的数据分析，掌握学习动态，提供个性化指导，并针对薄弱环节布置课后任务。教学围绕工作任务层层递进，通过设计、沟通、描画 3 个纬度实施评价，借助过程数据实时跟踪学习动态，评估教学效果，不断深化学习过程，达成教学目标。

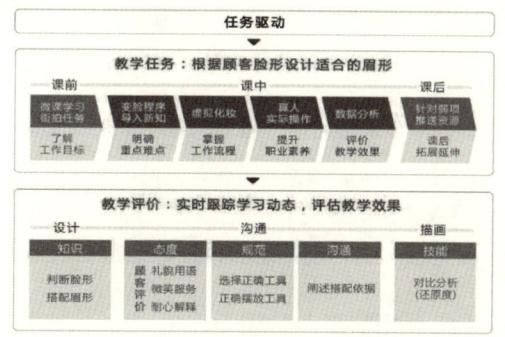

图 8 任务驱动教学方式示意图

（四）探索教学评价新方式

1. 符合专业特点的评价结构模型

该评价结构模型根据专业特色，结合现代服务业特点，在知识、技能的评价基础上，参照德国美发师考证评价模型，增加了职业素养的3个维度（沟通—规范—态度）的评价内容（如图9所示）。

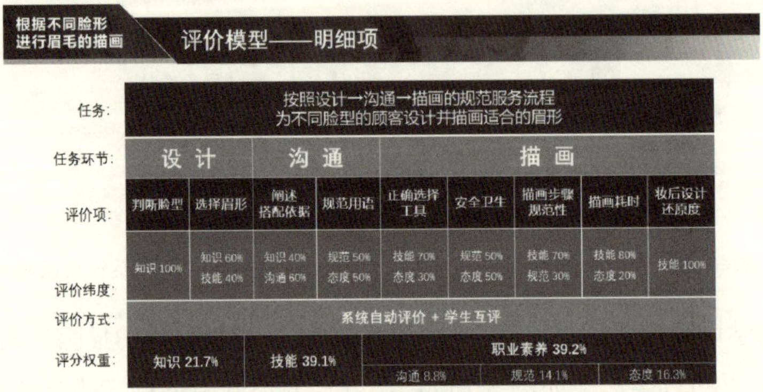

图9 评价模型明细项

2. 为教师提供教学环节评价依据

创建了适合《人物整体造型课程》内容的任务环节即：设计—沟通—描画3个教学环节的评价数据。帮助教师针对每个教学环节和教学步骤实施数据监控，进行教学诊断，掌握学情数据（如图10所示）。

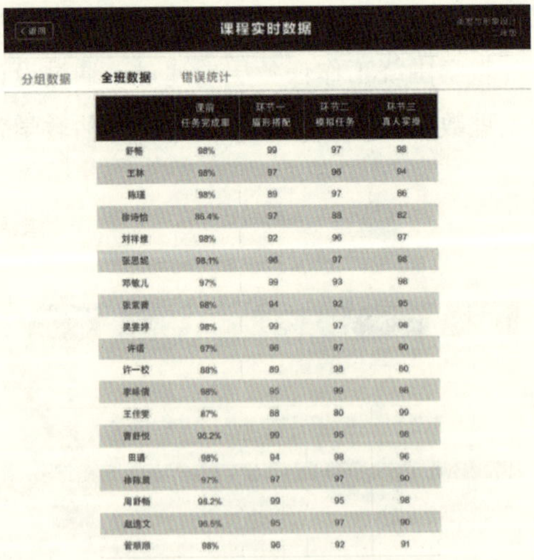

图10 课程实时数据界面

3. 为学生提供多维度评价

移动端为每位学生建立雷达数据图,学生既可以从知识、沟通、技能、规范和态度 5 个维度客观了解自己的学习现状,学习优缺点,又可以进行同伴比较,不断提升自己的自主学习意识(如图 11 所示)。

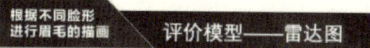

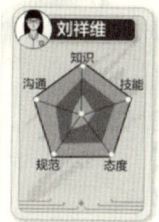

图 11　评价模型——雷达图界面

三、实施成效

(一)学习成效

1. 突破教学瓶颈

通过人像识别技术在《人物整体造型》课程当中的应用,改变了以往教学中的单一教学模式,教师通过信息化技术与移动教学相结合,进一步精准了学情分析,明确了教学设计,从本质上突破了教学中低效、重复和数量不够的实训模式,突破教学瓶颈,提升了教学效果。

2. 资源整合优化

人脸样本库的建立帮助教师学生积累了大量练习样本,学生在课余时间可以随时、随地进行移动学习,课程相关素材课件、统计数据、评价标准、教学反思、图片、教学视频等资源在移动平台进行整合,建成一个集教学活动管理、教学资源管理、学生自主学习于一体的移动平台,优化了教学资源。

3. 学习能力提升

在课程实施的研究比对过程和学生课后调研问卷中,39% 的学生表示能够及时纠正化妆中的错误,23.9% 的学生认为可以大大提升学习效果,在眉形纠错、眼影晕染、化妆的对称性以及知识结构的梳理和内容的拓展都有大幅度的帮助。以中高职贯通人物形象设计专业 16081 班级为例,通过移动端将学习内容与课程结合之后，经数据统计显示：在同一个知识点和教学实践环节学习效率有大幅度提升（如图12所示）。

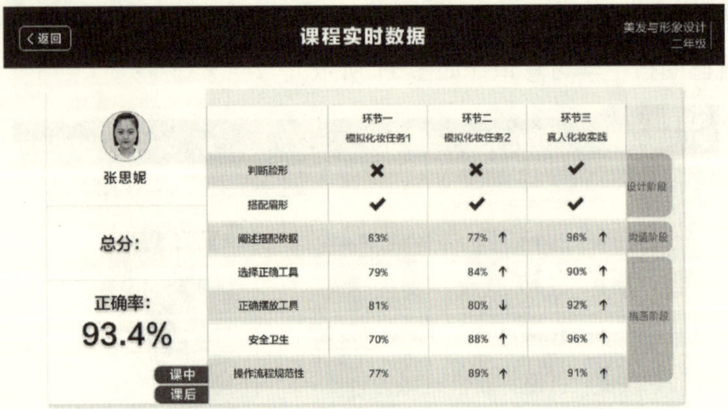

图12　课程实施结果实时数据界面

（二）辐射引领

通过使用新技术与专业教学改革的结合在《人物整体造型》课程等专业课程中的实际运用已经总结出一系列丰富的教学实践案例。其中美形专业胡思云、周秋萍、蔡克非老师以《根据不同脸型进行眉毛的描画》为课题参加了2018年全国职业院校技能大赛职业院校教学能力比赛中职组教学设计项目二等奖；蔡克非老师获得了2018全国美发美容行业指导委员会全国说课比赛一等奖，周秋萍、胡思云老师获得2018全国美发美容职业教育主题论文征集大赛一等奖；同时，胡思云老师主持的"人像识别技术"在《人物整体造型》课程移动教学中的开发与实践课题已经通过2018年上海市中等职业教育课程与教学改革研究课题审核。同年，胡思云老师在上海市美发与形象设计中心教研中心组开设市级信息化建设示范教学课程，深受中心教研组的好评。

（三）企业好评

将人像识别技术运用在人物形象设计专业课程领域开发出移动教学功能的课程资源，其定位既适应美容美发行业市场和企业用人的需求，又适应了新形势下深化职业学校教育教学改革的需要，可以更好地为专业实训教学服务，为学生职业生涯发展服务。

在创设情境任务中，开展虚拟实操和真人实践，使学习过程更贴近真实工作环境。在实践中贯穿对操作规范和职业素养的评价，帮助学生不断提升服务意识，培养良好的职业素养，毕业生获得企业好评。

四、体会与反思

针对《人物整体造型》课程中新技术、新手段的移动教学实际应用，我们将不断调整和改进，分析其应用效果，使其适合教育教学的实际需要，更好地提高教学质量，促进人才的培养。同时，我们将在评价环节更多地将企业、行业以及家长等评价视角结合，使该课程的评价维度和评价模型更加具国际化视野。我们将紧跟时代的发展，结合专业发展的特点和趋势，以先进的教育教学理念和技术来深化本课程教学资源的研究和开发，使其不断更新和完善。

（作者：胡思云）

英语课教学中融入英语歌曲的实践研究
上海市工商外国语学校

教学实践表明，将英语歌曲融入英语课堂教学中，很大程度上提升了学生英语学习兴趣，个人情感能力，以及英语学习水平。为了更好地发挥英语歌曲对教学的作用，笔者挖掘出了英语歌曲中的语言知识点，携手学生们一起选择适用于中职英语课堂的歌曲，丰富了教学资源；根据实施过程中发现的问题，梳理出了一些歌曲运用的具体操作方法。

一、研究意义

美国哈佛大学教育研究院的心理发展学家霍华德加德纳提出大脑处理音乐和语言都处于大脑的同一位置，论证了语言学习和音乐学习有很强的关联性。大量的研究表明学者们一致肯定音乐对语言学习的利处，但并没有很多的研究和事例表明如何运用英语歌曲来协助学生进行英语语言学习，也没有相关的已经开发好的英语歌曲资源协助教师开展课堂教学活动。

大多数学者们的研究侧重点主要围绕音乐或者歌曲对学生的情感能力提升，以及如何运用音乐帮助学生们进行情绪放松。针对运用歌曲进行语言学习的案例或者能够为中职英语教师所借鉴的英语歌曲资源比较匮乏。哪些歌曲能为教学所用以及如何筛选歌曲困扰着教师。

基于以上问题，笔者开始了一年的研究，针对英语歌曲进行开发，了解课堂教学中融入英语歌曲对学生有哪些影响，力图在不断的尝试中有针对性地开发出适合于英语课堂的教学资源。

二、研究的理论基础

本研究主要的理论基础以下：

（一）"情感过滤"假说

美国语言学家 S.D.Krashen 指出音乐优美和谐的旋律使学生放松身心，心情舒畅，减轻焦虑并强化学习动机，使学生产生学习的积极、主动性。这种积极地学习情绪长期保持，就形成了学习的内驱力。（Jolly，1975；Aida，1994；Albenberger，1999）。

（二）"输入"假说

美国著名语言学家 Chomsky 强调理想的语言输入应该满足 4 个条件：可理解性、趣味性和相关性、非语法顺序安排、足够多的输入量。Murphey (1992) 认为音乐印刻现象可以长达数年甚至数十年，能在人们的记忆中留下极为深刻的印记（Murphey，1992）。Ellis(1994) 也指出英语歌曲作为教学材料运用于课堂，能满足理想语言输入所要求的条件。

（三）音乐促进中学生生理、心理发展

科学家已研究证明大脑的左右半球分工不同，右脑是音乐脑，音乐充分利用了左脑的言语记忆和右脑的形象记忆，使左右脑同时开动起来，达到互补加强的效果。心理层面，音乐可以调节人的情绪情感，能够通过听觉器官刺激大脑，促使大脑神经细胞分泌出内啡素等神经递质，进而影响人的情绪情感。

三、文献综述

（一）国外研究现状

Eken 提出歌曲教学可以为学生提供一个宽松的课堂氛围，刺激学习者积极的态度和情感；鼓励学习者利用创造力和想象力，能呈现并练习一个话题、语言点和词汇等使语言学习多样化且有趣。根据 Domoney& Harris 的理论，音乐是学生课外语言学习的主要来源 (Domoney& Harris，1993)。Robin Eve 认为语言结构

与音乐有相通之处，音乐是表现语言的一种艺术(Robin Eve，2002)。Saricoban and Metin(2000)发现，音乐可以被用于二语学习的多种活动中，比如作为写作活动和口语练习活动的载体，能帮助提高语言的听、说、读、写四种技能。

（二）国内研究现状

邵玲在《英语教学中实施教唱英文歌曲的实验研究》根据学生的生理和心理需求，将唱英语歌曲应用于英语教学，给学生营造一个生动真实的英语学习环境，激发英语学习的动机，促进目的语的输入、内化和习得；高培新和张世泽认为："英文歌曲以其优美的旋律以及独特的特点在词汇教学中发挥着特殊的作用。"它可以有效激发学习者英语词汇的热情，深化对词汇意义的记忆，促进词汇量的扩大，还可以增加学习者口语词汇表达能力。

上述的国外研究内容主要涉及和肯定了英语学习对学习语言具有正向的积极影响，但是并未涉及到如何开发和利用这些歌曲；上述的国内研究则更侧重于教会学生唱英文歌曲，在唱的过程中让学生学习词汇。但是，笔者认为英语歌曲有别于音乐课。在英语课堂上教唱英语歌曲会占用大量的课堂时间，教学任务有可能无法完成，教学的侧重点改变。因此，如何把教学和英语歌曲有效地结合起来应当成为英语教师的侧重点。除此之外，在有关歌曲的研究中，大多侧重于普教和高校课堂，针对中职课堂的英语歌曲研究并不多见。

四、研究对象

本课题的研究对象为上海市工商外国语学校1607班的学生。通过将英语歌曲融入该班级来了解英语歌曲开发中的利弊，以及学生对英语歌曲运用于课堂的直接感受和真实反馈。

五、研究问题

（1）规律性地将英语歌曲融入课堂对学生英语学习、情感提升、自信心提升等方面的影响是什么？

（2）从语言知识学习的角度去开发英语课程资源，哪些英语歌曲适用于英语课堂教学，如何将这些歌曲运用于课堂教学活动来提升和促进学生的语言学习？

（3）课堂教学资源的开发如何能够做到师生共同开发，并在开发过程中帮助学生提高学习能力？

六、研究方法与手段

本研究主要采用实践研究的模式,具体的研究方法有文献研究法和调查研究法等。

(1)文献研究法:通过对相关的文献梳理,把握课程实施中融入英语歌曲的研究现状,为本研究奠定理论基础和必要的借鉴与参考。

(2)调查研究法:通过调查了解学生对英语学习的兴趣、动机以及对英语课程实施中融入英语歌曲的意见与建议等。

(3)案例研究法:在教学实践探索中,开发案例,系统地收集数据和资料,进行深入的研究。

七、研究结果分析与讨论

(一)规律性地将英语歌曲融入英语课堂教学对学生英语学习兴趣、情感提升、自信心提升等方面有什么样的影响?

笔者在实施该研究初期,对班级42名学生进行了问卷调查,45%的学生对英语学习有浓厚兴趣,40%的学生对英语学习有兴趣,15%的学生对英语学习有抵抗情绪。

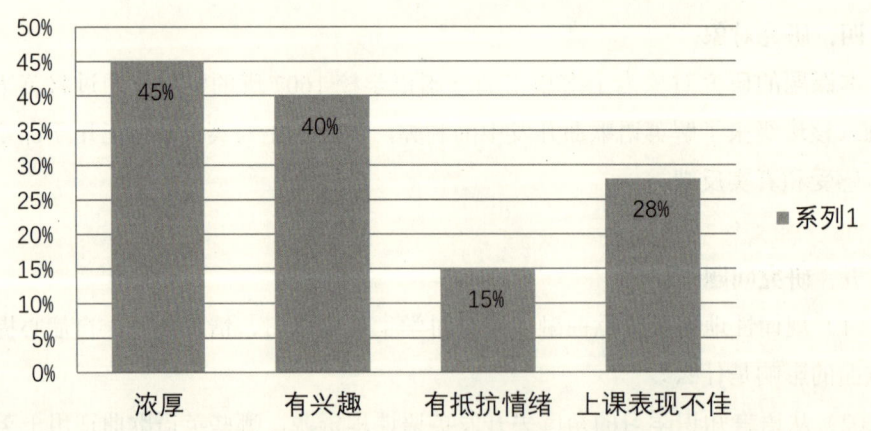

笔者在实施该研究的后期阶段,对42名学生发出访谈请求,有36名学生受访。90%的学生觉得英语歌曲的融入帮助他们提升了英语学习兴趣;7%的学生表示如果没有英语歌曲的融入仍然对英语的学习充满兴趣。3%的学生更希望通过英文影视剧来提高英语。100%的学生都表示通过英语歌曲提升了英语语言知识的学习。

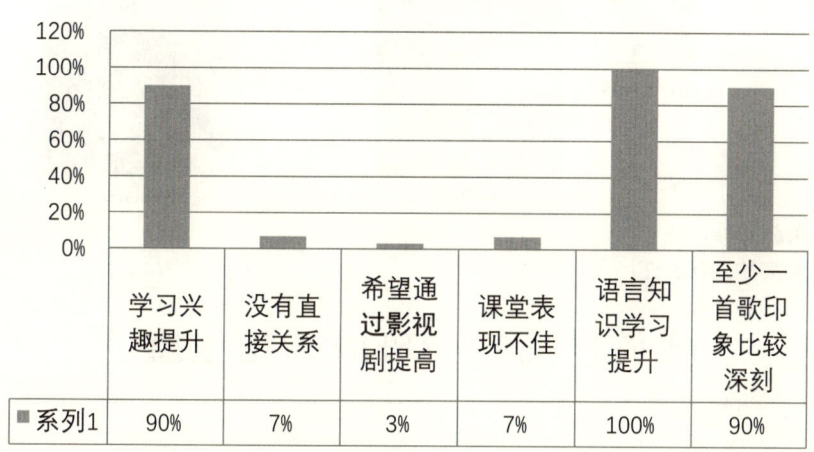

实施后英语学习情况调研结果

	学习兴趣提升	没有直接关系	希望通过影视剧提高	课堂表现不佳	语言知识学习提升	至少一首歌印象比较深刻
系列1	90%	7%	3%	7%	100%	90%

在实施初期，有28%的学生对英语学习兴趣不浓厚。实施一年后的再调查数据显示，英语学习兴趣不高的学生由之前的28%减少到7%。其中有1名学生在期中考试后通过QQ告知笔者，他的英语学习效果明显提高。

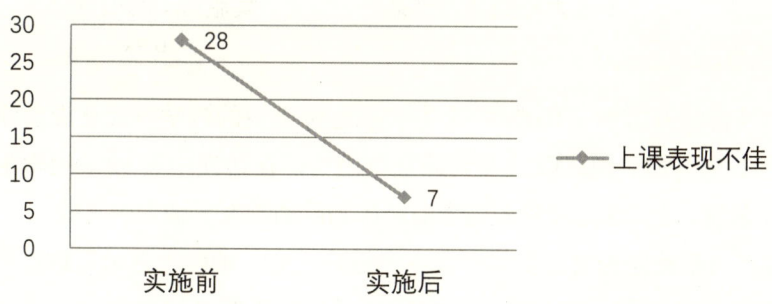

上课表现不佳

除此之外，笔者就实施班级（A班）和未实施班级（B班）的英语成绩进行了对比，在实施之前A班级的英语期末考试平均分为69，B班为66，平均分相差3。实施后，A班级的英语期末考试平均分为81.6，B班级为74.7，平均分相差6.9。两个班级之间平均分的距离差增大了3.9。以上数据证实了研究假设"英语课程实施中融入英语歌曲能够提高教学效果"。

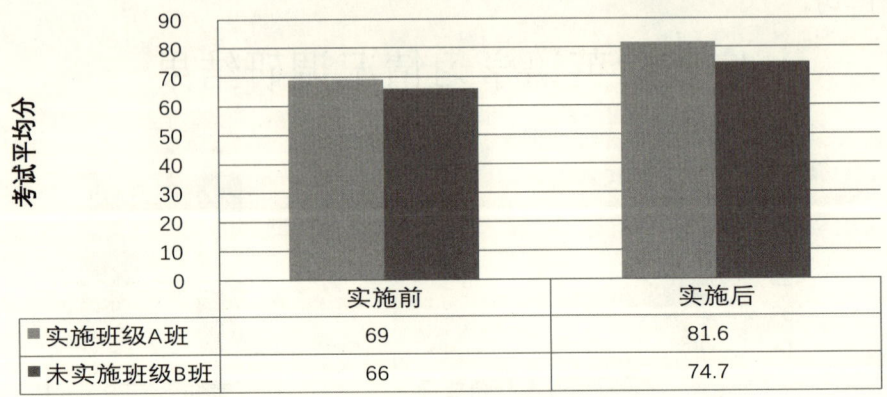

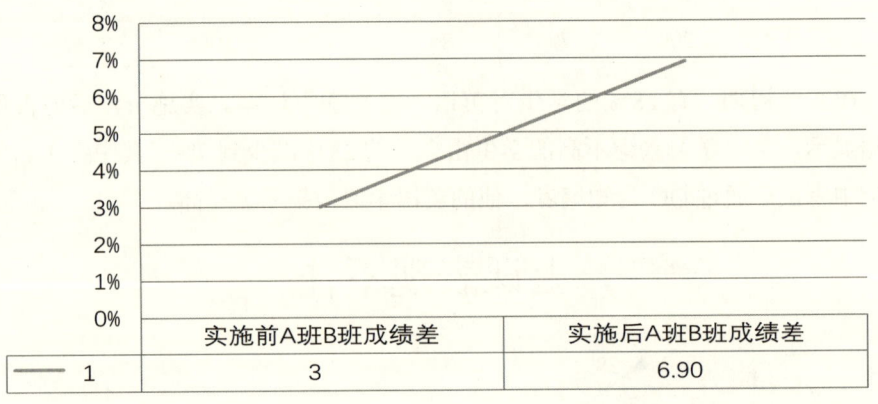

针对情感提升方面，100%的学生表示这种类型的教学方式让课堂氛围更加轻松，让心情更加愉悦。除谈及到课堂氛围外，在访谈中有90%的学生都能说出至少一首他／她印象比较深刻的歌曲，因为歌曲激发了他们的共鸣。

针对英语歌曲是否对学生的自信心有提升，52%的学生表示不敢在教室展示是因为害怕和紧张的心理导致的；25%的学生认为听歌比唱歌容易；17%的学生因不够自信不敢去展示；6%的学生害怕别人的负面评价不敢展示。20%的学生在课后会反复练习这些歌曲，借助网络平台录制好后发给老师。经统计，能够在舞台上展示自己的学生占所实施班级总人数的9.5%。根据学生的反馈，英语歌曲在提升学生自信心方面没有达到预期的效果，也让我意识到自信心的提升不是一蹴而就的事情，有太多的因素影响着学生。

英语歌曲是否提升学生的自信心

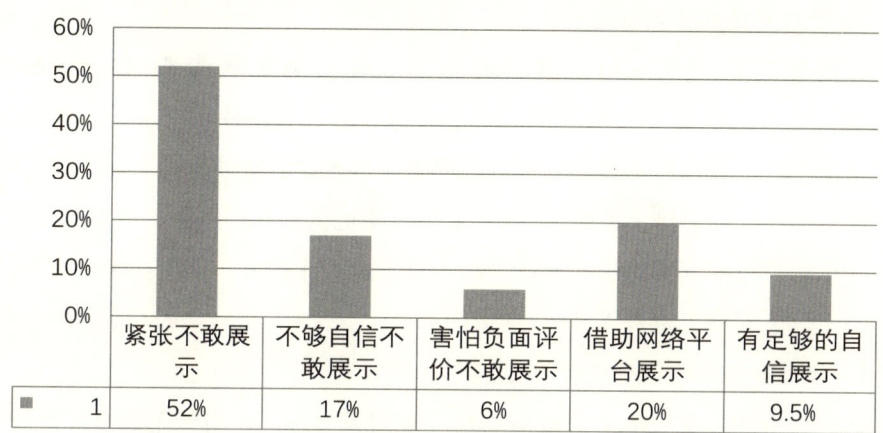

	紧张不敢展示	不够自信不敢展示	害怕负面评价不敢展示	借助网络平台展示	有足够的自信展示
1	52%	17%	6%	20%	9.5%

（二）本课题研究的第二个问题是：从语言知识学习的角度去开发英语课程资源，哪些英语歌曲适用于英语课堂教学，如何将这些歌曲运用于课堂教学活动来提升和促进学生的语言学习？

一年的研究中，笔者针对以下方面进行语言知识点开发。

1. 英语单词的系列开发

针对不同的歌曲分析其内容，开发和课堂教学有关的单词。例如，《Not just a pretty face》中包含了17个和职业相关的单词，将这首歌曲运用于和职业有关的英语课堂教学中，帮助学生预习或复习与职业相关的单词。

2. 针对英语语音的系列开发

语音训练上要选择在唱法上字正腔圆的歌曲，针对容易混淆的音节加强训练，帮助学生清楚地辨识音节，要修改一些比较容易混淆的单词。例如，《Blowing in the wind》这首歌唱法上字正腔圆，适合语音训练。在歌词的改编上，我把容易听错的单词进行了改编，例如 how many roads must a man walk down? 其中 roads 这个单词和 loads 这个单词比较容易搞混，将 roads 变为 loads，测试学生在听的过程中是否能够辨识出正确的语音。

3. 针对英语语法的开发

通过分析大量的歌曲，笔者意识到英语歌曲中隐含了很多语法知识点。例如，一般现在时（《she loves you》）；现在进行时（《Lemon Tree》）；一般过去时（《because you loved me》）；一般将来时（《I will follow you》）；情态动词（《I believe I can fly》）；虚拟条件状语从句（《If I had a million dollars》）。这些歌曲可以让学生在一个比较轻松愉悦的氛围中进行语法知识的复习和巩固。

4. 针对英语口语训练进行开发

有些歌的歌词在编排上非常有规律可循，例如歌曲《If I had a million dollars》，这首歌的每一句歌词都运用了 if 引导的虚拟条件状语从句。而虚拟语气又是学生们比较难以掌握的一种语法现象，在表达的时候容易出现动词用错现象。这首歌在歌词编排上朗朗上口，学生只需要把自己真实的想法填加上去即可，然后表达出自己的真实想法并分享。因为有了模板作参考，学生在练习时不仅有自信心了，流利程度也有提高。

5. 针对英语写作训练进行开发

有些英语歌曲在抒情方面采用的是叙事的表达方式，将一个故事娓娓道来，配上优美的旋律让人更加能够进入一种意境。《I like myself》这首歌曲就具备这样的特点。在课堂上，笔者借助这首歌曲让学生们通过文字的方式表达自己是否喜欢自己。借由英语歌曲的歌名布置作文题目，学生为难情绪减弱，更愿意表达自己的真实想法。

6. 在探索过程中，笔者发现有些英语歌曲和社会热点问题挂钩，尝试了运用歌曲进行价值观的讨论

《Mrs. Potato Head》让学生们对整容事件进行了重新的思考。学生们针对"如果你不漂亮就没有人会喜欢你"开始激烈讨论，思想得到碰撞。英语歌曲作为载体为学生们搭建了讨论交流的平台，价值观的讨论和学科学习在润物细无声中完美的融合。

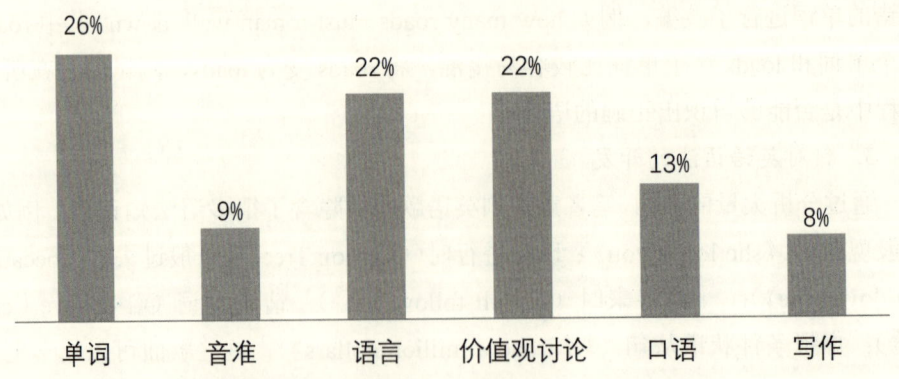

英语歌曲中语言知识开发比重

综上所述，一年中，单词开发比重为26%；音准练习开发占9%；语法巩固占22%，价值观讨论的话题为22%，口语练习为13%，写作比重占8%。这个数据给笔者的启示是口语的练习比重过低。根据中职学生的职业要求，在工作中，他们更多地从事服务行业，语言的口头交流更为重要，因此在后续的研究和开发中应该更多地侧重学生的口语练习。

（三）本课题研究的第三个问题是：课堂教学资源的开发如何能够做到师生共同开发，并在开发过程中帮助学生提高学习能力？

华东师范大学邹为诚教授提出，一定要把学生的利益放在第一位，只有学生喜欢，才能推动学生学习。因此，笔者采取了和学生共同开发教学资源的举措。把选择歌曲的权利交给学生们；学生们把自己喜欢的歌曲推荐给老师；在推荐之余学生也分享歌曲和学生本人之间的故事；和学生共同沟通可以开发的语言知识点；教师对学生推荐的歌曲进行筛选，再次开发，让歌曲适用于课堂。师生共同开发不仅弥补了笔者在一些歌曲上的空白，也更加了解学生。

一年中，学生们推荐的歌曲为30首，教师同行推荐3首，笔者收集10首，共计43首。43首歌曲中笔者共开发歌曲23首，其中13首歌曲来自学生推荐，属于师生共同开发，占资源开发的57%，学生成为本次课题资源开发的主体，达成了师生共同开发的目的。在共同开发的过程中，除师生间加深了解，更重要的是学生在探索歌曲可开发的知识点上也不断思索，促进了语言知识的主动学习。

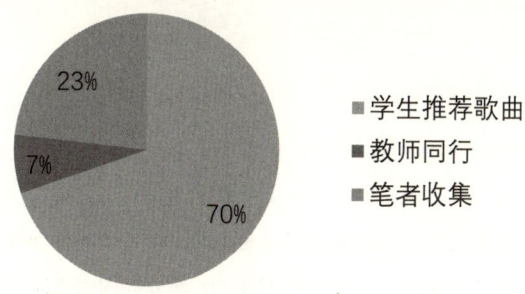

八、结论

近一年的研究中，针对英语歌曲的开发，笔者有以下启示：

（1）英语歌曲的融入可以满足不同类型学生对不同类型学习风格的需求，尤其是对音乐智能型的学生。

（2）英语歌曲的融入虽然没有直接提高学生的自信心，但是对学习兴趣起到推动作用。课后，学生开展了系列歌曲学习活动，例如查找歌词意思，理解歌曲背后意义，反复听取自己喜欢的歌曲，学会唱自己喜欢的歌曲，课堂教学得到延伸。

（3）英语歌曲可以为英语教学进行服务，笔者开发了英语歌曲中的语言知识点。在此过程中发现英语歌曲可以作为优良的教学资源协助教师开展系列课堂活动。

（4）师生共同开发歌曲激发了学生的兴趣，为教师提供更多资源，从而筛选出学生喜欢的英语歌曲。

（5）在后续的研究和开发中应该更多地侧重开发适合学生口语练习的英语歌曲，让学生有更多的机会进行口头表达。

九、本研究的创新与不足

笔者认为本研究的最大创新点在于教师思想的转变，携手学生共同开发教学资源，让学生拥有更多的主动权，教育聆听学生的需求，师生的合作开发在一定程度上做到了教学相长。本研究仍存在一些尚待优化之处，研究过程中的无关变量控制不是十分理想；在研究数据的采集和分析等方面的技术与技巧还需要进一步提高等等。在未来的教学与研究中，我们还要继续努力学习，探索更有效的英语教学方法，争取更好的教学效果。

（作者：李文静）

参考文献

[1] 曹理，何工. 音乐学习与教学心理[M]. 上海：上海音乐出版社，2000.

[2] 曹彦. 初中学生英语词汇学习的障碍分析和对策研究[D]. 上海师范大学 2008.

[3] 陈小平. 用英语歌曲激发学生学习英语的热情[J]. 中学教学参考 2009(4).

[4] 邓燕萍. 社会心理语言学理论与大学外语教学[J]. 西安外国语学院学报 2002(12).

[5] 高培新，张世泽. 英文歌曲在英语词汇教学中的应用研究[J]. 黑龙江科技信息，2010(9).

[6] 黄建华，唐静. 外语学习动机及策略研究[J]. 内江师范学院学报，2002(6).

[7] 蒋南. 外语歌曲在听力教学中的运用[J]. 西昌师范高等专科学校学报 2004，(3)：39-41.

[8] 李爱华. 音乐用于辅助英语词汇记忆教学的研究与实践[J]. 中国高教研究，2003(5).

三、课程改革篇

课程改革是教育永恒的主题，职业教育的课程改革永远在路上。近年来，职教课程改革的主要方向是加强和企业的联系与合作及课程与信息技术的融合。数字化教材的建设和基于信息化的课堂变革都体现了当前职教课程改革的潮流。和企业的紧密合作是职业教育走上良性循环的必由之路。坚持产教融合、校企合作，推动教育教学改革与产业转型升级衔接配套，借助企业优质资源，可有效拓宽学生就业渠道，从而使学生招得进、留得住、学得好、推得出。

学生职业认同感培育的体验教育模式探究

上海市经济管理学校

职业认同感是个体对自己的职业角色特征的认同状态，中职生职业认同感不仅影响其职业的选择，也会影响其职业稳定性。作者通过对中职生进行职业认同感问卷调查与访谈结果进行分析，认为有必要构建符合中职生心理需求的职业认同感活动体验教育模式。提出了构建职业认同感活动体验教育模式的四大理论基础、教育目标、五项教育原则，并具体介绍了活动体验、释疑体验、操作体验三项操作策略的使用。

一、问题提出

中职教育是培养学生成为合格职业人的教育，但在目前的中职校职业指导中，比较侧重的是为学生提供就业信息、进行就业形势分析和择业技巧培训等。这些指导对学生的就业确实具有实际价值，但同时又出现了另一种值得关注的现象：

一部分学生虽然就业了，却很快会失业或者转换工作。这种情况的出现除了用人单位方面的原因外，学生本人在职业认同方面也存在很大问题。这是因为多数学生在参加中考时并没有认识到自己究竟适合干什么，自己究竟最喜欢干什么，在选择专业时往往又缺乏自由度，所以选了某一个专业并不一定代表他们自己的真正意愿；一部分学生对自己将来的工作、职业缺乏足够的认识，有的学生甚至在一年级时就表现出了对这个专业的不喜欢；很多学生在就业时首先关注的是薪酬和环境，其次才是自己的特长和兴趣，如此选择的工作往往很难持续做下去。因此，如何帮助学生建立对所从事职业的高度认同，以持久而深刻的情感投入于所从事的工作，就成为中职生职业指导中需要关注的重要内容。笔者在对学生现状进行分析的基础上认为职业学校应构建相应职业认同感教育模式。

二、概念界定

职业认同感是一个心理学概念，一方面指个体对于所从事职业的目标、社会价值及其他因素的看法，与社会对该职业的评价及期望的一致，即个人对他人或群体的有关职业方面的看法、认识完全赞同或认可；另一方面也包括个体对所从事职业的兴趣、热爱及尊重。职业认同是个体对自己的职业角色特征的认同状态，包括职业自我概念、职业获益感、职业动力感3个方面[1]。职业自我概念是指个体对职业及自我符合所从事职业角色规范程度的认知。职业获益感是指个体对自己所从事职业感到喜欢、认为有价值，从而感到满足的积极情感状态。职业动力感是指个体有能在职业取得成功的期望和不调动工作、不离开职业的意志倾向。

三、中职生职业认同感现状及分析

为了解中职生职业认同感现状，笔者自编调查问卷，问卷按照职业认同感所包括的职业自我概念、职业获益感、职业动力感分别进行设计，每个方面4个题目。调查采取随机取样法，在上海3所中职学校中获得586份有效问卷，其中男生257份，女生329份；一年级175份、二年级265份、三年级68份、四年级78份。具体情况如下：

（一）职业自我概念

调查结果显示，总体上看，职业自我概念比较清晰的占56%，28.7%的同学说不清楚、15.4%的同学基本不同意或完全不同意。说明中职校的职业教育工作做得还是有效果的。中职校的大多数同学对自身的职业有较清晰的认识,认为本专业是自己报考首选,自己学习本专业是出于个人兴趣,自己适合本专业,自己通过学习之后对本专业很了解。

不同年级学生的职业自我概念存在显著差异。一年级最高,为62.3%,二年级最低,为51.3%,毕业年级略有回升。分析其原因可能与学校之前的招生宣传、新生入学时大量的专业教育、学校的严格管理、学生刚入学保持着初中时比较严格的学习习惯有关。二年级学生已经适应了学校的环境,部分学生会因为对专业的了解、学习的困难或惰性,对自己的职业产生怀疑。毕业阶段各校普遍加强职业教育与指导,学生开始实习,专业知识得以运用和对未来职业的体验加深,对于提高学生的职业认识是有意义的。

不同专业学生的职业自我概念也存在显著差异。对职业认识最清晰的是数控类专业,有85%的数控类学生同意或基本同意职业的基本概念,其次为环境机械类(63.2%)、计算机类(62.1%)和环境治理类(61.4%)。财经类、环境监测类分别有38.7%、22%的学生"说不清楚"自己对职业的认识。由此可以看出,数控类学生因为有较多机会能进行实际动手操作,所以更有利于他们对职业的认识,而财经类、环境监测类因为缺乏实际操作环境的熏染导致学生对职业的自我概念不清晰,这一点在访谈中也得以证实。

(二)职业获益感

调查显示,55.1%的中职生职业获益感高,表现在对所学专业充满热情,愿意学习并讨论与专业相关问题,如能从事本专业工作感到很满足。这个比例与职业自我认识清晰的比例基本相当。在不同年级、不同专业中职业获益感不存在明显差异,说明学校对分年级、分专业所开展的专业教育与专业指导基本平衡,有待挖掘的空间也很大。

(三)职业动力感

调查显示,54%的中职生职业动力较强,表现在即使重新选择还会选择本专业、决定继续深造目前专业、希望未来在本专业领域取得较大成功、对未来职业有明确的发展目标。这个比例与职业自我认识清晰及职业关注度的比例均基本相当。但不同年级的观念差别较大,一、三年级选择"完全同意"的比例显著高于二年级,二年级选择"基本不同意"的比例显著高于其他几个年级。这个结果与职业认识在年级上的差异一致。说明二年级会进入职业动力的低潮期,其原因也有相同之处。

综合以上结果，中职生职业认同感现状不容乐观，学校在其中的作用不容忽视，而具体到教育方式上，调查与访谈均显示，中职生认为对他们的职业发展有帮助依次为"实习""进行就业培训""提供就业机会""参观企业""开展专业教育""成立专业社团""听专业人士报告"。由此可见，学生更欢迎那些与就业岗位相关的职业训练，因为从中他们不仅可以更快地掌握职业技能，也能在较短的时间内对职业本身有较深刻的体验与认识。所以我们认为，构建活动体验教育模式是符合中职生心理特点与实际需求的，对提高中职生的职业认同感作用重大。

四、构建活动体验教育模式的初步思路

体验是主体内在的历时性的知、情、意、行的亲历、体认与验证。活动体验教育是指学生通过参与事先按照预定的教育目标设计的活动，在特定的环境中感悟人生、反思自身、获取知识、促进发展，实现内化的过程。活动体验教育模式就是对教育进行有效实践而采取的一系列教育策略的集合体，应包括教育理论、教育目标、教育原则、教育基本策略与方法及相应评价指标等，本文仅对职业认同感活动体验教育模式的理论依据、教育目标、教育原则、教育基本策略与方法提出初步构想。

（一）职业认同感活动体验教育模式的教育理论依据

构建职业认同感活动体验教育模式的理论依据有四：

1. 金斯伯格职业发展三阶段定理

美国著名职业指导专家金斯伯格认为，人的职业发展分为幻想期、尝试期和现实期，其中尝试期和现实期正符合中职学生在校期间的职业心理变化。尝试期（11~17岁）表现出有职业兴趣，开始客观的审视自身各方面的条件和能力；开始注意职业角色的社会地位、社会意义，以及社会对该职业的需要。现实期（17岁以后的青年）能够客观地把自己的职业理想同自己的主观条件、能力，以及社会现实需要紧密联系起来，寻找合适的职业角色。

2. 情境学习理论

情境学习是美国让·莱夫和爱丁纳·温格提出的，是指在要学习的知识、技能的应用情境中进行学习的方式，即"在哪里用，就在哪里学。"在莱夫和温格看来，学习是一个社会性的过程，强调要在知识实际应用的真实情境中呈现知识，把学与用结合起来，让学习者像专家、"师傅"一样进行思考和实践；二是要通过社会性互动和协作来进行学习。

3. 马斯洛需要层次理论

马斯洛对职业情感论述的比较多，他认为职业情感是一种"生理需要、安全需要"，是第一层次的需要。一个人无论从事什么职业，首先能在社会上立足，能得到基本的生活保障，这是最基本的需要，基本的职业情感决定着更高层次职业情感的养成。

4. 罗杰斯人本主义学习理论

罗杰斯认为要使学生全身心地投入学习活动，就必须让学生面对与他们个人有关的问题。要构建一种让每个学生都面临非常真实的问题情境来引发学生的动机，让他们意识到真实的挑战。他极力提倡从做中学，让学生直接体验到实际问题并最终解决这些问题。

以上理论说明处于青春期的中职生希望对自己的职业有了解，为自己的人生找到方向，如果能创造条件让他们在真实或模拟真实的环境中进行学习与训练，将极大地促进他们对职业本身的了解，增进职业情感，进而认同职业。

（二）职业认同感活动体验教育模式的教育目标

通过创设不同情境，帮助学生感受、了解、体验职业，并在参与相应活动的过程中激发学生的职业兴趣，培养其成为具有职业认同感的未来劳动者。

（三）职业认同感活动体验教育模式的原则

1. 实践性

重视学生的参与，重视从做中学、学中做。

2. 体验性

让学生亲历与职业相同或相似的活动，在考察、探究等一系列活动中感悟职业，培养职业情感。

3. 开放性

活动体验的环境是开放的，活动时间既可以在课内，也可以利用课后闲暇时间；空间上不但可以在校内开展，还可以在校外企业中开展。

4. 主体性

在活动体验教育模式中学生始终是主体，强调学生主动实践、积极探究、亲历活动。

5. 趣味性

活动体验教育模式提倡愉快学习，符合中职生心理，寓教于乐，让学生在活动体验中获得全面发展。

(四) 职业认同感活动体验教育模式的操作策略

从操作程序上看，所有的职业认同感活动体验教育方法都包含 5 个阶段，即设计、准备、实施、成果、反思。活动体验教育模式分为 3 类，即活动体验、释疑体验、操作体验，不同形式在各阶段所需完成的主要任务有所区别。

1. 活动体验

活动体验是让学生参加到通过事先设定的活动中，通过参与活动的全过程认识职业、了解职业、加深对职业的认同感。活动体验是学校教育最常用的一种方法。

活动体验的设计阶段主要任务是确定活动主题及方案，主题是活动的灵魂和核心，要仔细考虑。活动主题既可由教师提出，也可由学生建议，经过师生共同商讨确定，之后根据主题做出具体活动方案。活动体验准备阶段既要做好相应物质准备，如设备、材料等，也要做好心理准备，确保学生以积极的心态参与活动。必要的时候还要取得家长的支持与配合。活动体验实施阶段是学生参与实践的过程，在这个活动过程中教师要做好组织、管理工作；学生是主体，要积极主动、自觉地参与活动。活动体验成果阶段主要是进行活动成果的展示、汇报，形式因内容不同可有不同。活动体验反思阶段主要是进行必要的总结、评价和交流，总结经验、接受教训，为下一次活动提供宝贵的经验。

可以运用活动体验的活动例举："我与未来职业"征文及演讲比演讲、"合理定位，选择职业"主题班会、职业调查活动、撰写职业生涯规划书、参观企业、参观实习场所、企业文化宣传小报制作、专业社团活动、职业人物访谈、"我随父母去上班"岗位体验、角色扮演、职业素养培训等活动。

2. 释疑体验

释疑体验是通过教师、行业专家、企业人员等以讲解为主要方式进行的职业认同感教育活动。释疑体验是帮助学生快速而便捷地了解职业的一种方法。

释疑体验的设计阶段主要任务是确定主题，并确定讲授方案。释疑体验的准备阶段要做好相关主题的资料准备工作，同时要充分考虑所面对中职生的年级与专业特点，要创设相应情境或话题，确保教授内容的适切性与趣味性。释疑体验实施阶段是帮助中职生充分了解职业的重要阶段，讲授者要充分考虑学生特点，采取灵活的讲授方法，并注意随时调整讲授进度，并留出相应时间与学生进行充分互动，以保证效果。释疑体验成果阶段主要是为了了解学生对所听内容掌握程度，可采取当堂反馈、课后调查、撰写体会文章等方式进行检验。释疑体验反思阶段主要是进行总结经验与教训。

可以运用释疑体验的活动例举：专业教育讲座、开设职业指导、职业生涯规划课、专业知识比赛、请有成就的在职人员或优秀毕业生来校作讲座等。

3. 操作体验

操作体验是让学生通过模拟岗位或真实岗位，亲自完成与职业岗位相同的工作任务，从而获得真实职业体验的方法。操作体验是帮助学生体验职业最有效、最直接的一种方法，但受制于学校办学条件或校企合作的深度，因而实际运用时不易达成。

操作体验的设计阶段主要是确定操作任务及相应实现方案。操作体验的准备阶段既要做好活动材料的准备、也要做好活动场地设置或实习企业的联系工作，同时还要做好学生安全教育、相关操作流程指导、分组等工作。操作体验的实施阶段是学生重要体验过程，教师要做好巡回指导，发现问题及时指导或处理，确保学生整个操作体验过程的安全、有序、有效。操作体验的成果阶段主要是要检验学生通过操作过程体验的收获，其成果既可以体现为作品展示、照片视频、获奖证书，也可以是报告体会等文字资料，也可以是座谈交流等多种形式。操作体验的反思阶段主要是进行总结交流，达到相互促进的目的。

可以运用操作体验的活动有：技能训练、职业比赛、岗位模拟、职业体验日、企业实习、就业工厂等活动。

（作者：袁晖江）

参考文献

[1] 陈祥丽等：《护士职业认同量表的编制》，载《中国健康心理学杂志》，2007年12期，第36页．

[2] 刘洪秀，李珍．浅谈中职在校康复技术专业学生职业认同感的现状与对策 [J]．广东职业技术教育与研究，2018，4：19-22．

[3] 刘媛媛，王晓洋，李爱娟．高职酒店管理专业学生职业认同感的现状与对策研究 [J]．机械

职业教育，2015，5：35-37.

[4] 马红英.浅析高职学生专业认同感的培养[J].职业技术，2012，3：51-51.

[5] 朱业标.中职学生职业认同感的调查与教育对策探讨[J].卫生职业教育，2017，11：20-21.

[6] 陈祥丽等.护士职业认同量表的编制[J].中国健康心理学杂志，2007，12：36-37.

数字化教材建设的探索与实践
——以上海市医药学校教材开发为例

上海市医药学校

中职数字化教材的建设在《职业教育改革实施方案》背景下，及时变革教材的内容和形式，同时加快数字化教材的建设。本文通过开发中职校数字化教材，总结了数字化教材开发的"教育性、科学性、学习性、呈现性、活动性、功能性"六大原则，探索出"4个阶段+7个步骤"的开发基本流程，包括：教学分析阶段、教学设计阶段、制作开发阶段、试用审定阶段，以及给出了教材质量评价的方法、标准等具体的应用策略，为中职数字化教材的建设和发展提供参考借鉴。

一、引言

职业教育需要信息化技术为教材变革服务，中职学生学习效率和学习兴趣也需要信息化技术来激发。在国家发布的《职业教育改革实施方案》[1]中提出，每3年修订1次教材，其中专业教材随信息技术发展和产业升级情况及时动态更新，适应"互联网+职业教育"发展需求，运用现代信息技术改进教学方式方法，推进虚拟工厂等网络学习空间建设和普遍应用。因此，互联网时代下需要一类融合了文字和音频、视频、图片及动画等元素，具有表达更加生动形象、有利于互动交流，符合中职学生学习规律的数字读物[2]。

而数字教材是利用多媒体技术将传统纸质内容进行数字化处理，充分发挥信息技术优势[3]。在内容呈现、软件功能和阅读终端操作符合学生阅读习惯，并能够提供课后习题和作业等功能以支持教学活动，满足课程内容要求、教材编写规范等要求[4]。

上海市医药学校顺应职业教育改革的发展，以纸质校本教材为基础，开发纸质教材的数字化形式，再逐步上升到多媒体数字教材（融合 AR 技术），以及互动式数字教材等多种中职数字化教材，逐步形成我校在开发数字化校本教材上的理念和思路。

二、数字化教材的开发原则

分析中职数字化教材建设的主要特点，其在内容、形式、功能价值等诸多方面发生了变化。从教育技术、教学、课程等角度出发，在设计开发时要遵循除通用教材原则之外的一些独有的数字教材开发原则[5][6]。本文总结了包括科学性、教育性、学习性、呈现性、活动性、功能性这 6 个原则。

科学性原则是指数字化教材必须要保证内容正确无误、逻辑严谨。除和纸质教材同样要求文字、图片等阅读性内容具有科学性外，数字教材中还要求交互性内容也必须具有科学性。

教育性原则是指数字化教材的内容、框架应遵循中职学生学习认知的规律，有明确的教学目标，有助于中职学生加深对知识的理解和掌握，并通过各种媒体的合理运用和巧妙组合来增强教学内容的新奇性和趣味性，以激发学生的求知欲。

学习性原则要求数字化教材要充分考虑教学内容与中职学生的实际情况，学习内容简洁、教材主线设计逻辑清晰，学习内容层级分明，具有明确的学习目标、知识和内容。

呈现性原则要求数字化教材学习路径清晰，文本、图片、动画、视频等的设计能很好承载学习内容，激发学生的学习兴趣，根据教学内容的需求和不同媒体的特性，发挥各自的表现力，使教学内容得以充分展示。

活动性原则要求数字化教材交互方式合理，把学习任务设计成一个个具体的、与实际关联的游戏或闯关任务，学习体验好。

功能性原则要求数字化教材的学习板块设计分层明晰，体验使用功能舒适，在设计图像、动画、视频等进行艺术加工和处理,使其具有较强的表现力和感染力。

三、数字化教材的开发流程

基于前文所述的开发原则，以层层推进地促进教学目标达成的任务（或问题）为主线组织教学内容，形成教材资料。通过开发实践，中职数字化教材开发的一般流程可以概括为 4 个阶段 7 个步骤，步骤包括：组建开发团队、研读课程标准、制定开发总体方案、数字化教材结构设计、确定教材样章、其他章节的设计与制作、评价和审定。具体以《药用植物基础》互动式数字教材开发为例，介绍开发流程（见图1）。

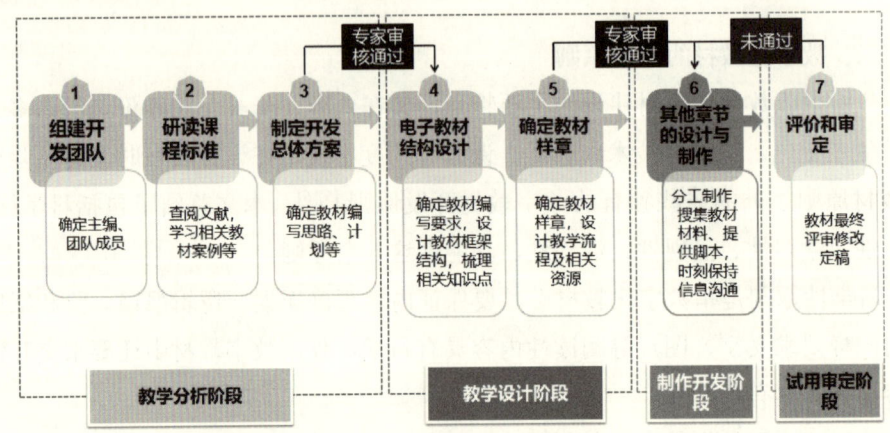

图1　数字化教材开发流程

（一）教学分析阶段

组建开发团队，明确分工，制定数字化教材开发的总体方案，确定教材主编和其他编写成员。《药用植物基础》是专业基础课程，教材主编人选是在相关专业领域有一定的知名度，并积极参加课程改革、熟悉专业教学；团队成员是教学一线的优秀专业教师，且有一定的企业实践经历，并结合行业企业技术专家。整个团队能够清晰认识课程性质、课程定位，熟悉课程目标、课程设计思路，准确把握课程标准规定的课程内容与学习水平；了解行业发展的新动态及与本课程相关的岗位新需求，和同类教材开发情况，分析已有教材存在问题，发掘并吸收相关教材编写经验。进而共同确定教材开发总体方案，明确教材编写的指导思想、基本思路、教材特色与风格，以及具体的编写工作计划等。

（二）教学设计阶段

教材框架结构设计和内容编排，完成教材样章的制作。依据《药用植物基础》课程标准具体分析教学内容，围绕任务将需要的知识、技能要求，以一个或多个"完整任务"为核心进行知识重构。在每个模块开始前设计一个带有实践或引入情境的学习任务(要与学生的学习能力相联系，最大限度地反映知识、技能在实际中运用的方式，并提供相应的样例)，这个任务是学生可以解决的具体问题，承载着需要学生掌握的知识和技能。具体如下表1"《药用植物基础》教材结果设计总表"中所示，将整本教材以"项目——模块——板块"的形式重构，分别对应相应的目标、内容或任务。

表1 《药用植物基础》教材结构设计总表（选取部分）

一级结构		二级结构			
项目名称	项目目标	模块名称	模块目标	模块内容描述	板块描述
项目1：豆科药用植物认知.	1. 能说出豆科药用植物重点认知特征。2. 能认出豆科常用药用植物。3. XXX。4. XXX。	模块1：引入：观察药用植物合欢、槐树、花生、大豆形态特点。	1. 能查阅《中国药典》（2015版）关于合欢、黄芪、甘草等植物形态特征、药用部位及功效。2. 能归纳合总结欢、槐树、花生、大豆植物形态共同特征。	通过对首先对合欢、黄芪、甘草等图片的观察，引入它们在叶、花、果实的相似之处。总结学习豆科主要分类特征。	任务1：完成对典型豆科植物的观察。任务2：了解豆科植物的分布。习题测验：课后练习。

首 页				
药用植物形态和显微结构	药用植物分类概述	药用低等植物	……	药用被子植物
01 植物细胞观察	01 植物界的类群	01 药用藻类植物		01 木兰科
02 组织特征及观察	02 植物的分类等级	02 药用真菌植物		02 毛茛科
03 根的形态及观察	03 植物命名方法	03 药用地衣		03 桑科
04 茎的形态及观察				04 蓼科
05 叶的形态及观察				…
06 花的形态及观察				08 豆科（模块）
07 果实和种子的形态及观察				09 芸香科
				…

常见植物引入	主要分类特征	药用植物认知	以"豆科"为例进行模块设计
1~6植物认知	叶的观察	植物1认知	
特征引入概括	花的观察	植物2认知→	叶的特征
	果实的观察	.	花的特征
	植物的分布	.	果实种子的特征
	植物科内分类	.	入药部位特征
	互动题目1	植物n认知	
	互动题目2	互动题目1→	01认知植物叶、花、果实三部位托选题
		互动题目2	02入药部位选择题

在样章制作时,以《药用植物基础》"豆科药用植物认知"项目为例,从"教材内容"+"交互方式"+"电子阅读终端"三大核心要素考虑,解剖该项目的知识和技能,重构学习路径,从而帮助学生启发式学习。结合学情分析和内容分析,技术上从视觉、听觉、交互 3 个要素设计数字化教材,主要包括文本、图形、动画、视频背景音乐、嵌入式的技术支持工具、虚拟实验室等,将基础纸质教材富媒体化,增加交互性,提升用户的参与度。最后依据以任务为中心的知识结构,利用技术手段将多媒体画面有规律地组合在一起。以豆科为例,通过"解剖式"分步呈现:叶的认知特征、花的认知特征、果实的认知特征、药用部位及功效,简要文字描述与彩色图片相结合,重点突出,便于记忆(如图 2 所示)。

(三)制作开发阶段

整体完成教材的开发,以及其他章节的开发设计。结合之前对教材整体知识重构,教材内容和框架编排,完成对其他章节的制作和设计开发。这一过程中,大部分的设计思路和要求基本参照"豆科植物认知"的设计风格和模式,将之认定为数字化教材的共性需求。而一些特殊的内容,如教材整体综合性互动练习,或某些重点记忆的知识点,就可以通过虚拟、实操互动等交互性表现方式,帮助学生更有效学习,充分调动学生学习积极性、主动性。以互动游戏《植物园探险》为例,在虚拟探索植物场景下,进行模拟的植物认知实践,使教材不再限于文字、图片的枯燥学习,让学生身临其境,增强了学生对常用药用植物的认知以及对药用部位及功效的记忆,弥补学生缺乏野外实践的环节。

(四)试用审定阶段

教材试用评价,完善细节。数字化教材在正式使用前,必须经过多方的评价和试用,学生、同行、专家等人员从不同的角度提出相关的建议,从而起到优化完善教材的目的。此评价贯穿于整个教材开发的各个环节,是改进设计方案、检验并保证应用效果的重要措施。

四、数字化教材的质量评价

通过建立有效的质量评价体系,可以检验中职数字化教材是否符合以能力本位的现代教育理念,符合学校实际和人才发展的需求。指标内容应当是具体化的、可测的。具体从学生、教材开发团队和第三方公司 3 个不同角度为评价主体,分别对应三类具体的评价指标内容进行综合评价,具体包括:

(一)以学生为评价主体的评价

该质量评价指标分别从教材的内容价值性、结构清晰性、使用方便性、设计合理性、效果有用性这 5 个方面检测数字教材的用户体验情况。5 个维度多个具体指标内容组成，能够从用户（学生）的角度全面有效地测评教材使用的实际情况。

（二）以教材开发团队为评价主体的评价

该质量评价指标重点关注开发者（教师）对教材设计、功能、质量等因素，主要包括教材的主体设计、内容质量、功能设计、技术规范、使用效果这 5 个方面，涵盖 20 个具体指标内容，能够在教材开发设计过程中，提供给设计公司和教师一定的要求和指导性思维，如资源建设重视教学设计，尤其是资源的趣味性、交互性、学生的参与和反馈，真正实现以学习者为中心的个性化学习。

（三）以第三方公司为评价主体的评价

该质量评价是从第三方的角度去考量教材的技术功能性和使用性。主要从技术的角度对教材进行检测，具体从界面的设计、导航栏、定位书签、学习者的控制、媒体运用、技术性等方面，进行准确性、适宜性的检查，并提出相关建议，进一步确保教材的质量。

五、结语

本文以上海市医药学校互动式数字教材开发为实例，阐述了数字化教材开发的一般流程和具体方法，并给出了教材质量评价体系构建思路，确保教材质量的同时更突出用户体验性。数字化教材的开发不可能一步到位，而是伴随着教育理念、教学方式、硬软件技术的不断进步而不断完善、发展。随着探索与实践的深入，也在不断根据实际情况对数字教材的建设进行调整和改进。数字化教材的核心价值是学习资源，资源的核心是教材的内容选取，由浅入深、由易到难、由简到繁，突出重难点知识，满足学生在"课前、课中、课后" 3 个阶段的学习需求。

（作者：田晖、张铭命、刘波）

参考文献

[1] 国务院关于印发《国家职业教育改革实施方案》的通知.国发 [2019]4 号 [EB/OL]. http://www.moe.gov.cn/jyb_xxgk/moe_1777/moe_1778/201904/t20190404_376701.html.

[2] 陈桄，龚朝花，黄荣怀. 电子教材：概念、功能与关键技术问题 [J]. 开发教育研究，2012，18(2)：28-32.

[3] 康合太，沙沙. 数字教材建设的探索与实践——以第二代"人教数字教材"为例 [J]. 中国电化教育，2014，(334)：80-84.

[4] 陆燕飞，郭扬. 国外职业教育教材开发与管理的经验及启示 [J]. 职教论坛，2018，(12)：42-45.

[5] 李翠平. "互联网+"背景下大学英语教材的数字化建设 [J]. 出版广角，2017，(16)：74-76.

[6] 杨琳，吴鹏泽. 面向深度学习的电子教材设计与开发策略 [J]. 中国电化教育，2017，(9)：78-84.

智能交通技术运用专业学生顶岗实习职业能力和岗位群研究

上海交通职业技术学院

一、问题的提出

顶岗实习作为职业院校人才培养过程中的综合性环节，是高等职业教育实践性教学体系的重要组成部分，是培养和提高学生综合职业能力的重要教学环节，也是学校与企业合作培养人才的有效方式。教育部2017年开始公布《职业学校专业顶岗实习标准》，指出"顶岗实习标准是职业教育国家教学标准体系的重要组成部分，主要对有关专业顶岗实习目标、实习内容与要求等提出基本要求，是职业学校组织开展顶岗实习的主要依据"。2015年底至2020年初，教育部公布66个职业学校专业顶岗实习标准，尚有专业空白需要填补。其中智能交通技术运用专业（以下简称智能专业），作为智能交通行业服务的教育基础，制定标准的紧迫性表现在：首先，全国开设"智能交通技术运用专业"的高职高专目前有30余所，目前无实习标准，学生实习目标不明晰；其次，企业的实习指导计划不完善，管理不到位，缺乏有效组织管理，50%的企业与新进员工培训工作合并，流程作用大于实际意义。第三，教育部2019年出台《高等职业学校智能交通技术运用专业教学标准》，亟须对应顶岗实习标准，增强专业建设系统性。

当下标准制定面临的首要问题是行业各类新技术日新月异，产业链庞杂，岗位分类精细化程度不高，难点及核心问题是变化产业链中智能交通岗位群与实习内容，考核技能的梳理，因此，有必要结合国际形势与区域情况新变化，梳理产业链的突出特点，解决专业用人需求与学校培养供需矛盾，也是本文讨论的核心内容。

二、智能交通行业岗位现状调研

（一）智能交通行业发展新形势

交通运输部2020年3月发布《交通强国建设专项研究成果汇编》，指出"交通事关民生福祉增进，事关经济高质量发展，事关国家竞争力提升"。2019年9月19日，中共中央、国务院印发了《交通强国建设纲要》，提出：到2020年，完成决胜全面建成小康社会交通建设任务和"十三五"现代综合交通运输体系发展规划各项任务，为交通强国建设奠定坚实基础，到2035年，基本建成交通强国的目标。《纲要》还要求，科技创新富有活力、智慧引领，强化前沿关键科技研发，大力发展智慧（智能）交通；推动大数据、互联网、人工智能等与交通行业深度融合。

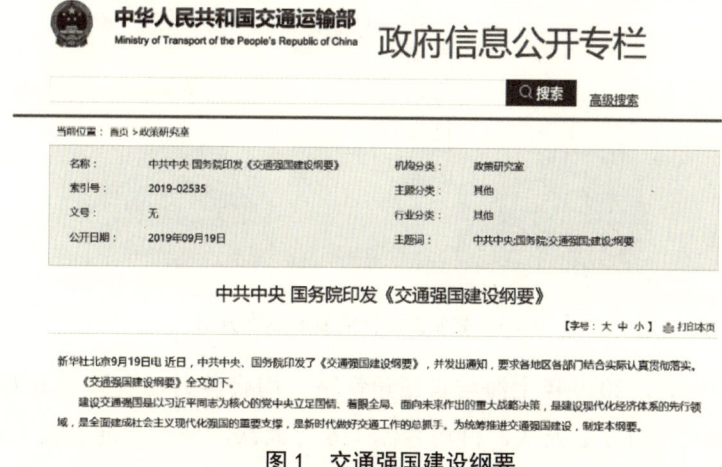

图1　交通强国建设纲要

根据"2020智能交通行业分析调研报告"，我国智能交通产业链参与主体不断壮大，并且主要由政府主导，政府导向的智能交通单位产业链分布如图2，产业链上游高新科技独大，中游服务机构依靠高精尖和产业创新智能交通因素，下游基本以创业公司为主。与传统行业不同，智能交通作为"先进的信息技术、数据通信技术、电子控制技术、传感器技术以及计算机处理技术等有效的综合运用"的交叉学科，主要特点是"新"与"交叉"，紧跟政府指导，专注高新科技发展。

智能交通属于国家"急需紧缺和新兴专业"类别，综合近年智能交通行业新形势，行业发展四维（政策、社会、技术、经济）分析如图3，当下全行业发展已进入高速轨道，相应的各层次教育支持也逐渐"上线"。

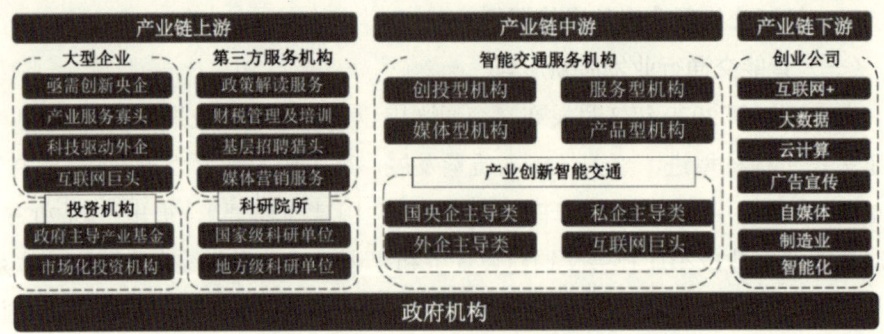

图 2 智能交通产业链参与主体

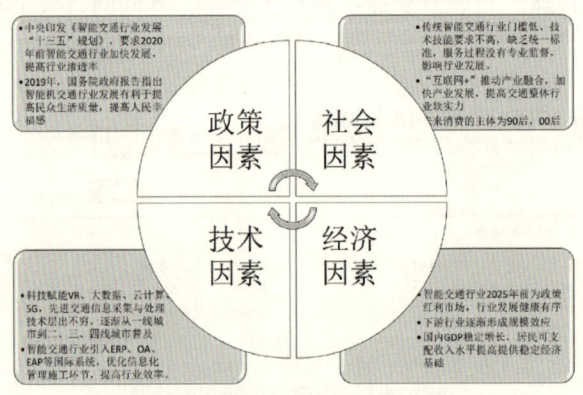

图 3 智能交通行业发展四维分析

以上海为例，2019年上海与长三角铁路日均旅客到发发量44.6万人次，虹桥枢纽年客流量4.2亿人次，日均客流116万人次，城市交通客流65万人次；常住人口2428万人，日均出行总量5710万人次，安装GPS地面公交17527辆、出租车41245辆,全市共享泊位累计达2.2万个。上海城市道路总长度5494公里，遍布于这些道路的智能交通设备设施，包括5000余台道路交通摄像机、27515个交通检测线圈、2188套车牌识别设备、ETC车道数300条……每一天，这些设备都会生成数以百亿计的交通数据记录，通过上海交通公众信息平台进入智能交通管理信息化平台处理。2020年，在应对"新冠肺炎"疫情的战役中，上海智能交通信息化进行了一场实战，其中根据手机移动定位采集到大量信息和数据结果，及时发布的管制措施等信息，实时更新数据，结合"发热门诊地图"和"疫情地图"，方便市民了解身边疫情情况。

这些新变化，主要反映在上海的交通信号控制系统、交通机电系统、城市道路交通监控系统、高速公路收费系统、智能停车（管理）系统、3S 系统（GPS、GIS、RS）、交通管理系统、交通大数据分析系统、综合交通运输系统、交通安全系统，10 个系统伴随新一代信息基础设施建设全面加速，紧密对接上海"五个中心""四大品牌"建设战略，支撑城市能级提升，基本构建起以"信息资源数字化、信息传输网络化、信息技术应用普及化"为主要标志的"数字城市"框架。此外，上海在智能网联测试场、示范区项目的实施和运营，智能交通以及智慧城市应用和相关基础设施建设等领域上进行多项前瞻性技术研究，发挥"互联网+"对稳增长、促改革、调结构、惠民生、防风险的重要作用，专注于数字化、信息化推动基础设施建设、维护和运营管理产业升级，集中体现在高速公路、城市道路交通、物联网、城市停车、综合交通运输 5 个方面，对其他一线城市也不例外。

（二）智能交通行业人才培养的新需求

"十二五"期间我国城市智能交通市场规模以年平均 20% 的速度高速增长，2016 年度规模已经突破 200 亿元，5 年复合增长率 23%，2012-2019 年行业规模如图。2019 年智能交通行业市场规模 2500 亿元，同比增加 18.6%，由于国内国外供需情况短期难以平衡，智能交通行业交通市场需求旺盛，行业覆盖人群规模大、服务及服务用户占比高，服务用量激增，加之行业复合增长率高，互联网+与提高用户体验两项服务尚有发展空间，市场规模庞大，市场销量紧缺，对于智能交通人才培养提出新需求。

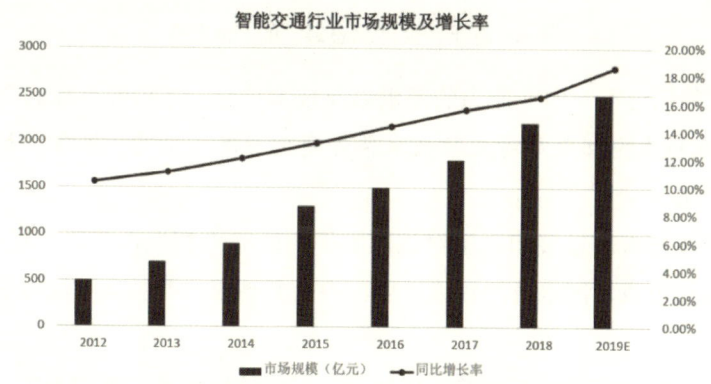

图 5 智能交通行业市场规模

目前交通工程学科最大的特征是学科交叉性，智能交通行业特点是"新"与"交叉"，它是信息技术与交通的有机融合——交叉性表现在交通工程+信息工程

+控制基础,即交通+IT。本专业以需求为导向,IT为工具,支撑交通运输系统的功能和性能的实现,因此在人才培养上,应强化学科交叉性,做到"跨界交叉、深度融合",整合优势资源,强化跨学科联系,实现科技创新和人才优化。根据基于"产业信息链"的产业分布图,交通信息链的前端是"道路交通信息采集与处理"包括软件系统开发和硬件供应商;交通信息链的中端"交通信息的整合与服务"包括网络运营商、信息服务集成商、信息提供商、通信网络运营商;交通信息链的后端(终端)实现信息发布和到户功能,涉及终端设备制造商、信息服务终端软件商、智能交通工具制造商。因此,本科(包括应用型本科)教育人才培养的职业面向、主要岗位群或技术领域、就业岗位名称与内容均发生较大的变化,并应逐步细分。

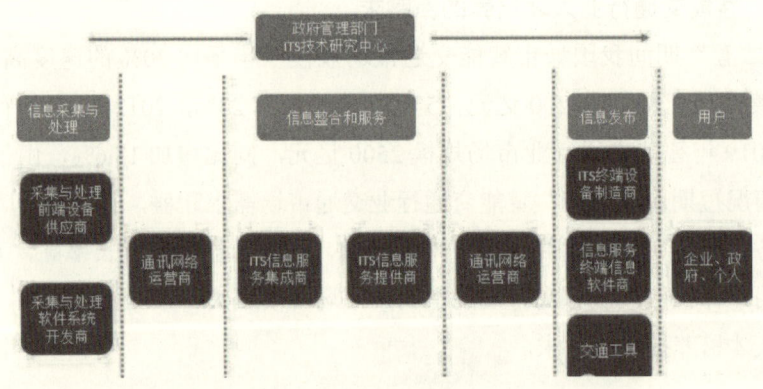

图6 基于"交通信息链"的产业分布

具体智能岗位群对职业能力的需求以及技术技能人才培养目标的新变化有:

1. 企业技术型岗位群对应的技术条件变化情况(工艺、设备、材料等)及劳动组织变化

智能交通技术的发展和运用对识图制图、软硬件测试、智能交通信息控制、智能交通系统集成、网络通信知识运用、办公软件操作等技术型岗位群的要求在不断提高。

劳动力组织方式多以工程方案规划设计、软硬件分析、处理为主,更多需要掌握基础智能交通系统的相关技术知识、方法。鼓励从纯执行型实操能力转化为主动在学习型综合能力,一专多能,由技术人员变化为工程师管理者。

2. 企业管理型岗位群对应的管理方式(管理对象、内容、流程等)变化智能工程项目实施运作类管理型岗位群的主要管理对象为软硬件开发人员、工程安装运维人员等，主要工作内容涉及项目需求调研把控、项目实施方案设计、项目进度规划、项目实施分工安排、项目实施质量把控、项目验收等。

3. 企业服务型岗位群对应的工作方式（商业业态、服务方式与内容等）变化

智能交通系统及产品的安装调试和运行维护类服务型岗位群要求岗位从业人员从埋头苦干型转变为关注客户需求和感受，服务至上。随着智能交通技术的不断提升，公路收费和监控类服务型岗位群的岗位需求降低。

三、"智能交通技术运用"职业能力分析与岗位群设置

（一）岗位职业能力分析

岗位职业能力包括智能专业能力与非专业职业能力。

1. 智能专业能力

（1）能够对智能交通设备进行正确的选型、操作与管理，具有针对智能交通系统产品的集成、安装、调试，以及运维的能力。

（2）能够掌握道路智能交通系统监控和调度的基本内容和业务流程，具有智能交通信息控制与调度的能力。

（3）能够撰写智能交通设备说明书，绘制智能交通设备图、交通路口设计图、交通标志标线设计图，具有交通工程CAD制图能力。

（4）能够开展智能交通项目相关调查、分析处理数据、编写实施方案、编写招投标书，具有一定的交通工程项目的实施运作能力。

（5）具有一定的技术设计、系统分析、系统评估、和疑难排解能力。

2. 非专业职业能力

表格1　非专业知识能力及其定义

序号	五大类能力	非专业知识能力名称	描述
1	理解与交流能力	理解性阅读	理解工作文件的句子和段落。
2	理解与交流能力	积极聆听	理解对方讲话的要点，适当地提出问题。
3	理解与交流能力	有效的口头沟通	交谈中有效果地传递信息。
4	理解与交流能力	积极学习	理解信息中的启示，用于解决问题，帮助做出决定。
5	理解与交流能力	学习方法	在训练和指导工作时选择方法与程序。

（续表）

序号	五大类能力	非专业知识能力名称	描述
6	理解与交流能力	理解他人	关注并理解他人的反应。
7	理解与交流能力	服务他人	积极地寻找方法来帮助他人。
8	科学性思维能力	针对性写作	根据读者需求有效果地传递信息。
9	科学性思维能力	数学解法	用数学方法来解决问题。
10	科学性思维能力	科学分析	用科学的原理和方法来解决问题。
11	科学性思维能力	批判性思维	运用逻辑推理来判定解决问题的建议、结论和方法的优缺点。
12	管理能力	绩效监督	监督和评估自己、他人或组织的绩效以采取改进行动。
13	管理能力	协调安排	根据他人的需要调整工作安排。
14	管理能力	说服他人	说服他人改变想法或者行为。
15	管理能力	谈判技能	与他人沟通并且达成一致。
16	管理能力	指导他人	指导他人怎样去做一件事。
17	管理能力	解决复杂的问题	识别复杂问题并查阅信息以发现和评估解决方案。
18	管理能力	判断和决策	考虑各方案的成本和收益，决定最合适的方案。
19	管理能力	时间管理	管理自己和他人的时间。
20	管理能力	财务管理	决定怎样花钱以完成工作，并为这些开支记账核算。
21	管理能力	物资管理	如何按照工作的特定需要获得设备、厂房和材料，以及监督其合理使用。
22	管理能力	人力资源管理	在工作中激发、发展和指导人们的工作，寻找适合各项工作的人。
23	应用分析能力	新产品构思	分析需求和生产的可能性以开发出新产品。
24	应用分析能力	技术设计	按要求设计和修改设备与技术。
25	应用分析能力	设备选择	决定使用哪一种工具和设备来做一项工作。
26	应用分析能力	质量控制分析	对产品、服务或工作程序进行测试和检查以评价其质量和绩效。
27	应用分析能力	操作监控	监视仪表、控制器和其他指示器以保证机器正常运行。
28	应用分析能力	操作和控制	控制设备和系统的运行。
29	应用分析能力	设备维护	对设备进行日常维护并决定什么时候进行何种维护。
30	应用分析能力	疑难排解	判断出操作错误的产生原因并决定纠错对策。
31	应用分析能力	系统分析	判定变化对一个系统运行结果的影响。
32	应用分析能力	系统评估	识别系统绩效的评估方法或指标，根据系统目标制订行动来改进系统表现。
33	动手能力	安装能力	按照特定要求来安装设备、机器、管线或程序。
34	动手能力	电脑编程	为各种目的编写电脑程序。
35	动手能力	维修机器和系统	使用必要的工具来修理机器和系统。

（二）岗位群设置

智能交通行业主要岗位群见表2，如此划分基本能够保证对智能交通行业整个产业链的覆盖，与此相对应。

表格2　智能交通产业行业岗位群划分和相应岗位设置

编号	主要岗位群	技术领域
1	面向城市道路交通智能交通信息与控制	交通信号控制（集成）及其运维
		电气信号设备装置
		电气信号设备
		城市道路交通监控集成系统
		物（车）联网智能设备（芯片，集成电路、LED显示屏、智能电子车牌等）硬件制造
		道路运输车辆监控
2	面向高速公路交通智能交通信息与控制	交通机电项目工程
		技术咨询工程
		运维工程
		高速公路系统集成
		交通通信网络设备维修
		监控设备
		电子卡口
		售前技术支持
		ETC安装、维护、测试
3	智能停车（管理）系统	智能停车运维、测试
		售前技术支持
4	3S系统（GPS、GIS、RS）相关	GPS与北斗定位(车载与手机)
		GIS
		RS遥感（如RFID)
5	智能交通规划与设计	交通分析
		产品售前咨询
		交通工程制图
		智能交通项目分析
6	道路运输业的道路工程（智能化方向）	市场推广
		现场交付
		交通项目（弱电安防方向）

（续表）

编号	主要岗位群	技术领域
7	交通大数据分析类	智能软件系统系统测试
		数据提供
		电子地图（基于GIS）
8	综合交通运输组织与管理（智能化方向）	轨道交通
		道路运输服务人员
9	其他（含智能交通投融资）	道路运输和水上运输服务

四、结语

本文首先分析智能交通行业产业链和行业四维因素，并以一线城市上海为例，说明行业发展相关的10个系统与5个面向，提出当下智能交通行业发展新形势。然后结合交通工程学科目前最大特征"学科交叉性"，以及智能交通行业特点，阐述人才培养的3个新变化。最后从专业能力与非专业职业能力进行智能岗位分析，结合教育部专业标准，提出就业的九大岗位群。通过以上分析，解决智能专业制定岗位实习标准的核心问题，为后续工作奠基。

（作者：张晓婷）

参考文献

[1] 智研咨询.2020智能交通行业分析投资报告[EB/OL].2019[2020.04].https：//www.chyxx.com/research/201705/525021.html.

[2] 职教百科公共信息服务平台，普通高等教育高职高专拟招生专业设置备案结果平台：http：//www.zjchina.org/mspMajorIndexAction.fo.

[3] 智能交通技术运用专业教学标准研制专家组.高等职业学校智能交通技术运用专业教学标准研制调研报告[M].全国交通运输职业教育教学指导委员，2019.

[4] 智能交通技术运用专业教学标准研制专家组，高等职业学校智能交通技术运用专业教学标准［M］.中华人民共和国教育部，2019.

[5] 梁伯栋，向怀坤，李志恒，等.深圳市智能交通技术与产业人才技能认证体系的构建[J].深圳职业技术学院学报，2016，15(3).

[6] 唐克双，杨晓光，马万经，等.新形势下智能交通运输系统工程本科专业方向人才培养模式探讨[J].教育教学论坛，2016(39)：41-44.

教育信息化 2.0 视角下哲学课堂变革的探究
——以一堂《坚持内外因相结合，促进人生发展》的课为例

上海船厂技工学校

随着信息技术的深入发展，特别是随着人工智能、大数据、教育资源云、互联网+、5G 等技术的发展和普及，信息技术倒逼教育进行革新，教育信息化 2.0 的推进，标志着课堂的概念和模式均发生了重大变革。中职哲学课堂也必须顺应教育信息化的潮流。

一、哲学课堂信息化变革的背景和意义

按照《教育信息化"十三五"规划》，到 2020 年，要基本建成"人人皆学，处处能学，时时可学"、与国家教育现代化发展目标相适应的教育信息化体系。规划的主要任务包括"三通工程"，大幅提升信息化服务教育教学与管理的能力，优先提升教育信息化促进教育公平，深化信息技术与教育教学的融合发展，从服务教育教学拓展为服务育人全过程等。

随着信息技术的迅猛发展，社会和学校以及老师和学生信息化水平的不断提高，信息技术在哲学课堂中的使用也越来越广泛和普及。这些信息化手段的应用，体现在哲学课堂上的重要意义有：

（一）教学内容生动，学生更易于接受

在老师的指引下，教学内容运用多媒体手段，通过网络传播沟通，形成一个声情并茂、图文丰富多彩的情景世界，相比哲学抽象概念更容易记忆和理解。比如在学习"内外因相结合,促进人生发展"课程时，引用丁俊晖的案例 PPT 和影片，让学生形象生动了解丁俊晖的故事，更直观感受他成功背后的故事，更能理解内因：自己的努力，和外因：家人、经纪人和赞助商的支持。

（二）教学空间拓宽，便于接纳更多教育资源

因特网的迅猛发展，4G 及 5G 技术的成熟应用，大量慕课优质课程涌现，翻转课堂兴起，教育资源云、智慧教室的使用，老师和学生都容易获得优质的教育资源，教学信息化手段大大扩宽了教学空间，提高了教学效率和教育水平。

（三）教学地位扭转，学生变为主动学习

传统教学模式下，老师和学生的教学地位一成不变，就是教与学，老师千方百计让学生多听、多记、多问、多读、多背、多练。对于哲学课程来说，效果的低下会打消学生的学习热情，从被动学变为消极学。信息化手段的应用，老师的要求和引导，使得学生可以由被动变主动。将他们感兴趣的内容、话题、案例通过预习、交流，学习不再是枯燥无味的死记硬背。

二、基于信息技术的哲学教学设计及案例

根据教学大纲要求，按照目标和计划，教学设计主要运用合理的教育资源和信息化手段，完成教学目标，并突出教学重点问题，解决难点问题。良好的教学设计是教学质量和保证效率的前提和基础。

基于信息技术的教学设计的过程，是在"学教并重"的理念下，在理论、方法和过程上兼顾两者之长并弃其之短，既突出学生的主体地位，又重视教师的主导作用，特别是充分应用合理的信息化手段。主要包括以下几个环节：首先教学目标分析，确定教学内容和知识点及顺序；其次是教学对象特征分析，确定重点、难点；然后是教学策略的选择；接下来是教学环境和资源的设计，这时候要注意哪些信息化资源是可选择的；最后是教学过程的设计并形成方案。在教学活动结束后进行反思总结。

下面以高等教育出版社出版、王霁主编的中职教材《哲学与人生》中的某个课程为例，探究哲学课堂基于信息技术变革的课程设计内容，抛砖引玉，以供参考。

课程名称：《坚持内外因相结合，促进人生发展》

（一）教学分析

1. 教学内容分析

第三版的《哲学与人生》教材经过修订，更贴近中职学生实际，顺应教学需求。从全课程知识体系看，本课时的核心是要坚持内外因相结合，促进自身发展，告诉我们的是人生发展不能只靠外部环境，强调事物的发展是内外因共同作用的结果，要求我们用内因外因的辩证关系原理正确处理自身努力和外部条件的关系，促进人生发展。第二课时是第一课时的升华。

2. 学情分析

本课教学对象是中职二年级所有专业的学生，通过第一课时矛盾基本观点的

学习，为本课时的学习奠定了一定的知识基础。同时由于中职学生身心还不成熟，生活阅历有限，看问题往往具有片面性。往往过分注重外部原因，不重视内因的作用，所以需要帮助学生运用内外因原理解决个人成长中经常遇到的问题，提高自身素质，促进人生发展。同时学生们习惯使用智能手机、平板电脑等网络工具交流、获取信息，对信息化手段有浓厚的兴趣。

3. 教学目标

根据教学大纲和教材内容，本课教学目标有：

（1）认知：了解内因与外因的含义；理解内外因的辩证关系及其对人生发展的作用。

（2）情感态度观念：树立立足自身主观努力的信念。

（3）运用：学会用内外因原理正确理解自身努力与外部条件的关系，分析成长中的内外因，用积极的态度对待生活，培养自强不息、努力奋斗的优秀品质。

4. 重点难点分析

重点是正确处理自身努力和外部条件的关系，难点是哲学概念和思想的理解，事物的发展是内外因共同作用的结果，内外因的辩证关系的理论性较强，学生理解起来有难度。

5. 教学策略分析

按照大纲要求，结合上述分析情况，结合学生实际，利用多媒体教学资源和信息化手段，主要运用了直观教学法、启发式教学法、情景教学法、案例分析、小组合作探究等方法，引导和要求学生学会搜集事例资料，运用和理解以前学过的或者本课的哲学思想来分析问题、解决问题，并在学习交流和讨论的过程中培养集体观念和合作精神。

6. 教学环境和教学资源准备

在信息化教学设计中，教学环境和资源除了教学设施外，还运用到了大量信息化设备仪器、信息资源、技术等。

（1）课前，将预习和要求发布到学生 QQ 群、微信群里，通过预习共享哲学课程有关《内因外因辩证关系》的章节，并进行练习和作业。

（2）要求搜索学生自己关注的名人或热点人物以及身边学校优秀学生的故事案例，分析他们在成功或成长的道路，分组制作电子小报或 PPT，发到老师邮箱。

（3）课中，将准备好的原创 PPT 课件、多媒体视频、图片等内容通过多媒体教学设备播放，学生在设备上浏览教学网站上"知识点""视频和PPT""任务和作业"等板块。

（4）课后，布置讨论任务，完成心得体会作业和知识作业，通过教学网站提交。老师登录以后完成教学评价，批改作业。

（二）教学过程设计

1. 教学环节

课前、课中和课后3个部分，组成了整个教学环节设计。环环相扣学习与巩固，学生深刻理解、系统掌握大纲要求的哲学知识点，还能运用在人生的道路上。

2. 课堂活动

导入课程：回顾和分享各小组预习课程的情况，播放代表人物的优秀电子小报和PPT。

巩固：小组组长或代表交流成果。

（1）人生发展不能只靠外部环境。

（2）事物的发展是内因外因共同作用的结果。

（3）正确处理自身努力和外部条件的关系。

3. 信息技术应用内容

除了教学资源中所列出的外，具体还用到了PPT《丁俊晖的故事》，引出问题（1）促成丁俊晖成功的原因都有哪些？（2）只有家人、经纪人和赞助商的帮助能否就能带来他的成功？PPT《小鸡的出生》，结合幻灯片讲解内外因在事物发展的过程中同时存在，缺一不可，内外因的含义和辩证关系。最后，学校及上海市出战并获奖的学生代表的新闻、奖状和图片分享交流，分析同样的学校、老师和教材，为什么身边的同学那么优秀，能获得荣誉和认可，请同学们结合自己的专业和情况，分析内外因素，实事求是，给自己制定职业规划的长期和短期目标，并制定具体计划措施。

（三）教学反思

借助信息技术平台和手段，通过切实可行教学计划和准备，本次课程的教学基本完成了教学任务和目标。这些信息化手段很好突破了本课程的重点和难点，有益于学生接受和理解及运用。

受限于信息化的发展水平及软硬件的不足，还有学生的主动学习动力不足，课前准备参差不齐，整体教学的效果大相径庭。另外，学生热情难以持续，在今后的哲学教育和生活中理论与实践结合上有待观察。

三、教育信息化 2.0 新背景下需要解决的问题

从我国教育信息化的发展历程来看，随着人工智能、大数据、教育资源云、互联网+等技术的发展、应用与成熟，随着 5G 的兴起，信息技术倒逼教育进行革新。具体来说有以下几点问题需要重视和解决。

（一）提升信息化意识

教育工作者对教育信息化的核心作用和"革命性影响"认识不足，尚未从根本上引起重视。

（二）教育资源共享化水平

教育资源与应用的现状，是资源初具规模，但优质资源不多，数量质量均有不足，共建共享机制没有形成，状况慢慢从"有无"发展到"能用"，最后到"好用"。

（三）队伍建设职能化分工

存在专职人员建设不足，岗位编制、评聘体系等问题尚未解决，人员培训与服务体系尚未形成。

（作者：张艺、刘冬前）

参考文献

[1] 教育部. 教育部关于印发《教育信息化 2.0 行动计划》的通知. 教技 [2018] 6 号，2018-04-18.
[2] 薛丹华. 信息化条件下的中职德育教学变革 [J]. 教师，2016(4)：79—80.
[3] 刘卫国. 中职哲学课的信息化教学设计 [J]. 广西教育 B（中教版），2015(5)：61-62.
[4] 陶玉芳. 对哲学课堂信息化的反思 [J]. 长春工业大学学报（高教研究版），2014(6)：84-86.

依章治校视阈下职业院校专业教材开发机制研究

上海商业会计学校

教材是连接课程设计和教学实施的主要纽带，是将课程标准转化成教学实践，实现"编、教、学三合一"的首要环节。高质量的教材引领教学模式和学习模式

的变革,成为提高人才培养质量、促进学生可持续发展的基础性力量。坚持教材的思想性、科学性和时代性,增强教材的统一性是教材建设的基本趋势。职业院校因其职业性,利用其产教融合的优势,在确保专业教材思想性、统一性的前提下,充分发挥职业院校专业教材开发建设的主动性,以主体的多样性和结构的灵活性促进专业教材的时代性和职业性是职业院校专业教材开发建设的可行路径。为了确保专业教材质量,引导专业教材朝着口袋化和活页化方向发展,建立以科学的制度体系为基础的法治化专业教材开发的体制机制,是职业院校专业教材建设坚持统一性前提下多样化开发的基础性工程。本文拟从法制化视阈下依据章程对专业教材开发的体制机制进行探索。

一、坚持依法治校原则,构建专业教材建设的制度体系

(一)专业教材建设制度的逻辑起点——《职业院校章程》

《职业院校章程》是学校贯彻依法治校的框架性制度。《职业院校章程》是统领职业院校各项工作的总纲,对专业教材建设工作进行指导性规定,成为职业院校专业教材建设的逻辑起点。

《职业院校章程》应设立专门条款对专业教材建设进行原则性规定,为专业教材建设的合作机制和专家管理机制的建立提供制度依据。《职业学院章程》应明确规定职业院校必须加强与行业企业合作、共同建立专业建设指导委员会、加强包括课程与教材建设在内的专业建设、促进学校教学质量不断提高。

《职业院校章程》还应明确学校必须建立健全教材管理制度,优先选用国家规划教材,同时根据培养目标和产业发展需要,依据学校专业教材开发与使用规定,开发使用专业教材。这项规定为专业教材开发的需求和依据做出科学规范,明确专业教材开发与建设必须依循的专项制度,勾勒专业教材开发建设制度体系的主要轮廓,明确在坚持专业教材建设统一性的前提下依据需要以职业院校为主体开展针对性的专业教材建设。

(二)专业教材建设中专家治学的制度基石——《职业院校学术委员会章程》和《专业建设指导委员会工作章程》

为发扬学术民主,规范学术管理,引导职业院校专业建设和人才培养的科学发展,促进职业院校规范和加强学术委员会建设,完善内部治理结构,保障学术委员会在教学、科研等学术事务中有效发挥作用,参照国家有关法规和规程,应

制定《职业院校学术委员会章程》。

《职业院校学术委员会章程》应根据职业院校专业教材建设需要设置教材建设专门委员会，并明确教材建设专门委员会工作职责：审议专业教材建设方案；评定专业教材建设申报立项并监督指导专业教材建设工作；对专业教材建设成果进行评定。

《专业建设指导委员会工作章程》应明确专业建设指导委员会是职业院校专业建设的指导与咨询机构，并为制定和规划职业院校的专业发展计划，调整和优化职业院校专业结构提供服务。对职业院校专业建设方向、专业人才培养目标、人才培养方案及与之相适应的课程体系和专业教材开发、教学模式进行指导。

根据上述规定，教材建设专门委员会成员在专业教材建设的立项评审、过程监督与指导、评估验收等专业教材建设环节提供智力支持，并对专业教材立项的合理性、开发的规范性和成果的科学性进行指导、评价与鉴定，作为专业教材评审专家，把好专业教材质量关。专业建设指导委员会成员在专业教材建设规划和计划制订、教材大纲撰写与指导、编审等建设工作提供咨询服务、资源供给，甚至直接参与专业教材编写工作，作为专业教材的建设者，直接参与专业教材建设活动，为提升专业教材质量，发挥专业教材作用贡献智慧。

（三）专业教材建设的操作性规范——《职业院校教材管理规定》

《职业院校教材管理规定》应明确教材开发的基本理念：专业教材建设应秉持"任务引领、编教结合、学用合一，关注学生、促进发展，合作开放、改革创新"的理念。《职业院校教材管理规定》还应明确专业教材开发管理应遵循的基本原则。专业教材建设应遵循"满足需要、推动改革、促进发展、提升质量、突出重点、统筹兼顾"的基本原则。同时明确专业教材开发的日常管理部门。《职业院校教材管理规定》还应就专业教材开发的立项评审、跨院校合作建设教材的备案管理、开发过程的监督指导、开发成果的验收审核以及教材教学实践效果的评估、教材编写资金的管理与使用等编审环节进行具体规定。《职业院校教材管理规定》是职业院校专业教材建设的操作性规范。

（四）专业教材建设的激励与评价——《职业院校教职工奖励办法》

《职业院校教职工奖励办法》应将科研成果作为一个奖励大类进行规定，其中教材的编写是科研成果奖励的重要内容。《职业院校教职工奖励办法》必须规定教材的奖励标准。职业院校可依据《职业院校教职工奖励办法》制定专门的《职业院校科研成果评选奖励办法》，该办法旨在对包括专业教材开发在内的科研成果的参评条件、程序和奖项设计进行进一步具体的规定。其目的是激励教职工开展专业教材建设、提升专业教材质量、增强专业教材教育教学效果。

由图1可知，职业院校与专业教材开发建设相关的制度构成了一套层次分明、界域清晰、管理规范、执行高效的法治化专业教材建设的制度体系。在这个制度体系中，《职业院校章程》是总纲，规定了专业教材建设的法治基调和专家治学的特色。《职业院校学术委员会章程》和《专业建设指导委员会章程》分别为教材专家和业务专家指导和参与专业教材建设工作提供了制度支持。《职业院校教材管理规定》为专业教材建设的立项、备案、督导、验收、评估、奖励以及资金管理提供了操作性规范，《职业院校内涵经费工作管理办法》、《职业院校教职工奖励办法》和《职业院校科研工作评选奖励办法》为专业教材建设工作提供了专项制度安排。

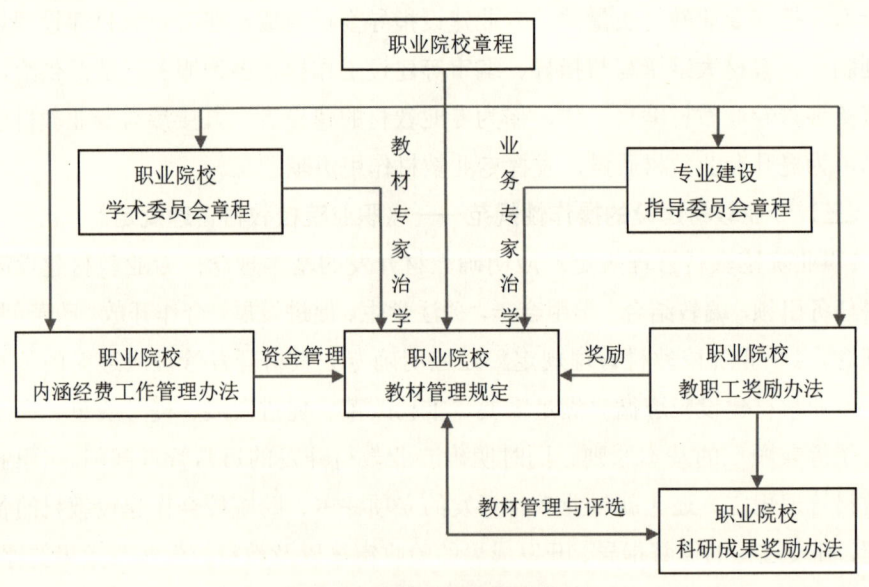

图1 专业教材建设制度体系

二、按照专家治学和规范高效的原则，构建专业教材建设的组织体系

（一）专业教材建设的组织框架和职责关系

党委和校务委员会是专业教材建设的决策机构，学术委员会下设的教材建设专门委员会和专业建设指导委员会是专业教材建设的专家咨询与业务指导机

构，二级院部和各二级职能科室是专业教材建设的组织机构，科研督导中心是专业教材建设的服务与督导机构，专业教材编审委员会是专业教材建设的执行机构，相关企业、科研机构和合作院校是专业教材建设的合作者，其组织结构如图2所示：

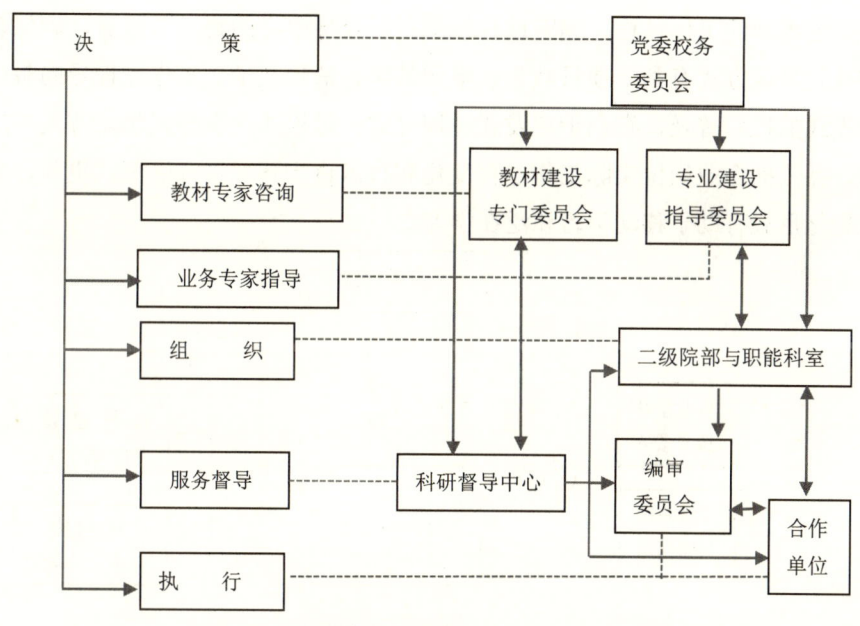

图2　专业教材建设组织结构及其职能关系图

注：实线单箭头表示从属关系，实线双箭头表示合作关系，虚线表示机构及其相应的职能

（二）专业教材开发的基本程序

各二级院部和职能科室依据技术发展状况、生产服务领域新的业务规范和工作流程、教育教学需要，在专业建设指导委员会中的行业企业管理与技术专家的指导下，进行需求发掘和立项研究，编制专业教材建设规划和计划，报科研督导中心汇总后编制职业院校全校性专业教材建设规划和计划，提请教材建设专门委员会审核通过后报校务委员会批准。各二级院部和职能部门依据批准的专业教材建设规划和计划，组织成立具体教材编审委员会。通常专业教材编审委员会由经验丰富的教师、行业企业管理和技术人员、课程专家和开发技术人员共同组成。专业教材编审委员会在充分研究的基础上提出教材编写大纲和编写方案，填写专业教材编写立项申报表报科研督导中心，科研督导中心组织教材建设专门委员会

成员进行立项审核。审核通过后，编审委员会按照立项申报表所确定的思路、程序和要求开展专业教材的编写、修订工作。

编审委员会应充分发挥行业企业技术和管理专家的技术和管理优势，科学选择教材内容，促使教材最大限度地反映最新的职业标准、行业标准和岗位规范，反映岗位最新的工作过程。编审过程接受科研督导中心的督导与服务，确保教材内容及其呈现方式有利于项目教学、案例教学、情景教学、工作过程导向教学等教学模式的推广普及，有利于启发式、探究式、讨论式、参与式学习方式的广泛运用，并依据企业岗位实际工作过程变化和技术进步状况进行活页式更新，并通过口袋化形式有助于移动学习和泛在学习。

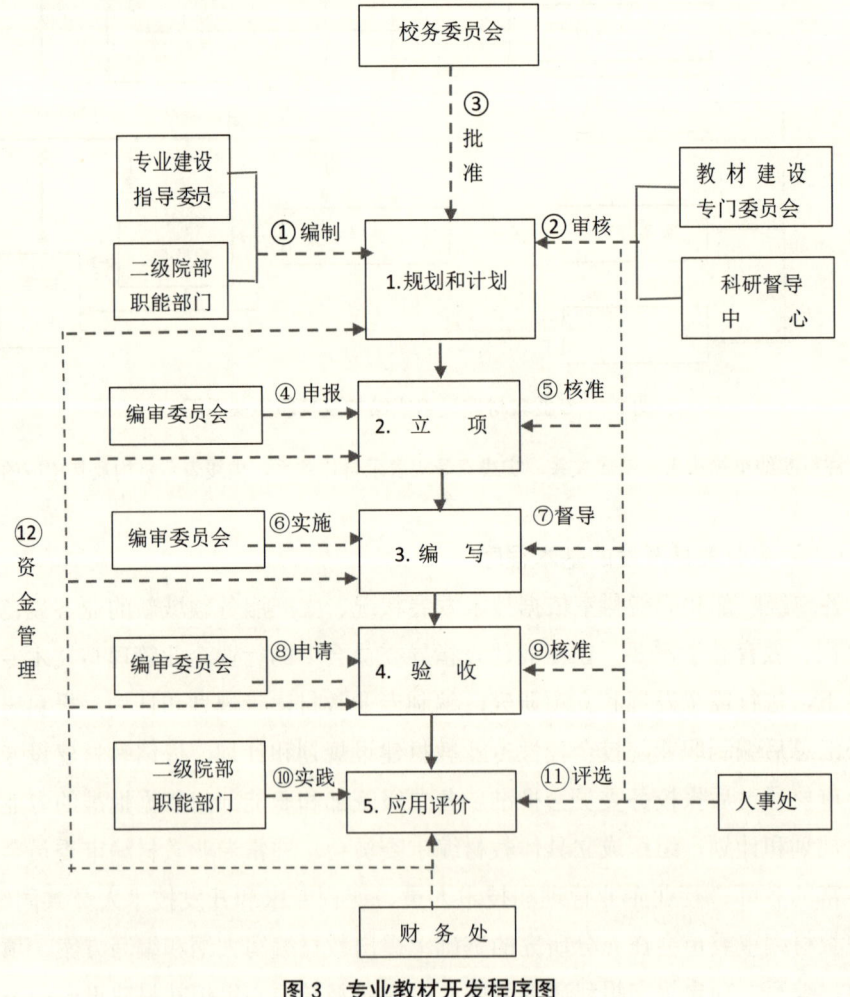

图3 专业教材开发程序图

按照立项申报表规定的时间节点编写完成的专业教材应提交科研督导中心组织教材专门委员会成员进行验收评估。验收通过后方可印刷或出版并投入教学实践与试验。

人事处按照《职业院校教职工奖励办法》对验收的专业教材进行奖励。二级院部和职能部门根据教育教学计划安排，将开发的专业教材投入教学实践，根据教学实践效果，科研督导中心组织教材建设专门委员会成员对专业教材进行应用效果评估，并按《职业院校科研成果奖励办法》评选并奖励。财务处对专业教材开发全过程的资金使用进行管理与监督，确保资金使用节约、合理、合规、高效。

三、按照优质、高效、开放、激励的原则，构建专业教材开发机制

专业教材建设机制必须服务于专业教材建设的根本目标，满足学生可持续、个性化发展需求，体现培养技术型应用型发展型人才需要，有助于落实立德树人的根本任务，确保专业教材的思想性、科学性、时代性、职业性、可读性和特色化，在改革创新中实现课程标准向教学实践的转化，落实"编、教、学三合一"的现代教材观，彰显学校的办学优势和办学特色，巩固和拓展学校的品牌效应，总结和升华人才培养的经验与成果。为此职业院校应依据"优质、高效"的要求，以开放的姿态和激励的手段，在职业院校办学理念和总体战略的引领下，发挥制度优势和管理特色，在改革创新实践中，逐渐形成双路径借智导建机制、多元化合作共建机制、编审评战略协同机制、双层递进式评价激励机制、多元需求侧计划管理机制。

（一）双路径借智导建机制

借智导建是职业院校专业教材建设最具特色的开发机制。为了更好地利用校外专家在专业教材建设中的智力支持，借智导建成为专业教材建设的基本策略。专业教材开发过程中，借智导建具有多种路径。以专业建设指导委员会的行业企业管理和技术专家为主体的专业教材业务指导路径，参与专业教材的需求预测与调研、规划计划的编制、编写大纲的撰写、内容的选择与组织、结构的设计与搭建、技术的应用与合成，甚至参与专业教材的编写。以教材建设专门委员会的课程专家为主体的专业教材理论督导路径，开展专业教材建设的需求论证、立项评审、理论与实务咨询、过程督导、验收评估和实践效果评估。两个路径分别从理

论和实务两个维度为专业教材建设提供智力支持，共同为专业教材的高质量提供理论指导和业务支援。借智导建机制是专业教材开发的开放机制的重要方面。

（二）多元化合作共建机制

校企各方以合作的方式共同开展专业教材的开发建设是一项普遍化的做法。以校企合作为基础，其他多种合作方式为补充的多元化合作共建机制，成为职业院校专业教材建设的一个亮点。依据"冠名式"人才培养模式的需要开展打上特定企业烙印的特色教材的开发模式值得尝试，在业务专家的指导下依据行业企业发展的新动向及时修订、完善和增补专业教材应常态化。在中高贯通、中本贯通人才培养模式试点的过程中，应形成以职业院校为主体开展跨院校合作的系列专业教材开发模式。应积极探索与其他职业院校、科研院所开展专业教材开发的资金、理论和业务合作。职业院校、教材所指向的专业企业、数字媒体公司三方合作开发专业数字教材是数字教材开发的基本范式。多元合作共建机制是专业教材开发中开放机制的另一个重要方面。

（三）编审评战略协同机制

教材立项申报、编写或修订、申请验收、交付印刷（或出版）、使用试验的主体是二级院部、专业建设团队和专业教师，为上述专业教材开发环节和事项提供咨询服务、资源供给或直接参与教材开发的行业企业专家或团队也是教材编写的不可或缺的力量。专家团队的参与对于保证所编教材及时反映行业标准和岗位规范，把握教材的时代性和前瞻性具有特殊意义。科研督导中心依法协助或组织课程教材专家开展专业教材开发立项评审、开发过程督导和成果验收以及使用效果评估，这对于确保教材开发符合学生发展需求，体现学生认知规律、成长规律和教育教学规律，保证教材的思想性、科学性、时代性、规范性和创新性，引领学习方式和教学方式变革与创新具有积极作用，对开发主体的开发全过程和教材开发的各项要素沿着既定的目标进行、符合既定的标准、规范和要求提供监督与保障。开发和督导是专业教材开发的两个相互制约、相互联系、协同进阶的相对独立的系统，但两者都服从和服务于专业教材质量的提升，都为优质专业教材的开发保驾护航。所以从这个意义上说，两个系统又具有战略协同关系，两个系统相互促进、相互支持、相互协调。

（四）双层递进式评价激励机制

专业教材激励分为两个递进的层次。第一层次是基础性、普惠性的初激励，其条件是开发或修订的专业教材已通过教材建设专门委员会验收,并交付印刷或出版,其制度依据是《职业院校教职工奖励办法》中的相关规定,其奖励等第和数额的确定依据教材篇幅、出版社或印刷厂的等第确定。初激励具有范围宽、奖励金额相对较低的特点,其性质是对教职工专业教材编写成果的肯定与激励,与教职工的其他奖励并行,具有引导教职工积极开展专业教材研究与编写的功能。

第二层次是检验性、成效性的再激励。专业教材出版或印刷后便进入教学实践应用阶段。开展专业教材评估认定是专业教材开发的必要环节。专业教材开发系统和专业教材督导系统共同开展专业教材实践效果的评估认定,合作诊断专业教材存在的问题,共同提出专业教材改进完善的方案,并由督导系统会同人事处确定专业教材奖励范围和奖励等第,开展以评促建的激励活动。再激励具有鲜明的效果导向功能,具有延时性、检验性和实践性,其奖励范围较窄、奖励条件较严、奖励力度较大、激励作用较强的特点,只有经过一定时间的教学实践与试验,经评估认定效果好的优质教材才能分享再激励,具有引导教职工开发优质高效的专业教材的功能。再激励也是强力激励,必须增强震撼力和吸引力。

(五)多元需求侧计划管理机制

需求调研和论证是专业教材开发的首要环节,是编制专业教材开发规划和计划的起点。

专业教材的需求是多样的、分层的。落实立德树人的根本任务,培育学生的核心素养,将社会主义核心价值观和职业道德融入教材,满足学生全面、可持续、个性化发展,增强教材的思想性、科学性是专业教材建设的首要需求。首要需求由二级院部、编审人员调研和论证,课程专家审核。

服务学校人才培养模式的创新,反映社会经济发展和科技进步的最新成果,体现行业新标准、岗位新规范、工作新过程,增强教材的时代性和前瞻性,是专业教材开发的时代性要求和职业性要求。其时代性要求和职业性要求由专业建设团队在行业企业专家的指导下调研和论证,课程专家质询与确认。

践行职业院校的发展理念,落实职业院校的发展战略,服务职业院校的战略重点和战略方向,彰显职业院校特色,发挥职业院校优势是专业教材开发的校本需求。校本需求服从于学生发展需求和时代性、职业性需求。校本需求是实现学生发展需求和时代性、职业性需求的路径选择和方向选择。校本需求由校务委员会、二级院部和职能部门调研和论证，行业专家和课程专家提供咨询服务，并由课程专家质询与确认。

各层次需求经论证和确认后，由二级院部和各职能部门编制专业教材开发规划，编列开发计划，再由科研督导中心汇总编制全校专业教材开发规划和计划，经课程专家审核后报校务委员会核批。

任何专业教材的开发必须列入规划和开发计划，未列入开发计划，但因形势发展需要而确需开发的专业教材依然必须经过需求调研与论证、确认程序，再补充列入规划和计划。未列入规划和计划的专业教材不得擅自开发，以确保专业教材开发计划的严肃性和权威性。

各二级院部和职能部门是专业教材开发计划的组织者，各专业教材编审委员会是专业教材开发计划的执行者。科研督导中心是专业教材开发的督导与服务者。

四、结束语

依法治校是提高职业院校治理效能的重要抓手。职业院校应完善以《职业院校章程》为总纲的制度体系，专业教材建设制度体系是其有机组成部分。《职业院校章程》确立专业教材建设开发的开放、合作机制，明确专业教材开发管理的需求依据和制度依据，规定专业教材开发的基本要求。以科研督导中心为主体依据《职业院校章程》修订完善专门的《职业院校教材管理规定》和专家治校、借智共建、科研成果奖励等相关制度，以财务处和人事处为主体分别修订完善资金管理和职工奖励的相关制度，以形成完整的专业教材建设制度体系。

依据科学完整的专业教材开发管理的制度体系，逐渐构建权责明确、结构合理、运行高效的组织架构。依据组织架构形成一套路径清晰、衔接高效、既相互制约又相互支持的规范化开发程序，构建既相对独立又相互联系的课程教材专家主导的督导系统，行业企业管理和技术专家主导的业务咨询服务系统，二级院部和职能科室主导的专业教材立项、开发、应用系统，以财务处、人事处主导的专业教材开发资金管理和成果鉴定奖励系统。

职业院校应在总结专业教材开发建设经验的基础上，逐渐创建一系列独具特色的专业教材开发机制，包括双路径借智导建机制、多元化合作共建机制、编审评战略协同机制、双层递进式评价激励机制、多元需求侧计划管理机制，这些机制为确保专业教材满足育人需求、提升专业教材开发质量、维护专业教材组织体系和开发程序高效运转,贯彻专业教材开发的法治、开放理念发挥了积极作用。

(作者:汪正干)

参考文献

[1] 王启龙,马树超. 我国职业院校教材建设的成效、挑战与对策 [J]. 职教论坛,2018,(12):24-29.

[2] 马桂香,邓泽民. 我国职业教育教材研究40年综述 [J]. 职教论坛,2019,(10):57-64.

[3] 彭湘华,高猛,朱剑霞,罗专村,吴甜敏. 卓越人才背景下高职会计专业"校政企"合作教材建设研究——基于长沙民政职业技术学院的实践 [J]. 营销界,2018,(38):286-287.

[4] 王强,姜莉,吴彪,李雯,张鹏. 应用型本科高校学科、专业、课程、教材及教学五位一体化建设与融合创新 [J]. 黑龙江工程学院学报,2019,(5):65-68.

[5] 张健,陈清. 职业教育"双场融合三境合一"课程改革创新 [J]. 职教论坛,2019,(2):6-13.

[6] 王永红,王诗瑶. 论高职专业课程改革的核心理念 [J]. 职教论坛,2018,(5):47-51.

[7] 孟景舟. 美好生活时代职业教育的新概念 [J]. 职教论坛,2018,(10):6-12.

[8] 余思瑶. 高职院校校企协同育人模式的实践探索 [J]. 职教论坛,2018,(6):138-141.

[9] 叶波. 教科书本质:历史谱系与重新思考 [J]. 课程•教材•教法,2018,(9):75-79.

[10] 刘骥. 如何应对全球学习危机?——世界银行《2018世界发展报告》述评 [J]. 全球教育展望,2018,(6):3-14.

四、职教发展篇

职业教育的水平直接关系到一个国家制造业的水平,职教的发展也与国家经济发展休戚相关。上海作为国际化大都市,应当拥有国际水平的职业教育。而要建成国际水平的职业教育,首先必须要建立国际水平的专业教学标准。上海自实施国际水平专业教学标准试点工作以来,取得了不少成绩和经验,值得总结。职业教育要取得长足的发展,必须依靠教育科研的保障。可喜的是,近年来青年教师的科研意识和科研能力明显提升,不少青年教师能够用非常专业的科研方法和规范的统计学表达方法完成科研工作并取得不俗的成果,这是职业教育发展的强劲动力。

基于表达性艺术疗法的中职心理健康课体验式教学设计与实践
——以自我意识辅导模块为例

上海商业会计学校

一、问题的提出

《中等职业学校德育课心理健康教学大纲》指出中职心理健康课教学"重在体验和调适",所以中职心理健康课程常采用体验式教学法。体验式教学法是指教师通过精心设计的活动让学生亲身参与获得真切感受,与同学分享增加内心认同,教师总结提升达到领悟,并能应用于实践的教学方法[1]。在这一教学过程中,师生之间敞开心扉积极交流与表达是必要条件,但中职生的心理健康课体验式课堂普遍存在过于注重活动形式、小组讨论低效、发言积极性低的问题[2]。有调查认为学生课堂安全感、课堂设计吸引力等是影响中职心理健康课堂交流有效性的重要因素[3]。除此之外，笔者认为中职生的心理特点也是影响心理健康课课堂交流有效性的另一因素：研究发现，当前很多中职学生存在自我认同感不强，易自卑的心理现象[4]，所以有些中职生害怕或者不敢当众表达自己的想法与情绪；同时，处于青春期的中职生防御心重，不愿敞开心扉。因此，有吸引力的课堂教学设计、安全的课堂氛围和安全的表达方式，降低学生防御心理，促进课堂有效交流，对中职心理健康教学显得十分重要。

二、表达性艺术疗法及其在心理健康课的应用现状

表达性艺术疗法（Expressive Arts Therapy）发端于21世纪三四十年代的精神治疗运动。美国艺术治疗协会(AmericanArtTherapyAssociation，1997)对它的界定是：艺术治疗是利用艺术媒介、艺术创造过程及当事人对所创作的艺术作品的反应，实现对个人内心关注点与冲突点的反思，调和情绪冲突，促进自我成长。来自国内外的相关研究报告均显示，艺术治疗作为一种科学而有效的心理疗法，具有一定的有效性[5]，不但可以应用于抑郁症、自闭症和焦虑等群体，也同样可应用于一般人的潜能激发、自我成长等[6]。

由于表达性艺术疗法可以创设安全的氛围，降低防御心理，促进学生分享交流，提高课堂吸引力，因此，越来越多的学者和一线教师开始积极思考和实践表达性艺术疗法在心理健康课教学中的应用[7]。有研究通过理论分析阐述表达性艺术疗法用于心理健康课的优势[8]，也有学者分析了部分表达技术在普教、大学心理健康课的应用[9][10][11]。但是这些研究，大多是理论阐述或某种表达技术在课堂中的应用，进行系统性的模型搭建及完整的教学设计并付诸实践的实证研究不多，教学效果有待进一步研究，对中职这一群体的研究也较少。

基于此，本研究在中职心理健康课体验式教学中引入表达性艺术治疗技术，探索基于表达性艺术疗法的中职心理健康课体验式教学模型，并以自我意识辅导模块为例，研究基于表达性艺术疗法的心理健康课体验式教学的具体应用及效果。

三、基于表达性艺术疗法的心理健康课体验式教学设计模型

第一步，根据课程标准、教材和学生特点，确定教学目标。

第二步，根据教学目标设定具体教学内容和教学环节，选择合适的表达性技术，同时配合案例、视频分析等多种教学形式。

第三步，表达性艺术疗法的体验式教学过程。首先，教师根据教学内容创设情景，营造安全氛围。其次，借助相关艺术材料，学生创作艺术作品，沉浸式体验、重建个人经历，宣泄不良情绪，重整自己的思路，进行一定的反思与感悟。第三，学生利用教学选用的艺术媒体进行象征性语言的表达、分享个人经验与感悟。最后，教师基于学生分享、对学生及其作品的观察，根据主题要求，引导学生总结提炼，引领学生有更多的反思和升华，启发学生相关心理知识在日常生活中的应用。

第四步，反思与评价。教学完成后，教师要根据学生课堂行为表现、学生反馈等进行教学反思，检查教学目标的完成情况，并修改教学方案。

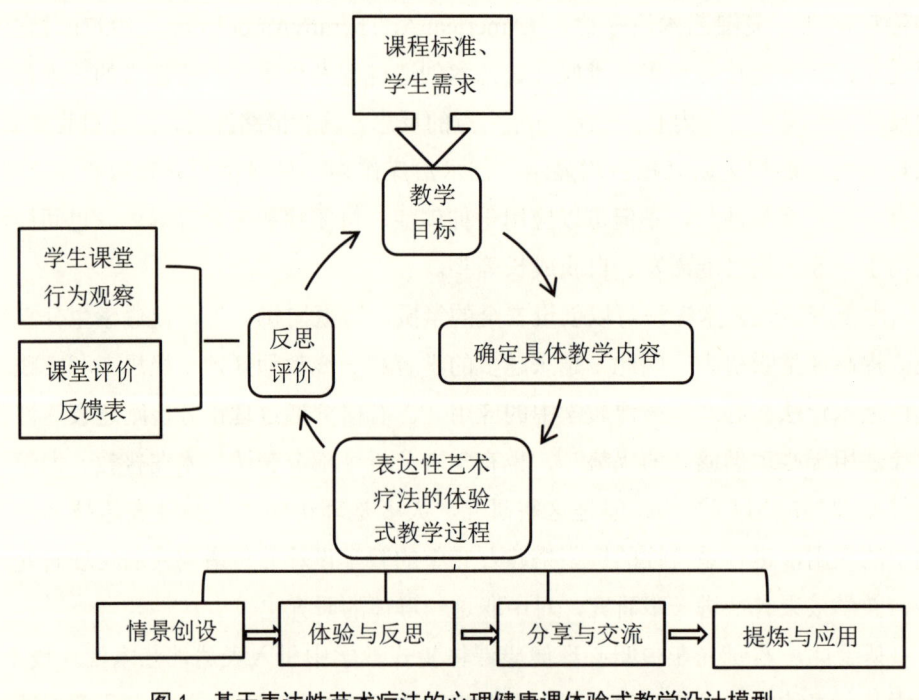

图1 基于表达性艺术疗法的心理健康课体验式教学设计模型

四、基于表达性艺术疗法的心理健康课体验式教学应用及效果研究

（一）基于表达性艺术疗法的体验式教学方案

本研究参照《中等职业学校心理健康课程标准》，以教材《心理健康》（高等教育出版社，俞国良主编，2018年）为蓝本，设计自我意识模块教学方案如表1所示：

表1 自我意识主题教学方案

次数	活动名称	活动目标	活动内容
1	气质搜索	1. 通过活动，探索自我气质特征 2. 认识气质没有好坏之分，接纳自己的位置，接纳自我的气质特征	1. 导入：校园心理剧《学校门口风波》 2. 气质测试与分组 3. 我的特质面面观 4. 《美好生活》主题绘画 5. 总结
2	认识自我——触碰真实的自我	1. 全面、客观地认识自我 2. 建立正确的自我评价 3. 相信自我潜力、促进自我成长	1. 导入：斯芬克斯之谜 2. 微光隐喻卡牌：自我洞察 3. 微光隐喻卡牌：别人眼中的我 4. 《美好生活》主题绘画 5. 分享与总结
3	认识自我——多元你我他	1. 学会从不同的角度认识自我、发现自我，认识到自我是多元的、丰富的 2. 促使成员更深刻地认识自我，挖掘自身资源，促进自我成长	1. 放松练习 2. 自由绘画：多元的我 3. 童话分析 4. 《美好生活》主题绘画 5. 总结
4	悦纳自我	1. 体验感知自我的美好面与对立面 2. 促使成员挖掘自身资源，接纳自我的不完美	1. 放松练习 2. 沙盘练习：接纳自我 3. 《美好生活》主题自由绘画 4. 总结
5	放飞生命的梦想（标题后改为《无目标 不青春》）	1. 让学生意识到目标的重要性 2. 激发对美好未来的积极畅想和主动树立目标的强烈愿望 3. 引导学生积极自我探索，学会根据自身条件明确自我发展目标 4. 培养学生在实现目标的过程中积极行动	1. 导入：拍手活动 2. 议一议：合理目标的基本特征 3. 贴一贴：利用目标愿景卡制作愿景图 4. 写一写：我的目标 5. 行动计划：目标行动金字塔 6. 总结
6	自我意识辅导主题展示、总结	1. 探索自我在成长过程中的困扰与应对方法，宣泄不良情绪 2. 了解与肯定自我成长	1. 热身活动 2. 两个小组展示自创心理剧 3. 《美好生活》主题绘画分享与讨论 4. 总结

（二）研究对象

本研究以上海商业会计学校中职一年级会计专业的两个平行班为实验班和对照班，班级人数分别为27人（女生19人，男生8人）、28人（女生20人，男生8人）。

（三）研究问卷

基于本模块的教学目标——了解自我、悦纳自我，笔者选用《PHCSS自我意识量表》和《自我接纳问卷》（SAQ）两个量表为测量工具。《PHCSS自我意识量表》由美国心理学家Piers E. V.和Harris D. B.编制，主要用于青少年、儿童对自己行为、能力或价值观的感觉、态度与评价，包括行为、智力与学校情况、躯体外貌与属性、焦虑、合群、幸福与满足6个分量表，共80个是否选择型测题，该量表亦适用于中国青少年，信效度良好[12]。《自我接纳问卷》（SAQ）由丛中和高文凤编制，可应用于对正常人的自尊、自卑心理以及神经症病人的自我接纳心理特征进行评定，问卷由自我接纳因子和自我评价因子构成，共16个条目，采用四级记分，问卷具有良好的信、效度[13]。

（四）研究过程

本研究为实验班和对照班教学前、教学后测试设计，在教学前后使用《PHCSS自我意识量表》和《自我接纳问卷》（SAQ）对实验班和对照班进行测试。

同时，为控制无关因素影响，在前测无显著差异的情况下，选取两位教学水平、教龄相当的教师承担两个班的心理健康课教学工作：教学内容相同，实验班采用本次教学方案与教学方法，对照班用原有教学方案与教学方法。

教学完成后，对实验班进行问卷调查和随机访谈，以了解学生对新教学方法和表达性艺术治疗技术的满意度及自我变化情况。

（五）教学效果分析

1. 定量分析

（1）实验班与对照班前测、后测分析

对两个班级在实施教学前、教学后的自我意识水平和自我接纳程度进行差异性比较，结果如表2、表3所示：

表2 实验班与对照班教学前、教学后自我意识水平曼-惠特尼检验

因子	教学前					教学后				
	实验班(N=27)中间名次(R)	对照班(N=28)中间名次(R)	曼-惠特尼U值	Z值	显著性水平(P)	实验班(N=27)中间名次(R)	对照班(N=28)中间名次(R)	曼-惠特尼U值	Z值	显著性水平(P)
总分	723	817	345	-0.56	0.58	1010	530	124	-4.28	0.00**
行为	702	838	324	-0.92	0.36	931	609	203	-2.98	0.00**
智力与学校情况	695.5	844.5	317.5	-1.03	0.3	904.5	635.5	229.5	-2.52	0.01**
躯体外貌属性	714.5	825.5	336.5	-0.71	0.48	903	637	231	-2.52	0.01**

(续表)

因子	教学前					教学后				
	实验班(N=27)中间名次(R)	对照班(N=28)中间名次(R)	曼-惠特尼U值	Z值	显著性水平(P)	实验班(N=27)中间名次(R)	对照班(N=28)中间名次(R)	曼-惠特尼U值	Z值	显著性水平(P)
焦虑	690	850	312	-1.12	0.26	923.5	616.5	210.5	-2.84	0.00**
合群	780.5	759.5	353.5	-0.42	0.67	905.5	634.5	228.5	-2.62	0.01**
幸福与满足	737.5	802.5	359.5	-0.32	0.75	895.5	644.5	238.5	-2.4	0.02*

（注：* 代表 P<0.05，** 代表 P<0.01）

表3　实验班与对照班教学前、教学后自我接纳程度 T 检验

项目	教学前						教学后				
	实验班(N=27)		对照班(N=28)		T值	显著性水平(P)	实验班(N=27)		对照班(N=28)		T值	显著性水平(P)
	平均值	标准偏差	平均值	标准偏差			平均值	标准偏差	平均值	标准偏差		
总分	41.22	6.89	39.82	8	0.69	0.49	48.52	6.39	42.36	7.7	3.22	0.00**
自我接纳	39.82	3.91	19.64	4.87	0.49	0.63	23.81	3.68	21.04	4.38	2.54	0.01**
自我评价	21	3.99	20.18	4.09	0.75	0.45	24.7	3.57	21.32	4.01	3.3	0.00**

（注：* 代表 P<0.05，** 代表 P<0.01）

由表2、表3可见，教学前，实验班与对照班的自我意识水平和自我接纳程度在总体及各因子上都没有显著性差异。而教学后，在自我意识、自我接纳总体及各分项目中，实验班分数均高于对照班，且存在极其显著差异或显著差异。可以看出经过表达性艺术治疗的体验式教学之后，相对于对照班，实验班学生的自我意识水平和接纳程度均有所提高，基于表达性艺术疗法的体验式教学效果明显。

（2）前后测分析

教学完成后，就自我意识水平和自我接纳程度，对实验班和对照班前后测进行配对样本检验，结果如表4、表5所示：

表4 实验班与对照班自我意识水平前后测威尔克森配对符号秩检验

因子	被试	前测分数高于后测分数的个数/前测分数低于后测分数的个数	Z值	显著性水平（P）
总分	实验班	0/25	-4.38	0.00**
	对照班	8/20	-2.28	0.02*
行为	实验班	4/21	-3.53	0.00**
	对照班	12/13	-0.45	0.65
智力与学校情况	实验班	3/22	-4.18	0.00**
	对照班	9/15	-1.46	0.15
躯体外貌属性	实验班	2/24	-4.26	0.00**
	对照班	8/13	-0.86	0.39
焦虑	实验班	0/23	-4.21	0.00**
	对照班	10/13	-1.61	0.11
合群	实验班	1/22	-4.01	0.00**
	对照班	5/19	-2.56	0.01**
幸福与满足	实验班	1/23	-4.17	0.00**
	对照班	10/15	-1.28	0.2

（注：* 代表 P<0.05，** 代表 P<0.01）

表5 实验班与对照班自我接纳程度前后测比较

因子	被试	前测 M 平均值	前测 SD 标准差	后测 M 平均值	后测 SD 标准差	T值	Sig 显著水平（P）	Df 自由度
总分	实验班	41.22	6.89	48.52	6.39	4.00	0.00**	26
	对照班	39.07	8.08	42.36	7.70	2.02	0.05*	27
自我接纳	实验班	20.22	3.91	23.81	3.68	3.32	0.00**	26
	对照班	18.89	4.91	21.04	4.38	2.03	0.05*	27
自我评价	实验班	21.00	3.99	24.70	3.57	3.73	0.00**	26
	对照班	20.18	4.09	21.32	4.01	1.55	0.13	27

（注：* 代表 P<0.05，** 代表 P<0.01）

由表4、表5可见，在实施自我意识主题模块教学之后，两个班级学生的自我意识和自我接纳量表总分及各因子分数都有所提高。进行显著性检验后发现：与教学前相比，总体上，实验班自我意识水平和自我接纳程度有极其显著提升（P=0.00<0.01，P=0.00<0.01），对照班教学效果有显著提高(P=0.02<0.05，P=0.05)。其中实验班在行为、智力与学校情况、躯体外貌属性、焦虑、合群、幸福与满足、自我接纳和自我评价各方面均有极其显著提高（P<0.01），而对照班仅在合群和自我接纳方面有极其显著和显著提高（P=0.01，P=0.05）。由此可以看出，经过自我意识模块的教学后，实验班的学生更加认可自己的行为、能力、价值观，与自我满意度更高。而对照班虽然总体上自我意识水平和接纳程度有所提升，但在行为、学习状态、对自我外貌的接纳、情绪状态、幸福与满足感以及自我评价等方面与教学前并没有显著差异。

通过定量分析可以看出，基于表达性艺术疗法的体验式教学的教学效果优于传统教学。

2. 定性分析

为更加全面地研究教学活动效果和学生对表达性艺术治疗技术评价，本研究对实验班学生进行了相关问卷调查，并随机抽取 15 名同学进行个别访谈，结果如表 6- 表 8 所示：

表 6　基于表达性艺术治疗的心理健康课体验式教学反馈表

内容	选项	分数	≤3 分(%)	4 分（%）	5 分（%）
1. 你认为学习目标的实现程度如何？	A. 非常好　B. 较好　C. 一般　D. 很差　E. 非常差	4.41	14.81%	29.63%	55.56%
2. 我对小组的感觉是（　）	A. 非常舒适　B. 较舒适　C. 一般　D. 比较不舒适　E. 完全不舒适	4.78	7.41%	25.93%	70.37%
3. 我对活动内容的评价（　）	A. 非常满意 B. 较满意　C. 一般　D. 不满意　E. 非常不满意	4.30	11.11%	29.63%	55.56%
4. 我对这阶段活动形式的满意度为（　）	A. 非常满意 B. 较满意　C. 一般　D. 不满意　E. 非常不满意	4.52	7.41%	33.33%	59.26%
5. 参加此阶段辅导对我的帮助如何？	A. 非常大帮助 B. 较大帮助　C. 无法确定 D. 比较没帮助 E. 完全没帮助	4.67	3.70%	25.93%	70.37%
6. 是否增加你对自己或别人的了解？	A. 非常多　B. 较多 C. 居中　D. 很少　E. 没有	4.41	11.11%	37.04%	51.85%
7. 你是否认为"你更加接纳自我了"？	A. 完全赞同 B. 很赞同　C. 一般 D. 基本反对 E. 完全反对	4.41	14.81%	29.63%	55.56%

（注：A=5、B=4、C=3、D=2、E=1，每个项目满分为 5 分）

从表6调查结果可以看出,实验班成员反馈分数均高于4.3分大部分学生对目标完成度、小组的舒适度、活动内容和活动形式满意度较高,认为本次主题教学活动对于自我帮助较大,促进了自我认识和接纳。

表7 表达性艺术治疗技术评价表

名称	分数	≤3分(%)	4分(%)	5分(%)
微光隐喻卡牌:自我洞察	4.64	0	35.71%	64.29%
微光隐喻卡牌:别人眼中的我	4.50	7.14%	35.71%	57.14%
自由绘画:多元的我	4.39	14.29%	32.14%	53.57%
童话分析	4.18	17.86%	46.43%	35.71%
心理沙盘	4.50	7.14%	35.71%	57.14%
愿景卡:我的未来愿景图	5.00	0	0	100.00%
主题绘画:《美好生活》	4.29	0	35.71%	57.14%
心理剧	4.25	17.86%	39.29%	42.86%

(注:1=非常不满意;2=不满意;3=一般;4=满意;5=非常满意,每个项目满分为5分)

从表7可以看出,大部分学生对所有的活动均满意,其中,微光隐喻卡牌—自我洞察、我的未来愿景图、主题绘画《美好生活》所有学生均表示比较或非常满意,而我的未来愿景图活动则最受欢迎。

表8 个别访谈结果整理表

序号	访谈结果归纳	人数/百分比
1	自我认识更加全面深入,更愿意接纳自我	14人/93.3%
2	对同学的认识更加全面,相处更加融洽	12人/80%
3	情绪明显改善	13人/86.7%
4	教学方式新颖,课堂有趣	15人/100%

从表8可以看出,经过基于表达性艺术疗法的体验式教学之后,学生普遍认为对自我和同学的认识都更加全面和接纳,与同学关系更加融洽,情绪明显改善,课堂新颖有趣。

通过定性分析可以看出,基于表达性艺术疗法的体验式教学效果明显。

五、总结与反思

本研究设计了基于表达性艺术治疗的心理健康课体验式教学模型，并从量与质两个方面对教学实践效果进行检验。结果显示，相比传统教学方法，基于表达性艺术治疗的心理健康课体验式教学能够更好地提高学生的心理课堂参与度，对学生课堂体验与个人成长有更好促进作用，表达性艺术疗法应用于心理健康课课堂教学具有有效性和可行性。

另外，为保证教学公平性，并进一步检验表达性艺术疗法在心理健康课体验式教学中的应用效果，其后的教学中将会对实验班和对照班班级交换本次研究中用到的两种教学方式。

（作者：李树娜）

参考文献

[1] ＤＡ库伯.体验学习[M].上海：华东师范大学出版社，2008：8.

[2] 黄海亚.心理课堂中小组讨论低效化的对策探索[J].中小学心理健康教育.2014(22)：18-19.

[3] 左君谞.中职心理健康课堂有效交流初探[J].中国职业技术教育，2013(8)：48-50.

[4] 尹玉辉.中职学生心理健康状况调查分析[J].中国职业教育教育，2019(22)：27-34.

[5] 田敏.现代艺术治疗理论研究[J].西南民族大学学报(人文社科版)，2009，30(09)：257-261.

[6] 章学云.表达性艺术治疗研究综述[J].上海教育科研，2018，2：79-81.

[7] 何静，蒋明全.绘画艺术治疗在中国发展的介绍[J].湖北成人教育学院学报，2009，15(2)：75-76.

[8] 武培博.论表达性艺术治疗在心理健康教育课程改革中的应用[J].当代教育实践与教学研究，2016，8：199-200.

[9] 李艳.OH卡牌技术在初中心理健康教育中的运用[J].中国校外教育（中旬刊），2018.3：79-80.

[10] 吕澜，王育英.心理剧的体验式教学在心理健康课中的应用[J].杭州电子科技大学学报(社会科学版)，2016.6：63-66.

[11] 孙志艳.表达性艺术在内地新疆班心理课堂中的应用[J].江苏教育（心理健康），2018.3：43-44.

[12] 苏林雁，罗学荣，张纪水，谢光荣，刘永忠，儿童行为评定量表全国协作组．儿童自我意识量表的中国城市常模 [J]．中国心理卫生杂志，2002(01)：31-34.

[13] 丛中，高文凤．自我接纳问卷的编制与信度效度检验 [J]．中国行为医学科学，1999(01)：20-22.

新形势下黄炎培职业教育思想的现实意义

上海市浦东外事服务学校

黄炎培是我国近代著名的教育家、政治家、社会活动家，为实现教育救国的理想，毕生致力于倡导、研究、试验、推广职业教育，并积极吸收西方国家教育经验，在长期的职业教育理论探索与职业教育实践中，形成了丰富、渊博至今仍熠熠生辉的职业教育思想理论体系，为构建中国特色现代职业教育思想体系、促进职业教育实践活动的发展作出了奠基性贡献，对当前中国职业教育的发展具有重要的理论意义与实践价值，对于我们在新的形势下开展职业教育有诸多启发。

一、注重学生个性化发展，实现多样成才

黄炎培职业教育目的观，不仅强调了职业教育的社会功能，还注重个人成才及谋生，体现了其民主主义与人本主义的思想，且与当下职业教育强调要注重学生个性化发展、多样化成才的理念不谋而合。《国家中长期教育改革和发展规划纲要（2010—2020年）》指出要"树立人人成才观念，面向全体学生，促进学生成长成才。树立多样化人才观念，尊重个人选择，鼓励个性发展，不拘一格培养人才"[1]。2015年教育部发布的《教育部关于深化职业教育教学改革全面提高人才培养质量的若干意见》中也明确指出要"坚持系统培养、多样成才"，并强调要"拓宽技术技能人才成长通道，为学生多样化选择、多路径成才搭建'立交桥'"[2]。而随着"互联网+"与经济新常态的出现，催生了一批新技术、新产业、新职位，同时也深刻影响着人才培养规格，"培养技术技能型人才"，已经不能满足社会经济发展对于人才的新需求。因此，职业教育要注重个性发展，使人才培养具有针对性与适切性，实现学生多样成才。

首先，职业学校要在人才观上转变教育理念，树立人人成才的发展理念，确立多样成才的培养目标；其次，根据学生的职业生涯规划、特长兴趣、学习能力

以及企业人才需求等，设置"基础+拓展"型的人才培养规格，进行分类培养；再者，构建"平台+模块"的课程体系，与"基础+拓展"型人才培养规格相匹配，"平台"包括通识教育平台、专业群平台与岗位群平台，满足人才培养基本规格，"模块"可根据"拓展"型人才，如创业型、就业型、升学型等设置课程，使学生可根据个人发展需求，灵活组合课程模块以满足学习需求。

二、实行开放性办学，加强"产学合作"办学模式

黄炎培认为职业教育的灵魂即"社会化"，职业教育的发展与社会息息相关，职业学校的创办必须筑于社会需要之上，"离社会无教育"，只有加强与一切教育界、职业界的沟通与联络，职业教育才能长远发展。因此，职业教育要加强"产学合作"办学模式，深化校企合作，联合各界力量办学，形成"多元化"办学体制，促使职业教育向深远发展。

产学合作是职业教育实现由规模扩张的外延式发展向提升质量的内涵式发展转变的有效途径，"产学合作"的办学模式在我国职业学校已广为推广与应用，但是依然存在诸多问题，如产学合作水平不高、产学合作机制不健全等。产学合作是一项复杂的系统工程，涉及多方利益体，包括社会、企业、学校、学生等，如何使每个要素、每个环节最大限度地发挥作用，形成多方共赢的局面才是亟待解决的问题。因此，职业学校不仅要保障"产学合作"模式的实施，更要形成产学合作长效发展机制，使产学合作能够可持续发展下去。

首先，建立产学合作的政策保障机制。一方面要加强立法，权责明确，如规定职业学校必须走产学合作的发展道路，学校的专业设置、培养目标确立、课程设置、教材编写、评价标准等，都要与行业企业共同制定，使企业参与人才培养的全过程；要明确企业在产学合作中应承担的义务与职责等。另一方面要制定相关激励政策，例如可以予以参与产学合作的企业税收优惠与专项补贴等，增强企业参与办学的积极性。其次，建立稳定的经费投入机制，产学合作的长效发展离不开经费的稳定投入。一方面，通过产学合作提升人才培养质量，为企业、社会输送优秀人才，提高企业知名度，为企业带来直接的经济效益等，这些都可以形成投入与产出的良性循环；另一方面，实现学校自身造血功能，例如可以承接不同形式的社会服务，如职业培训、实训场地租赁、技术研发等，以争取更多的经费支持。

三、正确处理职普关系，科学发展职业教育

黄炎培曾说，教育以畸形发展为大戒。职业教育与普通教育应有一个符合社会实际需要的比例，并按这个比例发展。这个比例应以市场需求为标准，是一个变化的、动态的比例尺[3]。因此，正确处理职业教育与普通教育的关系，使其发挥各自优势，相互促进、相互融通，才能科学发展职业教育。

普职比，反映了高中阶段教育的普职结构，同时也是反映职业教育与普通教育关系的具象指标。普职比是否合理，不仅影响着人才培养的数量与质量，以及社会人才结构，同时也影响着职业教育的发展。因此，改革开放以来，国家政策就不断强调要调整中等教育结构，积极扶持职业教育，使职业学校招生数与普通学校招生数大体相当。2014年，《国务院关于加快发展现代职业教育的决定》中也明确指出，到2020年，"结构规模更加合理，总体保持中等职业学校和普通高中招生规模大体相当"[4]。普职比"大体相当"是改革开放以来国家一直在努力坚持的一项重要的职业教育宏观战略政策[5]。坚持普职比这一政策，仍然具有很重要的现实意义。一方面稳定了职业教育的规模，奠定了职业教育发展基石；另一方面，也为国家经济的发展提供动力。职业教育所培养的具有高素质的技术技能型人才，不仅丰富了人才结构，也是社会经济发展的需求。

首先，要转变对职业教育的认知偏见。职业教育不是"二流教育"，只是一种不同的教育类型，是与普通教育所适用于智能类型不同学生的教育方式，并无好坏之分。加德纳的多元智能理论认为人有多种智能，要善于引导学生及家长正确认识并发现学生的智能优势，选择符合学生智能发展的教育类型。其次，要促进教育分流，构建科学合理的教育分流制度。教育分流是提升职普比、发展职业教育的必要措施。最后，要加强普职融通。可在普通中学开设职业课程，加强职业指导，整合职业课程与学术课程；建立学分银行，实现不同教育类型的学习成果的互认与衔接；加强普通高中与职业学校的沟通与合作，例如开展职业体验日等活动。

四、强调双手万能，注重理实一体化教学模式

黄炎培是一位名副其实的教育实践家，其"手脑并用""做学合一"的教学原则，强调了理论联系实践的重要性，这一思想与当下"项目引领、任务驱动"的理实一体化教学模式有异曲同工之妙。

"项目引领、任务驱动"的教学模式，是理论与实践的有机结合，依托典型项目，通过创设真实环境，以项目引入新知识，以任务引领课程教学，在任务执行过程中完成教学目标，通过任务驱动，搭建起理论教学与实践教学的平台，从而实现"教、学、做"三合一的教学效果。在这种教学模式下，增加了师生之间的互动与交流，理论与实践交替进行，有利于充分调动学生的学习积极性与主动性，提高学生的知识应用能力、动手能力与创新能力，同时也能够提升学生的就业竞争力。教师在这种教学模式中主要发挥组织、协调与引导的作用，从而突出学生的学习主体地位。由于项目与任务是提前设计好的，因而一方面有效避免了教师课堂教学内容的随意性，另一方面也促进了教师的专业化发展。因此，职业学校要注重采用"项目引领、任务驱动"的理实一体化教学模式，培养符合社会需要的实用性人才。

首先，科学设计项目、任务，选择难度适中、问题明确、能够激发学生兴趣的项目与任务实例，并制定合理的任务说明说、要求及评价标准；其次，教材要具有实用性，打破传统教学强调理论性的束缚，根据人才培养目标，适当降低理论深度，强调知识的应用；最后，引进"双师型"教师，既具有实践操作经验，又具有理论修养，能够很好发挥教师的引导与协调作用。

五、呼唤敬业乐群回归，培育学生良好职业精神

职业道德教育是黄炎培职业教育思想的重要组成部分，其精髓是"敬业乐群"，这与倡导"爱岗、敬业、诚信、友善"的社会主义核心价值观，强调精益求精、追求卓越的"工匠精神"，以及"爱岗敬业、团结协作、乐观向上"等职业精神内涵高度一致。

2017年，国务院印发的《国家教育事业发展"十三五"规划》（国发〔2017〕4号）中明确指出，"要着力提升职业学校人才培养质量，加强职业精神培育，推进产业文化、优秀企业文化、职业文化进校园进课堂，促进职业技能和职业精神高度融合，着力培养崇尚劳动、敬业守信、精益求精、敢于创新的工匠精神[6]。良好职业精神的养成，不仅有利于推动中国制造业的转型升级，有利于促进职业教育的改革，同时也是职校生迈入社会、步入职场所必须具备的职业素质，因而，职业精神的养成应深深植根于职业教育之中。

首先，将职业精神融入课程教学之中。发挥德育课程的育人作用；渗透专教学之中，将职业精神与专业教学相结合，教师要有意识地在教学过程中讲解本行业的工作职责、职业要求等，增强学生的职业认知；融入实践教学环节，在工作场所中促使职业精神的养成。其次，充分发挥活动育人的功能。以活动为载体，开展学生感兴趣的实践活动，例如有社团组织的公益性活动，不仅可以锻炼学生的沟通、合作、执行、解决问题的能力，也可以培养其吃苦耐劳、不计较、团结协作、乐于奉献等良好的职业精神。最后，要发挥榜样力量。利用学生的"向师性"特点，发挥教师言传身教的作用；也可邀请劳动模范开展主题讲座，帮助同学树立正确的职业理想。

（作者：张琰）

参考文献

[1] 国家中长期教育改革和发展规划纲要（2010——2020年）[EB/OL]. http://www.moe.edu.cn/srcsite/A01/s7048/201007/t20100729_171904.html.2010-7-29.

[2] 教育部关于深化职业教育教学改革全面提高人才培养质量的若干意见[EB/OL]. http://www.moe.edu.cn/srcsite/A07/moe_953/201508/t20150817_200583.html.2015-7-27.

[3] 刘祥平. 黄炎培的职业教育思想研究[D]. 西南师范大学，2002：37.

[4] 国务院关于加快发展现代职业教育的决定[EB/OL]. http://www.gov.cn/zhengce/content/2014-06/22/content_8901.htm.2014-5-2.

[5] 徐桂庭. 我国中等教育职普比结构问题的政策发展轨迹及理性思考[J]. 职教论坛，2016(19): 20-26.

[6] 中华人民共和国国务院. 国务院关于印发《国家教育事业发展"十三五"规划》的通知[EB/OL]. http://www.gov.cn/zhengce/content/2017-01/19/content_5161341.htm.2017-01-10.

上海职业教育国际水平专业教学标准实施的调查研究

上海电子信息职业技术学院

为了加快推进建设具有中国特色、世界水准的现代职业教育体系，培养适应国际化发展的人才，根据教育部《关于借鉴国外先进经验开展职业教育部分专业教学标准开发试点工作的通知》〔教职成司函（2012）86号〕精神，上海、天津作为试点城市，开展职业教育国际水平专业教学标准（以下简称"标准"）开发工作。上海市分3批开发了52个体现国际先进水平的职业教育专业教学标准，涉及加工制造、石油化工、财经商贸等专业大类，并于2013年起在全市中职学校中选择了课改基础较好、国际合作办学有优势的学校开展标准的试点实施工作。

一、概念厘清：试点研究和试点实施的理论基础

"职业教育国际水平专业教学标准"由"职业教育"和"专业教学标准"这两个概念，以及一个程度描述词组"国际水平"组成，因此对上述3个词进行讨论和分析。

"职业教育"：在《简明教育辞典》中界定为"给予学生从事某种职业或生产劳动所需要的知识和技能的教育。"

"专业教学标准"：本文认同徐国庆教授的界定（2017），认为专业教学标准是"国家事权，是职业学校制定人才培养方案的依据，应包括职业能力标准、人才培养方案、课程标准和专业实施条件。"[1]

上述两个概念在研究和实践中内涵明确，且得到了普遍认可，而"国际水平"这一程度词组则存在讨论空间，是界定"国际水平专业教学标准"这一概念的关键所在。为此，通过对比分析学界现有研究和国际水平专业教学标准开发指导手册来明确"国际水平"这一词组的界定。

在上海市教委出版的《职业教育国际水平专业教学标准开发指导手册》中指出，国际水平专业教学标准是："开发理念、开发技术达到发达国家水平，职业能力要求与发达国家同行业的职业能力要求相对接，培养的人才初步具有国际文化理解与交流能力，掌握了国际通用技术与工作方法，能在具有国际水平的企业就业的专业教学标准。" 国际水平专业教学标准："培养具有相关职业领域国际文化理解与沟通能力，掌握国际通用技术与工作方法，能胜任具有国际水平企业的工作，具有终身发展能力的知识型、发展型技能人才。"[2]指导手册从标准开发和人才培养成效两个方面对"国际水平"给出了解释。

在学界研究中，姜大源教授的《国际化专业教学标准开发刍议》一文具有重要分量。文中采用"国际化"作为程度词，认为："国际化可以从3个方面进行考虑：第一个是'内容的国际化'，这是比较容易找到参照系的，可以主要以发

达国家技能型人才的职业资格标准为依据。第二个是'方法的国际化',即专业教学标准的制定,可以直接采用已经被发达国家的职业教育实践所证实有效的先进的、科学的方法。第三个是'要素的国际化',也就是采用与现代产业和现代社会紧密相关的国际通用标准,这些标准很可能既不是职业资格标准,又不是专业教学标准,却是真真切切的国际标准,包括产业标准、产品标准、生态标准,等等。"[3] 姜教授的界定从3个方面给出了"国际化"的范畴。

基于对上述研究的分析,尽管"国际水平"与"国际化"只有细微差别,然而"国际水平专业教学标准"与"国际化的专业教学标准"本质上却相差甚远。"国际化"的专业教学标准是我国职业教育发展向世界先进发达国家和地区职业教育看齐,追赶其发展的专业教学标准,同时"国际化"的标准是由发达国家或地区根据自身情况而制定形成的标准,不一定适用于我国。而"国际水平"的专业教学标准,则是基于我国国情,培养中国特色社会主义国家建设发展需要的技术技能人才而制定的职业教育专业教学标准,这样的专业教学标准在水平和层次上是与世界发达国家职业教育专业教学标准一样、甚至是超越的,代表了我国职业教育在世界先进职业教育水平层次上的人才培养标准。

据此,本文对"职业教育国际水平专业教学标准"形成了如下观点:首先,从专业教学标准的国际比较角度看,国际水平专业教学标准是我国职业教育与世界职业教育发达国家处于同一水平线上,同样能够为其他国家所借鉴和参考的专业教学标准;其次,从专业教学标准体系层次角度看,国际水平专业教学标准是我国职业教育专业教学标准中的高层次高水平专业教学标准;再次,从人才培养层次角度看,国际水平专业教学标准是培养具有国际水平、高端技术技能人才的专业教学标准,在人才培养水平上高于我国现有国家专业教学标准和地区专业教学标准。

二、培养现状:试点实施的具体措施和人才培养成效

为了了解国际水平专业教学标准试点实施的情况和人才培养效果,本研究对试点学校开展了调研。基于样本典型性和代表性因素的考虑,以及现实调研条件的限制,主要对首批试点学校和专业开展了问卷和访谈调研,而其他试点学校的情况主要通过查询该校官网中及相关研究资料而得。

2013年9月,上海首批国际水平专业教学标准试点班学生入学,正式拉开了

标准试点人才培养的序幕。2013—2015 年先后有 3 批 16 所中职学校开展了试点实施工作，2016 年首批试点班级学生毕业后，部分学校又继续试点，截止调研之前上海市共有近 20 所中职学校在试点。试点专业包括机电技术应用、数字媒体技术应用、美发与形象设计、西餐烹饪等，涉及多个专业大类（具体情况见表1），覆盖面较广。

表 1　上海职业教育国际水平专业教学标准试点实施专业情况一览表

序号	试点专业	试点学校	所属专业大类
第一批（2013 年启动，2016 年部分学校继续试点）			
1	机电技术应用	上海电子工业学校	加工制造
2	数字媒体技术应用	上海信息技术学校	信息技术
3	制药技术（药物制剂）	上海市医药学校	医药卫生
4	汽车运用与维修	上海市交通学校	交通运输
5	国际商务	上海市商业学校	财经商贸
6	物流服务与管理	上海市现代流通学校	财经商贸
第二批（2014 年启动）			
7	会计	上海商业会计学校	财经商贸
8	模具制造技术	上海市大众工业学校	加工制造
9	机电设备安装与维修	上海港湾学校	加工制造
10	美发与形象设计	上海第二轻工业学校	休闲保健
11	西餐烹饪	上海市曹杨职业学校	旅游服务
12	酒店服务与管理	上海市南湖职业学校	旅游服务
第三批（2015 年启动）			
13	化学工艺	上海石化工业学校	石油化工
14	航空服务	上海市航空服务学校	交通运输
15	药品食品检验	上海市医药学校	医药卫生
16	金融事务	上海市商业会计学校	财经商贸
后续试点			
17	汽车车身修复	上海市杨浦职业技术学校	交通运输
18	电气技术应用	上海电子工业学校	加工制造

（一）国际水平专业教学标准试点实施的整体情况

调研结果显示，上海市职业教育国际水平专业教学标准的人才培养效果好。通过对试点项目相关教师和试点班级的学生的调研发现，18%的教师认为试点效果非常好，76%的教师认为试点效果较好，占被调研教师的绝大多数。同时，被调研教师均认为，相较于平行班，试点班级的培养效果更好。75%以上的被调研试点班级学生认为通过试点培养，自身的学业、心理等方面均得到了发展。

为了保障培养质量，各试点学校均做好了相关配套条件的工作。首先，均制定了教学实施方案；86%的学校同步建立了配套课程标准，60%的学校编写了全部课程的配套校本教材。其次，配置了专门的教学团队，96%的学校对教学团队开展了相关培训，以便教师能够了解标准从而有效实施标准。再次，教师们在培养过程中切实使用了标准及配套教学文件，90%的学校经常举行教研活动，以保障实施质量。

在试点过程中，上海市教委作为领导单位建立了试点培养交流汇报机制，定期组织试点学校汇报每月及阶段性培养成效。通过这一机制，试点学校得以相互学习、借鉴，试点遇到的一些问题能够及时让教委知道并解决。同时这一机制也给想要申请试点实施学校提供了一个很好的观摩、学习平台。

（二）国际水平专业教学标准试点实施的具体情况

国际水平专业教学标准是文本，然而国际水平专业教学标准的试点实施却是一项系统工作，各试点学校结合自身的校情和专业特色，摸索了既符合教育部和上海试点工作要求，又凸显自身特点的试点实施模式。以下选取部分试点学校为案例来展现具体的实施情况。

1. 上海电子工业学校——"板块轮转 工学交替"的人才培养模式

上海电子工业学校开发了"职业教育国际水平机电技术应用专业教学标准"，该标准对接了德国"机电一体化技术工职业培训规章（2011版）"，对试点班级采用的"板块轮转 工学交替"人才培养模式也吸收了双元制的精髓。

在这一培养模式中，试点班学生一年级在校学习基础知识和技能，二年级起开始在学校和企业交替学习，学校板块学习内容和企业板块实践内容对接，校企共育人才。试点过程中，学校组建了一支由专业教师和企业兼职教师共同组成的教学团队，共同开展了行动导向的课程教学改革，并编写了《机电设备调试与维护》等配套的项目化的校本教材。

试点班级学生除了要考取机电专业相关职业资格证书,还要参加德国工商大会(AHK)"机电一体化技工(Mechaniker/in)"证书考试,获取在欧盟认可的AHK证书。

2. 上海市交通学校——标准试点与中高职贯通培养相结合

上海市交通学校在中高职贯通培养班级中开展国际水平专业教学标准试点,试点专业为汽车运用与维修,试点班级学生 30 人。

学校引入了英国 IMI 证书,并用证书考核评价体系对课程、教学和学生成绩考核等方面进行了全面改革,将每门课程分为若干课程单元,包括专业知识、技术和职业素养的相关内容。通过所有课程单元的考核后,学生方可获得相应证书。学校要求学生在中职阶段获得 1 级证书,高职阶段获得 2 级证书。学校给每个学生建立了一份个人考评记录档案,详细记录学生学习和考证情况,便于学生本人和考评员了解学习进度和结果。

3. 上海市医药学校——以在岗实习模式开展试点班级培养

上海市医药学校在制药技术(药物制剂)和药剂(药品物流)专业开展国际水平专业教学标准的试点。由于药品生产和药物制剂行业的特殊性,学校采用了在岗实习(on-the-job learning)的人才培养模式,学生前 3 个学期在校学习,第四学期到拜尔、罗氏等国际知名制药企业开展在岗学习。

在岗学习期间学生要经历企业参观、岗位学习、岗位轮转的过程,企业按照岗位给学生配备带教师傅,学校还会每周派 3 名专业教师赴企业给学生进行理论知识为主的授课,1 名班主任和 1 名管理人员参与学生管理。学生不光需要在岗学习,还需参加组会、研讨会、回校交流会等,总结反思自己的学习情况和学习成果。

4. 上海市信息技术学校——以教学工厂模式开展试点班级培养

上海市信息技术学校的试点专业为数字媒体技术应用,仔细分析该专业的国际水平专业教学标准不难发现,该专业人才培养的重点在于关键能力和综合职业能力,因此学校围绕这一核心要求来培养人才。

学校与具有国际先进技术、在信息管理、交互艺术等方面都设计的国际化数字媒体技术公司合作,采用"教学工厂"模式实施人才培养。培养过程中,教师和企业人员根据学生培养的目标和规律,将企业真实项目分解为不同的工作任务,学生根据自身特长和能力领到不同的任务包,在学校教师和企业人员的共同指导下完成任务包，最终整合为一个项目产品交付客户验收，验收通过后由老师带领学生总结学习经验，才是完成了整个学习过程。

5. 上海市现代流通学校——标准试点与现代学徒制培养相结合

上海市现代流通学校对接英国的标准开发了"物流服务与管理专业职业教育国际水平专业教学标准"，并引入了英国新学徒制，在试点班级中实施国际水平专业教学标准与现代学徒制相结合的培养模式。

学校与知名物流企业签订了现代学徒制合作项目，校企共同制定人才培养方案，学生第一学年在校学习，第二学年在学校和企业交替学习，第三学年学生作为学徒进入企业，每周一天回校学习中英学徒制课程，其余4天在企业工作。学徒需参加上海市人保局组织的"计算机资格证书""仓管员（四级）、叉车司机（五级）"和"英国国家职业资格证书（学徒制证书）"考试。

（三）国际水平专业教学标准试点实施的人才培养成效

在市教委的统一组织和领导下，上海市国际水平专业教学标准稳步推进，各个试点学校形成了具有特色的试点人才培养模式，培育具有国际水平的人才。2016年首批试点专业学生毕业，学生就业的专业对口率都较高，大部分学生均获得了相应的职业资格证书，少部分学生获得了国际证书。进入企业工作后，企业对试点班级学生普遍持肯定态度，个别表现突出的毕业生在工作一段时间便进入了基层管理岗位。还有1位学生在2015年第43届巴西世界技能大赛车身修理项目中获得银牌，系之前我国中职学生参加世界技能大赛获得的最好成绩。

三、试点经验：标准开发和试点实施的思考

上海市职业教育国际水平专业教学标准试点实施人才培养仍然在进行中，首批试点班级的培养实践提供了经验，以更有力地推动后续试点工作的开展：

首先，试点培养需"因地制宜"。这里的"地"就指具体的学校和专业情况。在统一的"国际水平"的人才培养要求之下，首批试点学校抓住了培养重点和核心，充分发挥了专业优势，培养了具有国际水平的技术技能人才。

其次，国际水平专业教学标准试点实施的人才培养需要全方位的条件保障，包括学校内部的配套条件和外部的政策条件保障。学校内部的条件保障包括课程标准的制定、配套校本教材的编写、师资团队的配置、校企合作的培养机制等。外部条件则是市教委对于试点工作的政策、资金等支持，为培养工作保驾护航。

再次，试点工作需要与企业紧密合作。试点学校均与优质企业合作，共同开

展人才培养。然而真正在行业中处于龙头或领军地位、具有国家或国际水平影响力的企业参与度较低,这无疑会影响试点班级学生达到国际水平的程度。2017年国务院办公厅颁发了《关于深化产教融合的若干意见》,推动职业教育产教融合工作的开展,在后续的试点实施中,应当借助国家政策的力量,配套相应的地方政策,引入更多行业领军地位、具有较大影响力的企业参与,培养出更多具备国际水平的技术技能人才。

(作者:刘婕)

参考文献

[1] 徐国庆.国家专业教学标准建设是职业教育现代化的基础 [J].中国职业技术教育,2019(7):62-64.

[2] 上海市教育委员会.职业教育国际水平专业教学标准开发的研究与实践(上)[M].上海:华东师范大学出版社,2012(12):175.

[3] 姜大源.国际化专业教学标准开发刍议 [J].中国职业技术教育,2013(9):12-13.

[4] 上海市教育委员会.职业教育国际水平专业教学标准开发的研究与实践(上、中、下)[M].上海:华东师范大学出版社,2012.

[5] 上海市教委教研室.上海市职业教育国际水平专业教学标准试点实施工作方案,2013.4

[6] 上海市教育委员会教学研究室.对接国际先进水平 提升人才培养质量——上海市职业教育国际水平专业教学标准试点实施案例 [M].上海:华东师范大学出版社,2016.

[7] 徐国庆.国家专业教学标准建设是职业教育现代化的基础 [J].中国职业技术教育,2019(7).

[8] 姜大源.国际化专业教学标准开发刍议 [J].中国职业技术教育,2013(9).

[9] 唐正玲,程方启,郑琼鸽.职业教育专业教学标准建设研究综述 [J].职教通讯,2018(17).

刍议职业教育发展之蚂蚁计划
——蚂蚁学院的实践和经验

上海蚂蚁学院

一、实施背景

为了响应国家大众创业、万众创新的号召,2015年3月启动"蚂蚁计划",围绕基础教育、职业教育、产业教育以及国家教育积极打造教育创业生态圈,成立蚂蚁学院。以习近平新时代特色社会主义思想为指导，全面落实党的十九大提出关于职业教育发展的相关要求。

坚持以立德树人为根本，以服务发展为宗旨，以促进就业为导向，深化体制机制改革，创新人才培养模式，加快发展职业教育培训，成立蚂蚁电商学院。坚持产教融合、校企合作，推动教育教学改革与产业转型升级衔接配套，五年时间，蚂蚁电商学院实现百分百参与社会实践，借助企业优质资源，让学生一站式链接企业资源，拓宽学生就业渠道，从而使学生招得进、留得住、学得好、推得出。

全面实现小康社会是全国人民的核心目标，在脱贫攻坚战略中，职业教育是最直接、最有效、最精准的脱贫举措。2019年，蚂蚁学院有幸得到上海市合作交流办和援藏指挥部的信任和支持，开展援藏扶贫，通过职业教育培训，精准设置西藏日喀则区域社会经济发展和产业结构的特点开设符合市场需求的特色专业，密切与就业的联系，帮助来沪学习的30名同学可以通过精准职业教育培训，改变自身的命运也就改变了一家人的命运。

二、实施内容

运用"互联网+"的思维，打造枢纽型开放平台。蚂蚁电商学院利用"互联网+"思维，线上上课，线下辅导。结合社会发展为导向，定制化开展职业技能培训。以现代互联网发展开设专业化课程指导+技能课程指导+实践课程，精准学习演讲口才、文案写作、Photoshop、Adobe Premiere Premiere Pro等课程操作，融合实践学习操作，增强学习的效果。同时通过互联网平台实现创业导师线上课程指导，实现线下城市区域化问题，指导学生思想建设，在职业教育领航发展的道路上，砥砺前行。

西藏日喀则青年就业创业实训班结合西藏日喀则未来发展导向以及所需职业产业人才，从基础的口才演讲，学好普通话，到文案写作，深入导向学习新媒体运营，再到创业导师课堂，邀请业界知名创业企业家以及各行业的领军人物进行面对面交流。授人以鱼不如授人以渔，通过不同的教育手段，让西藏日喀则班级同学慢慢在发生改变。

三、主要特点
（一）打造专业特色的现代化创新

专业特色是办好职业教育的关键，蚂蚁电商学院围绕市场发展设置专业，依据市场需求培养学生，实现专业设置与市场的良好对接，为未来学生输出做好准备。

（二）"精准化"人才培养

蚂蚁电商学院采取特色化管理模式，以社会发展为导向，开展面试入学、宣誓入班的新模式，学生自主选择院校，实现"以人为本"的学生观。每一位孩子都"心中有火、眼中有光"，不看家世、只看人品，不看学历、只看能力。通过O2O教学、创业课堂以及实践课堂关注个人发展的职业前景，以"可持续发展"为人才培养的导向精准培养人才。

（三）创新创业课程是培养创新人才的有效途径

根据不同专业教学要求和课程特点，创设多元化教学方式，普及推广项目教学、案例教学、情景教学、工作过程导向教学等。广泛运用启发式、探究式、讨论式、参与式等教学方法，充分激发学生的学习兴趣和积极性。

（四）特色化教学·成果展示

五年时间牢牢围绕职业教育为核心，培训职业产业人才为导向，截至目前毕业三届学生，三大发展方向实现精准化输出人才。三分之一的同学来到上海蚂蚁计划平台开展实习实训，结合自己所学专业以及未来发展导向，与企业进行双向选择；三分之一的同学选择留在当地运营中心为家乡发展做贡献，蚂蚁学院在当地建立运营中心，给到想要留在当地就业同学一个就业渠道；最后三分之一的同学选择继续升学深造，学习知识，提升学历，由于在蚂蚁电商学院特色化课程管理以及社会实践经历，大多数同学入校后竞选为学生会会长以及各个部门部长。

（五）合作辐射，服务精准扶贫

职业教育的发展离不开政府与教育局的鼓励与支持。在党中央的号召下大力支持职业教育的建设以及职业教育的精准扶贫工作。

蚂蚁电商学院的成立于2015年，得到了河南新乡教育局以及新乡县人民政府的支持，鼓励做好职业教育的创新，大力响应十九大号召，为职业教育发展作贡献。截至目前，蚂蚁电商学院不仅与国内上百家企业进行合作，同时连接国外资源，向西输送荷兰，培养酒店管理人才；向东输送日本，以现代服务业为主，让每位同学多一种选择。

西藏班日喀则青年就业创业实训班的成立感谢上海市合作交流办公室及援藏指挥部的信任和支持，能够参与通过职业教育对口支援日喀则，更加明确了解职业教育的意义，更加坚定了在职业教育精准扶贫的道路上继续努力。

四、未来展望

围绕职业教育发展建设，坚持以习近平新时代中国特色社会主义思想为指导，把职业教育摆在教育改革创新和经济社会发展中更加突出的位置，在党的十九大中更是将职业教育作为精准扶贫手段写入报告中。

在未来发展方向，坚持以党中央指导为核心，在基础建设上大力发展职业教育，加大产融量相结合，更加精准化输送人才，围绕社会发展，在乡村振兴板块大力培养青年农创人才，加速乡村振兴的建设，同时继续做好职业教育的精准扶贫，欢迎各个地方的同学前来学习，通过教育改变自身的命运，为脱贫攻坚战略做贡献！

（作者：欣菲、施蔷生）

职业教育课堂文化的育人价值与实现方式

上海市浦东教育发展研究院

文化与教育密不可分，课堂文化作为学校文化的重要组成部分，为课堂教学带来了生机和活力，也潜移默化地影响了学校教学的质量和师生的发展。将企业文化的要素渗透到职业教育课堂教学实践中，形成以教学文化为核心的职业教育特色的课堂文化，探索企业文化进课堂的有效策略和实现方式，培养良好的职业道德、职业意识和职业行为，有助于提升学校和企业"双元"育人的价值和效用。

课堂文化作为学校文化的重要组成部分，潜移默化地影响了学校教学的质量和师生的发展，文化深入到课堂教学形成课堂文化是课堂教学和学校教育走向内涵发展的一种趋势。对职业院校而言，将先进的企业文化融入课堂教学中，构建企业课堂文化，形成职业教育课堂文化特色，依托于学校和企业"双元"育人，是顺应企业的发展的人才需求，推进校企合作走向深入的有效方式，也是职业教育育人价值的有效体现。企业文化在课堂教学的浸润中，改变学生在人际关系、学习方式、工作习惯等方面都出现不同程度的不适应,培养学生责任意识、注重质量、团队合作、坚守诚信等先进的工作价值观,增强职业教育人才培养的社会认可度,实现从学校学生到企业员工身份的完美转换,促进学生全面发展。

一、职业教育课堂文化内涵特征

(一)职业教育课堂文化内涵

文化或者文明是由作为社会成员的人所获得的,包括知识、信念、艺术、道德法则、法律、风俗以及其他能力和习惯的复杂整体[1],而课堂文化是课堂中的社会文化,教师和学生等多种教育要素在课堂教学过程中形成的课堂风气、规范、心理环境、价值观念、思维方式与行为方式的综合体[2]。从文化的角度去审视课堂,它应该是一个包含"教学文化、人际文化以及人物文化"3个方面的有机组合体[3]。其中,教学文化主要是指教学活动中师生之间的互动;人际文化指教师与学生之间、学生与学生之间的沟通和对话;人与物文化主要指师生对课程教材等文化载体的理解。

职业教育课堂文化以教室(实训室)为主要空间,以教学实践为主要形式,以教学文化为核心,从人的角度出发,在教与学的活动中创建氛围,带有一定的情境性,注重对学生的关怀与重视,建立在情感的交流和沟通之中。具体包括教室(实训室)文化、班级文化、教学文化、规则文化和精神文化。

(二)职业教育课堂文化的特征

1. 教室(实训室)空间融入企业环境

班级授课是以教室为特定的物理空间开展,教室(实训室)环境的构思、设计和建设,就应满足学生学习活动的需要,环境设置为企业文化的提前介入创造条件,如在设备配置上按照企业生产或模拟设备引进,空间布置体现生产车间的特点,墙面装饰有相应的规章制度、知名企业家寄语、优秀毕业生图片,这样的课堂文化氛围,会让学生身处其中,感悟、理解、思考。

2. 教学文化贯穿工作过程

教学文化体现了教学活动中教师和学生互动和交流,是课堂文化的核心。教学文化能否渗透企业文化,体现职业教育特色,是培养学生职业意识和行为的关键、也是实现校企"双元"育人的有效路径。职业教育课堂文化在以项目的工作过程为情境开展教学,以企业生产(服务)的典型案例作为教学活动内容,以"课、岗、证"相融的做学一体的教学方式实施过程中，和企业文化得到有机融合，通过教学文化引导学生独立学习、独立思考、相互协作，使学生真正感受到"上学如上班，上课如上岗"，缩短从学习走向工作的距离。

3. 制度文化纳入企业评价

课堂制度文化是指教师和学生共同制定和认可的各种规范、条例。制度约束的最终目的是行为自觉，在学校课堂制度的实施以教育劝导为主，对学生行为的约束缺乏相应的力度，造成学生走入工作岗位后缺乏对工作和岗位制度的执行力，是身份转变的最大阻碍。因此，课堂制度文化一方面要在实践技能训练中引入企业制度，包括实训室规章制度、操作规范、用电急救、消防检查和演练等管理制度规范，另一方面要将企业工作评价环节作为制度纳入教学过程，引入6S管理文化，即"整理、整顿、规范、清洁、素养、安全"，将企业标准作为教学实践的评价指标，严格要求学生完成工作质量，培养良好的工作习惯，形成行为自觉。

4. 精神文化渗透价值认同

决定学生职业发展的核心因素是对企业价值观的认同，也是课堂文化的精神追求，虽然企业和学校发展的目标不同，但精神文化的本质追求是相同的，二者的核心价值都具有教育功能[4]。课堂文化结合优秀企业家的创业历史、先进企业发展沿革、优秀工匠的成长经历，引导学生对这些企业领导者和企业的价值认同，激发学生对参与和实现自我价值的向往，逐步培养学生的工作责任感和职业意识，从行为自觉走向精神自觉。

二、职业教育课堂文化的育人价值

课堂是教师和学生传承文化、创生文化的主要场所，文化首先是人的文化，从教育意义上来讲，它包括知识、价值观和艺术[5]。学生在学习活动中不仅在学习文化知识，而且在感受、体会课堂文化渗透了课堂活动中的精神的熏陶。若干年后，学生可能忘记了教师课堂讲授的知识，但永不磨灭的却是物化在心灵深处的精神文化。而职业教育的课堂文化和企业文化结合，在教学与实践活动中潜移默化的影响人的职业思维、教育人的职业道德、培养人的职业能力。

（一）知识育人的价值体现

知识是客观事物本质属性在人脑中的反映，在探究知识的过程中所展现出来尊重事实、依据事实、反映事实、批判谬误、破除迷信的科学精神，对于知识的学习者来说具有深刻的、能够触及心灵的精神化育作用[6]。专业知识在劳动实践和生产过程中凝聚了人们认识科学、技术、工艺和服务流程中所体现的特有的方式和智慧本领，学生作为独立的个体，不同的个体在获取知识的同时，结合自身的接受能力和认知水平，经过信息加工形成自己的知识结构，并伴随着知识的学习和转化成为个人的行为习惯、学习智慧和职业意识，学习知识的过程就是知识作为物质媒介传递形成个体认知和思想智慧的过程；学生对知识的理解和把握的过程，就是文化渗透和延伸的过程，伴随着学生个体对知识进行信息加工和处理获得的成果和方式就是知识本身的价值所在。

（二）思维能力的持续发展

课堂文化是多种元素高度融合的文化，其中教学文化是诸多要素中的核心要素，在教学活动中得以体现。职业教育课堂教学是以实践为主的做学一体的教学活动，学生在边做边学中体验、感悟和思考，在老师的引导帮助下解决问题，习得解决问题的策略和方法，从而使自身实践技能和思维水平不断地提高和发展。而在实践教学活动中围绕教学目标选择的教学策略、组织方式和学习方法就是课堂教学文化的具体体现，在教学活动中是否能把握教学文化的本质，根本就在于是否掌握蕴涵其中并决定其品质的思维方式，学生的思维方式决定了他们认识和解决问题的立场、思路和方向[7]。正如钟启泉先生所说，"课堂教学总是存在着某种文化，不管我们是否意识到，学生都在进行着某种'文化适应'，其本质就是思维方式和价值观念对学生的影响"。

（三）职业素养的培养需求

职业教育的培养目标是培养服务于生产管理一线的技术技能人才，满足企业的需求。但由于校企文化的差异，职业学校学生在进入职场后人际关系、学习方式、工作习惯等方面都出现不同程度的不适应，企业对于职业学校毕业生的文化素养的满意程度远远低于对其知识技能的满意程度[8]。根据现状调研的结果统计，大部分同学缺乏职业理想和文化自信，基本的想法是走一步、看一步，对选择做什么工作持无所谓的态度，学习被动，自我约束能力不足，学校和课堂制度的约束对这些同学的作用不大，在课堂文化中企业组织文化和制度文化的介入让学生明确自己作为未来从业者不遵守制度应承担的后果，学习活动的工作和岗位的评价标准成为学生行为约束走向行为自觉的标尺。学生在情境性和实践性相结合的职业体验中提升职业素养，满足企业用人需求的期望。

（四）立德树人的有效路径

《国务院关于加快发展现代职业教育的决定》提出职业教育的指导思想要"以立德树人为根本，完善产教融合、协同育人机制"[9]，并进一步在教育改革实施方案中指出"推进职业教育领域'三全育人'综合改革试点工作，努力实现职业技能和职业精神培养高度融合[10]。"对于职业学校而言，立德树人就要通过德技并修的育人机制，融入"三全"育人过程中，课堂就是孕育学生品德、树立正确人生观和价值观的发源地。苏联著名教育家苏霍姆林斯基说过"课是点燃求知欲和道德信念火把的第一颗火星。"而课堂文化是课堂教学的"土壤"，是课堂教学存在、运行和发展的动力之源。

"以文化人以文育人"是文化的价值旨归。文化育人的本质就在于以人类文化的正向价值为导引，教化人走向道德、理性、真善美，从而实现立德树人的目标追求[11]。课堂文化是"三全"育人最直接的方式和最关键的环节，

三、职业教育课堂文化的实现方式

要体现职业教育课堂文化的职业性，职业教育课堂文化的范畴不仅局限于课堂，还要将其外延从课堂拓展到职业学校与教学实践相关的领域。职业学校为顺应企业发展的人才需求，就要将企业文化的核心元素融入课堂的教学与实践过程中，使课堂文化和现代的产业文化、先进的企业文化有机融合，构建具有职业教育特色的课堂文化，搭建企业和学校"双元"育人的桥梁，着眼于学生职业生涯的稳定与可持续发展，从而实现从学校学生到企业员工身份的完美转换。

（一）课程建设融入文化元素

课程、教材、教法是课堂教学的基本要素，要形成职业教育课堂文化特色，通过课堂教学达到文化育人的目的，课程建设就要满足文化课堂教学的要求，切合职业教育课堂文化需求，课程内容要与企业人才需求进行对接。而目前课程目标定位偏重技能培养，课程内容也侧重于职业技能要素的融入，而忽略企业文化要素的渗透，课程文化属性在育人过程中碎片化呈现的问题比较严重，导致学生的核心价值理念和行为准则缺乏职业性，无法在企业的环境里找准自己的位置，

很好地发挥自己的专业技能。因此，要提升学生的文化素养，实现校企"双元"育人，课程改革要先行。

在具体的融合过程中，企业文化哪些内容要融入课程，怎样融合、融入什么程度，是课程文化建设亟待解决的问题。为满足课程文化的建设需求，首先对专业对应的行业、企业、工作岗位进行调研，确定不同工作的岗位职责和岗位要求，从而确定人才培养方案；同一专业同一课程对于中等职业教育、高等职业教育、中高职贯通、中职和本科贯通的不同培养目标的学生职业素养培养要求有差别，课程定位也不尽相同，因此，课程目标应依据专业人才培养方案明确自身的定位；其次，制定课程标准，将行业标准、职业资格认证的标准，融入课程标准制定的内容中，使课程的评价与职业资格认定相对接；第三，对相关行业和企业文化进行梳理，将现代的、积极的、先进的部分伴随企业真实的项目作为案例引入课程内容，从工作对象、方法、工具、组织方式和工作要求选取内容，对典型工作任务和工作过程的分析，强调与实际工作相联系，将情感价值观部分融入知识技能过程中，结合学科知识的内在逻辑上下衔接、层层递进，同时，课程的导入应该以相应行业企业文化理念，产业文化知识，职业发展前景为内容，在学生进入课程学习之前介入，帮助学生了解职业前景，进行职业规划，树立职业自信；第五，拓展课程外延，根据学生实际和学校专业发展需要建设校本课程、特色课程、活动课程，通过学生自主选择、社团活动满足学生的个性化需求；最后，课程文化建设要根据产业布局和专业发展的要求进行及时更新、补充和完善。

（二）教师培养凸显文化内涵

教师能力要满足学生职业素养培养的条件。职业教育课堂文化的构建是以课程和教材为经，以教师教授传播为纬[12]，达成学生核心素养培养的目的。教师作为课堂教学活动的主导者，教学文化的传播者，对学生职业素养的培养起到决定性的作用，教师对产业文化前景的了解、行业生产服务流程的把握、相关企业文化的认同直接影响到学生职业认知和学习实践行为。教师下企业实践是把握企业动态，提高实践技能的有效渠道。目前，教师的企业实践从政府部门主导、行业集团推荐、学校自主安排有序地开展，但在企业实践的方式、实践的内容和实践的效果上受到了局限，教师的实践主要方式是在生产和服务一线进行带教性实践，实践的内容以技能提高为主，很少有机会对生产、技术研发、质检、销售、人力资源等核心管理部门进行全面了解,导致教师对企业发展的前景和核心价值缺乏认识和认同。要使教师的职业素养得到提升,不应该将培训的目的仅仅局限在技能提升上,学校应为教师创造条件,开放相应的企业信息平台,订阅相关报刊,促进教师对区域专业布局和行业动态应及时了解,开拓教师的视野与眼界;并且要定期组织教师到不同性质的企业参观和交流,使教师在比较中感受企业文化的差异,从而产生对企业的价值认同;其次在教师下企业实践过程中创造轮岗机会,熟悉企业对员工的素质要求和操作规范,使其对企业的认识更为全面。

另一方面,企业各层面从业人员作为兼职教师充实到教师队伍中指导学生进行学习实践,为企业文化渗透到课堂教学中的渠道更为畅通。兼职教师的工作经验是教学文化的宝贵财富,比如在酒店服务专业的学生在酒店会议服务实践中,发现会议服务人员(兼职教师)对茶水服务中,并不按统一的时间集中续水,而是通过观察不同客人的喝水情况进行及时续水,在会议用盖杯不透明的情况下,老师是如何辨别需要加水时间呢?基于老师的经验,在茶水服务中可以观察客人喝水时盖杯的倾斜角度,从而判断茶水的多少以及需不需要续水。这些经验正是酒店服务良好素质的体现,也是教师经验的积累,教学文化的传承是离不开这些实践经验丰富的企业兼职教师的。

同在校教师企业实践一样,兼职教师的聘任机制也在各层面的关注下有序开展,但仍需进一步完善。首先从人员的层次上,不应局限于生产技术人员(工人),从企业经营者、中层管理者到生产(服务)的一线人员,都可以成为聘任对象,由企业经营者讲愿景、经营策略;中层管理者讲制度与规范;一线人员讲操作与技能,这样可以使学生对从真实的职业认识更深刻,也更能唤起他们的职业意识和职业理想。另外,兼职教师教学实践活动的开展方式也不能局限于课堂讲授,生产(服务)的一线人员的特长是操作技能,作为老师语言的表达、教学的方式、教学管理与调控都有所欠缺,因此教学的方式可以采用和学校教师合作授课的1+1模式,这种方式既能发挥所长,又能相互学习,相互补充。

(三)教学实践体现校企双元

1. 教学目标注重职业素养目标的达成

教学实践要促进校企"双元"育人目标达成。课堂文化的育人功能是以教学文化为核心推进的,而职业教育的教学文化的源头来自于企业文化。教学文化的职业渗透则是围绕着教学目标组织的教学活动逐层展开，教师在教学活动过程中，确定三维目标中的知识和技能目标的表述都明确、具体、可测，并在教学活动中进行目标的分解、实施和评价，但对于职业素养的目标表述模糊，常常将单元甚至课程的职业素养作为一次课的目标，如老师在信息技术课程《演示文稿的制作》将职业素养目标确定为提升信息技术能力，这显然是在一节课中无法达成的。这反映了老师对教学内容要落实的职业情感目标不够清晰，对通过教学活动落实哪些职业素养、怎样落实缺乏信心，对是否落实和落实的效果把握不大，直接影响了职业素养目标的达成。不积跬步无以至千里，不积小流无以至江海，正是一次次课堂教学实践活动中的职业素养目标的达成汇聚成学生核心素养的养成，老师要充分认识到职业素养目标的确定及实施的重要性，才能在教学活动中渗透职业素养的培养，教学文化育人就要从每一次课的职业素养目标确定开始。

2. 教学情境的创设注重职业精神的渗透

（1）问题情境提升思维能力

现代制造业的课程教学情境通常伴随着问题展开，如数控车床课程《阶梯轴的加工》围绕如何完成企业阶梯轴加工订单的问题选择设备（工具）、制定工艺、进行加工、完成检测，在解决问题的过程中学生获得可解决问题的方法，形成自己特有解决问题的思维逻辑，伴随着问题的解决，思维能力也得到提升。

（2）项目情境培养职业意识

职业课堂常常以项目为单元实施教学，在产品设计专业中一个完整的项目，往往要从最初客户人员的沟通上开始，到结账交稿结束。在实施项目时将学生按照真实项目工作进行分工，包括项目经理（负责项目沟通和运营管理）、设计总监（负责设计管理和出品把控）、执行设计师（通常由初级设计师和资深设计师搭配组合）等人员构成。在项目实施过程中既要各司其职，又要团结协作，有助于学生职业意识的培养。

（3）典型案例形成职业习惯

真实、典型案例的教学引入，更具有可信性和代入感。例如单证课程《提单审核》课堂教学中，教师采用一个毕业生真实的案例作为情境引入教学。案例是该学生在夏普机械有限公司担任单证操作员期间，在一次提单审核中，货物品名编号错误没检查出来，导致他们厂出产的机器与墨盒不相匹配，浪费了两个多月和二万多美元的费用。此案例提示学生在实践中认真制单、仔细核对等操作步骤重要性的认识，促成学生仔细认真的职业习惯的养成。

（4）角色扮演体验职业情感

服务类专业的实践课程多以角色扮演完成情境创设。在角色扮演过程中，学生完成服务人与服务对象的互换，以顾客的立场考虑服务需求，从而获得深刻的职业体验。

3. 教学内容的选择渗透企业文化元素

企业情境的创设和企业文化的引入使课堂教学内容更为丰富，学生在这样的课堂获得的不仅是知识技能本身，还有从习得的过程中获得的学习方法、思维方式和情感体验，这就是教学内容的价值取向。基于此，教学内容选择企业典型的工作案例，按照职业活动的环节，来整合序化成项目，以工作任务承载整个教学内容，学生在解决工作问题中获得的方法和情感体验。此外，选择穿插知名企业发展史、企业领袖访谈、大国工匠实录作为教学辅助内容，对优秀企业和优质人才尊重劳动、爱岗敬业、团队协作、诚实守信、精益求精的特性总结提炼，也对学生树立职业理想、端正职业态度、养成职业习惯等工作价值观进行有效的引导。

5. 教学评价的实施融入企业操作规范

教学评价是对课堂教学活动满足学生个体学习需要的程度做出的价值判断，评价不仅指向学生学习和实践的结果，也指向教师学习和实践的过程。教学评价强调学生在复杂的、不确定的、开放的职业情境中解决面临的困难和遇到的问题的能力，在评价过程中要避免以一种标准实行"标准化"评价，应承认和尊重学生的个体差异，对不同的学生提供差异性评价，引入企业评价制度和操作规范，使判断学习效果的指标不仅指向是否完成任务，完成任务的程度如何，更强调学生学习实践的方法和操作规范的执行情况，因此，企业操作规范作为重要的评价指标对教学效果的影响引起老师和学生的重视，对纳入企业制度，规范学生职业行为不可或缺。

现代产业文化的核心是尊重一切劳动，尊重一切劳动者的现代工作价值观，这也应该是职业教育的课堂文化的核心，尊重学生、尊重学生的差异，在学习活动中关注学生的差异，才能创建民主和谐的课堂文化氛围，是学生的主体地位得以体现。企业文化元素的介入是课堂的氛围更具有这一特征，用企业的生产方式和工作方式影响教师的教学方式和学生的学习方式，用企业的生产环节、技能要求、评价标准和考核方式教育和影响学生，让学生顺利地进入职场、走向社会，是职业教育课堂文化构建和实现的初衷和期望。

（作者：刘瑞）

参考文献

[1] [英]泰勒(Tylor).文化之定义[M].庄锡昌，等.多维视野中的文化理论.杭州：浙江人民出版社，1987.

[2] 杜德栋.课堂文化密码面面观[J].教育理论与实践，2011（3）.

[3] 张雁军.课堂文化：内涵、失衡及建构[J].内蒙古农业大学学报(社会科学版)，2010（5）.

[4] 龚添妙，朱厚望.冲突与引领：文化视域下高职教育深化产教融合的再审视[J].职教论坛，2020（1）.

[5] 郑金洲.教育文化学[M].北京：人民教育出版社，2000：4-7.

[6] 郭元祥，吴宏.论课程知识的本质属性及其教学表达[J].课程教材教法，2018.08.

[7] 余文森《课堂文化重建--课程改革的终极追求》http//blog.cersp.com/41648/369067.aspx

[8] 余祖光，李术蕊.职业院校文化发展的新动向[J].教育与职业，2005(12).

[9] 《教育部关于深化职业教育教学改革全面提高人才培养质量的若干意见》(国发[2015]6号)，2015-07-27.

[10] 《国务院关于印发国家职业教育改革实施方案的通知》(国发[2019]号)，2019-01-24.

[11] 陈秋明.文化育人的独特价值[N].《光明日报》2017-01-19（14）

[12] 李群.在文化脉络中寻找文化课堂的有效实施[J].中国教育学刊，2017（10）.

五、校园育人篇

学校的一切工作,最终要体现在学生的成长上。对于中职学生这一特定的群体而言,他们的成长,相较于智力因素,元认知能力和非智力因素或许对他们未来职业生涯发展的影响更大。因此,关注中职学生成长过程中的那些诸如思想品德、自学能力、学习动机等,是破译他们成长道路上制约他们进步魔咒的密码,是打开他们通往成功之门的钥匙。职教学生大多经历过学习上的挫折和落后,饱受批评、歧视。因此,在教育过程中,对他们的说教意义不大。而通过文化的浸润,以和风细雨、润物无声的方式,能对学生潜移默化地产生更好的教育效果。在音乐、诗歌、英语歌曲的教学中,融入育人的元素,培育学生善良、正直、勤奋、热爱生命、热爱和平、热爱大自然等美好品质,同时让学生在文化浸润中提升自己的人文素养和文化品位。

基于上海市医药学校云南学生自主学习能力现状及影响因素分析研究

上海市医药学校

为了更加精准、更具有针对性对上海市医药学校沪滇合作的云南学生制定合理的自主学习能力培养路径,需要充分了解云南学生自主学习能力的现状及其影响因素。本次研究采取整体抽样的方法,选取上海市医药学校2017—2018级沪滇合作的112名云南学生作为研究对象,采用调研问卷和访谈两种形式对研究对象自主学习能力现状及影响因素进行调研。

一、问题提出

自主学习是学习者主动学习的一种行为。学习者根据确立的学习目标及自身的实际情况选择适合自己的学习方法、制定学习计划，对学习内容及时间进行有效的规划和设计，从而高效的达到设定的学习目的[1]。在这个过程中，不断地对自己的学习策略、学习效果进行评价及反思。随着社会的需求与发展，教育家们意识到自主学习能力给学生的学习效果带来巨大的影响。我国新课程改革也提倡学生是学习的主体，培养学生的自主学习能力不但是国外的研究热点也是我国的教育体系中占有很重要的地位。因此，本研究主要通过问卷及访谈两种调研形式，探讨云南学生自主学习能力现状及受限因素，旨在为上海市医药学校及相关沪滇合作的云南学生自主学习能力设计合理的培养路径提供重要的参考依据。

二、研究内容

（一）问卷的形成

问卷是云南学生自主学习能力方面各项评价指标的具体反映，是根据研究目的设计来获取信息的重要手段，其质量的高低，对调查结果的真实性、可靠性、适用性等具有决定性的作用。本研究问卷的编制，采用 Delphi 专家咨询法，根据专家的咨询与论证意见，对初步拟定的问卷条目进行筛选与修改，最终形成了包含学习目标（内在目标、外在目标）、学习计划、学习方法、学习控制与管理、学习焦虑、学习评价，学习求助等 7 个维度和 40 个条目的调查问卷。该套问卷的信度和效度都比较好，从而有效地保证该调查问卷中的各个条目内容的可靠性，故该问卷的分析结果是可靠的，能够较准确、真实地反映出我校沪滇合作的云南学生自主学习能力方面的一些受限因素。

（二）调研方法

调研方法采用问卷和访谈两种形式调研。问卷部分是面向上海市医药学校沪滇合作的 112 名云南学生。访谈部分是由调查员根据学生问卷调研反馈出的问题，具有针对性的对已调研过的部分学生、任课教师及云南当地教师进行访谈。

三、研究结果与讨论

通过问卷调研及访谈得知我校沪滇合作的 112 名云南学生自主学习能力现状及受限因素有如下几个方面：

（一）问卷调查结果

1. 学生自主学习能力缺失

在学习的过程中，教师是主导，学生是主体，学习中的大部分问题，需要学生自己解决。通过沪滇合作的 112 名云南学生对自己的学习评价表 1 可见，63 位学生给自己的学习主动性只有 50 分，可见学生的学习主动性比较差，导致对自己的学习信心与学习状态基本满意。这表明，我校沪滇合作的云南学生的学习主体意识缺失，缺乏主动获取知识的意愿和主动思考的学习习惯。

表 1　沪滇合作云南学生学习评价表

	学习主动性	学习信心	学习状态
★★★★	5	19	34
★★★	41	59	57
★★	63	34	13
★	3	0	8

注：★代表愿望强度；4★代表 100 分，★代表 25 分。

2. 学生学习目标不明确

通过问卷调研，如图 1 显示，沪滇合作的云南学生中有 14.29% 的学生没有明确可行的学习目标，43.75% 的学生有目标但是不能坚持自己的目标。对有目标不能坚持的学生访谈得知大部分学生做事专注度不够；在执行的过程中遇到困难不知道如何解决，中途选择放弃。如，有位学生想增强英语口语，最开始给自己定的目标是每天早起 30 分钟到操场晨读英语课文，但是由于连续几天天气原因下雨，没有办法去操场晨读，到了天气好的时候也没有坚持连续晨读，久而久之就放弃自己的设定的晨读目标。通过对没有学习目标的学生访谈了解到，大部分学生说，国家有这样精准对口教育政策，有比较好的机会，走出家乡看一下外面的大城市是怎样的，我只是出来看看，3 年之后还是要回到自己的家乡，回到家乡能做什么工作，想做什么工作不知道。目前，对自己的学习没有一个明确的目标，乃至对自己的职业生涯没有一个很好的规划，只是跟着感觉走，总会找到自己喜欢的工作。可见，沪滇合作的部分云南中职生学习目标不明确。

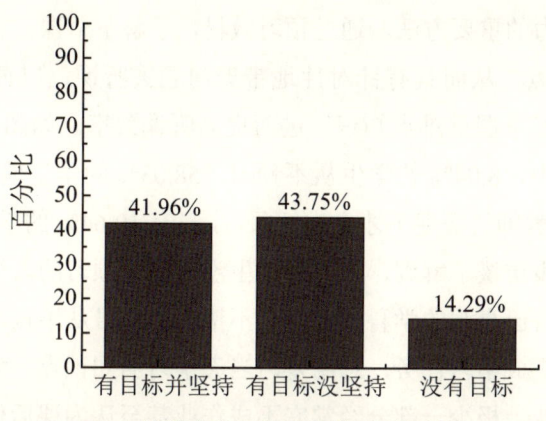

图 1　沪滇合作云南学生学习目标统计

3. 学生自我监控和管理能力欠缺

自我监控和管理是自主学习能力的关键环节，决定了学习者的学习效率和质量。通过问卷调研，如图2可以看出，52.68%的沪滇合作的云南学生没有学习计划。图3显示，有学习计划的学生中，还有30.36%的同学没有完成。通过对没有完成学习计划学生的访谈，大多数同学表示自制力不够，抵抗不住玩乐的诱惑；少部分同学说，有拖延症。这表明沪滇合作的云南学生对自我的学习控制与管理是比较欠缺的，不能主动的调控自己的学习情绪和行为，在碎片化的学习环境中容易受外界因素的干扰，导致专注度不够，学习效率低。

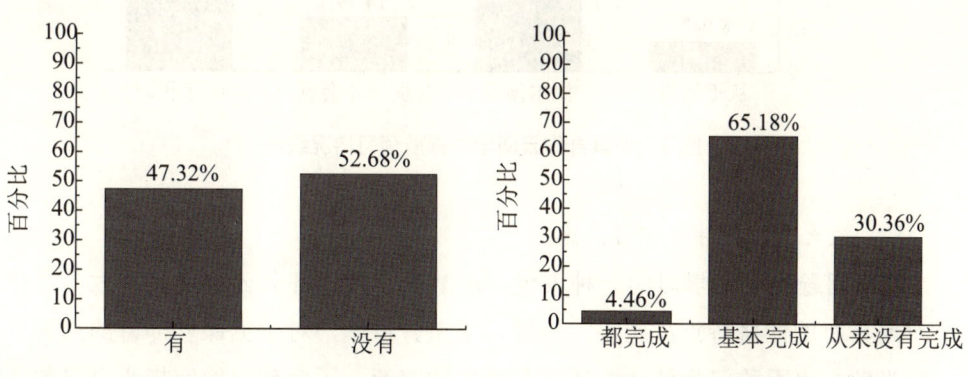

图2　沪滇合作云南学生学习计划统计　　图3　沪滇合作云南学生学习计划完成的程度统计

4. 未养成良好的学习习惯与学习方法

自学是获取知识的重要方法与途径。提前预习是自学的一种形式，也是培养学生自主学习能力的重要方法。通过预习教材，了解下节课，教师所讲的新知识的重点以及疑难点，从而具有针对性地带着问题去听课，以便在课堂上解决自己的疑难点，更好掌握重难点知识，进而提高听课效率。如图4可见，112名沪滇合作云南学生中，8.04%的学生从不预习，58.03%的学生偶尔进行一次预习，14.29%的学生在教师的督促下才会进行预习，只有19.64%的学生经常进行预习。通过对学生进一步访谈了解到，大部分学生没有课前预习的习惯。即使少部分预习，也只是预习自己喜欢的学科目，自己不擅长的科目从不预习。课后，很少一部分学生能主动完成学习任务，总结复习当天学习的知识点；大部分学生是被动的不得不完成作业，极少一部分经常完不成作业甚至认为课后作业过多，学习压力过大，没有时间精力去总结。通过问卷和对学生的访谈，反映出我校沪滇合作的云南学生，没有养成良好的学习习惯和学习方法，缺乏学习的主动性。

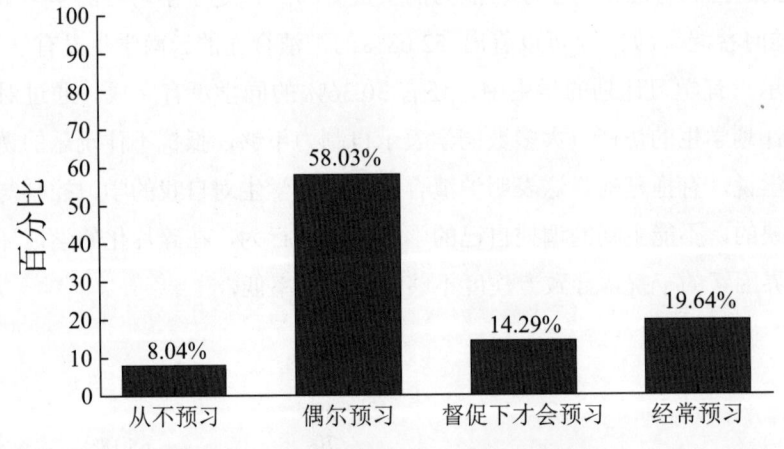

图4 沪滇合作云南学生课前预习情况统计

5. 缺乏自信并伴有学习焦虑

提出问题是主动学习的一种表现。沪滇合作的大部分云南学生有大山里孩子普遍具有的性格特点：胆小、腼腆、害羞、自卑，对于上课教师讲的知识点一知半解，也不敢问为什么。通过与学生的交流，了解到，他们担心自己的基础差、上课反应有点慢，如果总是有问题问老师，老师会不会觉得他上课没有认真听？从问卷中调研，如图显示，35.71%的同学有这样的顾虑。久而久之，越来越不理解，自信心不足，自己越来越焦虑，对学习失去信心。

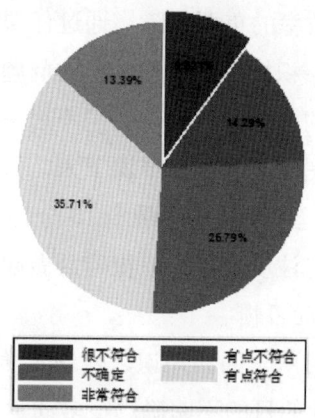

图 5　学习焦虑情况统计

（二）任课教师访谈

1. 自主学习意识不足

我校沪滇合作的云南中职生来自于贫困山区。山区的教育资源匮乏及思想意识落后，学生的文化基础知识相对薄弱，学业水平参差不齐，导致部分学生课堂上与教师互动很少，长期下去，对学习缺乏兴趣和自信心，学习动力不足，独立自主学习的意识比较淡薄。

2. 学习专注度不够

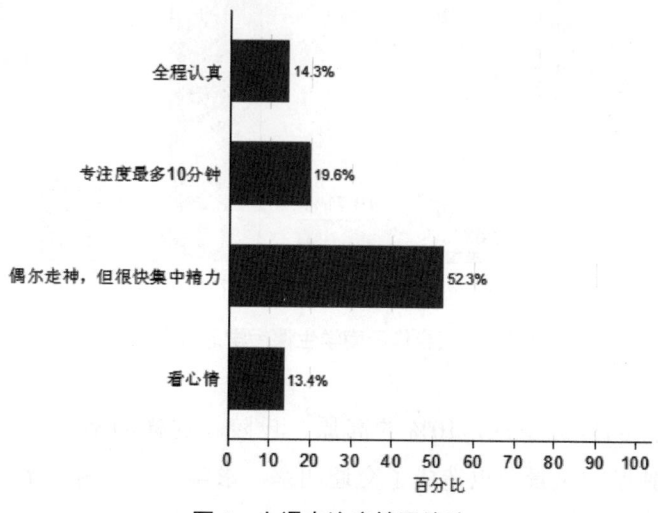

图 6　上课专注度情况统计

学习专注是提高课堂效率的重要保障。通过任课教师访谈反馈,少部分同学能够跟上老师的上课思路,积极回复老师提出的问题。大多数学生上课注意力不够集中,搞些小动作,有的同学甚至只是听但不思考。从问卷调研中,对学生上课专注度的调研结果,如图6显示,一节课下来,只有14.3%的同学能过全神贯注的听课。19.6%的学生,上课只专注最多10分钟。通过问卷和任课教师访谈共同得出,云南学生上课专注度比较差,很容易做起一些无关的事情。

3. 缺乏自我独立学习的习惯

做作业是为了巩固复习所学的新知识,是培养学生独立思考能力。云南学生在这方面有所欠缺,做作业的目的不明确。很多同学态度不端正,为了完成任务,采取抄袭其他同学的作业。还有一些同学,做作业很不认真,马马虎虎,简单的是会而不对;复杂的、不会做的也不与同学交流、讨论、不求助同学,直接就不动笔,直接交上来。课前没有预习的习惯,课后也不对教师所讲的知识点进行复习。这些不良习惯严重地影响了学习效果。

(三)对云南当地教师访谈

1. 自然环境因素

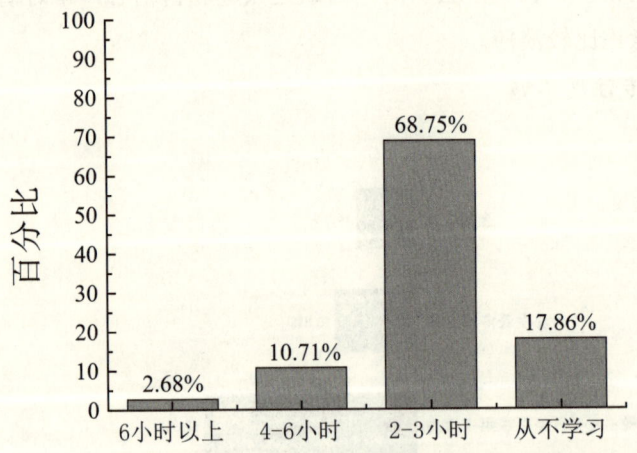

图7 沪滇合作云南学生课后学习时间统计

云南全省84%的山地,10%的高原、丘陵。这样的地形条件,不仅造就了云南得天独厚的风景,也造成了交通闭塞,求学之路异常艰辛。通过与云南省保山市第七中学的老师访谈得知,在政府的大力扶持下,有的山区,近几年修起了水泥马路，盘旋弯曲着延伸到各家各户，但是有的山区还是泥土路，每次雨后，学生都是踩着湿滑泥泞的土路蹒跚而行。大部分学生上学路途远，每天步行三四个小时的山路去学校，回到家中完成作业就要休息，没有更多的课外的时间来学习。这从学生的调查问卷中每天课外学习时间，如图 7 可见，68.75% 的学生平均每天只有 2-3 小时的学习时间，导致从小开始就没有养成良好的课后学习习惯。

2. 家长学习意识淡薄

父母是孩子的第一任老师。这足以说明，在教育问题上，家长扮演着非常重要的角色。身教胜于言传，父母在日常生活中要给孩子树立良好的学习榜样。首先，要做一个爱学习的家长；其次，要营造一个良好的学习环境；最后，培养孩子有一个良好的学习习惯。通过与云南省保山市第七中学的老师访谈，了解到当地云南家长，可能是由于地域或者家庭困难的原因，很多家长自己本身文化水平比较低，甚至不如自己的孩子读的书多，很少走出去，往往就没有很高的求知的欲望，很少孩子学习，辅导孩子作业，更没有考虑过给学生报兴趣班和学习班。可见家长对孩子的学习教育方面，没有引起足够的重视，甚至有的学生考上了高中，大学都不让去读书，觉得读书没用。

四、结论

通过调查问卷、对学生访谈，对任课教师访谈，以及对当地教师访谈。我们得知，我校沪滇合作的云南学生自主学习能力处于一般水平，且收诸多因素影响。接下来，我们将更具有针对性地对我校云南学生设计合理的自主学习能力培养路径。如，我们教师应会鼓励云南学生积极参加各类社团活动、培养阅读兴趣、培养创新创业等能力，从而培养沪滇合作云南中职学生的自主学习能力。

（作者：田晖、李春蕾）

参考文献

[1] 黄珊珊.泛在学习视域下职校生自主学习能力的培养路径：基于元认知策略[J]，广西教育学院学报，2019(3).

中职学生学习动机不足深层次原因之探究及对策

上海石化工业学校

当前,由于中职学校招生门槛低,使得生源质量下降,中职学生普遍存在着学习动机不足的现象。本人作为一线教师,从目前我校学生、学校、企业等方面分析这种现象产生的深层次原因,发现关键是中职的教学没有充分考虑学生的学情,教学缺乏与学生的职业生涯规划紧密联系,为了改变这种现象,就要将教学与学生长远的职业生涯规划相结合。

一、问题

作为一线教师,不仅本人还是其他老师,时常抱怨:现在的学生越来越难教了,基础太差了,怎么教也教不会,连用到的小学知识都不会;现在的学生整天坐在教室里发呆,一个耳朵进一个耳朵出,虽然在学校任课教师、班主任、科室、教务、督导等全方位的管理和监督下,学生基本不违反课堂纪律,但很多同学什么都听不进去;现在的学生晚上家里玩游戏不睡觉,来到学校一上课就犯困,坐着能睡着,把他喊起来清醒一下也能睡着;现在的学生交上来的作业乱七八糟,很多没有按照要求做,即使上课讲过的题目,还是照错不误;现在的学生对自己一点要求也没有,整天混日子;现在的学生差别太大了,一个班有的同学早会了,有的同学讲了好几遍还是不会,听不懂也不听……职业教育的这种学习现状在中职学校是比较严重和普遍的。我们知道中职学生从小没有养成良好的学习习惯,对学习没有兴趣,自觉学习习惯和自我控制能力较差,缺乏刻苦学习的精神和行之有效的学习方法,但他们中的绝大多数并没有到完全自我放弃的地步,内心深处还是希望找到一份理想的工作。这一切表面现象的背后肯定存在着根本原因。那么,导致中职学生学习行为习惯不良,缺乏学习兴趣和积极主动性的深层次原因是什么呢?我们应该采取什么措施来解决这一问题呢?

二、成因

(一)学生生源下降与课程标准对学生的要求却提高之间的矛盾日益突出

由于九年制义务教育的普及和人民群众生活水平的提高,绝大多数家长愿意孩子进入普通高中继续学习，以便将来考入大学继续深造，因此中职学校的入学学生人数逐年下降，生源、质量也出现了大幅的下滑。近年来各中职学校在激烈的招生竞争下，为了完成招生规模，各科总成绩不足一百分的学生也存在。虽然说学生考分的下降并非绝对表示中职学校生源质量的下降，但目前中职学校学生的综合素质较前些年明显降低是不争的事实。中职学生是基础教育升学考试的失败者，他们一般文化基础、综合素质较差、意志品质比较薄弱，九年义务教育中，他们就没有养成良好的学习行为习惯，对学习兴趣不大。上了中职后，周围都是不爱学习的同伴，学习的积极性就变得更差了。但与此同时，课程标准对学生的要求却不断提高，不仅对学生理论知识方面有所提高，也对学生动手操作能力也有所提高。比如，我校 AHK 标准对学生的要求与其他学生相比，学习的内容多了，深度深了，动手操作能力要求强了，职业素养要求高了，但 AHK 冠名班组班的门槛却相对比较低，这些学生的理论基础和综合素质却不断下降。学生生源下降和课程标准对学生要求却提高之间的矛盾就让学生在本来就厌学的基础上，更加失去了对学习的兴趣。

（二）学校目前教育和部分学生未来的职业生涯不匹配

随着信息传播速度的加快，化工行业出现的一系列安全事故也深入人心，这导致人们对化工的误解就是有毒、有害、易燃、易爆以及对身体有害等负面看法。由于认知的盲区、媒体的误导，以及监管不到位等深层次原因，化工在一些人眼中变成了"魔鬼"。家长谈化色变，不想让自己的孩子从事化工行业。随着家庭条件的不断改善，家长也对学生的学历有所要求。他们认为中专学历层次太低，也不满足自己的孩子当个一线操作工。虽然他们中考失败，没有进入高中就读，但他们还有一次进入大学学习的机会，也就是参加三校生高考。近几年，学生报名参加三校生高考的比例越来越多。据统计，我校 2020 年报名三校生高考的学生能占到总学生的 80% 左右，而由于多方面的原因，三校生高考的难度却不是很高，大多数同学都能迈进大学的门槛。所以，这部分同学也就缺乏了学习动力。他们就是把中职学校当作跳板，"混"个毕业证，可以读三校生而已。然而，现在学校的教育却把怀揣就业和升学不同梦想、拥有不同目标的学生放在一起，用就业这种单一形式进行教育，想升学的同学就失去了学习动力。

（三）校企合作，供不应求，学生缺乏动力

我校以产教融合、校企合作为主线，不断拓展合作深度与广度，学校先后与

200多家国内外知名企业开展校企合作人才培养，通过校企"八共"，即共建对话机制、共组企业冠名班、共筑实训基地、共育教学团队、共培企业员工、共谋专业发展、共办技能大赛、共设奖励基金等，走上了校企合作培养技能型人才之路。学校组建由合作企业共同参与的办学指导委员会，定期就办学方向、专业发展、人才培养等进行研讨，为学校发展"把脉"；各专业与企业生产部门联合建立教学指导委员会，从专业层面开展交流探讨，引导专业建设；专业教师与企业技术人员对接，了解生产过程和岗位技能要求，指导课程教学。学校与企业共同组建企业冠名班，针对企业用人需求，实施"订单"培养，实现了学校教学与企业岗位培训的无缝对接。所以我校对口化工企业的员工需求量比较大，但学生供应量近几年却日益下降，不能满足企业要求。原因是大多数学生报考三校生，而就业的同学中有一部分并不想进入化工企业工作，而是通过自找其他非化工企业的方式就业。这也导致了就业的学校推荐环节供不应求，在缺少竞争对手的情况下，学生也就自然而然地缺乏学习动力，表现还可以的话，都能找到工作。

三、对策

（一）根据学生学情，适当调整课程标准，提高学生的动手能力

当前，中职学生生源质量下降是不争的事实，是一个社会问题。为了改变当前学生学习动机不足这种学习现状，应当接受现实，适应中职学生的实际状况。故在课程标准要求范围内，结合岗位知识技能要求，按照以就业为方向，以能力培养为本位的原则，应大力开发有专业特色适合就业岗位工作要求的校本教材，突出实用性、指导性、启发性和针对性。对理论教学内容应改变以往过全、过多、过难的现象，进行精炼，适当地降低对学习内容的要求，以"够用"、能达到专业的基本培养目标为准，以专业或课程"应知应会"的形式出现，与其什么也学不会，不如少一点，学一点，会一点，对过难的理论弱化，增加实践操作，强化动手操作能力。这也就需要实训设施满足条件，更需要师资力量满足条件。所以，中职学校应加大投入，增添教学设备、增加专业的实训室建设和实践基地建设，保证必要的实训条件，增加实训课时，加强学生动手能力和技能训练，加强校企合作，与市场紧密联系，使教育目标和教学内容更加准确，培养社会需要的职业技术工人，从而拓宽就业门路和就业质量，解决学生就业问题。而对于特殊班级，如 AHK 冠名班，其标准要求确实比较高，对学生的要求也比较高，但这不是面

对所有学生的,故在组班时对学生进行各方面测试,提高入班门槛,保证学生在认真学习的前提下能学得懂,学得会。

(二)根据职业规划,进行教学改革,实施分流教学

在未来资源短缺的趋势下,化工将扮演更重要的角色,渗透我们生活的一点一滴。不可否认化工专业平时接触一些对身体有害的物质,但只要防护得当,就不会出现什么问题。学校、企业应该大力宣传,化工并没有传说中的可怕,我们只有充分了解它,才能让化工更好地服务社会,化工操作工是将来不可或缺的人才。另外,入学时可以统计学生对自己将来的职业规划,进行教学改革,实施分流教学,一部分以就业为去向的同学进入就业班,一部分以就读为去向的同学进入就读班。对就业班的同学,实施专业教学;对就读班的同学,可以增加语数外的课程教学。另外,无论是哪种就业去向的,在学习过程中,都应该提高学生学习能力、人际沟通能力、创新决策能力,故应该进行课程改革,增加一些柔性课程,以培养学生坚忍不拔的意志,以不变应万变的能力,遇到困难调整心态勇往直前的决心。另外,更应该培养学生做一个积极向上的人,给自己定个较高的目标,就读的同学争取考个好的大学,好的专业,为将来找工作打好基础;就业的同学,学生阶段学好专业知识,提高各方面素质,为迈入工作岗位打下基础。中职的教学并不是一成不变的,关键是把学生培养成有用的人才,要适时摸底学生的情况,根据学生的学情,不断调整教学内容。

(三)根据企业发展,明确职业目标,进行长远职业生涯规划

无论就读还是就业,都是为了找到一个好工作。我校为学生提供了一个很好的就业平台,与我们学校合作的都是国内外知名企业,有着很好的发展前途,这是很多其他学校做不到的。现在很多同学的意愿就是提高自己的学历,对三校生毕业之后的职业生涯还没有很好的规划,毕业后的去向也是茫然的,这也需要学校和企业的大力宣传和引导,要对自己进行长远的职业生涯规划,不要仅仅局限在提高学历上,眼光要放远。学生先就业再提高自己的学历,也是一个不错的出路。另外进入企业是第一步,不要把目标局限在找到工作上,要关注自身在企业的发展,对自己的职业生涯进行长远规划,化工行业岗位层次比较多,学生阶段打好基础很重要,要长远规划自己的未来,不要满足现状。这不仅需要设置职业生涯规划课程内容时要切合学生实际,有针对性地进行教学指导,而且也需要学校设置课程的时候要考虑学生今后在企业的发展,企业需要什么知识,我们就教

授什么知识。

四、小结

总之，目前中职学生学习动机不足关键是中职学校的教学没有充分考虑学生的学情，没有跟他们的职业生涯规划紧密联系起来，学生觉得中职学校的学习对他们将来的发展没有太大用处，中职学校的功课即没有成为学生学习的动力，也没有成为学生学习的压力。中职学校的教改要根据学生的情况，实时进行，不要一成不变，真正做到一切为了学生，为了学生的一切，达到能够与学生的成长密切相关，让他们在中职学校有所收获，学有所思，学有所得，学有所长，学有所用。

（作者：周艳玲）

参考文献

[1] 张永辉. 浅析中职学校学生现状原因和对策[EB/OL]. https://max.book118.com/html/2018/0816/8131053042001120.shtm，2018-08-21.

校园网络欺凌问题及应对策略研究

上海交通职业技术学院

随着网络普及、学生上网时间增多，网络交流很多时候取代了现实交流，网络欺凌问题频频发生，对学生的学习、生活、身心健康乃至生命安全都产生了日益严重的影响。

案例1，2019年9月上海某职校学生在网上看到其本人照片被丑化并制作成表情包在网上肆意传播，感到被羞辱而欲退学。案例2，2019年10月，北京大学法学院大三女生包丽因不堪忍受其男友在微信中多次的指责、谩骂及精神控制，而选择在宾馆内服药自杀。随着网络不断发展和普及，网络欺凌也日益凸显，已经成为困扰不少人的严重问题。中国互联网络信息中心（CNNIC）2019年8月发布的第44次《中国互联网络发展状况统计报告》显示，截至2019年6月，中国网民规模达8.54亿，手机网民规模达8.47亿，在我国网名群体中，学生占比最高，达26%[1]。随着网络上人与人之间的交往互动越来越频繁和便利，网上的言语攻击和敌意行为也比以往更加普遍和频发，而它的恶意程度和内容也比传统交往更为猛烈。

上述两个校园网络欺凌案例不仅给欺凌受害者带来身体和精神的双重痛苦，甚至还让欺凌受害者的家属承受白发人送黑发人的丧女之痛。这不仅为美好和谐的校园生活蒙上阴影，更是对整个社会造成了恶劣的影响。本文试图从分析校园网络欺凌的内涵、常见形式及特点和成因着手，探究减少校园网络欺凌行为、预防校园网络欺凌问题的对策建议。

一、校园网络欺凌内涵的界定

由于网络欺凌的复杂性，国内网很多研究者对网络欺凌的概念存在不同的理解。例如，加拿大研究者 Bill Belsey 在其开设的专题网站中指出，网络欺凌是"以伤害他人为目的，借助信息及通信技术对个人或群体进行恶意的、重复的、敌意的行为"[2]。

美国出台的《梅根梅尔网络欺凌预防法》Megan Meier Cyberbullying Prevention Act 将网络欺凌界定为任何人在跨州或跨国交往中，出于强迫、恐吓、骚扰他人或对他人造成实质性情绪困扰目的而使用电子手段传播的严重、重复的恶意行为[3]。

国内学者李静认为，网络欺凌是通过手机、互联网等电子通讯方式，一人或多人持续针对另一人实施折磨、威胁、伤害、骚扰、羞辱等攻击性的和有意的行为[4]。

河北大学彭焕萍教授还结合网络发展的新变化，立足被欺凌者所受到的各种伤害，将发生在网上的、让人感觉不快的行为(如起绰号、戏谑、恶搞、社交排斥、辱骂等)都纳入网络欺凌的范围[5]。

本文在综合以往研究和立足最新网络欺凌现象的基础上，将校园网络欺凌界定为发生在学生之间，使用现代通信技术的手段故意针对特定个人或群体，以言语侵犯或其他方式反复而刻意地给对方造成伤害或不愉快的行为。

二、校园网络欺凌的常见形式及特点

英国研究学者 Willard Wigan 将网络欺凌归纳为以下几种常见的形式：(1)激怒：谩骂某人，引起某人生气；(2)骚扰：反复不断给某人发送冒犯、恶意的信息；（3）"人肉搜索"：搜索挖掘出受害者的个人重要、私密或尴尬的隐私并将之在网上公之于众；（4）网络跟踪：胁迫性的侵扰、包含恐吓及伤害威胁；（5）假冒：假借受害者名义在网上发布一些不当或恶意言论，让人对受害者品行产生抵触和质疑；（6）排斥：故意将受害者排除出某一网络社交群体等[6]。

随着每年网民规模的不断扩大，尤其学生群体占比的持续增长，上网时间的逐步增多，网络欺凌的方式也日趋多样化。比如恶搞：通过技术手段把受害人形象移花接木至其他相片进行调侃，恶搞；或通过Ps，在这些相片旁加上诽谤性文字等等；再比如"多数人的暴政"：你的言论、照片或声音被断章取义后发布网络，被多次转发，从而招致来自四面八方海量网络欺凌信息形成的信息流伤害等，这些也都可将之视为网络欺凌。

校园网络欺凌与普通的网络欺凌在行为方式上有很多共性，比如监管的难度以及给受害者带来的心理压力等。但从笔者近年来搜集的资料和媒体报道来看，校园网络欺凌更为频发、而危害更大。它呈现出以下几个特点。

第一，校园网络欺凌具有多发性。2019年，在一项全国135家网络社会组织发起的网民网络安全感满意度活动中针对网络欺凌的调查显示，在全国4.5万名12～18岁中小学群体中，有33.73%的学生表示曾受到网络欺凌[7]。而在2016年"中国部分大学生网络欺凌行为发生现状调查分析"课题组通过调研27个省市、自治区、直辖市781位在校大学生心理个案中发现，网络欺凌发生率达到了46.41%[8]。由此可见，网络欺凌普遍又多发在校园中，在互联网时代，网络欺凌在学生中也有愈演愈烈的趋势。

第二，校园网络欺凌具有隐蔽性。校园生活大多比较宽松、自在。不少学生对于戏谑、恶作剧与网络欺凌之间的界限比较模糊，即便有所了解，也很难加以正确区分，毕竟是否受欺凌很难通过经验进行判断。尤其是网络上很多欺凌行为是以匿名方式进行攻击，没有任何外界证人可以居间证明，例如案例1中的职业院校学生形象被恶搞、网上被讽刺、辱骂或某些性骚扰事件就容易会不了了之，因为这些伤害缺乏现代社会要求的明显的胁迫证据，欺凌受害者对回忆的重构也很难将真相还原，让欺凌者绳之以法，因而多数受欺凌者只能被迫沉默以对。

第三，校园网络欺凌具有隐忍性。很多网络欺凌起始于一段失败的亲密关系，因而欺凌者往往掌握了很多欺凌受害者较为私密的个人信息，或将这些私密信息在网上恶意散布或以此作为要挟对欺凌受害者进行胁迫和精神控制，例如例2中北大女生包丽曾多次招到其男友牟某翰微信提出的拍裸照、先怀孕再流产并留下病历单、做绝育手术等一系列惨无人道的要求。由于尚处在校园的学生大多社会阅历浅，且身心发育还不健全，自我心理疏解能力和应对不良信息的能力较弱，在现实和网络交互影响下，很有可能在其自身心理发展中，留下负面影响，乃至形成恶性循环，甚至会引发抑郁乃至自杀的现象。

第四，校园网络欺凌具有渐进性。校园网络欺凌往往是一个逐渐加剧的过程，欺凌通常是由偶然的矛盾或冲突引发，欺凌受害者一开始遭遇的负性行为并不是直接的，如只是在背后被欺凌者说三道四，随着传播速度、传播范围的越来越广，频次也不断增加，手段亦扩展至社交媒体，由此导致的蝴蝶效应也逐渐影响到同学之外的社会关系，欺凌受害者的恐惧感和焦虑感与日俱增，甚至反复受到伤害，自我认同和信念遭到严重的破坏。

三、校园网络欺凌的成因分析

（一）学生人格层面

根据（Kokkinos，2013）的研究表明大五人格中具有高神经质、高外倾性人格特质的人对网络欺凌具有显著的正向预测作用[9]。高神经质的人往往在情感上较为脆弱，情绪消极而不稳定，一旦遇上外界不如意或刺激，他们通常会比一般人反应更为强烈，也更容易产生愤怒、焦虑、抑郁等负面的情绪。而这样的情绪又容易引发加害的倾向，使得这种类型学生群体在同辈中较不受欢迎，人际交往关系也相对较差。而高外倾性特质的人，则充满能量又相对热情，在学生群体中喜欢引起注意，如果不善于控制自己能量的宣泄，在寻求刺激欲望的驱使下，也容易成为网络欺凌的加害者。

还有具有心理学人格特质黑暗人格的3个维度（马基雅维利主义、自恋、精神病态）较高的人也容易实施网络欺凌。马基雅维利主义和精神病态都存在冷酷、麻木、操纵和无视道德等特征，而自恋型人格则优越感、特权感明显，缺乏同理心。这3种维度均可能会表现出攻击性或攻击行为，从而对网络欺凌受害者造成心理伤害。

根据实证研究和个案分析，还出现有部分学生曾经是传统校园欺凌的直接受害者，限于线下身体力量的悬殊和不均衡，转而通过线上间接欺凌的方式进行报复，成为网络欺凌的实施者。

（二）家庭环境层面

如今快节奏的生活使得很多家长把大部分时间投入在工作中，无暇顾及子女；不与孩子进行情感交流或交流较少，孩子只能把业余时间大量的放在网上，通过网络游戏、通过网络沟通、通过网络宣泄；这种教养方式下的孩子容易漠视他人的存在，在适应力和自我控制能力方面都比较弱。再比如一些溺爱型家长虽然能够给予孩子很多爱和温暖，但对孩子缺乏必要的教育，也不能及时发现和纠正子女的各种错误，导致在这种教养方式下的孩子更自私自利，缺乏爱心。还有一些强势专制型的家长则要求孩子言听计从，孩子没有自主性权，在这样的教养方式下孩子就容易表现出焦虑、排斥、抵触等负面情绪和行为。不当的教养方式使孩子存在一定的心理缺陷，也导致这部分学生更容易成为网络欺凌的主体。

另外，在教育观念上，很多中国家庭的"和"文化及"忍"文化，促使不少家长在孩子受到网络欺凌时，选择了忍让，以和为贵的背后是孩子放弃了自身权利的维护。而对于网络欺凌者，更多的教育观念是："删除痕迹、赔礼道歉、下不为例"，淡化责任缺乏一定惩戒机制也难以使网络施暴者真正认识到自己的错误及已经给他人心理带来的创伤。

（三）学校教育层面

在日常工作中，学校普遍比较关注学生的学习成绩，把重心大多放在升学率或就业率上，学生的心理健康问题没有引起学校的足够重视。在课程设置上缺少社会责任感教育和有关网络道德的针对性教育，且由于网络具有一定的隐蔽性，不像一般的传统校园欺凌，教师可以直接对学生批评教育，这让不少学生有时甚至不知道自己的网络行为是不负责、没有社会责任感，甚至是违法侵权的。

其次，校园网管理还不够到位。很大一部分学校没有专门用于校园网络欺凌敏感词的过滤软件、也缺乏对除电脑设备以外的网络设备进行一定监督与管理。

（四）社会监管层面

首先在现存的相关制度和法律法规中，并没有对网络欺凌做出清晰的界定和区分，网络欺凌实施者或网络欺凌受害者没有对"什么是网络欺凌"准确的逻辑认知。

其次，在现存的网络监管中，很难做到及时发现网络欺凌现象并及时予以规制，即便2019年11月由最高法、最高检、公安部司法部联合发布的《关于办理利用信息网络实施黑恶势力犯罪刑事案件若干问题的意见》中明确"利用信息网络辱骂、恐吓他人情节恶劣，将以寻衅滋事罪定罪处罚"，但刑法作为事后法，在事先预防网络欺凌等涉嫌犯罪问题方面还需要系统完备的相关法律加以配合。

再次，目前社会上网络服务商之间竞争也相当激烈，缺乏一定的网络安全保障的合作机制，同时，我国也尚未有专职于监管并惩处网络欺凌的相关责任部门，通常等到造成一定社会影响之后，才会有相关机构出面解决，在此过程中不可避免的出现网络技术跟不上网络安全问题和网络欺凌问题发展的速度，监管层面缺乏一定的滞后性。

四、校园网络欺凌的应对策略

（一）学生层面的应对策略

提升网络道德意识，自觉规范网络行为。学生网络道德意识的提升有赖于网络道德知识的传授。学校应有目的有计划地讲授网络道德、特别是通过对各种网络欺凌事件进行剖析和解读，从而提升学生感知、预防网络欺凌的能力，并通过相关法律知识的普及，增加学生的法律意识。同时，对所有学生还要开展生命教育、善良教育、共情教育等，使学生在尊重自然、敬畏生命之际，也能站在别人视角思考问题，矫正心理和人格偏差，从源头解决网络欺凌问题。

（二）家庭层面的应对策略

有效引导网络行为，畅通家校联动管理。家庭是观察和影响学生网络行为的主要场所，家长及其监护人应及时、有效地引导学生的网络行为。一方面家长要多关注学生的上网时间、频率和地点等变化，了解可能产生网络欺凌问题背后的发生机制，从而有效、及时地管控网络端口。另一方面要畅通亲子交流渠道，尊重子女想法，提高主体意识，营造良好家庭氛围，给孩子做好表率，树立正确的育人观念，关注子女情绪变化，转移不适当的网络情绪以疏导孩子的网络行为，并在家庭教育出现困境时，主动寻求社会力量的帮助。在家校联动方面，学校可设立家校工作者与家委会成员进行对接，及时分享传递网络欺凌信息、共同协商制定网路欺凌发生应采取的对策和相关步骤等，而不仅限于学生学习、专业和就业方面的关注。

（三）学校层面的应对策略

制定优化学校相关制度，提升网络文化建设水平。学校通过制定与优化相关制度，针对不同程度的欺凌行为采取不同的解决方式来治理校园网络欺凌是很有必要的。制度内容可涉及禁止校园网络欺凌的声明、以例举的方式明确哪些言论不受保护，哪些网络行为属于网络欺凌、网络欺凌所产生的后果、如何承担责任等内容。制度内容要尽量全面,责任的认定标准要明确、制度的实施要具可操作性,以避免学生、家长、学校在校园网络欺凌中的责任推诿。例如对于实施网络欺凌的学生,学校和家长都要进行严肃批评教育和警示谈话,情节较重的,请公安机关介入参与警示教育;对屡教不改、多次实施网络欺凌和暴力的学生,应登记在案并将其表现记入学生综合素质评价,必要时转入专门学校就读等。其次,完善校园网信息化系统,增强校际网络信息互联互动、协同安装并升级反欺凌敏感词过滤软件,在确保学生隐私安全性的前提下,智能化的检测和甄别不良网络信息,净化网络空间,遏制学生网络欺凌问题。在校园网络文化方面,可以通过主题班会、网络文化活动、朋辈分享会等形式进行宣传和指导,共筑积极、健康、和谐的网络文化。

(四)社会层面的应对策略

加强网络主体协同管理,完善网络欺凌防治体系。国家网信、公安和其他有关部门要在各自职责范围内负责网络安全保护和监督管理。制定网络管理方面的法律法规以及互联网信息分级制度,尽快完善网络实名制。相关职能部门要以惩戒方式规制网络服务提供商、互联网接入服务提供者、运营商、信息内容提供者,促使其遵守法律法规,遵守商业道德,过滤网络不良信息,并对涉事账号进行限制,真正履行起网络安全保护义务、承担相应法律责任。例如,微软设计了一个"恶意屏蔽"功能,可以用来监控通信和审查数据,屏蔽咒骂内容和不良信息。通过大数据技术、AI人工智能技术进行防范与管理,网络服务商权责分明,主动承担网络欺凌信息的"通知—移除"责任[10]。除此之外,还可以考虑将网络欺凌但尚未触犯刑事犯罪的行为纳入公民社会征信体系,利用社会征信系统对这类行为进行约束,逐步构建起"事后治理"和"事前预防"并重的网络欺凌防治体系。

(作者:袁莺)

参考文献

[1] 第 44 次中国互联网网络发展状况统计报告 2019.8.

[2] 刘念念.关于网络欺凌界定的再思考[J].新闻传播科学,2018,6(3):15-19.

[3] 李静.未成年人网络欺凌的法律规制[J].暨南学报(哲学社会科学版),2010(3):207.

[4] 李静.青少年网络欺凌问题及防范对策[J].中国青年研究,2009(8):25.

[5] 彭焕萍，刘念念 "网络欺凌"的内涵延展与再界定［J］广西科技师范学院学报 2019（12）：24.

[6] 孙时进 邓士昌 . 青少年的网络欺凌： 成因、危害及防治对策［J］现代传播 2016（2）：144.

[7] 凌淑颖 . 家庭教育视角下网络欺凌防治研究［J］教育观察 2019（11）：68.

[8] 朱鹤 . 中国部分大学生网络欺凌行为发生现状调查分析［J］吉林大学学报（医学版）2016（5）：606.

[9] 邹逸，殷玉新 . 国外网络欺凌研究的热点内容及应对策略研究[J].教育科学研究,2017(9).

[10] 屈雅山 高中生网络欺凌问题及管理对策研究［D］黑龙江：黑龙江大学 2019.

中职学校来自民族地区学生语言表达规范性问题及解决策略
——以上海船厂技工学校为例

上海船厂技工学校

语言是最重要的交际工具和信息载体。我国是多民族、多语言、多方言的人口大国，推广普及普通话，营造良好的语言环境，有利于消除语言隔阂，促进社会交往，增强民族凝聚力。作为重要的交际工具，在以民族地区学生为主的技工学校中，存在着语言表达不规范的种种问题。

当今社会，普通话已经成为行走各地的语言通行证。凡是经历过语言不通造成困扰的人，想必记忆犹新，这种困扰可以说"寸步难行"，甚至还可能遭受歧视和排挤。提倡普通话表达也是国家倡导的必由之路，目前中国的教育，从幼儿园开始抓起，下至学生，上至老师，都要求以普通话表达。

推广普通话、规范汉字，是有法律依据的。《中华人民共和国宪法》第十九条规定："国家发展社会主义的教育事业，提高全国人民的科学文化水平。国家举办各种学校，普及初等义务教育，发展中等教育、职业教育和高等教育，并且发展学前教育……国家推广全国通用的普通话。"《中华人民共和国国家通用语言文字法》第二条规定："国家通用语言文字是普通话和规范汉字。"第十条规定："学校及其他教育机构以普通话和规范汉字为基本的教育教学用语用字。"

然而，职业教育不同于中小学教育，中小学阶段内的学生基本都来自同一个区域，学生间在文化差异上并不明显，但面向全国招生的职业学校的情形就不一样了。

一、问题提出

以上海船厂技工学校为例,在规范性语言表达方面看,我们发现有以下问题

(一)方言使用居多

校园内学生用方言交流的频率很高,课间三三两两的学生聚在一起用方言交流,通过他们使用的方言,可以判断出他们来自同一个区域,甚至同一所初中;课堂上也有一个很有趣的现象,老师讲到某个知识点或话题,学生有所会意但又仅想在学生间分享时,他们会用自己的方言悄悄交流,好像这是他们之间专属的"秘密"。

(二)网络用语使用频繁

目前入学的技校生基本都是00后,他们是在网络中成长起来的一代人,QQ、微信、快手、抖音、手游,伴随他们成长的每一步。从最简单的"886"(拜拜了)到"偶稀饭你酱紫的人"(我喜欢你这样子的人),从火星语"3q"(谢谢)到游戏语言"前排出肉抗伤害""吃鸡"。但汉字被肆意错改、错用,不仅破坏了汉字的完整性和规范性,更让我们的传统文化出现断层,长此以往,我们有可能失去我们的文化根基,如浮萍一样在风雨中飘摇。

(三)语序混乱、表达不清

很多技校生在表达上是不管句子的结构和语法的,认为只要同学能听懂他的意思就行。这种情况放之于比较了解的同学之间还算适用,哪怕语序混乱,甚至前言不搭后语,大家也能心领神会。但忽略了一点,这种认知其实默认将他人排除在自己的圈子之外。这在日常生活中勉强行得通,但在课堂或一些正式场合,无疑就不合规矩、不合时宜了。

(四)语音、语调错误频出

错音、错调,不是一个人的问题,通常是一传十,十传百,而且这种习惯性错误很难纠正。如"装载"经常错读为"zhuāng zǎi","载"这个字是多音字,只有当意思表示"年""刊登"时,才读"zǎi",其他情形均读"zài"。再比如"缀(zhuì)",学生总是错读成"chuò"。类似问题,不胜枚举。

二、追根溯源

(一)生源集中于某一区域,习惯使用地区语言

以上海船厂技工学校为例,学校每年面向全国招生约500人,学制三年,符合上海市全日制普通中等职业学校学生资助政策的,可享受上海市一系列优惠政

策。如，农业户口、低保户、贫困户、孤儿、上海海岛学生、就读涉农专业学生、就读上海奖励专业学生等，皆可以享受免费教育，在学制规定内免除相应学费、书簿费。国家助学金三年学制的学生可享受两年，第三年顶岗实习不享受该资助；享受免费教育的学生，每人每学年享受2000元国家助学金；不享受免费教育的学生，每人每学年享受1000元国家助学金。在一系列优惠政策之下，我们发现一个现象——区域团体性报名屡见不鲜，像蝴蝶效应一样，学校口碑在同学之间、家长之间相传，区域性报名人数愈来愈多。例如，上海船厂技工学校2018年招生中，云南生源最多（占比约为3/4），多来自昭通、彝良、巧家等地，其次为广东、四川、山西生源；2019年招生中，安徽生源最多（占比约为1/2），其次为云南、广东、山西生源。总体来说，上海船厂技工学校的生源主要来自偏远地区、民族地区，东部发达地区生源较少。

（二）抱团结合，寻找归属感，形成自己的话语圈

当人们来到一个陌生环境，本能地会对周围的环境产生恐惧感、孤独感、失落感，进而想在这个环境中寻找爱和归属感，获得心灵的慰藉。美国人本主义心理学者马斯洛的需求层次理论也许最能解释这一现象：生存的需要、安全的需要、爱和归属的需要、尊重的需要、自我实现的需要。马斯洛认为人的需要是分等级的，低层次的需要是高层次需要的基础；人类的需要层次成波浪式发展，也就是说不同层次的需要又可以同时存在；在新生入学的初始阶段，生存的需要、安全的需要、爱和归属的需要，可以说是同时存在的，在经过一段时间的磨合后，爱和归属显然会成为学生校内生活的主要需求，因为他们有了自己的小团体，有了自己的话语圈。

（三）网络普及，网红及段子手受追捧

网络语言的兴起，是个性的体现，是多元化的体现，但更是人们精神贫困的体现。网络用语已经成为学生日常生活的一部分，有人说不玩游戏、不懂网络用语的人，走不进大家的圈子。网红、段子手，也经常发出一些新颖、精辟的言论，成为人们争相效仿的对象。但网红所说的一切经得起推敲吗？我们搜索网络便会发现，所谓的网红款很多都是"泥石流"，滚滚而来，堪比灾难片。

（四）偏远地区，普通话普及程度低

2019年9月16日，第22届全国推广普通话宣传周拉开帷幕，教育部相关负责人介绍："截至目前，普通话在全国范围内普及率接近80%，识字人口使用规范汉字的比例超过95%。"[1]但是偏远落后地区，普通话推广仍然缓慢。如云南

是个多民族的山区、边疆省份，境内多种方言杂糅，"十里不同音，百里不同语"，这种说法很贴切，再加上历史原因和特殊的自然地理条件，经济、文化相对落后。"云南省有 22 个民族使用着 26 种语言，调查统计显示，在云南少数民族聚居地区，少数民族母语仍然是大多数少数民族的日常用语，云南目前还有近 650 万少数民族人口基本不能使用汉语普通话交流。少数民族在社会生活中主要使用当地通用的民族语言和汉语方言，普通话和规范汉字在民族地区的应用水平较低。"[2]

（五）基础教育阶段语文基础普遍薄弱

众所周知，语文的提高是一个艰难缓慢的过程，需要长时间的积累，通过义务教育阶段学生在培训机构辅导语文的经历，便可知一二。语文知识，浩瀚无边，我们常常说"文史哲不分家"，语文与哲学、历史是紧密联系在一起的。每一首诗歌的作者，都生活在特定的历史时期，有了对这段历史的了解，对人物经历的了解，就更容易把握诗歌所呈现的境界——渗透着作者的人生观、价值观。语文基础薄弱，自然在很多语音、语调及表达上，问题百出。

而优秀的师资队伍则是语文教学的坚强后盾。"民族地区学校双语教师普通话口语水平普遍偏低，不能胜任双语教学岗位的教师超过 60%。掌握双语、教学质量高的教师流失快，教师队伍不稳定。少数民族教师在汉语教学方面存在的问题严重影响了教学质量，少数民族汉语师资问题已经成为现阶段制约双语教学发展速度和质量的瓶颈之一。"[3] 没有优质的师资队伍"传道授业解惑"，民族地区的学生在根本上就落下一截。

三、解决对策

（一）认识普通话表达的重要性

上海作为现代化的大都市，外来人口居多，流畅地沟通表达显得尤为重要。大家都各说各家，不懂得融入，就会离这所城市越来越远。再者，求职、面试，是每一位走向社会、走向工作岗位的同学所必须要经历的，当你一口方言，或者方言夹杂着语序混乱的普通话，这样面试者不仅可能听不懂你所表达的内容，甚至还会觉得怪异、别扭。所以，学生要做的应该是以一种积极的姿态，尝试以普通话表达，去融入这所学校，融入这所城市。

（二）校内设置早读课，增强语感

"读"是文科学习中一种非常重要的方式，尤其语文、英语的学习，语感很重要。这点笔者做过尝试，有早读的班级比没有的班级，上课效果要好很多。

开设早读班级的同学，对于课文的内容，都能说个一二三，相反没开设早读的，通常是以三字结束对话——"不知道"。古人云：熟读唐诗三百首，不会作诗也会吟。早读，可以提前疏通字词、短语，还能把握文章大意，从侧面看，能极大程度上辅助课堂教学，提升课堂效率。

（三）勤加练习，敢于尝试

突破自己的舒适区很难、很累，但是真正突破之后，整个人的状态是不一样的，会发现自己成长了很多，同时对自己又多了一份期待，一个目标。学生应在课堂上踊跃发言，积极参加学校演讲、主持、采访类活动。每一次的演练，都是对自己的检阅。

（四）同学之间互相监督，纠错再纠错

"人非圣贤，孰能无过！知错能改，善莫大焉。"错误一定会有，因为每个方言片区，与普通话相比，总会存在"天生的短板"。比如山东日照方言区，就没有声母 d、t 的发音，d 发为了 j，t 发为了 q；四川方言区，n、l 不分，"牛奶"发为"niú lǎi"。同学之间相互监督，时刻纠正，自己也会在常犯错的问题上注意，这个过程不是一蹴而就的，要经过一个漫长时期。

（五）倡导网络文明，健康用语

互联网时代，网络是人们生活工作的必需品，面对网上铺天盖地的信息，作为学生应树立正确的价值观，有自己的主见，有明辨是非的能力，选取有价值有意义的内容为己所用，多接受传统文化的熏陶，感知方块汉字的魅力。

乡音难改，语言表达的规范性，不是一朝一夕就能转变的，贵在锲而不舍。作为学生个人，千里之行始于足下，要坚持不懈有意识地去纠正；作为学校，应倡导语言规范化表达，多举办丰富多彩的文化活动，扩大学生的交际范围；作为社会，推广普通话表达仍然任重道远，应多推汉字类文化节目，如《汉字味道》等，让广大青少年感受汉字的魅力，领悟汉字所蕴含的传统文化。

（作者：厉彦美）

参考文献

[1] 鲍聪颖,高星.普通话在全国范围内普及率接近80%[N].人民日报.2019年09月19日07版.

[2] 汪克敏,祁建明.云南推广普通话调查[J],为2010年云南省教育厅科学研究基金项目:《普通话的现状、推广与云南边疆少数民族地区的社会发展》的阶段性成果.

[3] 汪克敏，祁建明. 云南推广普通话调查 [J]，为 2010 年云南省教育厅科学研究基金项目：《普通话的现状、推广与云南边疆少数民族地区的社会发展》的阶段性成果.

音乐教学中提升学生人文素养的探索

上海第二工业大学附属振华外经职业技术学校

记得有位音乐家曾经说过：音乐能够使人的精神迸发出火花来。音乐是一门人文课程，是人文素养的重要体现。音乐课程的实施，是以学生的音乐能力和人文素养的整合发展作为总目标。学校的核心工作是育人，在音乐的学习与活动中，尊重学生的个体不同的音乐体验和学习方式，完善学生的个性，引导学生主动参与音乐实践，发展学生的创造性思维，这些都处处体现着人文精神的培养。

一、音乐对于提升学生人文素养的价值

近年来，音乐课程也在不断进行改革，新的《音乐课程标准》力求体现深化教育改革，全面推进素质教育的基本精神，体现以音乐审美体验为核心，使学习内容生动有趣，丰富多彩，有鲜明的时代感和民族性，引导学生主动参与音乐实践，尊重学生的个体不同的音乐体验和学习方式，以提高学生的审美能力，发展学生的创造性思维，形成良好的人文素养。为学生终身喜爱音乐、学习音乐、享受音乐奠定良好的基础。

音乐课程是一种人文课程，正如《音乐课程标准》在"课程性质"定位上所表述，"音乐课是人文学科一个重要领域"，"是人类最古老、最具普遍性和感染力的艺术形式之一，是人类通过特定的音响结构实现思想和感情表现与交流的必不可少的重要形式，是人类精神生活的有机组成部分；作为人类文化的一种重要形态和载体蕴涵着丰富的文化和历史内涵，以其独特的艺术魅力伴随着人类历史的发展，满足人们的精神文化需求。对音乐的感悟、表现和创造，是人类基本素质和能力的一种反映"。《标准》所阐述的"基本理念"更是从人文教育观出发，从不同侧面，体现出鲜明的人文素养：首先，培养学生美好情操和健全人格——以音乐审美为核心；其次，发展学生音乐兴趣，终生享受音乐——以兴趣爱好为动力；第三，使每一个学生的音乐潜能得到开发并从音乐中受益——面向全体学生；第四，让每一个学生运用自己独特的方式学习音乐——

注重个性发展；第五，增强学生表现音乐的自信心——重视音乐实践；第六，培养学生的创造意识和想象力——鼓励音乐创造；第七，开阔学生的音乐文化视野——提倡学科综合；第八，增进学生的爱国主义情怀——弘扬民族音乐；第九，使学生树立平等的多元文化价值观——理解多元文化；最后，让学生形成健康的心理承受能力——完善评价机制。

综上可以发现：新课程带给音乐教学最根本的变化将是体现"以学生发展为中心"的音乐学习方式的变化。从而使音乐学习变得更轻松、更活泼多样；使音乐学习密切联系个人成长环境，联系学生音乐经验，使音乐学习吸取人类历史文化营养，紧密联系人类生活、人类情感、人类文化。显然，音乐在滋养学生人文素养的过程中体现着重要的价值。

在音乐课程中，人文主题与知识技能的关系，是统领与被统领的关系。以人文精神统领音乐教育，是世界音乐教育发展的趋势，是提高音乐教育的价值，引导教师走出音乐教育的误区，走出技能训练的怪圈，使音乐真正成为对学生情感、态度、价值观的培养、精神的提升和整体素质提高的体现。

二、激发中职学生音乐学习的兴趣

俗话说，兴趣是最好的老师。尽管音乐在培养学生人文素养中具有重要的价值，但音乐学习并非是轻松的，若是没有兴趣，那是很难坚持下来的。我刚开始从事中职音乐课教学时，对音乐感兴趣的学生并不多，我曾经感到困惑和苦恼。为了激发学生对音乐的兴趣，我精心挑选那些旋律优美的曲子在课堂上或课间休息时放给学生们听。比如，有梁山伯与祝英台、海边的阿黛莉亚、斯卡布罗集市、电影《毕业生》中的主题曲等，学生们听了这些恍如天籁之音的曲子，兴趣渐渐被激发起来了，问我，老师这是什么曲子？这么好听！我就因势利导，通过介绍这些美妙音乐的背景和故事，鼓励他们进一步学习音乐。为了进一步激发学生学习音乐的兴趣，我报名参加了上海电视台《妈妈咪呀》节目组组织的比赛，这下可把学生们的积极性都调动起来了，每次排练，学生们都成了我忠实的观众，他们对我的表演提出了许多宝贵的意见，包括我选哪一支歌曲、穿什么服装，等等，他们都给我提出了建议。每次我在电视中比赛，学生都在电视机前为我鼓劲和加油，虽然我看不见他们，但感受到他们满满的支持和爱。通过这种教学相长式的学习，不仅学生们学习音乐的热情高涨，而且我和学生们也结下了深厚的友情，我和学生们成了亦师亦友的关系，从他们进步中我也得到许多激励和鼓舞，也感受到教学相长、师生共同进步的快乐。

我所教的中职学生是伴随着数码设备长大的一代，他们的兴趣自然集中在手机、IPAD和电脑上。我针对他们这个特点，运用心理学中兴趣迁移的原理，采用多媒体技术进行音乐教学，营造丰富多彩、形象生动的多媒体化的学习情境，激发学生自主学习的兴趣，让他们充分发挥自身的音乐潜能。丰富的多媒体资源让音乐教学变得更加生动，给学生学习音乐带来了革命性变化。我常常利用事先准备好的文字、图片、动画、声音、视频等丰富的多媒体资源，通过教室的大屏幕进行教学，或者让他们为视频配音，还根据教学需要，通过网络实时调取各种多媒体资源，让课堂更加生动有趣和出神入化。为了熟练运用多媒体计算机进行音乐教学，我利用业余时间不断学习，提高自身的信息技术能力、音乐文化素养和专业教学能力，用优美的音乐结合现代信息技术，将音乐之美传达给学生，激发他们的学习热情。例如，我在进行乐理知识教学时，讲授到简谱这一内容时，受著名音乐剧《音乐之声》启发，用字母形象生动地表示7个音符："哆来咪发索拉梯"，以便激发学生兴趣，同时也让音符更好记。"哆"，是一只母鹿；"来"，是太阳光线；"咪"，是我自己；"发"，是路程很远。"索"，是穿针引线；"拉"，就跟在"索"后面；"梯"，是美味茶点。我找来了《音乐之声》电影的光盘，上课时将这一片段放给学生听，有的学生虽然听不懂英语，但经过我讲故事般的解释，同学们兴味盎然，很快就理解了音乐故事，也记住了7个音符。同时，也培养了他们对英语的兴趣。

三、提升中职学生音乐表演的能力

除了少数进入中职前学过音乐的学生，大多数学生对学习音乐是一张白纸，而且从年龄上看，已经错过了音乐启蒙教育的最佳年龄，因此要学习音乐困难不少。我本着实事求是的态度，对学生实施因材施教的策略。对于音乐基础和天赋好一点的学生，对他们要求高一点，多教他们一些音乐演唱和演奏的技能；而对音乐天赋不足的学生，我着重教他们音乐欣赏，让他们喜欢音乐美、感受音乐美、欣赏音乐美。就这样，音乐天赋和基础不同的学生，都能从中找到自己的乐趣，得其所，提升自己音乐欣赏和表演的能力。对于音乐天赋和基础都比较好的学生，我本着"及早发现、重点培养、全程激励、取长补短"的原则加以培养，对选拔出来好的苗子，以大赛要求严格加以教学和训练，多年来通过师生的共同努力，我带出的学生有多人取得了各级各类音乐大赛的奖项，为学校争得了荣誉。尤其是合唱节目排练的教学，我总结出来了"轻""亲""清"的三字教学法，在实践中收到了不错的效果。

（一）"轻"声演唱

在一天繁忙的学习压力之后，合唱变成大家抒发情绪、排解压力的艺术活动。孩子们往往会释放，爱喊爱唱，但这对发声器官并不利。而且合唱艺术追求的是共性和谐之美，而非个性。所以"轻"声演唱，是把握合唱艺术的第一大要点。这个"轻"首先是教师对学生在人性上的关怀；其次，教师在指导学生使用科学的歌唱方法，尽量运用头声发声的时候，可能学生一下找不到正确的位置，而在轻声演唱的过程中，学生却能较容易地找到头声的发声点，通俗易懂地让学生掌握演唱方法；再者，轻声演唱还能让学生养成随时倾听演唱效果的习惯，学会听自己的声音，它是不是很美，是不是与别人的声音融合在一起。将自己的声音，自己的心，完全地、真诚地放到集体的表演中，与人合作的好品质也能得到很好的养成。

（二）"亲"切演唱

在学生能适当掌握轻声歌唱后，紧接着要让他们明白"亲"字的意义。用了最简单的对比法，在一首歌的演唱上分别用平淡的和亲切的感觉，让大家在直观上就有了一个初步的认可。当然，过多的要求可能会束缚孩子的演唱，所以可以只要他们做到演唱时的脸上始终挂着"甜甜的笑"。虽是一句再简单不过的话，但真正要做到还真是需要花一番努力呢。首先我自己就要先做到不带任何情绪地微笑走进教室，尽可能地用一些幽默的语言来调动起轻松的学习环境；其次，我会在演唱前有意识地告诉大家要面带笑容，就像往杯子里倒满蜂蜜，我想没有人会拒绝这样香甜醇醇的水的。实践证明，亲切的笑容还可以有效帮助找到声音的位置、发出润泽的音色。所以，这个"亲"已不再是简单的微笑，而是要用最甜蜜的声音，最闪亮的眼神，最动人的神态，最有吸引力的表演，和最恰到好处的情感处理来演绎歌曲。这才是"亲"字的真谛。

（三）"清"晰演唱

"清"，是清晰、清楚、干净、明确的意思。口齿不清是演唱者的大忌。当演唱者用含糊不清的声音向别人传达歌曲内容时，听得云里雾里的听众怎会引起共鸣呢？歌唱者只有吐字清晰、字正腔圆，才能"高山流水遇知音"。但初学的学生遇到节奏快，字数多的歌曲时，唱歌可能一口气接不上来，而且很容易牙齿舌头打架，吃字漏字。可以用慢速朗读这句话，渐渐加快，等节奏已能较快时，再让学生注意强拍上的字要读得稍重一点，将节奏感在朗读时就体现出来，字也能唱清晰了。尤其在唱中国作品的时候，当你字正腔圆，也就更容易做到乐句的起承转合，更能表达我们特有的民族韵味。

记得3年前我带队比赛，需要挑选五名女生，在新生中发现一位声音低沉，但音准很好的女生，这不就是唱低声部的好苗子嘛！就问她有没有兴趣参加比赛排练，她表现得羞涩但又很开心。参加排练后，由于她胆量比较小，又是第一次进行系统训练和演唱低声部，难免遇到很多问题。在排练中我难免严格要求，记得有一次被我批评后，她忍不住哭了。事后，我了解到她课后只要有空余时间一直在自己努力练习，还没唱好，自己着急，压力也很大。对于这样已经很努力地学生，我觉得应该多鼓励，于是就对她说：我一直看到你的努力，排练的时候我挑出你们任何微小的瑕疵，为的是改好了，你们将来出去比赛表现可以更棒。她很聪明，一下子理解了我的意思，之后和大家配合默契，进步越来越大，最终取得了浦东新区单项声乐小组唱的金奖。后来一鼓作气，作为一所职校代表浦东高中声乐小组唱专项，参加上海决赛，拿到了全市铜奖的好成绩。

通过比赛后，明显看到她变得更加自信，爱唱歌，还成为班级的班长。到了两年级，作为学姐带领着新队员们参加比赛，越发干练，能力强。在两年级的艺术节中，同学们跟我一起创作了一部音乐剧，她参与其中作为主力，还把她的另一兴趣——配音，也发挥在剧中，更加多才多艺。毕业进入到更高的学府后，她时常还会来学校看望我，遇到问题或者开心的事情都会和我分享，成为亦师亦友的好朋友。

多年来，我带领的学生在各种比赛中获得了奖项：1.2015年浦东新区学生艺术单项声乐高中组银奖；2016年浦东新区学生艺术单项声乐高中组金奖、铜奖；2017年上海市学生艺术单项声乐高中组铜奖；2017年十三届全国中等职业学校"文明风采"竞赛；上海市复赛才艺展演类——舞台作品二等奖；2017年浦东新区学生社团文化节——优秀社团；2018年浦东新区学生艺术单项声乐高中组银奖；2019年浦东新区学生艺术单项声乐高中组银奖、铜奖。这些奖项来之不易，凝聚了师生们的心血和汗水。

四、以音乐美唤醒中职学生美好的心灵

音乐是人类最古老、最具普遍感染力的艺术形式之一，是人类通过特定的旋律表达思想和情感的非言语方式，是人类精神生活的有机组成部分，无论男女、老少、民族,都能被音乐美唤醒心中最美好的东西。作为人类文化的一种重要形态和载体,音乐蕴涵着丰富的文化和历史内涵。在音乐审美的美好情境中,教师带领学生一起欣赏美妙的音乐,在美好的旋律中熏陶学生对美的感受。例如:我在教学过程中,常在课间休息用多媒体电脑在大屏幕上播放美妙的音乐和画面,比如有一次,我播放了《梁山伯与祝英台》的MTV,听着这首经典的、百听不厌的音乐,看着画面中梁祝化成的翩翩起舞的蝴蝶,同学们都听得入神了。这一次,我深深体会到,美妙的音乐是不分年龄和文化层次的,对美的追求和理解是人类共同的天性,也使我对用音乐陶冶学生对美的欣赏力树立了信心。

有人说,喜欢音乐的孩子是不会学坏的,我在多年的音乐教学中深深体会到这一点。有一次,我在教学生唱《明天会更好》这首歌时,通过歌词"轻轻敲醒沉睡的心灵;慢慢张开你的眼睛;看看忙碌的世界;是否依然孤独地转个不停;春风不解风情;吹动少年的心;让昨日脸上的泪痕;随记忆风干了;抬头寻找天空的翅膀;候鸟出现它的影迹;带来远处的饥荒;无情的战火依然存在的消息;玉山白雪飘零;燃烧少年的心;使真情溶化成音符;倾诉遥远的祝福;让我们的笑容;充满着青春的骄傲;为明天献出虔诚的祈祷;让我们的笑容;充满着青春的骄傲;让我们期待明天会更好",传递给学生一种人间的大爱,教会学生要关注自己生活的这个世界,要通过自己的努力,让这个世界少一点饥荒、战火;而让明天变得更加美好。每当我用《明天会更好》的MTV来让学生欣赏时,就会听到同学们自发地安静下来,一起和声同唱这首歌曲,表情庄重而严肃,眼中闪烁着晶莹的泪花。作为音乐教师,可充分利用丰富的数字化音乐资源,使音乐学习内容更加生动有趣、丰富多彩,有鲜明的时代感和民族性,以及富有教育意义和感召力。还可带领学生查阅相关音乐文化资料,提高学生在现代信息技术条件下学习音乐的能力。教学中,我充分采用现代化的多媒体教学手段,让学生全身心沉静在音乐的美好境界中,并从中受到鼓舞和教益,也大大提高了学生学习音乐的兴趣。总之,多媒体技术运用于音乐教学能提高课堂教学的效果,在音乐课堂教学中有着广阔的应用前景,它增加了音乐教学的魅力,悦耳动听的音乐配上形象生动的画面,使原来枯燥、抽象、难以理解的教学内容变得生动有趣,能收到事半功倍的效果。同时,让学生真正在音乐课中得到美的熏陶,净化和美化他们的心灵。多年的教学实践,我深切体会到通过音乐教学确实可以有效提升中职学生的人文素养,这种奇妙的效果是说教完全不可能达到的。

首先,通过各种音乐实践活动,使学生的音乐经验不断得到丰富和升华,获得感受美、创造美、鉴赏美的能力和健康的审美情趣。正如黑格尔所说:"使一切有教养的人或是无教养的人都能深切感受到凡是人在内心最深处和最隐秘处所能体验和创造的东西……在赏心悦目的观照和情绪中尽情欢乐。"

其次,在音乐实践活动中引导学生不断发现自己,不断发展自己。强调每个人都应该成为他自己,寻求一种"个体的真实性",以达到音乐学习与个性培养的并行和谐的发展。使学生认识生存的意义,珍视生命,热爱生活。

最后,通过营造宽松、民主、有利于学生主动参与的教育环境与学习氛围,形成尊重、关心、友善、合作、分享等人文素养,丰富中职学生的情感和精神追求,促进其个性的完善与身心的和谐发展。

(作者:陈丽荣)

参考文献

[1] [美]雷默,熊蕾(译).音乐教育的哲学——推进愿景(第3版){M}.北京:人民音乐出版社,2011.

[2] 郭声健.艺术教育论.{M}.广州:暨南大学出版社,2012.

歌曲《枫桥夜泊》的音乐分析与演唱研究

上海商业会计学校

《枫桥夜泊》是唐代著名诗人张继[1]的七言绝句,这首诗是他途经苏州城外的寒山寺[2]时,被枫桥美景所吸引,有感而发,继而写下了这千古名篇。自张继的《枫桥夜泊》问世后,寒山寺因此名扬天下,成为千古游览胜地。

该诗描写的是在一个秋天的夜晚,诗人泊船在苏州城外的枫桥镇。江南水乡秋夜幽静唯美的景色,深深地吸引着这位满怀旅愁的游子,使他领略到了一种情味隽永的诗意美。诗歌中的意象:月、霜、乌等景,带着一种悲感,渔火给人一种孤独、飘忽不定的感觉,以及寒山寺、钟声、客船都是借景来抒发诗人的"愁情"。该诗寄情于景,表达了他在旅途中孤寂忧愁的思想感情。

本题以一首民族声乐艺术歌曲《枫桥夜泊》作品为例,对歌曲的音乐和演唱两个方面展开研究,以期对民族歌手如何通过音乐分析来正确把握作品的民族风格,以及如何科学性的演唱民族歌曲提供新的实践思路。

一、黎英海《枫桥夜泊》的音乐分析

1982 年，著名作曲家黎英海[3]先生根据诗中所及之意境，创作了声乐曲《枫桥夜泊》，该曲与《春晓》《登鹳雀楼》两首作品共同组编成为声乐套曲——《唐诗三首》。《枫桥夜泊》是黎先生声乐创作的巅峰之作，该作品不仅首次将吟诵性旋律运用于中国艺术歌曲的创作之中，充分凸显了中国语言的独特魅力，并且还提升了钢琴伴奏在中国艺术歌曲中的表现力——即通过声音造型、景色描绘、情绪渲染等手法对声乐艺术形象的刻画起到了重要作用。在这首作品中，黎先生通过采用多调性的手段对中国现代音乐创作进行了探索和研究，对其后中国现代音乐的创作具有启发性的意义。这首作品荣获了"1988 年全国高等艺术院校中国艺术歌曲创作比赛金奖"。

（一）结构分析

该作品可以被看作是一首由五个乐句组成的乐段结构，作品的前四个乐句，分别与四句诗词相对应，而第五个乐句则重复诗词的最后一句，从而构成了不方整的五句体乐段。具体结构如下：

表 1

引子	乐段					尾声
	第一乐句	第二乐句	第三乐句	第四乐句	第五乐句	
5	4	4	4	3	4	2
	月落乌啼霜满天	江枫渔火对愁眠	姑苏城外寒山寺	夜半钟声到客船	夜半钟声到客船	

（二）旋律与动机分析

如图所示，全曲共有两个动机：动机 a 与动机 b，核心音程为二度与四度。

例 1 第一乐句 bar：6

声乐部分刚开始便对两个动机及两个核心音程作了分别呈示。其中，从动机 a 中可明显地找到二度核心音程，而动机 b 可以看作是将动机 a 以 #c 为中心音的倒影环绕，其后是四度核心音程的下行。随后，动机 b1 是在动机 b 的基础上稍作变化,保留了 b 的基本节奏骨架与音高走势,但是第二拍的音高整体有所下降;最后是节奏被拉宽了的经过倒影及移位处理的动机 a。该句可以看作是"起"句。

例 2 第二乐句及第三乐句初始 bar:10

第二乐句可以看成是第一乐句整句的下行四度移位,音域亦下行了四度,只是句尾的音程关系稍有变化,故该句可以看作是"承"句;第三乐句由弱起的最后一拍开始,为两个八分音符的同音进行,可以看作是动机 a 的简化处理(去掉了动机 a 中的第二个十六分音符),故称为 a1。

例 3 第三乐句 bar:11

第一个音型是将动机 b 中第二拍的两个十六分音符剔除,将之后八分音符前移,再作向下二度延伸(核心音程);其后,再进行四度核心音程向下延展以及动机 a 的移位显现;再后则是将第二方框中的音型进行下行二度模进,然后运用逆行的手法加入了一个小的音型扩充,最后则是被拉伸了节奏的动机 a1 的变化音型——由 a1 的纯一度音程进行变为增一度。与此同时,划线部分每个音型的最低音又构成了远程二度(核心音程)下行模式。该句的调性出现了转折(参见调性与和声特点一段),写作手法出现了模进,且音程关系中出现了增一度音程(不再具有五声调式的音程特点),乐句整体变化有所加剧,同时,该乐句的音域幅度有所扩大,囊括了第一乐句的最高音与第二乐句的最低音,可达十度,且旋律线的走向由之前的波浪式进行而变为了迂回下行进行,故可看作为"转"句。

例 4 第四乐句 bar:15

该句的音区向上有所扩充发展,突破最高音,是乐曲的高潮,并结合调性的发展(详见之后的调性与和声一段),可以看出,该句仍然属于"转"句。

例 5 第五乐句 bar：18

第一个方框中的音型是动机 a 的延伸扩展,其中,第二拍可看作是动机 a 的移位,而第一拍则是它下方的连续二度上行扩充;第二个方框则是在动机 b1 的旋律及节奏骨架基础之上进行了音程的微调整;而最后的模进是针对方框二与方框三而言的。这是乐曲的最后一个乐句,音区呈迂回式下行状,并突破了音区最低点,落至"低谷",情绪下沉,同时结合调性的回归,亦可称之为"合"句。

(三)调性与和声分析

该作品采用的是五声多调式转换的手法写作而成,除了第五乐句之外,每个乐句均由两个不同宫系统的调性构建而成,甚至亦加入了雅乐及燕乐色彩,变换极其丰富。

例 6 主旋律

可以看出，在前两个乐句中，从 B 宫系统的调性开始，调性的转换始终处于近关系，即宫音调性相差不超过两个升降记号，但在第三乐句中出现了增一度下行（第 16 小节）。其中，#D 可以看作是 A 宫雅乐的四级音，而将其还原可以看作是从雅乐到清乐的转变，同时，这个被还原了的 D 音又是下一乐句（G 宫系统）的徵音，可以说，这个 D 音是连接前后两个调性的"共同音"；随后在第四乐句出现了远关系转调，而后在第五乐句又重新回到了 B 宫系统，通过调性即可看出五个乐句发展的脉络与方向。

而和声方面，则以钢琴伴奏中的和声为主要探索依据。可以看出该曲运用的和声是中国传统的支声和声。"固定低音"——大字一组的 #C 与 #G 作为基础和声每小节均出现，保持不变并贯穿全曲，故全曲无和声变化，只有上方声部随着声乐旋律的变化而进行着不同形态的支声式织体变化。如：

例 7 bar： 6

可以看出，#C 与 #G 的低音基础持续出现，在第二小节中，右手声部为主旋律的八度加花重复，在第三小节中，在"水流式"三十二分音符的"掠过"之后，高音仍然停在比主旋律音高十五度的同音上，而左手高声部的音亦随着主旋律调性的变化而变化，故该曲的和声类型为支声式。

（四）钢琴伴奏分析

在上文中调性与和声特点一段中已提及，该曲的和声特点为中国传统的支声式和声，也就是说，该曲的钢琴伴奏特点亦为支声式伴奏织体。

全曲的伴奏织体比较统一，每个乐句均由 4 个伴奏织体要素构成，这四个要素大致上按相同的顺序出现并随着主旋律的发展而作出一些变化。

例 8 引子

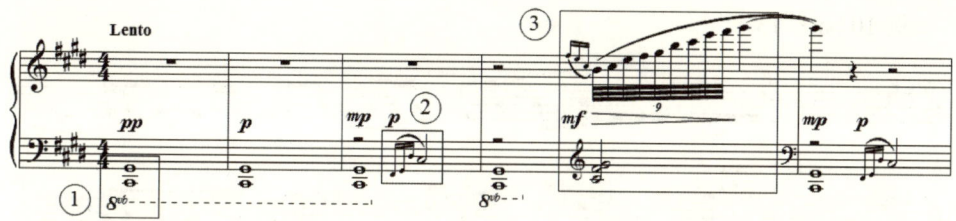

在引子中已对四个要素中的 3 个进行了呈示，3 个要素分属不同音区：

（1）大字一组的纯五度音程，以弱奏的方式出现，好似遥远的晚钟幽然飘来，声声入耳，余韵深沉而静谧，禅意绵长，正是这句"姑苏城外寒山寺，夜半钟声到客船"的绝美描绘。

（2）小字组横跨六度的装饰音一跃而起，像船桨在平静的水面上划过，又好似落花飘洒在水面上，散开层层的涟漪，打破了静态而寂寥的画面。

（3）从小字一组急速上升的三十二分音符，似一阵轻风一般，忽地掠过枫林，消失在天际，而后又重归宁静。

此 3 个要素是对诗中唯美景色与意境的刻画和模仿，而从声乐主旋律出现开始，加入了一个新的要素，即支声旋律。

例 9 bar：6

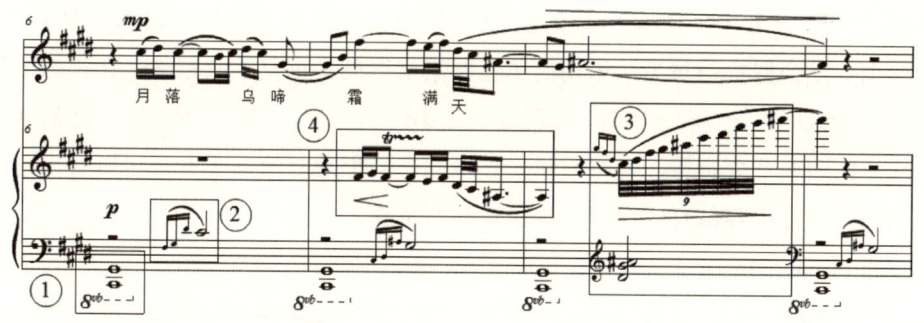

可以看出，第四要素是随着主旋律的变化而进行支声伴奏的，即在重复主旋律基本框架的基础之上，通过加花的方式进行的变奏。在此后的每个乐句中，前 3 个要素持续按照这个基本顺序进行反复并有所发展。

第二乐句的伴奏在基本形态上重复了第一乐句，第 2、3、4 要素整体音区亦随着声乐音区的降低而有所下降，有所不同的是在第三要素之后，在尾音下行八度之处出现了四个同音十六分音符，好似点点渔火般忽明忽暗、若隐若现。

第三乐句，伴奏织体有所变化：

例 10 bar：13

第三乐句中，支声（第四）要素有所扩充和发展，加入了装饰音，以模仿古筝的下波音织体为主，每次的"落脚点"均与主旋律同音；同时，第三要素演奏了两次（第二次音区提高了十度），且中间穿插古筝的下波音与同音重复音型，而这个重复音型实乃与第二乐句的第三要素末尾同音重复一脉相承，在第二乐句中，此音型为四个十六分音符，而在这里（第一次）为三连音八分音符，之后（第二次）为两个八分音符，音符数量呈递减状态，但总时值却不变。可以看出，此处的钢琴织体内容已有所丰富，音区也有所扩充。

例 11 bar：18

第五乐句为结束句,织体有所削薄,支声元素又重新回到了单音形态,并且音区愈走愈低,同时力度有所减弱,好似无奈而沉重的叹息,它与之后的第三要素形成鲜明的对比。而第三要素则达到了全曲的最高音,在乐曲的末尾,似一缕清波散去,消殒在落寞空旷的夜空。之后,在乐曲的尾声中,只剩下了晚钟孤寂的哀思与忧愁。

(五)旋律与歌词的关系

该乐曲旋律的写作充分显现了古诗词朗诵的独特韵律,如第一乐句(见例2-2-9)。月落乌啼霜满天,这句诗的格律应为:月落/乌啼/霜/满天,2+2+1+2的格式,而该句的旋法恰恰符合了诗歌的这个节韵;此外,"天"字的节奏被拉伸,形成一个长长的拖腔,而这个拖腔又通过二度音程的"波动",而好似一句感慨的歔欷,加深了意味深长的语气,渲染了诗中"对愁眠"的悲凉气氛。

二、《枫桥夜泊》演唱研究

《枫桥夜泊》是唐代古诗,而无论是诗经、楚辞,又或是唐诗、宋词,诗词与音乐的密不可分、亦歌亦咏是古诗的显著特征,在演唱此曲时,应注意以下几点。

(一)诗歌的音律性

诗歌以写意、精炼的语言文字言志抒怀,在诗与歌的交融、渗透、辉映下凭借着自身音律的抑扬顿挫呈现特有的艺术美感。诗歌有自己特定的构成要素,如语法、修辞、声韵等,在词与音乐的结合下,它也受到音乐的旋律走向、结构段落、调式色彩等等的影响。饶有诗意的音调起伏间,传统的诗词曲牌成为我国文学、艺术的精品,也对我国音乐的发展起到了深远影响。不仅是诗歌,中国的汉字本身便有声(声母)、韵(韵母)、调3种特征,平仄的起伏、四声的交替包含了旋律性因素,声乐艺术作为文学与音乐两者的综合体,必然使语言的音调与音乐的音调互相作用,因此,掌握汉语声调的四声平仄规律,对于演唱有着十分重要的作用。

根据诗词的风格,演唱《枫桥夜泊》时要注意保留古诗的吟诵[4]感,特别要注意演唱歌词的节奏感,然后再具体到每个字的吐字归韵。在演唱前,可以把每个字主要发声的元音标注,例如,"月",中的"e"母音,"落",的"o","乌",的"u","啼"的"i","霜"字,是后鼻韵"ang"。有些歌者,不注意归韵,会很容易将"ang"唱成"an"。类似这样的区分,在诗词中还有"天"、"眠",演唱的时候，舌头要放平，而"an"又不能唱的太"捏"，要"圆润"。

我国传统民族声乐在演唱中把咬字分为出声、引长、归韵3个过程，出声需要将字头咬准，引长则是延长字腹，归韵是将字尾收清楚。咬准字头需要以正确口形把声母咬准确。延长字腹就是要按四呼的口形延长音量发响最易的韵母。将字尾收清也就是要将韵尾交待清楚。我国现在的传统民族声乐沿用的十三辙分类发声的方法仍然是比较实用、科学的。由此可见，汉语的吐字归韵是多么的重要[5]。

（二）诗歌与旋律的关系

诗词与音乐的紧密结合是中国古代诗歌的显著特征，所谓可吟、可诵、可咏，则是指诗词的节奏、音调与旋律有一定的同步性，诗词与生俱来的音乐美感也形成了我国传统声乐中"依字行腔、字正腔圆"的美学原则。

在《枫桥夜泊》诗词的高、低、升、降、起、停的变化下，是音调旋律走向与吟诵律动的相辅相成。宏观上，整首诗吟诵的停顿点与音乐的拖腔处完全吻合，使得这首作品在松弛的节奏律动中自如、随意。微观上，每一句诗词与音乐，都在若即若离间有所同步，如吟诵第一句"月落乌啼霜满天"时，便会不自觉地在"霜"字时扬起音调，而此句旋律中的高点音也恰恰落在"霜"字上，又如"对愁眠""姑苏""钟声"等词汇，均是以"正字"的歌曲创作手法处理（即汉字读音的高、低走向与旋律走向相一致）。

例 12

因此，在演唱该曲时要在诗词与旋律的关系上斟酌、体会，同时切勿以器乐化的音准处理旋律中的音高，要多考虑诗词本身吟诵的抑扬感，增添音乐的流动感、自然性。

(三) 乐曲意境的刻画

这首歌曲的艺术价值在于它的含蓄美、意境深，乐曲呈现出了一幅姑苏城外寒山寺旁孤寂与悲凉的景象，演唱也需在刚柔相间、跌宕多变的艺术处理上刻画音乐形象。刚强处，有棱角，柔软处，有圆融，仔细体会，方能曲尽人意、形神兼备。

第一句需以柔而不弱的声音，叹息似的语调吟出"月落乌啼霜满天"。"霜"（shu-ang）字处理成把韵母中的 u 延长，字尾收韵，这种延长字腹中某个韵母音的唱法在中国传统戏曲或民族唱法中广泛存在[6]。第二句比前一句稍弱些，气息婉转而留有余地，要唱得柔和、圆润。第三句是结构中的"转"，音区由高至低，需要注意的是，这句音区的最高点却是以"p"力度处理，更显现出静寂、深远的细腻情感。第四句在结构上是"合"，伴奏与人声共同作用达到全曲的高潮，音量达到了"f"，声音也要控制得圆润、高亢。

例 13

第五句是第四句的重复，音量从先前的强力度回归于安静，仿佛是情感波澜的平复。每一句的结束长音，需以颤音模仿古琴的揉弦，这既是古曲韵味的表现，又是情感自然的波动。

例 14

（四）音色的圆融

声乐中的音色就像绘画中的色彩一样，根据不同的作曲家、不同的风格与艺术流派，以及不同的音乐形象、不同民族等，以富有变化的音色来调配作品的明、暗、浓、淡等色泽。即使是在同一作品中也应根据音乐、歌词、情绪的需要体现微妙的变化与对比。音色的甜美、明亮、凄冷、晦暗、饱满、激昂等的游转，让人们在感受到听觉韵律的同时也好似能感受到音色的画面，这也就是音乐与美术的共通之处。正所谓"'乐之筐格在曲，而色泽在唱'，以声拖腔、以字行腔、以情润腔、润而生味，是中国民族歌唱二度创作时必须运用的特殊技巧。"[7]

《枫桥夜泊》侧重静、空、愁、远的意境，音色则需平滑圆润，温柔敦厚。不仅要字正腔圆，也要在吐字、归韵等方面突出情感的曲折婉转，在刚与柔、绵与硬中微变，以此表达细腻的情思与深刻、幽远的内涵。

中国音乐根植于民族风格的土壤，始终保持着天地性情、自然地域的特点，具备其特有的社会功能与审美价值。本文对于作品的诠释还不够全面，笔者也将在今后的研究中更深入了解歌曲的表现特征，提高自己对乐曲的理解。但作为音乐教育工作者笔者深深地体会到：作为教育工作者无论是在教授音乐欣赏课，或者是音乐拓展排练课中，在传授音乐作品知识前，需要全面地去研究作品，特别是作品及其背后所蕴涵的人文。要从作品意境、作曲技法等方面进行全面分析，同时结合自身的专业特点，从多角度诠释作品，才能将想要教授的艺术精髓得以最大的呈现。

（作者：王百灵）

参考文献

[1] 张继（约715-约779），字懿孙，汉族，邓州南阳（今河南南阳）人，唐代著名诗人。

[2] 寒山寺，坐落在苏州城西阊门外5公里外的枫桥镇，建于六朝时期的梁代天监年间（公元502-519年），距今已有1400多年，原名"妙利普明塔院"。

[3] 黎英海（1927-2007），四川富顺人。中国著名音乐教育家、作曲家、中国音乐学院教授。代表作：钢琴曲《夕阳箫鼓》《阳关三叠》等。

[4] 吟诵，是一种介于诵读与唱歌之间的汉文古典文学作品口头表现艺术方式。来自秦德祥.朗诵、吟诵与古典诗词歌曲——兼与蒋凡先生商榷，交响.西安音乐学院学报（季刊）2009

年 6 月第 28 卷第 2 期。

[5] 崔戈.《谈民族声乐教学中应注意的几个技能 (2)》,《甘肃教育》2011（08）.

[6] 沈佳文.《中国古诗词艺术歌曲演唱中的民族风格体现》, 上海音乐学院硕士学位论文, 2010（06）.

[7] 王安国:《现代和声与中国作品研究》, 中国文联出版社, 1989.

[8] 秦德祥. 吟诵音乐的节奏形态及其特征——以六首《枫桥夜泊》的吟诵谱为例 [J]. 音乐艺术 - 上海音乐学院学报, 2004(2).

[9] 金学智. 张继《枫桥夜泊》及其接受史 [J]. 苏州大学学报, 2002(4).

[10] 董华. 传统音乐元素在当代声乐教学中的继承与发展——以陕北民歌的演唱与教学为例 [J]. 中国音乐, 2008(2).

[11] 王子姣. 纵看《枫桥夜泊》[J]. 音乐生活, 2008(11).

[12] 陈磊. 古诗词艺术歌曲《枫桥夜泊》的艺术特色与演唱诠释 [J]. 大家, 2011(4).

[13] 王松. 诗意 乐境 声情——论艺术歌曲《枫桥夜泊》的美学意蕴 [J]. 湖南科技学院学报, 2008(1).

[14] 戴勇. 论民族声乐作品中传统民歌的演唱与表现 [J]. 乐府新声 (沈阳音乐学院学报), 2009(3).

[15] 周英华. 浅析声乐艺术与民族风格 [J]. 华章, 2009(11).

六、队伍建设篇

学校育人的质量，关键在于师资队伍的水平。职业教育师资队伍的水平，不仅在于专业知识，还要有双师素质，要有结合企业的意识和能力。《职教二十条》的颁布，更加强调了职教教师双师素质的重要性。围绕《职教二十条》的要求，各校各显神通进行卓有成效的队伍建设实践探索，通过校企联手搭建实践平台，为教师提升双师素质提供了方便。

以师为本·以能为重·兴师强校
——上海市交通学校推进教师专业发展案例

上海市交通学校

一、学校推进教师专业发展的背景

自"十一五"师资队伍建设以来，上海市在十几年间持续聚力高素质专业化教师队伍的建设，于2009年首次启动上海市教师专业发展学校遴选，到2019年全市已有215所[1]市级教师专业发展学校，承担着校内教师专业化自主发展和见习教师规范化培养的双重使命，发挥着示范、引领、辐射的关键作用，成为上海市实现教师全方位、全覆盖培养，提升教师教育培训有效性的重要举措。

上海市交通学校（以下简称"学校"或"我校"）于2016年被遴选为上海市教师专业发展学校，是全市中等职业学校中仅有的两所具有该称号的学校之一。基于学校几十年对师资培养的积淀以及在成为市级教师专业发展学校后的助推下，对中等职业教育教师专业化发展进行了有效的实践探索，对内建立"交校特色"的教师专业发展路径；对外形成"交校模式"的教师专业发展辐射。

目前我校专任教师队伍中，中高级职称占专任教师总数的67%，"双师型"教师比例达90.1%；具有博士、硕士高学历学位教师占专任教师比例达18.4%；专任教师队伍年龄结构呈橄榄形分布。学校教师梯队结构合理，师资队伍整体水平显著提升[2]。

二、学校推进教师专业发展的做法及成效

（一）顶层设计统领发展、教师专业发展框架明晰

学校牢牢把握教师专业发展的成长规律，遵循"新教师—合格教师—骨干教师—专家型教师"的成长轨迹，根据每一位教师的资历背景，建立定位明晰、分层分级、德能共进的教师培养体系，为不同职业成长阶段的教师搭建平台，让每一位教师获得差异化的培养。

学校所建立的教师专业发展"3-4-5"培养体系[3]，为教师搭建了专业提升、职业可持续发展的优质平台。培养对象上分层分类，教师个体全覆盖、重点群体有侧重；培养内容上涵盖从个人思想素养、师德修养、专业教学、专业实践、教学与技术研究、教学信息化、学生管理等多个模块，实现培养内容的丰富全面；培训方式上实现线上与线下"混合式"培养，理论讲授与实践体验、专家指导与个人自学、项目申报与以赛促教、校企共培等多形式培养，实现培养方式的灵活多样；培养层次上增加教师参加市级、国家级以及海外培训的机会，实现培养级别的高端化、精英化，最终实现教师专业发展上"师德"与"师能"的齐抓共进。

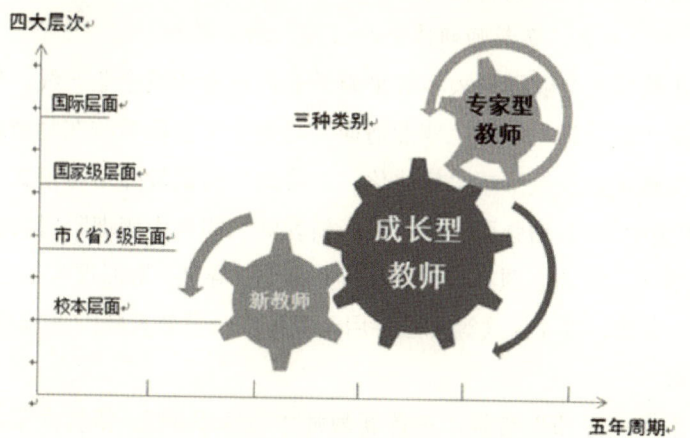

图2.1 教师专业发展的"3-4-5"培养体系

（二）深化"蓝本"建设，筑牢教师专业发展基石

学校始终以"规划先行、制度为基"作为夯实教师队伍可持续发展的重要基础。根据国家、上海市职教师资队伍建设要求，切实以"建成一支师德高尚、技艺精湛、专兼结合、充满活力的高素质'双师型'教师队伍"为目标，"十三五"师资队伍建设收官在即，"十四五"师资队伍建设规划草案酝酿完成，规划的顶层设计为学校未来师资队伍建设构建了重要的发展框架。

同时，学校教师专业发展的制度建设已形成体系化，制度涵盖师德师风建设长效机制、青年教师培养、教师培训、骨干教师、教学名师、校企双专业带头人培养、优质教学团队培养、教师企业实践培养、教师个人职业发展规划制定等多个方面，教师培养制度的完善和健全为教师专业发展的可持续性提供了坚实的保障。

（三）夯实校本研修，引领教师专业发展

学校以上海市中小学教师360/540五年轮训培养为基础，结合教师实际情况同步开展分层、分级、分类地进行校本研修活动，切实为全校教师专业化发展打造优质的校内平台。

1. 以"德"为先，教师思政师德研修常态长效

学校以"立德树人"为根本任务，在校本研修中将师德师风教育作为首要内容，在新教师、党员教师、专任教师群体中，利用专题培训、会议、日常学习、分类培训等多种渠道，"整零"交叉、线上下混合，形成对教师思想引领的常态化、滚动式的教育与培训，切实将优良的师德师风作为教师专业成长的第一标准。

2. 以"青"为重，新教师研修全面引领、助力成长

中等职业教育的专业师资大多数来源于非师范专业或企业一线，如何让这些新人成功实现"职业转型"和"职业适应"是每一个中职学校在师资培养中面临的问题。在实践中，我校形成"模块化、进阶式"的新教师培养模式。

（1）入职集中培训，增强职业认知度。新教师入职集中培训阶段实施"模块化、主题式"的培训。培训主题丰富；校内外资深专家导训；培训理实结合，以讲授、讨论、拓展、实践、职业仪式等多法并用，多角度激发新教师的体验感和归属感，提升培训实效。

（2）校企"双导师"带教，锤炼新教师"双师双能"。新教师带教培养阶段持续推进"双导师"模式。依托学校企业名师工作室资源优势，促进新教师专业

教学能力和专业（职业）实践能力获得提升。学校成立青年培养工作领导小组，负责对新教师的培养成果开展带教中期或终期考核，督导带教工作，确保带教培养的高质高效。

3. 以"中"为核，骨干类教师研修多举并行，助推提升

学校建立骨干类教师聘期培养机制，依托有效机制带动骨干教师专业发展快速提升。

（1）骨干类教师培养多举并行，助推"双师双能"的再提升。校本培养中，实行"以带教促提升"，在精细自我能力的同时培养新生力量，收获个人成长和团队成长的双成效；将"请进来、走出去"相结合，各职能部门组织高质量的专业教学、专业实践、专业建设的专题培训，扩大骨干教师对外交流的机会，取长补短，开拓思路，更好地提高自身的专业教学质量。

学校依托市级、国家级、海外培训等高层次培养平台，赋能高层次教师、教学团队，骨干类教师专业发展综合实力显著提高；"企业实践轮训"，技术实践深入有质、企业认证可靠有效；"以赛促培"，高水准教学比赛、技能大赛屡创佳绩；"以项目促培养"，市级、国家级项目申报、课题研究屡获殊荣；"教师海外培养工程"中，2016-2019年海外培养规模连年增长，骨干教师赴国外培养呈现出渠道广、国家多、规模大、质量高的发展态势。

（2）骨干教师聘期培养机制作用显著，教师专业发展内驱力增强。学校建立骨干类教师聘期培养机制，将培养与考核、激励与约束作为骨干教师培养和管理的双重手段。两年聘期中，对在聘骨干教师进行中期考核和结项考核。通过这一机制的实施，骨干教师群体在提升个人专业发展、增强专业团队实力，推动专业建设发展上作用突出。

在2019-2021年新一轮聘期培养申报中，申报人数较上一轮增长了34%，同时增设了"企业方专业带头人"和"校级优质教学团队"的申报，进一步从个人专业发展和教学团队发展的同向增强中带动师资队伍水平的整体提升。

4. 以"专"为荣，为专家型教师研修提供平台、释放能量

学校借力高层次培养平台，赋能教师个人和教学团队发展的拔尖问鼎。通过市级"双名工程""攻关计划"基地、种子计划推荐、国家级教学团队、国际职业资格培训等高级别、高水准项目的申报实施，对推动学校专家型教师和高水平教学团队发展起到了举足轻重的作用。

（四）增强辐射能力，惠及校际跨域合作

1. 推举名师培育工作室主持人，辐射全市骨干教师专业发展

学校对外开展市级骨干教师培养持续发力。2016-2018年3年间有4名专业带头人担任上海市名师培育工作室主持人，顺利完成对全市21名骨干教师的两年期培养任务。2019年学校市级名师工作室主持人再添主力，2位名师将完成新一期市级骨干教师培养任务。

2. 对口支教持续深入，师资培养"输血"与"造血"同步推进

2016-2019年间，学校深入推进新疆、云南地区职业教育对口帮扶，对口帮扶工作机制在实践探索中日渐成熟。学校主持成立的沪喀、沪遵、沪滇、沪果职业教育联盟在上海对口支援工作中发挥了很好的辐射作用，师资培养也从选派教师支教到邀请当地骨干教师来沪培养，为边疆地区师资培养的"输血"与"造血"同步开展。以点带面，交流职业教育专业建设经验，分享推广职业技能大赛成果，实现东西协作，精准帮扶。学校累计共计186人次参与对口支援相关工作。

3. 专家型教师带教，见习教师规培有序开展

作为上海市见习教师规范化培训基地，学校已有4位名师近3年间完成25名中职新教师带教工作，并取得了良好的效果。2019年度学校又有3位市级名师继续接棒中职新教师规培工作，为上海市中职师资新生力量的培养贡献力量。

4. 聚焦专业实践，专业师资培养基地惠及教师成长

学校通过校企合作建立上海中等职业学校汽车专业教师企业实践培养基地；与IMI（英国国家汽车工业学会）合作，建立国内唯一、等级最高的国际职业资格IMI三级认证中心。在教师专业实践能力培养上，在上海市高素质"双师型"教师培养中发挥着重要作用。

（五）稳步促进教师发展，建设成效显著提升

自2016年始，学校稳扎稳打推进建设，市级年检评审中获得"优秀"等第。通过教师专业发展学校建设的持续推动，师资队伍整体质量显著提升，在教师个人成长和教师团队发展上取得了双丰收。

2016—2019年四年间，学校完成两项重大课题，分获上海市教学成果一等奖和二等奖；学校培育5位教师成为"上海市名师培育工作室主持人"；2位专业教师入选首批国家"工匠之师"创新团队成员；汽车运用与维修教学团队入选首批国家职业教育创新团队。5位专业教师持有英国IMI汽车行业二级、三级以及

考评员国际职业资格认证。1位教师取得全国唯一一个IMI四级认证证书及三级考评员资质。

教师个人、指导学生、专业教学团队参加各类教学竞赛、技能大赛获奖层次、获奖名次以及奖项覆盖均显著提升。2019年姚军强老师荣获全国职业技能大赛金牌指导教师称号；陈奇羡老师荣获职业院校技能大赛教学能力大赛汽车技术项目一等奖；朱建柳教授、孙晓副教授荣获上海市育才奖；孙晓副教授还被聘为第45届世界技能大赛货运代理项目（国家队）技术指导专家组组长；朱列老师获得上海市脱贫攻坚个人嘉奖；姚军强、苏巍老师荣获上海市园丁奖。2019年汽车运用与维修教学团队成为国家首批国家级职业教育教师教学创新团队；经济管理系骨干教师群成为上海"课程思政重点改革领航学院"教学团队。

三、学校推进教师专业发展的特色与经验

（一）师德、思政研修为领衔，为教师专业发展把方向

学校始终坚持对教师队伍"正思想、正作风"，教师师德、思政教育在"实"字上下功夫。从教育群体、教育内容、教育渠道、教育形式上求全、求新、求变。加强课程德育力度，培育课程德育团队，深入贯彻"三全育人"要求，让每一位教师把德育教育"装入头脑、带入课堂、嵌入教学"。

（二）聚焦双师五项能力，为教师专业发展划重点

学校在促进教师专业发展上以"五项能力"为核心，即教育教学能力、专业实践能力、教育科研能力、职业发展能力和社会服务能力。师资培养紧贴能力发展，教师个人职业规划紧扣能力要求，切实促进本校"双师型"教师各项能力达标、提优。

（三）专业研修内容丰富，形式多样，为教师专业发展提精度

以教师专业发展需求为出发点，学校、系部提供多种研修机会和研修平台，开展了涵盖教师专业发展的全系列研修，研修内容丰富、形式多样，让教师专业发展选择的个性化和灵活性得到大幅提升，改变原有"整齐划一"的研修形式，分层、分类、分等实施针对性的研修培养，进一步推动教师培养的深度和精度。

（四）教学团队共同研修，为教师专业发展聚合力

学校着力推进教师个人和教学团队的同步发展，将多年骨干教师、名师、专业带头人"以点带面"促进教学团队发展的传统模式，延伸到通过校级、市级、

国家级高水平教学团队的培育"以面促点"促进团队中教师个人素质的快速提升。通过教学团队集体研修，在相互合作、优势互补、共同探讨中发挥团队合力作用，从而实现教师个人与团队发展的"同心、同向、同行"。

（五）打造"宽基础、活模块"的校本研修模式，兼顾教师专业发展的共性与个性

学校在推动教师专业发展的过程中将单一的研修任务和系统的校本研修机制相统一，致力于打造具有交通学校特色的校本研修模式。经过4年多的实践，学校探索出"宽基础、活模块"的研修模式，这一模式符合中职学校专业数量多、专业课程多、培训需求杂的现实状况。学校层面统领教师专业发展的基础性和共通性，实施全覆盖培养；而针对不同专业、不同成长阶段教师则以系部、专业教研室为单位搭建研修平台，结合教师个人三年职业发展规划，开展群组集体研修与个人自选研修，将教师专业发展的共性与个性相统一，提升研修的精准性、灵活性和有效性。

四、学校推进教师专业发展的反思

随着教师专业发展学校建设的持续推进，学校师资队伍培养取得成效的同时，在培养实施和培养管理上尚有可进一步优化和提升的空间。

（一）从学校、系部到个人，研修培养的过程监控和成果管理水平需进一步提升

随着对教师专业发展培养力度、深度及精度的不断提升，面对规模较大的研修群体如何做好培养的过程监控以及教师培养成果管理是目前亟须提升的一个重要方面。建立教师专业发展"大数据+"管理模型，开发教师专业发展指数，实施数据化、链条式的过程监控和成果管理，形成集"需求收集、过程监控、分析统计、成果反馈"一体的教师专业发展信息化管理。

（二）加强优化以系部为单位的中观层面校本研修平台

今后如何让教师专业发展校本研修更上一个台阶是学校师资培养内涵建设中后期必须思考的问题。对于专业多、规模大的中职学校，必须实施学校与专业系部两级联动的培养研修模式，只有将校本研修"沉"到系部层面，建立制度、形成机制，才能真正提高教师研修的有效性，才能真正助力于每一位教师的职业成长。

（三）进一步加强教师专业发展学校建设的深入交流

各级主管部门能组织阶段性的特色经验分享交流或专题论坛，开展全市或全区校际间的交流与学习，取长补短，开拓思路，将一些可复制的培养模式和优秀实践案例作为学习、建设的目标，形成良好信息资源共享机制，不断推动教师专业发展工作的提升。

（作者：朱建柳、岳梦、王芳）

参考文献

[1] 孟琳.上海市教师专业发展学校现状研究[D]，2019.

[2] 本案例涉及相关本校师资数据以2019年1-12月为统计口径。

[3] "3"指学校新任教师、成长型教师（合格教师、骨干教师）、专家型教师（教学名师、专业带头人）三种类别，"4"指培训级别涵盖校本、省（市）级、国家级、国际四大层次；"5"指与上海市教师培训五年为一个培训周期同步，5年内学校完成教师轮训。

《职教二十条》背景下双师型教师队伍建设的探索
——以物流管理（化工物流）专业为例

上海石化工业学校

随着我国教育政策的不断调整，职业教育作为一种教育类型，进入了快速、规范的发展时期，而上海经济增长方式的转变和产业结构的调整，让中职教育和中职院校面临了新的挑战也迎来了前所未有的发展机遇。特别是随着《职教二十条》的颁布，中等职业教育改革发展进入了一个新阶段。为了使中等职业教育适应经济发展和支撑产业发展，双师型教师队伍建设成为职教发展重中之重。

一、《职教二十条》背景下化工物流专业双师型教师队伍建设迫在眉睫

随着我国产业升级和经济结构调整不断加快，各行各业对技术技能人才的需求越来越紧迫，国家教育部门对中等职业教育适应经济发展和支撑产业发展同步提出了明确的要求。近年来出台发布的《国家中长期教育改革和发展规划纲要（2010-2020年）》《上海市中长期教育改革和发展规划纲要（2010-2020年）》《国务院关于加快发展现代职业教育的决定》（国发〔2014〕19号）和《上海市人民政府关于加快发展现代职业教育的决定》（沪府发〔2015〕9号）均可以体现出国家对于职业教育优化调整、与产业接轨的指导方向。加快发展现代职业教育是党中央、国务院作出的重大战略决策。现代职业教育是服务经济社会发展需要，面向经济社会发展和生产服务一线，培养高素质劳动者和技术技能人才，并促进全体劳动者可持续职业发展的教育类型。

在此新形势下，我校化工物流专业双师型教师队伍建设如何及时优化、如何紧密围绕产业升级，结合新产品、新行业，建立一支理想信念坚定、师德师风高尚、专业水平高超、终身发展能力强、具有核心竞争力的高素质专业化教师队伍迫在眉睫。

二、目前化工物流专业的教师队伍情况以及存在的问题

（一）教师队伍结构尚不合理

截至2020年3月，化工物流专业专职教师9名，兼职教师2名。

※学历结构比例：研究生4名、本科生7名；

※职称结构比例：高级职称：3名、中级职称：9名；

※年龄结构比例：30岁以下：0名、30-40岁：7名、40-50岁：3名、50-60岁：1名；

※性别结构比例：男比女：0∶1。

高级职称比例较低，研究生学历比例明显上升。教师团队年龄主要集中在30-40中间，无男性教师。师资年龄结构数据显示，在未来的5年内，将有2名女教师退休，同时退休教师人数大于新进教师数，且新进教师以女性为主，会出现人才培养断层等种种状况。

（二）教师来源较为单一

本专业教师都是本科或研究生毕业后直接进行任教的，缺乏企业实际工作经验，多注重于理论教学，对于企业知识高频率更新接受程度较低，部分教学内容已经无法跟上产业的变革、行业的发展。

（三）双师型教师队伍建设较为滞后

"双师素质"与"双师结构"是职业教育教师队伍的一项特殊指标，也是影响人才培养和专业建设的重要因素。化工物流专业真正双师型教师所占的比例少，

且专业课教师中青年教师数量较多，他们的实践能力和实训指导经验不足。究其原因，关键在于企业特聘兼职教师难于平衡从事教学任务与生产经营的关系。截至 2020 年 3 月，我专业签约共有 13 名签约特聘企业兼职教师（2 名为市级、13 名为校级）。

表1　本校化工物流管理签约特聘企业兼职教师一览表

聘任身份	人数	专业方向
市级物流职教集团	2	物流方向
校级	13	化工物流专业方向
合计	15	

这部分企业特聘兼职教师仍以服务企业为主，难以保障上课时间，多数以项目合作或者专业建设合作的形式出现。学校相关课程安排只能以兼职教师的时间安排实施"调、停、转"，直接影响了中职学校聘任兼职教师的积极性。双师型队伍尚未真正稳定，与企业之间的互通桥梁尚未完全打通，来自企业的技术人员、能工巧匠的兼职教师稳定性较弱。

（四）教师培训尚待规范

中职教师培训应重在"训"，既实操培训，强调教师专业实践技能的提高。根据已结束的"十二五"师资培训、尚在进行中的"十三五"师资培训实施情况来看，各级各类培训活动多注重于"培"，安排的理论学习时间较长，多数体现为：讲座、论坛、案例讲授等，几乎没有安排到行业企业实习，对于专业化方面的培训少之又少，直接影响了专任教师参与培训的积极性，这与教师的实际需求相背。

三、《职教二十条》背景下化工物流专业双师型教师队伍建设的若干实践与思考

（一）明确师资队伍建设目标

以稳定促发展，以专业化培养提升教师素养，以引进高层次实践性人才，紧紧围绕产教融合、校企合作核心点调整优化师结构，努力建设一支数量足够、专兼结合、结构合理、素质优良，符合高技能人才培养目标要求的"双师型"专业教师队伍。

（二）创新师资队伍建设举措

1. 主动出击、多渠道挖掘人才

（1）创新方式方法，大力引进"双师"素质专业带头人和骨干教师，争取优惠政策，对高学历、高职称的"双师"素质专业带头人和骨干教师给予更大的激励措施和职业上升通道。

（2）面向社会，招聘专技人才。以金山工业区化工产业链为挖掘点，同步面向企业、行业一线招聘具有中级以上职称或技师以上资格的技术人才，壮大"双师"素质骨干教师队伍。

（3）利用社会、企业、政府相关资源平台，聘用实践技能型兼职教师。让每个重点专业都有与之匹配的企业兼职特聘教师进行专业建设发展的指导工作。

2. 五大措施提高师资队伍整体素质

（1）紧紧跟着我校实施"三项工程"——"双师型"教师培养工程、新教师三年培养工程和教师校本培训工程。

学校与青年教师个人共同制订职业生涯规划，并按新进教师进校不同阶段进行分类引导和培养，实施新教师"1+2+X"培养工程：一年见习期、二年培养期，而其中的 X 则为项目带教培养。根据青年教师前三年培养情况，寻找青年教师个性化优势，纵向进行深入挖掘。从往年开展的带教工作来看，经过前三年的培养，青年教师对于不同模块的成长速度是不同的，擅长模块也大不相同：有些教师特别擅长把握学生心理、在德育工作这块颇有心得体会；有些青年教师对于教科研方面肯钻研；有些青年教师在带学生参加国家职业技能大赛更有方法，更有一些青年教师对创新人才培养模式，深化"产教融合、校企合作"方面研究深刻；故 X 项目带教培养在 1+2 工程培养的基础上，增加了个性化的教师职业发展的可能，也为学校各条线的发展储备了相匹配的人才。

目前：我们化工物流专业有区级骨干教师 2 名，校级骨干教师 2 名。

（2）构建模块化培养内容，提升教师队伍的专业化能力。

在上海市教委、学校相关部门的指导下，设置培育目标、培育模块，涵盖职业特质与职业态度、教育专业化、学科专业化 3 个维度内涵的若干专题，每个专题内设定若干系列内容。主要根据本专业专兼职教师不同的特点进行基础素养类培训、个性化培训、专业化实操培训，供教师进行"自主选择"，满足不同需求。同时积极开发实践能力培训的教学方案，拓展实践技能培训内容，加强学校与金山区职教基地、化学工业区沟通，共同建立校企合作培训基地。积极与企业联合办学，开发教师职业技能培训的教学方案，进行提升师资实践能力的培训。

（3）建设多层次多元化创新教师团队。

一是建设引领教学模式改革的教师创新团队。基于职业工作过程的模块化课程、项目式教学，将青年骨干教师、专业带头人、企业特聘兼职教师结合，成立混合式工作组，集中探讨专业建设、人才培养模式。

二是开展实践技能与理论知识一体化教师拜师活动。以各专业教研组为核心，开展拜师活动，结对子，构建学习型教研组，将研究重点落在专业建设、课程建设、教学改革、教学研究上。

（4）立足上海化学工业园区、金山工业园区，共建"双师型"教师培养培训基地。

依托学校、金山区职教集团平台，化工物流专业与以下区级企业实践基地签订教师实践活动协议：上海中石物流管理化工物流股份有限公司、中国石化上海石油化工股份有限公司。2016年7~8月—2019年7~8月，我专业专兼职教师均进行下企业暑期实践活动。

我们将进一步梳理现有校企合作单位，努力促成与专业相匹配的"双师型"教师培养培训基地，落实教师5年一周期的全员轮训制度。探索组建校内专任—校外企业特聘兼职教师，以及高水平、结构化教师教学创新团队，下企业分工协作进行模块化学习，将企业、行业新技术新变革带回来。

（三）积极推进保障机制，做好专兼职、企业特聘兼职教师各支队伍建设保障工作

通过积极主动为专兼职、企业特聘兼职教师服务，切实以教师的需求为出发点，努力为教师解决学习、工作、生活中的实际困难。进一步探讨增加校企合作、教科研课题、项目成果、技术服务、社会培训等所得收入。

（作者：徐悦）

参考文献

[1] 梁天玉. 职业学校"双师型"教师培训体系研究 [D]. 北方工业大学，2012（2）.

校企联手搭建实践平台 双师队伍助推学校发展
——以上海石化工业学校"双师素质"师资培养为例

上海石化工业学校

职校教师专业技能及教学水平的高低直接决定着职业学校人才培养质量，而职业教育的跨界特点也要求职教教师不能仅仅"守着"学校，而是需要掌握相关专业的最新知识及工艺标准，了解企业真实任务需求。为了提升教师的"双师"素质，一方面对新入职教师进行职业及相关培训，另一方面为已在职教师提供深入了解企业真实状况，提供自我更新和充电的机会。新老教师在该实践平台上共同提升，弥补自身不足，使得学校教师能力呈现"活水"状态，整体提升进入良性循环，为学校专业持续强劲发展提供不竭动力。

一、"双师素质"师资培养的背景

（一）国家和各级教育主管部门对"双师型"教师高度重视

《国家中长期教育改革和发展规划纲要 2010-2020》提出要"大力发展职业教育，加强'双师型'教师队伍和实训基地建设，提升职业教育基础能力"。《上海市中长期教育改革和发展规划纲要 (2010-2020 年)》也强调要"完善职业教育师资培训机制，为教师培养培训和企业挂职锻炼提供良好条件…鼓励专业教师成为'双师型'教师"。《现代职业教育体系建设规划（2014-2020 年）》也具体指出要"依托大中型企业建立'双师型'职业教育师资培养基地，实行新任教师先实践、后上岗和教师定期实践制度，专业教师每两年专业实践的时间累计不少于两个月"。

（二）职业教育跨界特点对双师型师资提出要求

作为一种教育类型，职业教育与普通教育的本质区别在于：就业导向的职业教育已跨越了传统学校的界域。职业教育不能只遵从教育规律、认知规律，还要遵循职业发展、职业成长的规律。这就要求职业教育的教师不仅要对所任学科的知识熟悉，同时要走进企业，走进生产实践，对所任学科知识在企业实践当中的应用情况及应用途径和方法等有足够掌握，这样才能使教育教学活动不限于"纸上谈兵"，才能真正培养出符合企业生产需要的人才。

（三）我校青年教师较多的特点决定"双师"能力培养的必要性

我校近几年积极吸收和引进青年人才，为学校的发展提供持续发展后劲，为教育教学注入新鲜血液。但是引进的青年教师存在一个公共的特点，即他们都是刚从高校毕业，对于专业前沿理论有较深的了解，但缺乏对企业的生产组织方式、工艺流程、产业发展趋势等基本情况的了解，缺乏对企业相关岗位职责、操作规范、技能要求、用人标准、管理制度、企业文化等的了解，缺乏对任教专业知识在企业实践当中的应用情况及应用途径和方法等的了解。为此，通过参与企业实践活动解决上述问题，提升青年教师"双师"能力尤为重要。

二、"双师素质"师资培养的目的

（一）校企联手，提高职业教育质量

职业学校教师企业实践规定指出，组织教师企业实践，是加强职业学校"双师型"教师队伍建设，实行工学结合、校企合作人才培养模式，提高职业教育质量的重要举措。企业实践是培养优秀中职教师的一个重要实践性环节，是将理论与实践相结合，学校教育和生产实际相结合的重要途径。通过企业实践活动，职校教师能充分了解现代企业对员工的要求、企业管理制度与文化，增强专业技能，学习所教专业面向的岗位在生产或实际工作中应用的新知识、新技能、新工艺、新方法，并能增进对企业生产和产业发展的了解，结合企业实践成果，改进专业教学。

（二）促进新教师了解行业状况，提升专业实践能力

为贯彻落实上海市教委对本市新进中职教师的培训政策，促进新进教师了解行业企业状况并提升专业实践能力，必须组织新进教师下企业实践。通过参与企业实践活动，青年教师增进对企业生产和产业发展的了解，更加切实地了解企业的需求，充分认识安全教育在企业工作中的重要性，认识到动手操作能力的必要性，针对性了解任教专业面向的岗位在生产或实际工作中应用的新知识、新技能、新工艺、新方法，为教育教学工作指明了方向。通过参与企业实践活动，青年教师们能在专业知识和人才素养方面得到进一步的提升和锻炼，为成为优秀的中职教师奠定坚实基础。

三、"双师素质"师资培养的措施

（一）制度保障，推进教师企业实践有序开展

1. 制度引导，推进教师企业实践有序开展

学校通过《上海石化工业学校教师企事业单位实践管理办法》成立工作小组，在校人事部门牵头组织下，下达每年度的企业实践培训任务，专业教学部门积极落实。专业教学部门依据专业建设和课程建设的要求，制订实践活动的工作方案，明确教师实习任务和要求，强化过程、目标管理。校企双方共同参与教师实践活动的考核，学校确保教师参与企事业实践待遇及依据考核结果进行奖惩。学校在《试用期、培养期青年教师培养工作方案》中明确规定新进专业专任教师在三年内要有半年企业实践经历。

制度保障推进教师企业实践有序开展。引导教师积极参与企业实践活动，完成专业教师企业实习培训任务，使教师系统地掌握本专业前沿、行业动态，确保其符合岗位素质和知识技能要求，提高专业教师"双师"素质，加快我校"双师素质"师资培养建设的步伐。

2. 以校企合作为契机，联手搭建"双师型"教师培养培训基地

利用校企合作平台及企业兼职教师的引荐，立足上海化学工业园区、金山工业园区，共建"双师型"教师培养培训基地。联系现有校企合作单位，联合行业、社会、政府、职教集团的力量，共同探讨、推进并落实职业教师素质提高计划，努力促成与专业相匹配的"双师型"教师培养培训基地，每年筛选出10个左右的教师实践活动基地，落实教师5年一周期的全员轮训制度。探索组建校外企业特聘兼职教师队伍，每年利用企业兼职教师作为教师企业实践活动的带教师傅，下企业分工协作进行模块化学习，将企业、行业新技术新变革运用到国际化办学、专业建设、课程教学中。

（二）借力校企合作平台，实施个性化教师下厂实践

1. 新进专业教师下厂实践，提升专业实践能力，加速职业初认知

学校每年的新进教师绝大部分为刚走出象牙塔的大学毕业生，他们具备较高的专业理论知识，但是专业实践能力相对欠缺。初入职场的他们对于学生到职业人的身份转变需要时间，同样对于行业企业状况也需要了解。《上海市中等职业学校新进教师规范化培训的实施意见（试行）》中也提出要帮助新进教师了解行业企业状况，提升专业实践能力。学校领导高度重视新进教师的下厂实践培养工

作,在人事部门牵头组织下,建立学校和企业共同参与的师资培养培训工作组,由学校教学副校长任组长,全面负责教师企业实践工作;与企业相关人员联合制定教师实践培养方案;指定具有专业教学背景及教学管理经验的人员,共同参与教师企业实践的日常管理。严格执行过程与结果评价;建立企业实践工作例会制,了解培养方案实施情况,听取学员意见,根据阶段实施情况及时优化实施方案,为实施个性化培养、全面提升学员专业实践能力提供必要的保障。

2. 在职教师下企业,了解行业最新工艺

学校人事科发布企业实践培训任务,教学部门提出培训工作方案,每年暑期组织学校教师分批进入到不同的企业进行实践。教师依据不同的专业背景,以小组形式分阶段开展实践活动。在活动的过程中,老教师"回炉",学习企业新技术。教师向师傅虚心求教,了解企业新技术,提升专业技能,在专业理论教学和实践实训教学时针对性运用新知识、新工艺,也为今后的专业建设、课程建设打下良好的基础。

同时,依据学校企业实践培训任务,结合学校教学任务,组织教师脱产、半脱产形式参与企业实践活动,了解行业最新工艺。结合学校专业建设、AHK国际化办学课程建设需求开展个性化企业实践培训。依托校企合作平台,部分化工专业、机电专业教师以入职形式进入赢创特种化学(上海)有限公司进行为期半年的脱产实习;因学校推进国际化办学需求,组织机电专业专任教师半年全脱产进入AHK培训基地开展企业实践活动。

四、"双师素质"师资培养取得的成效

(一)丰富专业教学资源,专业核心课程建设

教师下企业所学知识及获取的一线资料,一方面,为专业教学提供了丰富而宝贵的资料,将企业实践的工作案例和企业文化带入课堂,有利于引导学生增强职业意识,培养职业素养,更为专业教学、专业实训室的建设提供了大量实际、生动的素材;另一方面,这些资料还可充分应用于专业核心课程的建设,有利于提高教学质量,深化教育教学改革,推进国际化办学专业核心课程建设,改进专业教学。

(二)青年教师参与企业实践活动,提升"双师素质"

学校重视新进专业教师的"双师素质"培养工作,在学校青年教师培养方

案中明确要求新进专业教师进校 3 年中有半年企业实践经历。建立了相关管理网络，制订了管理制度及一系列保障措施，助力新进专业教师对职业的认知和专业实践能力提升，协助新进专业教师实现从学生到职业人的顺利转变，增强对企业的了解。青年教师在企业实践活动中参与企业科研项目，撰写论文。有多名青年专业教师通过企业实践活动逐渐成长为教育教学的骨干，在各类教学评比中获得殊荣。

（三）促进校企合作，深化校企合作内涵

教师参加企业实践，架设起学校和企业之间联系的桥梁。学校利用校企合作机制，主动和企业联系，近五年来每年有年均 125 名左右的教师利用暑期开展企业实践活动，占比专业教师 98%，另外近五年中有 11 名专业教师半年脱产企业实践，14 名新进专业教师一年脱产企业实践，9 名专业教师参加市级企业实践。为深入推进校企合作，学校与赢创、上海石化股份有限公司、圣东尼（上海）针织有限责任公司等企业拓展校企合作内容，并把其作为学校教师企业实践基地。

（四）理实结合，提高教师专业素养

任何技能技巧的获得，必须在实践中反复训练才能达成。在实习的过程中，教师向企业师傅虚心求教，完成了理论与实际的结合，同时教师也感到自身知识的匮乏，体会到"学无止境"的道理。只有把学校的理论知识和企业的实践运用相结合，才能尽可能地掌握专业技能，为校推进国际化办学的专业建设、课程建设以及课堂教学打下了良好基础。

五、"双师素质"师资培养的思考

（一）中职专业教师"双师素质"培养制度落实，确保教师开展企业实践活动

学校在开展专业教师企业实践活动时，遇到最突出的难题是企业接受教师实习积极性不高。2019 年 8 月，教育部等四部门关于印发《深化新时代职业教育"双师型"教师队伍建设改革实施方案》的通知及教师五年周期培训系列文件均明确提出了总体要求与目标，为此切实加强加大政府统筹，依托职教园区、职教集团、产教融合型企业等制度落实执行力，出台实施细则，尤其是在企业接受教师实践活动时享有优惠政策，以便提升企业参与积极性，确保学校专业教师有效开展企业实践活动。

（二）中职专业教师企业实践活动开展存在"工"与"学"的矛盾

在中职专业教师"双师素质"培养过程中，尤其是在专业教师开展企业实践活动中存在"工"与"学"的矛盾，教师日常承受繁重的教学任务，难以抽出精力和集中一段时间参与企业实践活动，使之缺乏积极性和主动性。建立学校教师企业实践制度，加大专业教师参与企业实践学习的情况在专业教学部门考核、履职考核中的权重和在职称评聘中的分量，鼓励和结合行政手段促使教师参与企业实践活动，提高其积极性和主动性；另外在学校教职工编制许可的前提下，适当加大专业教师的招聘数，储存专业教师以便利于轮流脱产、半脱产形式参与企业实践活动。

（三）深化校企合作度，提升教师"双师素质"

中职学校在推进校企合作过程中，注重学校就业、专业建设、课程建设等，拓宽校企合作范围，加强开展教师进企业实践活动。建立学校工作室制度，利用校企合作机制和职教集团特聘兼职教师机制，邀请企业专家、企业骨干到校建立工作室，参与企业技术更新项目，同步在专业建设、课程建设等项目中由其带领教师开展企业实践活动，以便帮助教师了解企业的新技术及最新发展动态，进一步提升教师的"双师素质"。

教师积极参与企业实践活动，不仅提高了实践技能，也对以前所任教理论课程有了更深一步的理解，使理论教学的针对性、应用性和实践性大大增强，提升了"双师素质"。校企联手搭建实践平台，双师队伍助推学校发展。

（作者：江四龙）

参考文献

[1] 教育部等四部门关于印发《深化新时代职业教育"双师型"教师队伍建设改革实施方案》的通知，教师〔2019〕6号．

[2] 雷正光，韩保磊．中等职业教师专业发展的困境及对策建议[J]江苏教育（职业教育），2015（10）．

[3] 《国家中长期教育改革和发展规划纲要2010-2020》．

[4] 《上海市中长期教育改革和发展规划纲要(2010-2020年)》．

[5] 《现代职业教育体系建设规划（2014-2020年)》．

构建高职院校教师"校企一体化"培养长效机制的研究
——以上海某职业院校汽车运用工程系为例

上海交通职业技术学院

职业院校师资培养能力与国家培养高水平的"双师型"教师队伍建设目标尚存差距,培养机制的不健全、不完善成为主要原因。职业院校应从校企利益联结点寻找突破口,以现有的校企合作培养专业人才为基础,在政府、政策的推动下,增强合作动力,形成"人才培养×师资培养"的校企一体化培养长效机制,建立人才培养主导下的"校企一体化"教师培养运行机制,通过一体化培养的管理决策、培养过程控制评估以及培养反馈激励的三级过程,切实提升职业院校高水平"双师型"教师的培养能力。

一、引言

(一)问题的提出

2019年初国务院颁布的《国家职业教育改革实施方案》(国发[2019]4号)(以下简称"方案"),开启了现代职业教育向纵深发展的迈进。职业教育高素质、工匠型技术技能人才培养对我国社会经济发展的支撑作用日益凸显,而优质人才的培养使命就落在职业教育"双师型"教师身上,只有职教师资自身就是"精工巧匠",才可能培养出国家需要的技术技能人才。

《方案》对教师培养、企业参与、一系列制度的制定以及机制的完善都提出了更高的要求。其一提高了对教师"双重理论、双重实践"[1]的要求,并将专业(职业)实践能力作为重中之重;其二企业参与职业教育从"松散参与"迈向"深度合作",《方案》中也首次给出了一系列"组合举措";校企合作的"一体化"进程全方位、全过程推进,建立职业教育与行业企业的深度联结,完成职业教育跨系统结构上的优化与整合,加速校企合作"一体化"进程,职业院校和行业企业形成命运共同体。

纵观我国职业教育师资培养的发展过程,国家宏观和地方中观层面通过定期开展教师企业实践培养项目,建设职教师资培养基地以及教师企业实践培养基地等方式和制度,"双师型"师资的培养机制都得到了较大程度的健全和完善。但在微观层面,职业院校作为自身师资培养的主平台,"双师型"教师培养中的"要害""痛点"问题尚未得到有效解决。诸如职业院校在"双师型"教师培养中,学院层面顶层设计不够;学校与企业联合培养的整体规划性不强,学校与企业之间开展培养合作的紧密度还不够;学校与企业联合培养教师的内涵建设不足,缺乏完整的教师校企合作培养方案等诸多问题。这些不仅严重影响了"双师型"教师专业实践水平的提升,更显示了职业院校自身培养"双师型"教师的能力尚存不足,这与现代职业教育对师资的高要求不相适应。

因此,如何在职业院校层面推进教师端改革,进一步优化"双师型"教师培养,如何在国家职业教育政策环境利好、宏观中观培养资源不断充实的背景下,抓住时机形成职业院校自身"双师型"教师培养的良性循环,形成学校与企业深度合作培养师资的机制。本研究将从利益相关者角度厘清职业院校与企业关系这一基本问题入手,推动基于院校微观层面的构建教师"校企一体化"培养长效机制的研究。

(二)利益相关者理论

利益相关者理论是1984年美国学者弗里曼在《战略管理:利益相关者管理的分析方法》中首次提出,该理论认为任何一个企业组织的发展都离不开各个利益相关者的投入与参与,最终实现整体利益的最大化。根据这一理论,职业院校与企业是典型的利益相关组织,职业院校为企业提供技术技能人才,企业也为职业院校提供实训、就业等市场资源;企业会因人才质量的优劣影响到企业形象、经营利润等诸多重要方面。因此,企业希望职业院校能培养出符合企业需求的高质量技术技能人才,以降低企业自身人力培养成本,同时创造较高的利润产出;而学校也期望培养出来的人才满足企业的需求,提高人才培养质量,树立学校良好的市场形象,打通人才输出渠道。双向需求的联结使职业院校与企业成为紧密的利益相关者。放眼国际,校企合作开展人才培养已经成为职业教育最基本且最有效的办学模式之一,而这也成为开展职教师资"校企一体化"培养的现实基础。

二、职业院校教师"校企一体化"培养的实践探索

以笔者所在的上海某职业院校是一所以综合交通行业为核心特色专业的高职

院校。汽车运用工程系（以下简称"汽车系"）是学院的核心系部,拥有两个（省）市级高职高专优秀教学团队；一个"企业大师工作室"；系内"双师型"教师比例达到90%。汽车系在基于自身优质的专业办学基础上形成了极具特色的汽车技术技能人才培养模式以及专业教师培养模式，形成了一批在全市辐射面广、影响力强的专业带头人和市级名师。本部分着力对汽车系在校企一体化的"双师型"教师培养模式进行剖析，为长效机制的设计和应用提供实证。

（一）汽车系开展校企合作的发展历程

学院汽车系自2001年开始开展校企合作，是上海市最早尝试开展校企合作办学的专业。汽车系一直坚持"工学结合""校企合作"的人才培养模式，拥有奔驰、大众、捷豹、路虎等众多国际一线汽车品牌的校企合作项目，推行"订单式""现代学徒制""双证融通"培养等。随着合作成效的不断突显，合作领域的广度和深度不断加强，现在已形成了学校与企业双方从合作进行人才"输出"培养到企业投入专业师资"源头"培养的全链条深度合作。

（二）汽车系校企合作师资培养的3种模式

基于汽车系优质的实训硬件资源以及良好的校企合作基础，自2009年开始，学院成为上海市汽车专业的职业教育师资培养培训基地。通过十年的实践与探索，学院汽车专业职教师资培训基地已成为辐射整个上海市职业教育车专业教师培养培训的公共基地。

在校企合作培养师资的过程中，针对职业院校教师专业能力发展的需要，学校和企业各自承担着不同的培养任务，目标明确，方式多样。

1. 以"企业实践基地"为主导的模式

在"上汽集团"企业实践基地为主开展培养的过程中，企业实践的开展根据不同的教师培养对象分为两种方式：方式之一是对参训教师进行个人实践培养需求分析，"上汽集团"遴选合适的企业导师与参训教师一起制定个性化的培养方案，让企业实践培养真正做到有的放矢，切实保障了对教师专业（职业）实践能力的"查漏补缺"。

方式之二是所有参训教师针对性地就同一项内容展开培养，实践培养的内容是前期由基地所在学校方和企业方共同策划生成，培训内容的统一相对降低了企业的培养培训成本。在这一形式中培养过程采用信息化管理手段，对教师实践培训的数据进行全程监控追踪对比,为培养工作的深入或改进提供了有力的数据支撑。

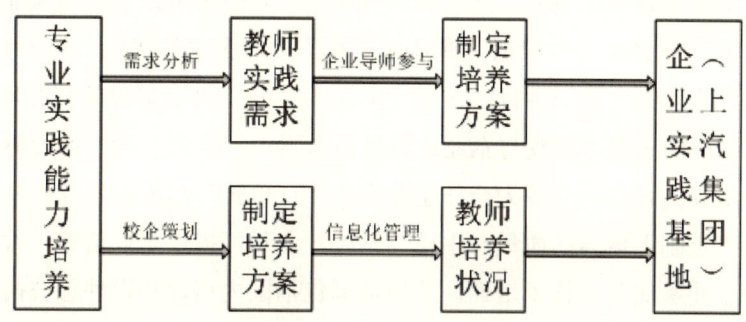

图1 "企业实践基地"主导的师资培养模式

2. 以"学校基地"为主导的模式

在以"学校基地"为主导的形式下,汽车系利用自身的专业带头人、名师工作室以及丰富的汽车专业实训资源为参训教师提供侧重于专业教学能力提升的培训;而这一形式下,企业方以"工匠进讲堂、技术骨干进学校"参与到教师专业(职业)实践能力的提升培养,学校利用良好的校企合作平台,邀请品牌汽车合作企业的技术骨干或资深企业培训师组成讲师团为教师们提供专业的"四新"培训、工作案例、专项技术指导等实践培养。

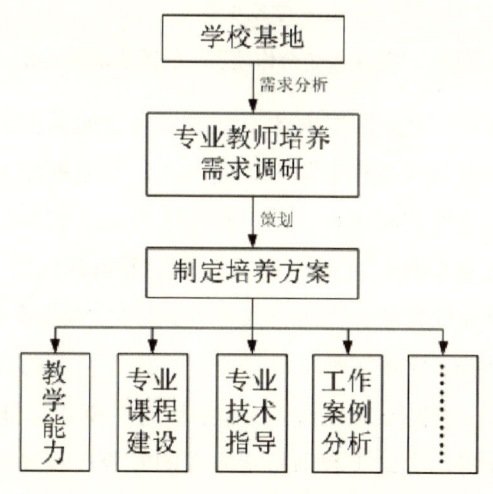

图2 "学校基地"主导的师资培养模式

3. 基于"校企合作项目"为主导的模式

所谓"基于项目"的校企合作师资培养是指在汽车系9个汽车品牌的校企合作人才培养项目中,企业主动将基于对人才培养的需求延伸至为保证人才培养质量对专业教师进行培养培训。这是除了基于政府公共资源的"培养基地"模式,学院汽车系教师"基于项目"接受"校企一体化"师资培养的特有形式。

在这一模式中,学校与企业在满足各自需求、资源互利的动力驱动下开展专业教师培养的合作。学校为合作企业提供"订单式"的人才培养,企业为保证自身人才"定制"培养的质量,主动为学校专业教师提供企业培养。教师通过定期去合作企业参加各类技术培训,培训范围包括国内培训和国外总公司培训,促进专业技术与职业实践能力的提升;同时各大品牌合作企业均有相对完整的培训考核机制,参训教师需要通过考核,获得技术认证,取得培训证书。以此来适应或对接行业或汽车市场的新技术、新产品等,为培养高质量的企业"定制"人才提供了保障。

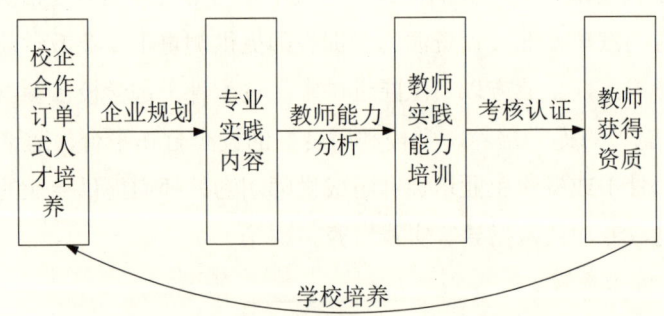

图3 "基于校企合作项目"的师资培养模式

从学校微观层面看,企业因对人才质量的需求进而延伸到对教师专业化程度的要求,校企合作的利益联结点更紧密、更深入,与之前作为公共资源、承担社会责任的企业实践基地模式相比较,第三种模式中企业的参与度更深、主动性更强,实践能力的考核更量化,进而促进了教师培养培训的质量和实效性更凸显。以此形成了学校与企业双方从合作进行人才"输出"培养到企业投入专业师资"源头"培养的全链条培养,实现了教师"校企一体化"培养的自主循环。

3种模式比较中,我们不难发现,"培养基地"模式在师资的单次培养上具有很强的资源共享优势,有助于教师特定方面的专业实践提升,但教师个人获得培养的持续性不可能通过"培养基地"得以实现,"培养基地"模式更多顾及的是更大范围内教师群体的资源共享、机会均等；同时教师的培训培养受限于"培养基地"的开放周期、课程安排等因素；而"基于校企合作项目"的师资培养模式是完全基于学校这一主平台，凸显了职业院校在师资培养中的主动性、灵活性，并且实现了本校专业教师个体培养的覆盖面、深度、广度的持续有效。

四、"双师型"教师"校企一体化"培养的长效机制构建

（一）"双师型"教师"校企一体化"培养的动力机制

结合笔者所在学校汽车系的长期实践以及部分学者对企业参与校企合作开展的量化实证研究，职教师资的"校企一体化"培养要形成长效机制，首要解决的是校企合作培养教师的动力来源，尤其是如何保持企业的深入合作的动力，形成稳定的动力机制。

沈琦云、万伟平基于结构维度和回归方程对职业教育校企合作长效机制的影响因素进行了分析，研究结论表明"对职业院校校企合作长效机制影响作用排在前三位的变量依次是政策法律法规、职业院校、企业因素，其后是社会因素和政府作用"。基于此项研究结论，从这3个方面构建"一杠杆、两联动"的"校企一体化"师资培养动力机制。如图4所示：

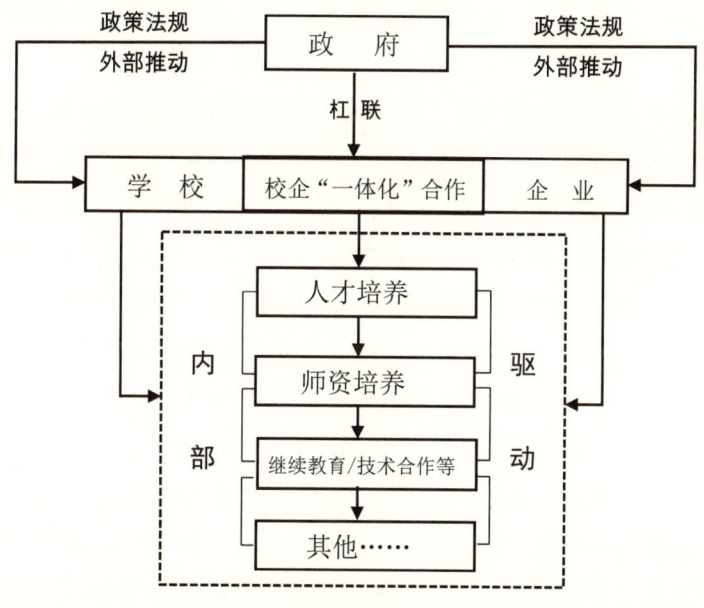

图4 "一杠杆、两联动"动力机制

1. 借助政策杠杆，发挥政府外力推动作用

政策法律法规作为校企合作中的首要因素显示了健全政策法规对全方位的校企合作有着举足轻重的推动作用，而从政府有效介入的视角出发，法律法规的建立和政策的制定都与政府推动作用、人大立法等作用密切相关[2]。政府政策法规制定得越细致、越具体、越明晰、互利性越强，政府监督政策落实越有力，则形成的"校企一体化"联结越强。从目前政府发挥政策导向职能的作用来看，《方案》中涉及的一系列校企合作、产教融合、企业参与职业教育等政策已列入考量，政策推进和执行稳步进行，政策法规的杠杆效应将释放巨大能量。

2. 找准企业合作需求点，激活企业主动性和内驱力

相关研究表明在外部环境条件不变的情况下，企业规模、企业文化特征和企业对新员工的入职培训时间等因素对企业是否采取参与校企合作的决策具有显著影响[3]。因此，选择企业规模大、政府拥有或部分拥有产权、基础岗位对新员工入职培训时间较长的企业，达成合作的可能性更大，合作的持续性、稳定性更强。这一点在上海交院汽车系与各大国内外汽车品牌的合作中也得以印证。

而要形成校企合作的"强"动力，企业的真正需求来自于对符合企业发展需要的高素质人才的需求。以"人才"为最根本的需求联结才是激发企业参与合作的最强劲的内部驱动力，在共同开展"人才培养"的基础上，拓展教师培养、相互兼职等更多合作领域。从笔者所在学院汽车系专业教师"校企一体化"培养实践中得到的启示是，企业主导、主动地开展专业教师实践能力培养的动力都源于对学校所输送"人才"的高满意度，这是企业深度参与校企合作持续内驱动力的核心来源，而"人才培养"成为学校开展全方位平等合作的重要基石。

3. 强化自身优势，提升学校供给效能

学校与企业合作的根本动力来自于互利互惠的双赢收益，在教师专业（职业）实践能力不足的情况下，学校为企业"培养人才"与企业为学校"培养师资""提供各类资源"进行"收益置换"。要让这一"收益置换"持续有效，学校最根本的要以自身优势的发挥为着眼点，这个优势体现在两个方面：一是人才培养质量，包括专业能力和个人综合素养；二是强化职业院校的社会服务职能，以及技术合作、员工在职教育等方面，这也是《方案》对增强学校职业技术培训能力的改革要求。这些都是学校通过内部优势资源的供给形成吸引外部合作的动力，对外供给的能力和质量与吸引外部合作的动力成明显的正相关。

(二)"双师型"教师"校企一体化"培养的运行机制

1. "双师型"教师"校企一体化"培养运行体系

建立良好的运行机制是职业院校"双师型"教师校企合作培养实施的关键,在基于校企合作师资培养实践的模式总结上,本研究提出构建"人才培养×师资培养——校企一体化"的运行格局。如图5所示:

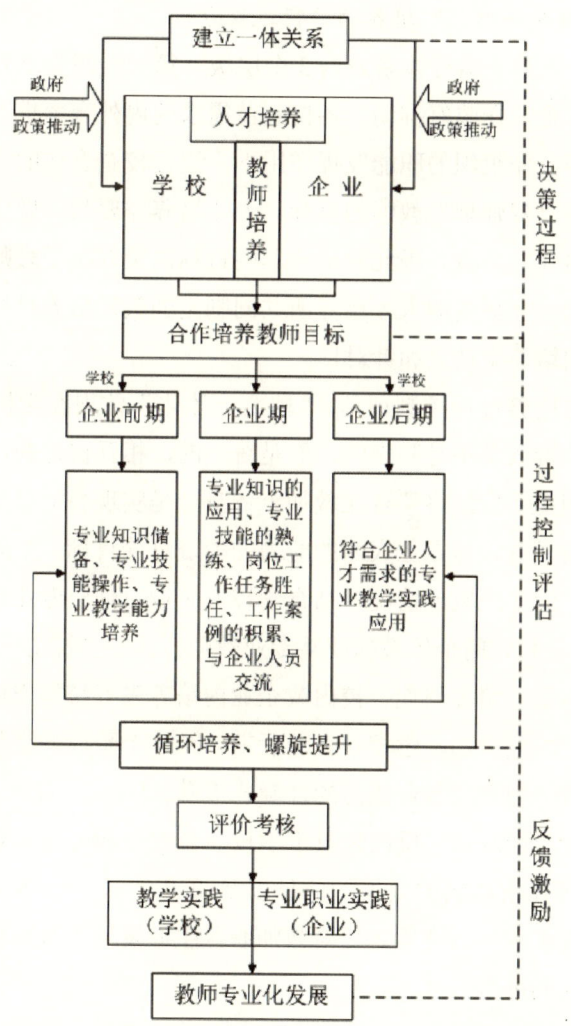

图5 "人才培养主导下的校企一体化"教师培养运行机制

这一运行机制紧紧抓住学校、企业的"人才培养"需求联结点,在一体化培养中完全包含"人才部分"和"教师部分",两个部分相对独立,又彼此联系。

设计这样的校企一体化关系,是根据对学院汽车系教师培养的调研,以及汽车品牌企业负责人的访谈分析中我们得出的结论:离开校企合作人才培养的共同目标,校企合作培养教师的利益联结将变得松散,这直接影响合作培养的持续性、深入性和有效性。因此,在校企关注的"人才培养"的终极共同目标下,开展"双师型"教师培养,为学校、企业的一体化合作关系上了"双保险"。

2. 教师"校企一体化"培养的运行过程分析

教师培养部分整个运行体系分为3个层级。第一层级为培养管理及决策的制定过程。学校、企业在政府推动、各自利益需求的内外合力推动下,在学校与企业所建立的培养工作组织的职能发挥作用下,进行校企合作的决策管理以及制定明确的合作培养"双师型"教师的目标。人才培养需要教师做核心支撑,而教师质量决定人才培养的质量。因此教师培养的目标决策取决于教师的专业化发展需求以及校企基于企业需要的人才培养所共同制定的教师培养目标,这样使得企业增加了对教师的培养主动性和针对性。

第二层级为培养过程控制评估。"校企一体化"体现在学校和企业培养两个阶段,但这两个阶段并不是割裂的,而是统一的,相互促进的,尽管两个阶段有着不同的培养侧重,但最终整合在教师个体身上是实现教师自身"一体两翼"的专业化发展以及具备培养专业人才的能力的师资培养目标。不同教师根据各自的教学实践以及专业实践发展情况,结合学校、企业对师资专业化要求以及教师个人发展需求,制定特定的个体教师或某专业教师群体的"校企一体化"培养方案,对培养教师的对象、培养周期、校内或企业内培养进行统筹安排,形成学校(企业前期)、企业中(学校)、学校(企业后期)这三个阶段的交替培养,以此形成循环往复促进教师教学和专业能力的螺旋式提升。

第三部分为反馈激励。反馈来自于学校和企业对教师培养效果的评价,评价旨在提供教师培养所达到的效果的信息以及通过"校企一体化"教师专业化发展所达到的程度和水平。评价之后对教师职业生涯发展的激励也将成为教师培养持续有效开展的助推器。

五、结语

本文所构建的"人才培养主导下的校企一体化"教师培养长效机制本质上是基于职业院校层面,对现有校企合作人才培养模式已形成的稳定结构,进一步将教师培养纳入其中，促使教师企业实践培养从单次性、相对独立、衔接松散的状态转向"校企一体化"培养周期相对密集、校企培养的衔接性更强、目标更明晰，持续性更长久，将职校师资培养融入学校与企业实现人才培养质量提升这一共同目标中。"校企一体化"培养让职业院校充分利用自身资源优势搭建"双师型"教师自主培养平台，同时也让职校教师保持在"学校教学"和"企业实践"的一体化常态，真正实现"师德高尚、技艺精湛"的双师型教师队伍建设目标。

（作者：岳梦、王芳、李丕毅）

参考文献

[1] 吴全全. 职教教学改革新要求视角下的职教教师的专业素质. 中国职业技术教育 [J], 2008(9).

[2] 沈绮云，万伟平. 职业教育校企合作长效机制影响因素实证研究——基于结构维度与回归方程的分析 [J]. 高教探索，2015(6).

[3] 张利庠，杨希. 企业参与校企合作职业教育影响因素的实证研究 [J]. 中国职业技术教育，2008(33).

[4] 耿洁. 职业教育校企合作体制机制研究 [D]. 天津大学，2011.

[5] 谢勇旗. 校企合作培养"双师型"职教师资机制研究 [D]. 天津大学，2014.

第四部分

2019年上海中华职业教育社事业报告

第四部分
2019年上海中华职业教育社事业报告

刚刚过去的 2019 年是中华人民共和国成立 70 周年，是全面建成小康社会、实现第一个百年奋斗目标的关键之年。这一年，对于职业教育来说，同样意义非凡。国家出台《国家职业教育改革实施方案》（简称《职教二十条》），明确指出职业教育与普通教育是两种不同教育类型，具有同等重要地位。"1+X"证书制度试点正式启动、高职扩招 100 万等，为职业教育的发展带来了重大利好。

在这一年里，在中共上海市委、市委统战部的领导下，以及中华职业教育社总社的指导下，上海中华职业教育社（以下一般简称上海市中华职业教育社）深入学习贯彻习近平新时代中国特色社会主义思想，充分发挥统战性、教育性、民间性的特点和优势，围绕中心，服务大局，隆重庆祝中华人民共和国成立 70 周年，继续推动职业教育高质量发展和交流交往，大力加强自身建设，积极参与长三角教育一体化，努力推进精准扶贫精准脱贫，继续加强港澳台青年统战工作，以优异的成绩向共和国 70 周年献礼。

一、凝聚爱国力量，隆重庆祝中华人民共和国成立70周年

为热烈庆祝中华人民共和国成立 70 周年这一盛大节日，上海市中华职业教育社从 2019 年年初起就在筹划系列庆祝活动。通过全社上下的密切配合，各项活动圆满成功，极大激发了广大社员的爱国热情，凝聚起一股磅礴的爱国伟力。

（一）召开庆祝中华人民共和国成立 70 周年座谈会

在中国共产党领导下，70 岁的祖国依然年轻，散发出百舸争流、蓬勃发展的青春活力，我国职教事业也快步走在生机盎然的春天里。为庆祝中华人民共和国 70 年的沧桑巨变，弘扬爱国主义精神，讴歌人民的幸福生活，积极筹备共和国成立 70 周年座谈会，上海市中华职业教育社以"我和我心中的祖国"为主题，从 2019 年年初开始，就在各级组织和广大社员中广泛开展征文活动，得到积极响应，最后共收到征文 162 篇，按照"70 篇：共和国 70 年"的寓意，从中精选了 70 篇佳作结集成《我和我心中的祖国》一书向社会出版发行。该书由市政协副主席、上海市中华职业教育社主任周汉民亲自作序，包括奋斗情怀、上下求索、朝花夕拾、祖国颂歌四个篇章，全书共 30 万字，充分展示了上海市中华职业教育社广大社员的爱国情怀。

2019 年 9 月 30 日下午，上海市中华职业教育社庆祝中华人民共和国成立 70 周年座谈会暨《我和我心中的祖国》新书首发式在市政协江海厅召开。市政协副主席、上海市中华职业教育社主任周汉民，中共上海市委统战部副部长蔡忠出席并讲话。市政协原副主席、原上海市中华职业教育社主任黄关从，现任副主任胡卫、李国华出席座谈会。

会议邀请了上海市中华职业教育社"30后""40后""50后""60后""70后""80后""90后"的社员代表作交流发言,深情回顾共和国成立70年来的沧桑巨变,尽情讴歌70年所取得的辉煌成就,全面回溯中华职业教育社102年与中国的革命、解放和建设事业同呼吸、共命运的辉煌历史,弘扬爱国主义精神,传承中华职业教育社为国为民情怀。

上海市中华职业教育社庆祝中华人民共和国成立70周年座谈会

会议要求,面对时代赋予的新的历史使命,上海市中华职业教育社同仁要不忘初心,秉承职志,书写新的时代篇章。一是加强学习,弘扬传统,为扛起新时代使命担当凝聚共识。二是围绕中心,服务大局,聚焦经济社会发展持续发力。三是与时俱进,固本强基,以改革创新精神推动组织建设上水平。

会上为《我和我心中的祖国》新书首发揭幕,举行了赠书仪式,并向30位优秀征文作者颁发了荣誉证书。

(二)举办庆祝中华人民共和国成立70周年书画展

10月19日下午,"七秩华章——上海中华职业教育社庆祝中华人民共和国成立70周年书画展"开幕式在上海图书馆第二展厅举行。市政协副主席、上海市中华职业教育社主任周汉民出席并讲话。上海市中华职业教育社副主任马国湘、胡卫、张岚出席并为书画展揭幕。民建市委副主委汪胜洋、农工党市委秘书长王晓东、致公党市委副主委马进、九三学社市委副主委吴健生、台盟市委秘书长李海泳和文史研究馆党组成员、巡视员王群等出席并参观展览。上海市中华职业教育社副主任胡卫主持开幕式。

上海市中华职业教育社庆祝中华人民共和国成立 70 周年书画展

本次"七秩华章——上海中华职业教育社庆祝中华人民共和国成立 70 周年书画展"得到上海市中华职业教育社各级组织和社员的大力支持与积极参与，共征集书法、绘画作品 300 余幅，展出作品共 120 余幅，广大职教界人士以笔墨丹青的方式，抒发对共和国成立 70 周年的深厚感情和祝愿，讴歌祖国 70 年来取得的巨大成就。书画作品同时汇编成《七秩华章——上海中华职业教育社庆祝中华人民共和国成立 70 周年书画展作品集》，赠予作者和参展观众留存。

二、聚焦职教改革，奋力推动职业教育高质量发展

中华职业教育社怀揣"教育救国"理想，以倡导、研究和推行职业教育，改革脱离生产劳动和社会生活的传统教育为职志。在成立之后的百余年里，始终秉承职教传统，积极投身国家职业教育改革和发展。2019年，继续在突破职教吸引力瓶颈上不遗余力。

（一）编撰出版《2019 上海职业教育事业蓝皮书》

上海市中华职业教育社连续第六年发布职教事业蓝皮书，通过梳理年度成绩，深入剖析问题，提出策略建议，为政府和职业院校推进现代职业教育提供借鉴和参考。在2019年这样的时点上，回顾和梳理21世纪以来近20年上海职业教育发展成果与改革经验，为积极贯彻落实全国教育大会精神和《国家职业教育改革实施方案》，助力加快发展现代职业教育，提出未来上海职业教育改革发展重心和路径的思考及建议，分享从职业教育改革与其他社会改革之间的关系维度，以及和职业教育自身改革发展的过程维度作出的思维导图，这是2019年度职教事业蓝皮书奉献给读者的用心所在。《蓝皮书》引起了国内职教界的关注，被北京图书馆、上海图书馆和多所职业院校的图书馆收藏，是上海市中华职业教育社为中华人民共和国成立70周年献上的最好礼赞，体现了这本书所有参与者的心愿和心声。

（二）举办第七届"中华杯"职业技能竞赛

9月21日，上海市中华职业教育社与市人社局、市教委共同举办了第七届"中

华杯"教师职业技能竞赛开幕式,为本市职业院校专业教师和社会培训机构培训教师搭建竞技平台。两个多月内组织完成了本市 8 个赛区 14 个项目的竞赛活动,260 名本市中高等职业院校、企业高技能人才培训基地及社会培训机构相关专业教师参赛。11 月 30 日举行颁奖大会,夏鹏等 90 名选手取得竞赛名次,获得"中华杯"奖项,普陀中华职业教育社等 29 个承办单位获得优秀组织奖。

这是上海市中华职业教育社连续第七年举办"中华杯"职业技能竞赛。本届竞赛活动以培育精益求精的工匠精神,展示职业教育创新成果,促进职业教育师资队伍建设为目的,重在为锻炼造就卓越"工匠之师"搭建平台,为上海组织筹备第 46 届世界技能大赛营造良好社会氛围。竞赛专门为获奖选手建立了获奖项目登记表,可以进入个人档案,成为老师们晋升评优的参考依据。

第七届上海市"中华杯"教师职业技能竞赛颁奖大会

"中华杯"职业技能竞赛始于 2013 年,每年举办一届,坚持"面向社会、面向青年、面向技能"的办赛宗旨。截至 2019 年底,已有 2000 多名来自各行各业的职业人在"中华杯"的竞技场上得到锻炼、选拔和成才,向社会传递了"劳动光荣、技能宝贵、创造伟大"的理念。通过为技术技能型人才提供展示才华、交流技艺的平台,提升了全社会的职业技能素养,让"技能改变生活""技能成就梦想"成为可能。"中华杯"竞赛已被确定为市级年度职业技能竞赛项目,受到了广泛好评。

（三）成立上海市中华职业教育社职业教育校企联盟

为贯彻落实《国家职业教育改革实施方案》（职教20条），推动校企合作、产教融合，促进教育链、人才链与产业链、创新链的有机衔接搭建平台，2019年11月26日召开职业教育校企联盟成立大会。市政协副主席、上海市中华职业教育社主任周汉民，市委统战部副部长蔡忠共同为职业教育校企联盟揭牌，上海市中华职业教育社副主任程裕东出席。上海市中华职业教育社副主任胡卫主持揭牌仪式。

上海市中华职业教育社职业教育校企联盟揭牌

校企联盟的成立，为学校和企业供需双方搭建联系、沟通、合作的桥梁，把政府、学校、企业、科研院所和第三方力量紧紧地联结在一起，将用开放释放职业教育的力量，助力社会发展。联盟将充分利用职业教育策源地优势和中华职业教育社"统战性、教育性、民间性"特点，发挥"服务指导、探索实践、智力智库"作用，持续推进上海职业教育高质量、高水平发展。未来将承担起师资培养基地、教学培训基地、鉴定评价先行先试基地的功能，努力成为践行黄炎培职业教育思想的实验高地和推进产教融合、校企合作的示范高地。

三、着眼大局大势，积极服务国家重大发展战略

围绕中心，服务大局，上海市中华职业教育社始终把推动国家发展放在第一位。进入新时代，上海市中华职业教育社高度关注港澳台发展形势，积极投身国家精准扶贫精准脱贫事业，参与推动长三角一体化国家战略，为决胜全面建成小康社会，共同实现中华民族伟大复兴的中国梦书写了新的篇章。

（一）助力海峡两岸和平发展、港澳持续繁荣稳定

推动海峡两岸和平发展，香港、澳门持续繁荣稳定，是中央和国家的一贯方针。多年来，上海市中华职业教育社一直积极推动港澳台地区的交流交往，2019年更是取得丰硕成果。

1. 成功举办港澳台职业院校学生研习营

台湾职业院校师生研习营四行仓库前合影

香港职校学生在益大本草园进行中医专题考察

上海市中华职业教育社分别与香港职业训练局组织香港专业教育学院（柴湾）的50多名师生，与澳门基金会组织澳门大学、澳门城市大学、澳门科技大学的48位师生，与台湾海峡两岸教育交流促进协会组织71位台湾师生开展了研习营活动。

研习营以"文化体验交流"为主题，通过青年讲坛、企业参访、交流互动等多种形式，让港澳台学生体验上海及内地社会治理和经济发展动态，加深对中华文化和历史的了解，增进沪港澳台青年的交流和友谊。解放日报、人民网等新闻媒体进行了专题报道。

2019年的台湾学生研习营还被列入年度上海对台交流重点项目，得到了市台办等多方支持。

澳门大学生体验传统面塑制作

围绕我社港澳台职业教育交流开展情况，形成《坚持以"心灵契合"促进港澳台青年统战工作》的专题报告，获全市习近平总书记关于加强和改进统一战线工作重要思想研讨会优秀征文奖、上海统战工作实践创新成果奖。

此外，2019年年初时周汉民等社领导在上海"两会"期间专门会见了港澳台社务委员、市政协港澳委员，并就积极推进中国内地和港、澳、台地区的职业教育交流进行了探讨。

2. 成功访问台湾职业教育界

2019年6月，应台湾海峡两岸教育交流促进协会邀请，市政协副主席、上海市中华职业教育社主任周汉民带团访问了台湾。代表团先后与台湾职业学校家长会、台湾青创总会、海峡两岸教育交流促进协会等有关机构和部分大学院校长、职业教育界人士进行了交流座谈。双方就进一步拓展职业教育交流平台，扩大职业教育交流合作项目，不断丰富两岸职业教育互动模式和内容，促进两岸职业教育交流合作有序、常态发展等达成了共识。访问考察报告得到了宗明副市长批示，表示"很好"；市委统战部郑钢淼部长称赞"访问成功，取得实效，应重视和加强两岸职业教育交流学习"。访台回沪后，上海市中华职业教育社促成了台湾明道大学与上海开放大学、上海农林职业技术学院的网络教学、课程互认、学历互认、教师交流、项目合作等实质性的对接合作工作。

上海市中华职业教育社代表团拜访台湾海峡两岸教育交流促进协会合影留念

（二）积极参与长三角一体化国家战略

2018年11月5日，习近平总书记在首届中国国际进口博览会上宣布，支持长江三角洲区域一体化发展并上升为国家战略。这块我国经济发展最活跃、开放程度最高、创新能力最强的区域，从此承载起非同寻常的国家使命。职业教育是实体经济发展的重要支撑，加强长三角职业教育协作意义重大。为此，2019年初，上海市中华职业教育社牵头签订了《沪苏浙皖中华职业教育社长三角一体化发展合作协议》，特别是之后提出了"借力长三角一体化国家战略，推动上海职业教育高质量发展研究"的调研计划，并组织了以来自华东师范大学、教科院等机构的专家学者为主体的课题组，先后于6月、8月、12月，赴长三角电子信息职业教育集团常务副理事长单位上海电子信息职业技术学院、长三角软件职业教育集团理事长单位常州软件职业技术学院、中国长三角智能制造职教集团秘书长单位浙江机电职业技术学院，调研三省一市地区职教集团工作开展情况，形成了《长三角职教一体化进程中地区职教集团运行情况研究》的调研报告，受到市委统战部奖励。

（三）大力践行国家精准扶贫精准脱贫战略

1. 开展2019年度中华助学金助学活动

12月14日举行了中华助学金发放仪式，共有来自本市53所职业院校和宁夏1所职业院校的250名困难学生得到资助，资助金额50万元。其中上海本地生141名，来自新疆、西藏、贵州、宁夏、四川、云南、青海、甘肃等西部地区学生及民族生109名。市政协副主席、上海市中华职业教育社主任、上海中华职业教育温暖工程基金会名誉理事长周汉民出席并讲话。上海中华职业教育温暖工程基金会理事长李明、上海市中华职业教育社副主任张岚出席，上海市中华职业教育社副主任胡卫主持仪式。

"为国分忧，为民效力；急人所急，雪中送炭；灯亮一盏，光洒成片；不厌其小，务求其实；矢志不渝，做好做大"，既是中华职业教育社实施温暖工程的宗旨，也是要向社会传递的正能量。作为一个温暖工程项目，截至2019年底资助职校困难学生共计1745人，累计资助金额达347万元，激励受助青年学习传承"责在人先，利居众后""敬业乐群""金的人格，铁的纪律"等道德规范，努力成为兼具过硬技能和优秀品格的新时代好青年，为实现"两个一百年"奋斗目标、实现中华民族伟大复兴的中国梦奉献青春和力量。

2019年度中华助学金发放仪式

另外，通过所属"中华牌"学校调整管理和社员捐赠方式筹措助学金60万元；主动走访基金会新老班子成员，完成基金会换届各项工作。组织上海有关职业学校招收毕节职校学生来沪就读，其中中华职业学校2019年度招收毕节职校生40名。继续做好农民工、失业及待业人员、特殊群体等人员的培训，上海市中华职业教育社各级组织和团体社员单位全年共计培训8万余人次。

2. 举办云南、宁夏职业院校长研修班

坚持教育为先，努力改善西部地区教育事业发展条件，是上海做好对口帮扶西部地区工作的基本方针之一。围绕上海要全力以赴做好沪滇扶贫协作工作要求及沪宁统一战线东西合作，5月5—11日，上海市中华职业教育社联合云南中华职业教育社和宁夏中华职业教育社，在沪举办2019年云南、宁夏职业院（校）长研修班。来自云南、宁夏共72位职业院校领导参加了研修和学习。

此次研修班聚焦现代职业教育发展与展望、现代人力资源建设与就业促进、国际职业教育交流、地区职业教育交流等主题，共安排了4场专题报告、3次现场教学、3场国际职业教育交流、1场沪滇宁职业院校长沙龙。通过分享、互动和体验，共同为推动上海、云南、宁夏职业教育创新发展和合作交流进行了深入探索和交流，受到参训院校长们的一致好评。解放日报、新浪网等媒体进行了报道。

2019年度云南、宁夏职业院校长研修班在上海市中华职业教育社办公楼前合影

近年来，上海市中华职业教育社围绕东西部协作和对口帮扶要求，自2016年起联合对口帮扶地区每年举办1期西部地区职业院校长研修班，截至2019年已举办4期。连年研修班的举办，为围绕中心，服务大局，坚决打赢教育扶贫攻坚战，提升西部职校教学水平，培育紧缺实用型人才，增强造血功能，有效助推西部地区精准扶贫精准脱贫，决胜全面建成小康社会，探索了一条资源共享、优势互补、互利共赢的区域协作之路。

另外，上海市中华职业教育社一直以来秉承人民至上理念，通过各种渠道为民鼓与呼。中华职业教育社本身没有界别，作为组织没有参政议政职责，但广大社员中有许多各级人大代表、政协委员，是上海市中华职业教育社为国为民谋发展的重要力量。2019年继续组织社内专家学者向各级两会建言献策，提交的提案和大会发言累计达228项。上海市中华职业教育社的全国政协委员周汉民《关于在大数据时代下推进我国个人信息隐身份制度立法的提案》、马国湘《净化网络视听及新媒体节目声屏环境，推进向"全民互监共管"模式转变的提案》，被评为2018年度（全国政协十三届一次会议）好提案，胡卫《"二次城市化"需加强新生代农民工培训》的建言引起了广泛关注。

四、坚持党建引领，全面加强自身建设

古人云：工欲善其事，必先利其器。发展壮大中华职业教育社的事业，最终要靠强有力的各级组织和高质量的社员队伍，否则重铸百年辉煌就会沦为一句口号。因此，加强组织优化，提高社员队伍质量，是上海市中华职业教育社常抓不懈的基础性工作。

（一）主题教育取得扎实成效

根据中央、市委统一部署和《中共上海市委统战部开展"不忘初心、牢记使命"主题教育的实施方案》的总体要求，上海市中华职业教育社按照市委统战部"外联内化"的总体工作思路并结合自身实际情况，扎实开展"不忘初心、牢记使命"主题教育，取得了积极成效。

一是紧抓学习教育这一根本。处级以上党员领导干部重点学带头学，学习《中国共产党章程》《习近平关于"不忘初心、牢记使命"重要论述选编》《习近平新时代中国特色社会主义思想学习纲要》，学习习近平总书记考察上海重要讲话精神以及其他最新重要讲话内容。期间，共进行集中研讨11次，交流发言68人次。为丰富学习形式提升学习效果，按计划进行了2次现场教学，参观了《城市荣光——庆祝上海解放70周年》主题展览，开展党性教育和革命传统教育；参观五角场监狱加强防腐败警示教育。

二是聚焦问题做实调查研究。围绕中央、市委各项决策部署和上海市中华职业教育社工作实际，坚持需求导向、问题导向、效果导向，党员领导干部带队深入开展调查研究，主题教育期间先后调研基层组织、社员单位、社办学校及统战

对象 23 次，列出"中华"牌学校恢复办学和加强管理、长三角区域职教一体化发展、台湾研习营活动安排的调研与优化等 3 项调研课题，对调研中发现的问题集中讨论制定整改措施，并进行了调研成果交流，推动了年度重点工作，加强了与基层组织及社员单位等的服务联系。其中，"中华牌"学校复校工作取得可喜进步，目前上海市中华职业进修学院、中华职工中等专科学校、中华专修学校的恢复办学工作已取得重大进展。

三是对标对表做好问题检视。按照主题教育问题检视的要求，在以召开座谈会、微信留言、谈心谈话等形式征集机关干部、社员、工作服务对象的意见建议的基础上，社机关党员领导干部认真查摆问题不足，做好检视剖析，梳理问题清单，共列出问题 7 项。认真组织学习党章党规，并召开对照党章党规找差距专题会议，按照"六对照、一结合"的检视要求，党员领导干部做了对照检查。在此基础上，于 8 月 22 日召开了"不忘初心、牢记使命"主题教育专题民主生活会，按照习近平总书记关于"四个对照""四个找一找"的要求，梳理检视问题，进行深刻剖析和对照检查，明确了今后努力方向和整改措施。

四是注重实效做好整改落实。按照主题教育突出实践性的要求，对调查研究、检视问题及基层组织反映强烈的问题坚持边学边查边改。对前期梳理的问题提出相应整改措施及时间节点，明确责任，逐项整改。截至年底，完成了全部问题的整改任务。

一言以蔽之，主题教育取得了扎实成效，党员干部理想信念进一步加强，党性修养进一步锤炼，社务工作也得以顺利推进。

（二）组织建设迈出坚实步伐

1. 加强对外交流合作和组织宣传

（1）坚持加强职教界交流合作。加强对外交流合作是组织优化的重要途径，建设学习型组织是上海市中华职业教育社发展的重中之重。为学习先进经验，加强相互学习，不断提高职业教育能力和水平，上海市中华职业教育社继续加强同国内外职教界的交流与合作。2019 年，先后接待了芬兰于韦斯屈莱大学、澳大利亚职评局、瑞典华商联合会、日本职业教育界代表团等的来访；接待了天津中华职业教育社、陕西民建等代表团 35 批 380 余人次的到社访问；组织 3 所学校参加首届"黄炎培杯"中华职业教育社非遗创新大赛暨非遗职业教育成果展示会。

（2）坚持搞好上海市中华职业教育社事业宣传。坚持做好信息和宣传工作，全年出版社讯12期，网站刊登稿件350余篇，微信公众号的关注度得到了进一步提高。人民网、新浪网、东方网、解放日报等多家媒体对上海市中华职业教育社工作进行了报道，有效推动了事业发展，提高了上海市中华职业教育社的知名度和社会影响力。

2. 加强区级职业教育社组织换届和工作指导

2019年上海市中华职业教育社基层建设工作会议

（1）专门召开基层建设工作会。2019年11月26日，上海市中华职业教育社召开年度基层建设工作会议。上海市政协副主席、上海市中华职业教育社主任周汉民，上海市委统战部副部长蔡忠，上海市中华职业教育社副主任程裕东出席会议，副主任胡卫主持会议。会上，普陀、徐汇、黄浦、闵行、虹口、宝山6个区职业教育社被评为先进集体。会议要求全市各区职业教育社、上海市中华职业教育社专门委员会和各小组，提高政治站位，深入学习习近平总书记系列重要讲话精神，以"中华牌"社办学校为职教基地，深入研究、倡导和践行黄炎培职业教育思想；抓好专门委员会建设，促使专门委员会在均衡发展中有质量地发展等。

（2）指导部分区社完成组织换届。在扎实开展"勇当新时代排头兵、先行者"大调研中，共走访基层组织16次，调研单位36家。通过大调研，摸清了基层建设中存在的困难和问题，协助普陀、虹口、宝山、长宁、金山、松江和杨浦等7

个区社顺利完成换届，促进了部分区社工作经费、办公场所、专兼职工作人员等问题的解决。

（3）鼓励督促基层开展课题调研。2019年新年伊始，即向各区社发起调研课题申报工作，鼓励围绕工作实际中碰到的重点难点问题开展调查研究工作。然后继续做好跟踪，加强日常沟通，掌握课题进度，共商困难解决办法。8—9月，共收到各基层组织上交的课题报告21篇，通过专家组评审，社领导审核，并在11月份的基层组织建设会上进行了表彰。其中，《完善职业培训体系，推进宝山区技能人才队伍建设的研究报告》（宝山社提供）等12篇课题报告，分获上海市中华职业教育社优秀调研成果一、二、三等奖。

（三）社员队伍建设稳步推进

1. 加强社员能力素质建设

安排"中华牌"职业学校的校长参加总社政治思想工作培训班；安排在沪理事参加总社基层一线理事培训班等，为广大社员单位和个人社员搭建提升能力的平台。11月25-26日举办第八期中青年骨干社员培训班和新社员入社仪式，培训59名骨干社员，进一步提升社员素质，增强社员队伍的凝聚力。

第八期中青年骨干社员培训班学员合影

2. 壮大社员队伍规模

全年新增个人社员260人，增长率为6.24%，团体社员新增30家，增长率为10.56%，增长速度均略微超过去年同期。截至2019年12月底，上海市中华职业教育社共有个人社员 4410 人，团体社员 314 个。

3. 保持社员结构优化

社员文化结构基本保持稳定，大专本科以上占比 95.24%，年龄结构略有优化，25 到 59 岁社员增速相对 60 岁以上社员更快，这从离退休占比也能看出，其中在职占比比上年同期略高（参见图 1、2、3）。

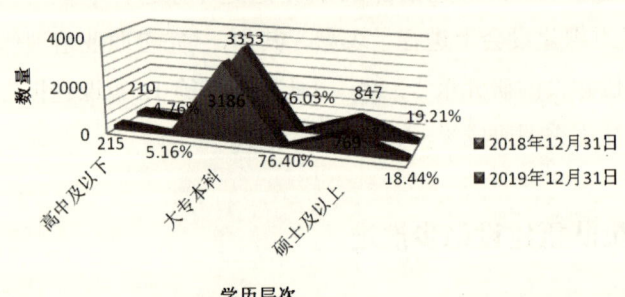

图 1　上海市中华职业教育社社员近两年文化结构对比图

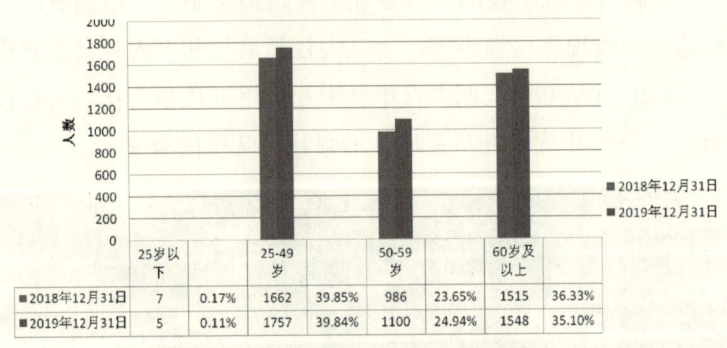

图 2　上海市中华职业教育社社员近两年年龄结构对比图

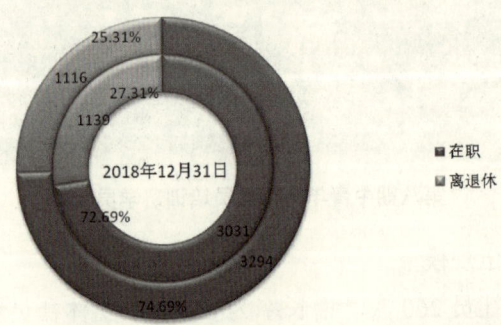

图 3　上海市中华职业教育社离退休社员比例近两年对比图

总之，2019年上海市中华职业教育社各项事业又取得了可喜进步，凝聚力进一步增强，为中华人民共和国成立70周年交出了优异答卷。但成绩属于过去，美好前景需要大家去开创。实干创造历史，奋斗成就未来。上海市中华职业教育社将重整行装，埋头苦干，继续奋斗，继续推进职业教育改革与发展，为实现中华民族伟大复兴的中国梦书写新的时代篇章。

2020年7月

后 记

上海中华职业教育社自 2014 年起,按期发布年度《上海职业教育事业蓝皮书》,今年已是第七个年度。《蓝皮书》坚持站在第三方的立场,突出专业性和独立性、客观性和实证性,通过科学判断时代背景,梳理年度成绩,深入剖析问题,提出策略建议,为推进上海职业教育现代化提供政策性咨询和理论与实践性参考。

《2020 上海职业教育事业蓝皮书》由上海市政协副主席、上海中华职业教育社主任周汉民担任主编,上海中华职业教育社副主任胡卫、张岚、毛丽娟担任副主编,并得到市教委、市人社局等有关机构的支持与协助。上海中华职业教育社机关承担本书的组织协调工作,机关干部参与书稿校对。

全书共分上海职业教育改革发展报告、专题研究、实践案例、2019 年上海中华职业教育社事业报告 4 个部分。总报告由马庆发、王琴负责编写;专题研究部分由郭扬、施蔷生、罗尧成等组织资料;案例部分由雷正光、董奇负责编辑整理;罗尧成还对第一部分(上海职业教育改革发展报告)进行了统稿。上海中华职业教育社的同志撰写了第四部分(2019 年上海中华职业教育社事业报告)。

上海科学技术文献出版社对本书的出版给予了支持,在此一并致以衷心的感谢。

编者
2020 年 8 月